ENTRE O CÉU E A TERRA

COMENTÁRIO AO SERMÃO DA MONTANHA (Mt 5-7)

COLEÇÃO BÍBLIA E HISTÓRIA

- *A Bíblia à luz da história:* guia de exegese histórico-crítica – Odette Mainville
- *A comunidade judaico-cristã de Mateus* – Anthony J. Saldarini
- *A esperança da glória:* reflexões sobre a honra e a interpretação do Novo Testamento – David A. deSilva
- *A mulher israelita:* papel social e modelo literário na narrativa bíblica – Athalya Brenner
- *A terra não pode suportar suas palavras:* reflexão e estudo sobre Amós – Milton Schwantes
- *Contexto e ambiente do Novo Testamento* – Eduard Lohse
- *Culto e comércio imperiais no Apocalipse de João* – J. Nelson Kraybill
- *É possível acreditar em milagres?* – Klaus Berger
- *Igreja e comunidade em crise:* o evangelho segundo Mateus – J. Andrew Overman
- *Jesus exorcista:* estudo exegético e hermenêutico de Mc 3,20-30 – Irineu J. Rabuske
- *Metodologia de exegese bíblica* – Cássio Murilo Dias da Silva
- *Moisés e suas múltiplas facetas:* do Êxodo ao Deuteronômio – Walter Vogel
- *O judaísmo na Antigüidade:* a história política e as correntes religiosas de Alexandre Magno até o imperador Adriano – Benedikt Otzen
- *O poder de Deus em Jesus:* um estudo de duas narrativas de milagres em Mc 5,21-43 – João Luiz Correia Júnior
- *O projeto do êxodo* – Matthias Grenzer
- *Os evangelhos sinóticos:* formação, redação, teologia – Benito Marconcini
- *Os reis reformadores:* culto e sociedade no Judá do Primeiro Templo – Richard H. Lowery
- *Pai-nosso:* a oração da utopia – Evaristo Martín Nieto
- *Para compreender o livro do Gênesis* – Andrés Ibáñez Arana
- *Paulo e as origens do cristianismo* – Michel Quesnel
- *Profetismo e instituição no cristianismo primitivo* – Gui Bonneau
- *São João* – Yves-Marie Blanchard
- *Simbolismo do corpo na Bíblia* – Silvia Schroer e Thomas Staubli
- *Vademecum para o estudo da Bíblia* – Bíblia: Associação Laical de Cultura Bíblica

SÉRIE MAIOR

- *Entre o céu e a terra*: comentário ao Sermão da Montanha (Mt 5-7) – Franz Zeilinger
- *Fariseus, escribas e saduceus na sociedade palestinense* – Anthony J. Saldarini
- *Introdução ao Novo Testamento* – Raymond E. Brown
- *O nascimento do Messias:* comentário das narrativas da infância nos evangelhos de Mateus e Lucas – Raymond E. Brown (no prelo)
- *Rei e Messias em Israel e no antigo Oriente Próximo* – John Day (org.)
- *Tobias e Judite* – José Vílchez Líndez (no prelo)

Franz Zeilinger

ENTRE O CÉU E A TERRA
COMENTÁRIO AO SERMÃO DA MONTANHA (Mt 5–7)

Paulinas

Dados Internacionais de Catalogação na Publicação (CIP)
(Câmara Brasileira do Livro, SP, Brasil)

Zeilinger, Franz
 Entre o céu e a terra : comentário ao Sermão da Montanha (Mt 5-7) / Franz Zeilinger ; [tradução Paulo F. Valério]. – 1. ed. – São Paulo : Paulinas, 2008. – (Coleção Bíblia e história. Série maior)

 Título original : Zwischen Himmel und Erde : ein Kommentar zur 'Bergpredigt' Matthäus 5-7
 Bibliografia.
 ISBN 3-17-017268-9 (ed. original)
 ISBN 978-85-356-2100-6

 1. Bíblia. N.T. Mateus – Comentários 2. Sermão da Montanha – Comentários I. Título. II. Série.

07-7109   CDD-241.53

Índice para catálogo sistemático:
1. Sermão da Montanha : Comentários : Código de conduta : Cristianismo 241.53

Título original: *Zwischen Himmel und Erde*
© 2002 W. Kohlhammer GmbH Stuttgart

Citações bíblicas: *Bíblia de Jerusalém*. São Paulo, Paulus, 1985.

Direção-geral: *Flávia Reginatto*
Editores responsáveis: *Vera Ivanise Bombonatto e Matthias Grenzer*
Assessor bíblico: *Dr. Matthias Grenzer*
Tradução: *Paulo Ferreira Valério*
Copidesque: *Anoar Jarbas Provenzi*
Coordenação de revisão: *Marina Mendonça*
Revisão: *Ruth Mitzuie Kluska*
Direção de arte: *Irma Cipriani*
Gerente de produção: *Felício Calegaro Neto*
Capa: *Manuel Miramontes Rebelato*
Editoração eletrônica: *Fama Editora*

Nenhuma parte desta obra poderá ser reproduzida ou transmitida por qualquer forma e/ou quaisquer meios (eletrônico ou mecânico, incluindo fotocópia e gravação) ou arquivada em qualquer sistema ou banco de dados sem permissão escrita da Editora. Direitos reservados.

Paulinas
Rua Pedro de Toledo, 164
04039-000 – São Paulo – SP (Brasil)
Tel.: (11) 2125-3549 – Fax: (11) 2125-3548
http://www.paulinas.org.br – editora@paulinas.com.br
Telemarketing e SAC: 0800-7010081
© Pia Sociedade Filhas de São Paulo – São Paulo, 2008

Sumário

Prefácio 7

I. QUESTÕES PRÉVIAS

1. Mateus e seus leitores 9
2. Mateus e os discursos de Jesus 16
3. Mateus e a retórica 21
4. Mateus e suas fontes literárias 31

II. INTRODUÇÃO, PRÓLOGO, ABERTURA (Mt 5,3-20)

1. Introdução (Mt 5,1-2) 37
2. Prólogo (Mt 5,3-12) 39
3. A abertura (Mt 5,13-20) 71

III. JUSTIÇA EM RELAÇÃO ÀS PESSOAS (Mt 5,21-48)

1. Matar e reconciliar (Mt 5,21-26) 93
2. Adultério e divórcio (Mt 5,27-32) 104
3. Autenticidade diante de Deus e diante das pessoas (Mt 5,33-37) 120
4. Renúncia à violência e amor ao inimigo (Mt 5,38-47) 128
5. O chamado à perfeição (Mt 5,48) 146
6. Síntese 151

IV. JUSTIÇA PERANTE DEUS (Mt 6,1-18)

1. O tema (Mt 6,1) 158
2. Beneficência, oração e jejum (Mt 6,2-4.5-6.16-18) 159
3. Assim deveis rezar (Mt 6,7-15) 171
4. Síntese 204

V. JUSTIÇA NO DIA-A-DIA (Mt 6,19–7,12)

1. A propósito do conceito de composição 207
2. Os ditos triásicos (Mt 6,19-24) 210
3. O evangelho das preocupações (Mt 6,25-34) 221
4. Julgar e admoestar (Mt 7,1-5) 237
5. O desperdício do sagrado (Mt 7,6) 246
6. O poder da oração (Mt 7,7-11) 251
7. A regra de ouro (Mt 7,12) 259
8. Síntese 265

VI. O "DISCURSO CONCLUSIVO" (Mt 7,13-27)

1. Portões e caminhos (Mt 7,13-14) 270
2. Falsos profetas e comportamento falso (Mt 7,15-23) 275
3. Ouvir e fazer (Mt 7,24-27) 289
4. Síntese 295

VII. QUESTÕES E PROBLEMAS (Mt 7,28–8,1)

1. A reação da multidão (Mt 7,28–8,1) 299
2. Problemas exteriores 302
3. O problema interior 304
4. A questão do objetivo do "discurso" 307
5. O grande mandamento 310

Bibliografia 311
Índice de citações 321

Prefácio

No final de longa atividade acadêmica, ocupando-nos com os textos do Novo Testamento, nós nos tornamos humildes. O presente livro remonta a preleções acerca do Sermão da Montanha ministradas na Faculdade Católica de Teologia da Universidade de Graz (Áustria). Por conseguinte, ele traz a roupagem de uma exegese apoiada em informações fundamentais, a qual deve conduzir os estudantes a um manuseio mais intenso dos textos do Sermão da Montanha. Com suas informações, este livro apóia-se em diversos predecessores e colegas especialistas e, portanto, não reivindica pertencer ao gênero da "investigação" ou a uma interpretação completamente nova, que desafia o especialista, ainda que esteja marcado, consciente ou inconscientemente, por um horizonte particular de compreensão e por um confronto pessoal com os textos.

O título do livro — *Entre o céu e a terra* — alude ao conteúdo simbólico da montanha anônima sobre a qual Mateus situa o ensinamento do Senhor. Como num sumário narrativo a propósito da atividade terapêutica de Jesus "sobre a montanha" (Mt 15,29-31), no relato de sua Transfiguração "sobre uma alta montanha" (Mt 17,1-9) e na auto-revelação do Ressuscitado "sobre a montanha" na Galiléia (28,16-20), no caso do Sermão da Montanha, a "montanha" funciona também como ponto de contato entre o céu e a terra, ou seja, como o lugar no qual o mundo divino encontra o mundo terrestre. Portanto, no final das contas, é o Senhor glorioso que aqui e hoje ensina, cura e envia os crentes pelo mundo. Com isso, o título do livro indica também a tensão que acompanha uma vida cristã, nesse nosso mundo, marcada pelas exigências do "Reinado dos Céus".

O livro trata também de uma série de problemas formais. Não há necessidade absoluta de estudar com precisão as "questões prévias", as introduções à origem, redação e estrutura de cada seção textual, nem de ler todas as notas de rodapé. Mais importante é a interpretação do conteúdo. O livro renuncia também à reprodução do texto grego original. Contudo, de palavras e expressões isoladas é fornecida a transliteração do termo grego para os versados nessa língua, mas isso também pode ser lido apenas por alto.

Fundamentalmente, o livro procura tornar o Sermão da Montanha acessível a pessoas que desejam buscar Deus e o mais profundo sentido de suas vidas. Ele não pretende exacerbar de forma insuportável as declarações e exigências radicais do texto, mas também não pretende banalizá-las de forma condescendente. Partindo-se de questões preliminares essenciais, elas serão, antes, sob muitos aspectos, contornadas, na tentativa de compreendê-las. Se o livro, eventualmente, oferecer estímulo e ajuda para continuar a pensar, rezar e agir no sentido do ensinamento do Senhor, então terá alcançado sua meta, pois a fé cresce mediante a experiência de fé.

Minha gratidão dirige-se à senhora Karin Kopp, ex-secretária do Instituto, pela diligente preparação do texto da apresentação, bem como aos estudantes que seguiram as preleções com grande interesse e, com isso, deram o incentivo para essa publicação. Não em última instância, vai minha gratidão à Editora Kohlhammer pela aceitação do manuscrito no programa da editora, de modo especial, porém, ao senhor Jürgen Schneider, editor assistente, com quem os cuidados da impressão estiveram em boas mãos.

Franz Zeilinger

Capítulo 1

Questões prévias

1. Mateus e seus leitores

Tal como os demais escritores neotestamentários, Mateus escreve seu evangelho tendo em vista um círculo de leitores concreto, suas pré-compreensões, seus problemas e sua situação específica. Se, doravante, os destinatários são designados como *comunidade*, trata-se de um conceito que não deve ser compreendido de forma estrita, mas que pode indicar também diversos grupos cristãos dispersos em muitos lugares. No geral, pressupõe-se que os destinatários são *judeu-cristãos*, não obstante, às vezes, devido à esquivança em usar palavras aramaicas tiradas do evangelho de Marcos[1] e à exigência da missão universal no fim do evangelho (Mt 28,19-20), se pense também em gentio-cristãos. No entanto, a forte ancoragem da língua na Septuaginta, as expressões idiomáticas judaicas,[2] a aplicação da disciplina da sinagoga em Mt 18 e o conhecimento da observância judaica da Torá apontam para autor e destinatários judeu-cristãos. Acima de tudo, porém, o evangelho de Mateus "vive" decididamente do AT, como já o demonstram as dezenove "citações de cumprimento" e outras tantas cento e dez ou cento e vinte citações literais.[3] Isso pressupõe, mais uma vez, que também os leitores do EvMt sentiam-se "em casa" em relação à Bíblia, de modo que as citações e alusões podiam despertar algo familiar.

Pode-se apenas supor *onde* Mateus e seus destinatários se encontram. O sumário de *Mt 4,24-25*, que conduz ao Sermão da Montanha, parece oferecer um indício:

---

[1] Demonstração em Luz, *EKK I/1*, 62, nota 123.
[2] Cf. ibid., 63; Schnelle, *Einleitung*, 260.
[3] Cf. Frankemölle, *Matthäus-Kommentar 1*, 52.

v. 24   Sua fama espalhou-se por toda a Síria,
        de modo que lhe traziam todos os que eram acometidos
        por doenças diversas e atormentados por enfermidades,
        bem como endemoninhados, lunáticos e paralíticos.
        E ele os curava.

v. 25   Seguiam-no multidões numerosas
        vindas da Galiléia, da Decápole,
        de Jerusalém, da Judéia
        e da Transjordânia.

No *versículo 24a*, de forma surpreendente, o assunto é que a notícia a respeito de Jesus espalhou-se por toda a *Síria*. No evangelho de Mateus, a indicação do território, ou seja, da província, encontra-se apenas aqui e não tem paralelos em Marcos e em Lucas. No nível do texto, desde que se trate simplesmente da região norte da Galiléia, essa designação singular poderia talvez indicar também o domicílio dos destinatários. Aquilo que, ao mesmo tempo, é referido historicamente, nesse caso adquire atualidade imediata se o Mestre, sobre a montanha, apela à situação do leitor cristão. Conforme o *versículo 25*, numerosas multidões seguem Jesus, oriundas da Galiléia, da Decápole, de Jerusalém e da Judéia, bem como da região além do Jordão e, portanto, de regiões que a guerra judeu-romana (68-70 d.C.) prejudicara.

Por conseguinte, surge a questão, não de todo desprovida de fundamento, se não poderia tratar-se de fugitivos judeu-cristãos ou emigrantes das mencionadas regiões. Após a destruição de Jerusalém no ano 70 d.C., os romanos construíram, no mesmo lugar, sua *Colonia Aelia Capitolina*, onde nenhum judeu podia pôr os pés sob pena de morte. Os judeu-cristãos que fugiram em tempo de Jerusalém e de outras regiões atingidas pela guerra presumivelmente transferiram sua moradia para a Transjordânia, Síria e Ásia Menor.[4] Um ponto de apoio seguro para isso certamente oferece a informação de Eusébio, segundo a qual a comunidade cristã de Jerusalém, já antes do início da guerra, presumivelmente em conseqüência da execução de Tiago, o irmão do Senhor, e da situação delicada em

---

[4] Cf. HEUSSI, *Kirchengeschichte*, 34.

Jerusalém,[5] teria migrado para Pela, na Decápole, a sudeste de Betsã/Citópolis.[6] Ainda que a historicidade da emigração da comunidade primitiva rumo a Pela não seja realmente segura,[7] a informação de Eusébio aponta numa direção digna de consideração. Se o *ponto extremo* desses movimentos migratórios das regiões atingidas, segundo Mt 4,24-25, deve ser buscado na Síria, então se indica, com isso, pelo menos a região norte e nordeste da Galiléia,[8] mediante o que, porém, toda e qualquer colonização na região síria, até *Antioquia, junto ao Orontes*, torna-se plausível. Antioquia também é, muitas vezes, considerada o endereço da comunidade destinatária.[9]

É evidente que tais movimentos migratórios para regiões dominadas por pagãos não permaneceram restritos a judeu-cristãos palestinenses, mas incluíam também, ao mesmo tempo, judeus não cristãos.[10] Contudo, na situação da vida em comum, no mais restrito espaço, as discrepâncias, já existentes anteriormente, entre a interpretação rabínica e a interpretação judeu-cristã da Escritura,[11] podiam, e deviam, tanto mais dolorosamente eclodir outra vez, embora a rejeição dos pagãos vitoriosos unisse os dois grupos entre si. Por outro lado, porém, o "exílio" devia ter separado[12] os judeu-cristãos também da comunidade-irmã gentio-pagã e introduzido certo estranhamento. Visto que Mateus, com a ordem de envio do Senhor glorioso a *todas* as nações, a qual encerra o evangelho, defende a evangelização de todo o mundo, deve-se pressupor, sem dúvida, da parte de seus

---

[5] Cf. WEHNERT, Auswanderung, 231-255, aqui 248.

[6] EUSÉBIO DE CESARÉIA, *História Eclesiástica*, III, 5,3, escreve: "Ora, os membros da Igreja de Jerusalém, através de uma profecia proveniente de uma revelação feita aos fiéis mais ilustres da cidade, receberam a ordem de deixar a cidade antes da guerra e transferir-se para uma cidade da Peréia, chamada Pela. Para lá fugiram de Jerusalém os fiéis de Cristo [...]; então a justiça de Deus atingiu os judeus que haviam praticado tais iniqüidades [...]" (São Paulo, 2000).

[7] Cf. KIEWELER, Pella im Licht des frühen Christentums, 192, bem como a boa visão panorâmica da pesquisa em TRUMMER; PICHLER (ed.), *Heiliges Land — beiderseits des Jordan*, 75-77.

[8] Cf. SAND, *Das Evangelium nach Matthäus*, 87.

[9] Cf., entre outros, SCHWEIZER, *Matthäus und seine Gemeind*, 138-139; ZUMSTEIN, Antioche sur l'Orontes et l'Évangile selon Matthieu, SNTU 5 (1980), 122-138; SCHNACKENBURG, *NEB 1*, 8-9; LUZ, *EKK I/1*, 74, fala de uma probabilidade atraente.

[10] Cf. Também FLÁVIO JOSEFO, *Guerra II*, 458; ademais, CADBURY, Pella, 1412.

[11] Cf. At 6,8–8,4; 12,1-4.

[12] Cf. KIEWELER, Pella im Licht des frühen Christentums, 192.

destinatários judeu-cristãos certo distanciamento em relação, acima de tudo, ao que é "pagão".

Possivelmente, porém, os emigrantes já "haviam integrado as comunidades helenista-cristãs" já estabelecidas,[13] o que não significa que se tratasse de comunidades puramente gentio-cristãs. Entre outras coisas, depõe em favor disso o fato de Mateus escrever "a partir da perspectiva de uma comunidade sedentária",[14] que utiliza a LXX, que domina bem, ela própria, o grego[15] e conhece as regras básicas da retórica antiga.[16] A introdução da tradição dos ditos provenientes de Q no âmbito de Marcos por Mateus leva à conclusão de que pelo menos uma parte da comunidade judeu-cristã destinatária estava marcada pela tradição dos ditos dos apóstolos itinerantes cristãos primitivos.[17] A ligação da tradição dos ditos com o evangelho de Marcos, já presumivelmente conhecido pelas "comunidades-tronco" helenista-cristãs, reforça, porém, também a atitude positiva do evangelista em relação a uma abertura para os gentio-cristãos.[18] Se essa abertura foi pensada ou como reconhecimento conciliador da teologia praticada diferentemente pelos gentio-cristãos helenistas, ou como um tipo de retrospectiva revisionista da interpretação vigente da Torá, dificilmente se esclarece univocamente.

Em todo caso, considerada historicamente, a redação do evangelho de Mateus situa-se no período *depois* da primeira guerra judeu-romana. Não é mais possível um retorno a Jerusalém. O que permanece é a Palavra de Deus das Sagradas Escrituras. Nessa época, situa-se também o alto florescimento judaico de um esforço erudito pela "consolidação da tradição escrita e oral";[19] com isso,

---

[13] STECK, Israel, 310-311.

[14] LUZ, *EKK I/1*, 66; às vezes, defende-se a opinião de que Mateus tivesse trabalhado em sua comunidade como "Mestre". Cf., a esse respeito, SCHNELLE, *Einleitung*, 259, com a nota 232.

[15] LUZ, *EKK I/1*, 76-77, aponta para a boa sensibilidade lingüística grega do evangelista.

[16] Cf., *infra*, pp. 20-27.

[17] Cf. LUZ, *EKK I/1*, 66-67. A suposição de que a comunidade destinatária "tenha sido *fundada* pelos mensageiros e profetas ambulantes do Filho do Homem da Fonte dos Ditos" (o grifo é nosso) não se deixa comprovar. FRANKEMÖLLE, *Matthäus-Kommentar 1*, 40, em contrapartida, nega *de facto* o conhecimento da Fonte dos Ditos por parte da comunidade destinatária.

[18] Deve-se duvidar se, a partir disso, com SCHNELLE, *Einleitung*, 260, pode-se presumir que o próprio Mateus "era um representante de um *judeu-cristianismo liberal helenista na diáspora*, que desde muito tempo se havia aberto à missão entre os gentios".

[19] FRANKEMÖLLE, *Matthäus-Kommentar 1*, 48.

também, o estabelecimento de uma linha de combate contra todos os que interpretassem ou se ocupassem das Sagradas Escrituras a partir de outra perspectiva. Por conseguinte, Mateus fornece uma porção de provas escriturísticas que parecem aceitáveis na discussão com escribas não cristãos. Ele fala de "suas", isto é, de "vossas" sinagogas, ou escribas[20] e, no cap. 23, lança uma abundância de censuras contra eles. Portanto, o evangelista pressupõe leitores que não são mais cristãos da primeira hora, mas que, em razão de experiências dolorosas, são afastados da sinagoga, isto é, são excluídos dela (cf. 10,17; Jo 16,2).

Por outro lado, em decorrência de suas raízes judaicas, eles não podiam facilmente concordar com um gentio-cristianismo "sem-lei", no sentido do modo paulino e deuteropaulino. Eles sabiam que Jesus tinha consciência de ter sido enviado "às ovelhas perdidas da casa de Israel" (10,5-6; 15,24), no entanto, ao mesmo tempo, ouvem falar da admirável difusão do gentio-cristianismo em toda a região mediterrânea. Nessa tensão entre judaísmo e gentio-cristãos, eles buscam abertamente "enfatizar a tradição do cristianismo primitivo e encontrar um caminho próprio entre Torá e evangelho".[21] Por essa razão, Mateus bem gostaria outrossim de mostrar, com o texto de seu evangelho, que é possível e imperioso abrir-se à missão entre os pagãos, sem prescindir de uma espiritualidade da Torá *retamente* compreendida.

Se, dessa forma, o evangelista deseja transmitir a seus leitores uma postura que harmoniza a abertura para fora com a autêntica espiritualidade e forma de vida judeu-cristãs, então resulta para ele a necessidade categoricamente indispensável de demonstrar o ser da autocompreensão cristã sobre o fundamento da Palavra de Deus das Sagradas Escrituras em estreita conexão com a mensagem escatológica de Jesus. Com isso, é-lhe possível transmitir a seus leitores uma sólida base da própria autocompreensão da qual verdadeiras realizações da vida cristã podem e devem crescer. Destarte, em sua situação teologicamente difícil, eles obtêm uma postura que lhes é a um tempo suportável e responsável e, para o evangelista, contém todo o potencial para ilustrar e atualizar hermeneuticamente sua visão a respeito das tradições de Jesus.

---

[20] Cf. 4,23; 7,29; 9,35; 12,9; 13,54; 23,34.
[21] KIEWELER, Pella im Licht des frühen Christentums, 192.

Essa concepção do evangelista, que abrange a Palavra de Deus veterotestamentária e sua interpretação cristã, permite — de forma abreviada e a modo de chavão — ser reduzida a uma fórmula breve com a palavra "realizar" *(pleroûn)*.[22] Ela aponta para o hermeneuticamente dominante esquema de pensamento de *promessa e realização* no NT. Esse esquema já existe nas Sagradas Escrituras do AT, as quais reiteradamente, num olhar retrospectivo, consideram realizadas as promessas de Deus, por exemplo a promessa da terra; a partir disso, porém, construtivamente, deduzem a fundada esperança em análogos modos de agir de Deus, sob novas circunstâncias. Ainda que os objetos sejam diversos, fundamentalmente trata-se sempre da mais recente e, por fim, decisiva realização da promessa, ou seja, da definitiva concretização da vontade salvífica de Deus.

Como, entre outras, o demonstram as *citações de cumprimento* no evangelho de Mateus, para Mateus a realização final e, com isso, definitiva das promessas aconteceu *por meio de e em Jesus Cristo*. Mediante a disseminação dessas citações e de fórmulas semelhantes ao longo de todo o evangelho, Jesus aparece, desde sua infância, passando por sua atividade no ensinamento e nas ações, até sua morte "como predeterminado por Deus e predito pelo AT".[23] Isso significa, porém, que o querer de Deus, que se manifesta nas "Escrituras",[24] ou seja, na "Lei e nos Profetas",[25] por meio de e em Jesus alcançou sua última realização possível. A primeira palavra que Jesus pronuncia no evangelho de Mateus vale para o Batista e contém, ao mesmo tempo, seu próprio programa: "Deixa estar por enquanto, pois assim nos convém cumprir *(plerôsai)* toda a justiça" (Mt 3,15).

O envio de Jesus "às ovelhas desgarradas da casa de Israel" (10,5-6; 15,24) possui como conteúdo a oferta escatológica, a alegre boa-nova do Reinado (de Deus) que se aproxima (4,17.23; 9,35; 24,14), isto é, do "Reinado dos Céus" *(basileía tôn ouranôn)*.[26] Ou seja, a aliança perfeita de Deus com seu povo, anunciada em Jr 31 e em Ez 36, e esperada sempre de novo por Israel, é parafraseada com "Reino dos Céus — Reinado dos Céus". Como a redação do conceito hebraico

---

[22] Cf. FRANKEMÖLLE, *Jahwe-Bund*, 388-390.
[23] Ibid., 390.
[24] Cf. Mt 21,42; 22,29; 26,54.56.
[25] Cf. Mt 5,17; 7,12; 22,40.
[26] Cf., a propósito, FRANKEMÖLLE, *Matthäus-Kommentar 1*, 97.

*malkût Iahweh*²⁷ o demonstra, a realização da aliança de Deus é uma grandeza escatológica, portanto "celeste". O Jesus do evangelho de Mateus revela seu envio em seus grandes discursos aos discípulos e ao povo, mediante inúmeros exorcismos, curas e portentos e, não por último, por meio do apelo ao seu seguimento. Sua multiforme boa-nova contém, portanto, a *definitiva* oferta de aliança de Deus, uma aliança que, finalmente, é firmada terminantemente na morte de Jesus na cruz (26,28).

Como no AT, porém, essa oferta de Deus exige uma *resposta* positiva dos interpelados, a qual consiste em que a orientação da vida no modo de pensar, viver e agir, implícita na conclusão da aliança, seja realizada. Sob esse ponto de vista, o *"ensinamento sobre a montanha"* é a vigorosa proclamação da constituição da aliança e, ao mesmo tempo, revelação da orientação conforme a aliança para todos os que estão dispostos a obedecer à palavra de Cristo. Conteudisticamente, ela esclarece o cumprimento da vontade divina como *reação* plenamente humana à meta salvífica de Deus revelada em Cristo. A proximidade do Reinado dos Céus experimenta, com isso, sua recepção humana no *fazer* a vontade divina, realizada por aqueles que tomam sobre o si o "fardo leve" de Jesus (11,29). Mas quem aceita sua mensagem conhece também "os mistérios do Reino dos Céus" (13,11) e vê e ouve o que profetas e justos desejaram ver e ouvir (13,17), a saber, a concretização de toda a "justiça" divina, que consiste na fidelidade de Deus a sua palavra, ou seja, em seu definitivo "ser-para" as pessoas.

Portanto, Mateus está interessado em valorizar as palavras da Escritura como uma grandeza intangível; ao mesmo tempo, porém, também em demonstrar que a plena consumação da vontade de Deus que nelas se manifesta significa a concretização de toda "justiça" correspondente, somente no sentido manifestado pela palavra e pelo agir de Jesus. A partir daí, fica claro também que Torá ou Profetas não desaparecem, mas são confirmados em sua perene validade (5,17-18); ao mesmo tempo, porém, "as normas de comportamento ético que nela (isto é, na Torá) se expressam, e *mais*

---

[27] O conceito hebraico *malkût Iahweh* normalmente é traduzido para o grego por *basiléia toû theoû* e significa "realeza de Deus", "Reino de Deus", "Reinado de Deus". Uma vez que, no tempo de Jesus, o nome divino Iahweh não era mais pronunciado pelos judeus, usaram-se títulos substitutos. Entre estes, conta(m)-se também "o(s) céu(s)". O escriba judeu-cristão Mateus atém-se a isso em consideração a seus leitores judeu-cristãos e, por conseguinte, na maioria das vezes, fala não de "Reino de Deus", mas de "Reino dos Céus".

precisamente de acordo com sua compreensão tradicional"[28] são postas em discussão. No final das contas, na verdade, trata-se da concretização radical, visceral, da vontade de Deus verbalizada na "Lei e nos Profetas", ou seja, trata-se da vontade do Deus da aliança, a qual se manifesta no AT, em sua determinação *essencial*.[29] Ela realiza-se mediante o *cumprimento* de uma "justiça" que vai muito além da habitual (cf. 5,20), o que próprio Jesus considera como sua tarefa (3,15) e exige dos seus ouvintes no "ensinamento sobre a montanha". Ela expressa o pensar, viver e agir conforme Deus, o que corresponde a Deus, ou seja, o que permite que as pessoas permaneçam perante Deus,[30] visto que cresce a partir da realização do coração. Onde isso acontece, dá-se a unidade entre a vontade de Deus e a do ser humano, de modo que o Reinado dos Céus começa a tornar-se realidade. Uma comunidade de discípulos, estabelecida pela palavra de Jesus, constitui, pois, o povo de Deus escatológico. Com isso, tanto Israel quanto a Igreja encontram-se sob a exigência da proclamação da vontade salvífica escatológica de Deus. Conseqüentemente, a relação da Igreja com a aliança escatológica de Deus é vista por Mateus em analogia com o relacionamento de Israel com o Reinado da aliança de Iahweh. Os cristãos são, de fato, os chamados, mas não ainda os escolhidos, pois a escolha dar-se-á somente no fim, de acordo com as obras do amor (25,31-46). Por essa razão, para eles a entrada no Reino dos Céus não é mais completamente segura do que para os destinatários da primeira aliança,[31] pois para isso é decisivo o pôr em prática a palavra de Cristo como realização da vontade de Deus registrada na "Lei e nos Profetas". Por conseguinte, são declarados bem-aventurados também os "famintos e sedentos de *justiça*" (5,6), portanto, os que estão dispostos a viver "radicalmente" segundo Deus. O "ser-justo", intensamente solicitado em Mt 5,20, constitui, portanto, a exigência fundamental do ensinamento do Senhor e a base temática das bem-aventuranças e diretivas.

2. Mateus e os discursos de Jesus

Notoriamente, Mateus antepõe ao seu evangelho uma "história da infância" (Mt 1–2) e, à breve história do túmulo de Mc 16,1-8, acrescenta ainda, de sua

---

[28] TRILLING, *Das wahre Israel*, 187. O grifo é nosso.
[29] Cf. ibid., 145-146.
[30] Cf. a esse respeito, KERTELGE, *EWNT I*, 784-796.
[31] Cf. FRANKEMÖLLE, *Jahwe-Bund*, 272.

própria lavra, uma concisa aparição perante as mulheres (Mt 28,9-10), o "relato" do suborno dos vigias (28,11-15) e, finalmente, a aparição do Senhor perante os discípulos "sobre a montanha", com auto-revelação e ordem de envio (28,16-20). Ele preenche o *corpus* do evangelho (cap. 3–27), que segue o fio narrativo de Marcos, por meio da reelaboração de textos da Fonte dos Ditos *(Logienquelle)*, mediante o que sua obra se torna nada mais nada menos do que doze capítulos mais longa do que o modelo de Marcos. Antes da história da paixão, porém, os cinco grandes discursos de Jesus dominam o *corpus* de seu evangelho. No caso, trata-se das seguintes seções:

- o chamado "sermão da montanha" ao *povo* e aos discípulos (cap. 5–7),

- o "discurso de envio" aos discípulos (10,5-42),

- o "discurso das parábolas", primeiramente ao *povo*, a seguir aos discípulos (cap. 13),

- as chamadas "regras da comunidade" aos discípulos (cap. 18),

- o tripartido "discurso de julgamento", inicialmente ao *povo*, posteriormente aos discípulos (cap. 23–25).

Os dois discursos mais longos, ou seja, o Sermão da Montanha (5–7) e o "discurso do juízo" escatológico (23–25), constituem ao mesmo tempo a moldura. No centro, encontra-se o "discurso das parábolas" a respeito do Reinado dos Céus e de seus mistérios (cap. 13). O "discurso de envio" (cap. 10) e as "regras da comunidade" (cap. 18) tratam da Igreja em seus aspectos interiores e exteriores e, por conseguinte, têm *apenas os discípulos* como destinatários. Portanto, mostra-se já uma concentricidade intencional na organização dos discursos.

Os discursos, porém, estão formal e conteudisticamente relacionados uns aos outros. O aspecto *formal* se mostra no fato de todos os discursos terminarem com a frase estereotipada: "Aconteceu que ao terminar Jesus — *essas palavras* (7,28), — as *instruções aos seus doze discípulos* (11,1), — *essas parábolas* (13,53), — *essas palavras* (19,1), — *essas palavras todas* (26,1) [...]". Com essas fórmulas, porém, o evangelista abre também, respectivamente, um novo complexo narrativo, por exemplo, o ciclo dos milagres (cap. 8–9) ou a história da paixão (cap. 26–27) etc. Do ponto de vista do *conteúdo*, a indicação para todos os discursos deve ser presumivelmente buscada na primeira palavra de Jesus após sua aparição pública inaugural: "A partir desse momento, começou Jesus a pregar e a dizer: Arrependei-vos, porque está próximo o Reinado dos Céus". "A questão sobre sua transmissão e realização para as pessoas e a questão sobre a responsabilidade das pessoas perante o Reinado de Deus são também o *leitmotiv* em todas as [...] composições de discursos que Mateus, de diversas maneiras, relacionou formal e conteudisticamente."[32] Portanto, não obstante todas as variações e finalidades diversas, os cinco discursos estão marcados por esse tema decisivo para o presente cristão e por um olhar escatológico para o futuro.

Quanto a Mateus, é preciso também observar que ele, no sumário que prepara o Sermão da Montanha, afirma: "Jesus percorria toda a Galiléia, *ensinando em suas sinagogas, pregando o Evangelho do Reino* e *curando* toda e qualquer doença ou enfermidade do povo" (4,23). Com isso, por um lado, indica-se que mensagem e cura constituem os dois lados da mesma moeda, que discursos e narrativas de milagres, portanto, estão relacionados entre si e, por outro lado, que Mateus aqui não fala apenas do Reino dos Céus ou de algo parecido, mas sim da *alegre boa-nova* (da parte) do Reinado dos Céus! No "discurso de envio", essa é confiada também aos discípulos: "Ide e *proclamai*: 'o Reinado dos Céus está próximo'" (10,7). Portanto, na locução "o evangelho do Reinado dos Céus", isto é, de sua proximidade em Jesus Cristo, pode-se ver também a forma abreviada da mensagem de Mateus e a tarefa que ele próprio se impõe! Isso se demonstra precisamente no fato de esse evangelho se desdobrar em todos os discursos, ainda que de maneiras diversificadas.

O programático *"ensinamento sobre a montanha"* (caps. 5–7) — assim designa quase continuamente H. *Frankemölle* o "sermão da montanha" em seu comentário — oferece a revelação escatológica da vontade salvífica de Deus, servindo-se dos mandamentos do Sinai, isto é, da Torá e das instruções (halaca) derivadas dela *na forma da interpretação de Jesus!* Nesse ponto, a Torá veterotestamentária permanece intocada (cf. 5,17-19). O que é novo é a interpretação radical de Jesus, que busca o *sensus legis*, portanto, o sentido mais profundo das instruções divinas. A exigência de que o leitor "pratique" uma "justiça" que

---

[32] FRANKEMÖLLE, *Matthäus-Kommentar 1*, 95.

supere de longe a interpretação e a práxis escribais (5,20) resulta do anúncio do "Reinado dos Céus". Se essa conduta justa não se verifica, "não entrareis no Reino dos Céus". Está claro que esse "Reinado dos Céus" não é algo apenas *post mortem*. Trata-se do encontro com o Deus que age com poder, o que exige a ressonância existencial da pessoa inteira.

O *discurso do envio* ou "as instruções para os mensageiros da *basileía*"[33] (cap. 10) exigem dos missionários outra coisa não fazer senão aquilo que o próprio Jesus faz, isto é, fazia, a saber, anunciar o evangelho da proximidade da *basileía*, curar enfermos, ressuscitar mortos e expulsar demônios (10,7), confessar destemidamente, deixar tudo, mas também contar com o destino jesuânico, ou seja, com difamação e perseguição (10,17-25.28.38) e com a ruptura com a família (10,21.34-37).

A *coleção de parábolas* (cap. 13) central é, segundo Mateus 13,11, "o discurso acerca dos segredos/mistérios da *basileía*".[34] Mateus aumentou para sete as três "parábolas da agricultura" de Mc 4, transformou a parábola da semente que germina por si só (Mc 4,26-29) na parábola do joio e do trigo, atualizou-a eclesiologicamente e, ademais, proveu-a com uma interpretação própria (13,36-43). Contudo, a metáfora das parábolas é sempre o "Reino dos Céus". Finalmente, a conclusão do ciclo é efetuada pela enigmática referência: "Por isso, todo escriba que se tornou discípulo do Reinado dos Céus é semelhante ao proprietário que do seu tesouro tira coisas novas e velhas" (13,52). Presumivelmente, trata-se aqui da "assinatura" do próprio evangelista, que lê de forma nova textos jesuânicos "antigos" e os atualiza eclesiologicamente com vistas ao leitor. Também isso, para ele, é, certamente, um *fato de realização*, pois "muitos profetas e justos desejaram ver o que vedes e não viram, e ouvir o que ouvis e não ouviram" (13,17).

O chamado *"discurso da comunidade"* (cap. 18) dirige-se aos discípulos e oferece o ensinamento acerca do comportamento deles, correspondente ao Reinado dos Céus, *no interior* da(s) comunidade(s) cristã(s). Trata-se do relacionamento mútuo nas comunidades, bastante tenso em certas circunstâncias. Mateus não pressupõe nenhum mundo idealizado, venturoso, mas é e permanece um sóbrio

---

[33] FRANKEMÖLLE, *Matthäus-Kommentar 1*, 98 passim.
[34] Ibid., 98.

realista. O povo de Deus, como o povo judeu, também está marcado por recusa, culpa e defecção de membros individuais. Nesse caso, a Igreja é "*apenas*, por assim dizer, o palco sobre o qual a graciosa revelação da vontade de Deus, tal como Mateus a desenvolveu no 'ensinamento de Jesus sobre a montanha', nos cap. 5–7 [...]; (isto é), a práxis do Reinado dos Céus (deve) tornar-se realidade".[35] Como "*signum sensibile efficax gratiae*", ela tem a tarefa de procurar e reconduzir ao redil a "ovelha perdida" (18,12-14), deve, concretamente, num procedimento gradual, mover à conversão aquele que se "extraviou", mas também, em caso de necessidade, separar-se do "pecador" obstinado, a fim de que ele, no final das contas, possa ser "desvencilhado" do enredo da des-graça (18,18). Por fim, ela tem a obrigação de perdoar culpas setenta e sete vezes, uma vez que, por Cristo, aos próprios cristãos foram perdoadas inimagináveis culpas. Visto que foram perdoados, podem eles também perdoar (cf. 18,21-35). Somente assim a Igreja é "sacramento" do Reinado dos Céus!

O grande tripartido e último discurso de Jesus (caps. 23–25) apresenta o antigo e o novo povo de Deus sob o ameaçador *julgamento do Filho do Homem*. O *discurso dos ais* sobre os escribas e fariseus (cap. 23), os quais, segundo a opinião do evangelista, "fecham" o Reino dos Céus às pessoas mediante sua interpretação da Torá (23,13) e até mataram profetas autênticos (23,34-36), situa-se sob a prescrição à Igreja de não imitar-lhes a arrogância (23,1-12). Esse perigo existe patentemente também na Igreja de Mateus e na Igreja de todos os tempos. No ensejo do discurso dos ais, ela mesma é instantemente advertida. No caso, chama a atenção o fato de Mateus, no cap. 23, retomar retrospectivamente, mas em sentido negativo, uma série de pensamentos e temas do "sermão da montanha".

O *discurso escatológico* (24,1-42), expandido na tríade de parábolas do dono da casa vigilante (24,43-44), do servo fiel e do servo mau (24,45-51) e das dez virgens (25,1-13), bem como na parábola dos talentos (25,14-30), segue inicialmente o modelo de Marcos (Mc 13). A seguir, as mencionadas parábolas explicam o que quer dizer "vigilância". Ademais, é característico que Mateus, em 24,12, acrescente a eclesiologicamente significativa frase: "E pelo crescimento da iniquidade *(anomía)*, o amor de muitos esfriará". Esse comportamento na

---

[35] Ibid., 99.

Igreja, absolutamente contrário às instruções do "sermão da montanha", inclui-se, portanto, nos ais escatológicos que assinalam a oposição "desse mundo" contra a vinda do Reinado de Deus.

A última parte do discurso é constituída pela imagética apresentação do *juízo final* (25,31-46) segundo as obras do amor ao próximo. A exigência do Filho do Homem-rei, isto é, do Senhor glorioso a todas as nações (cf. 28,18), as quais aqui, finalmente, são julgadas segundo a "regra de ouro" (7,12), lança de novo o leque retrospectivamente para o "ensinamento sobre a montanha" e considera *de facto* o "duplo mandamento" como o critério para a permanência ou não de cada pessoa diante daquele que consuma *seu* Reinado (cf. 13,41-43).

Com esse grande discurso tripartido, de acordo com 26,1, estão terminados *todos* os discursos de Jesus. Como já foi dito, eles fazem variações no evangelho do Reinado dos Céus de diversas maneiras. Quando, na breve alocução do Ressuscitado — novamente "sobre a montanha" —, Jesus confia a tarefa de ensinar a *todas* as nações *tudo* o que ele ordenou a seus discípulos, então é sintetizado, de certa forma, tudo o que foi dito em cada um dos discursos. Mas "os discursos fazem primeiramente o evangelho de Mateus ser aquilo que ele é; do contrário, seria apenas uma reedição expandida do evangelho de Marcos, em torno da 'préhistória' (cap. 1–2). Isso, porém, ele não é".[36] O "ensinamento sobre a montanha" constitui, porém, o portal em cujo tímpano o Senhor glorioso reina e, como o "Deus-conosco" (1,23), aponta a direção àqueles que estão dispostos a segui-lo, a percorrer juntos o caminho para o "Reino dos Céus", ou seja, para o encontro definitivo com o pai de Jesus e nosso pai.

3. Mateus e a retórica

No geral, existe consenso quanto à macroestrutura do "sermão da montanha", ainda que a fronteira exata de cada uma das seções permaneça discutível. O "discurso" começa com uma espécie de *prólogo*, as bem-aventuranças (5,3-12). Em 5,13-20, segue-se a *abertura* propriamente dita. O *corpus* do "discurso" é formado por três grandes partes, as chamadas seis "antíteses" (5,21-48), as

---

[36] FRANKEMÖLLE, *Matthäus-Kommentar 1*, 101.

três instruções sobre a beneficência, oração e jejum (6,1-18[24]), e as instruções individuais para a orientação fundamental e para a práxis de vida cristãs, com vistas à segurança da existência, ao julgamento e ao relacionamento com Deus e com as pessoas (6,19[25]–7,12). A *conclusão do discurso* (7,13-27) consiste em quatro seções antiteticamente concebidas, a última das quais, de certa forma, coloca como "epílogo" a parábola da construção da casa sobre a rocha ou sobre a areia (7,24-27). Esse plano leva a pensar na estrutura retórica fundamental de um discurso antigo, que consiste essencialmente em proêmio *(narratio), argumentatio* e *peroratio.* Põe-se, portanto, a questão de até que ponto legalidades formais da retórica determinam o esquema do sermão da montanha, ao menos de forma adaptada, tanto mais que as regras fundamentais da retórica não eram alheias aos judeus (judeu-cristãos) na diáspora helenista.

3.1. Seção inicial (Mt 5,3-20)

O *"prólogo"* compreende oito "bem-aventuranças" (5,3-10) construídas de forma semelhante, às quais se junta uma nona (5,11-12), que se diferencia das precedentes pelo discurso direto aos ouvintes e por sua forma literária. As "oito bem-aventuranças" (5,3-10) compõem-se de uma frase afirmativa e de seu fundamento, dentre os quais a primeira e a última são formuladas no presente e apresentam o mesmo teor: "porque deles é o Reino dos Céus" (vv. 3.10). Essas duas emolduram os outros seis macarismos restantes. O nono macarismo (vv. 11-12), juntamente com sua fundamentação, não mais segue a forma estereotipada de uma breve sentença, mas é mantido em prosa, e funciona como um apêndice que dilata para a situação concreta as afirmações fundamentais e válidas no geral.

A parte que abre o "discurso" (5,13-20) pode ser classificada como *proêmio, isto é, exordium.* A função retórica do proêmio de um discurso é conquistar a atenção e a benevolência dos ouvintes,[37] mediante uma auto-apresentação positiva dissipar a desconfiança de que aqui estaria falando apenas uma pessoa

---

[37] Cf. ANAXÍMENES, *Ars. rhet.* I, 3, p. 13,6; II, 20, p. 23,9; apud BECK, *Theorie,* 125.

qualquer,[38] impor limites, desde o início, a opositores reais ou imaginários[39] e expor o tema fundamental.[40]

Em sua *primeira seção* (5,13-16), o proêmio interpela diretamente os ouvintes e descreve-os como sal da terra, luz do mundo e cidade sobre o monte. Essa definição dos ouvintes não é apenas uma *captatio benevolentiae*, mas também, juntamente com as conseqüências ligadas a isso, desperta o interesse para a temática do discurso. Na *segunda seção (5,17-19)*, Jesus fala a respeito de si próprio e determina sua tarefa como cumprimento da Lei dos Profetas. Ao mesmo tempo, ele recusa a (possível) hipótese *(parabolé)* de querer suprimir as expressões veterotestamentárias da vontade de Deus. Em razão dessa sua tarefa, ele não aparece como uma pessoa qualquer, tanto mais que a dissolução das manifestações da vontade divina nas Sagradas Escrituras significaria a perversão de sua tarefa. A *terceira seção (v. 20)* expõe o tema do discurso sob a forma de uma declaração de superação. Sua idéia central é a "justiça" *(dikaiosýne)*, que deve distinguir os ouvintes, a fim de que possam entrar no Reino dos Céus.

Como exigência, o *versículo 20* constitui ao mesmo tempo o "pretexto" conteudístico, isto é, a *propositio* das "antíteses" seguintes (5,21-47.48). Visto que a idéia diretriz do praticar a "justiça" é também retomada no início da parte central da instrução (6,1), supõe-se que Mateus deseja tratá-la e elucidá-la exemplarmente, sob diversos aspectos, em todo o "discurso". Sob a perspectiva retórica, com isso a questão fundamental, isto é, a *quaestio*, é apresentada. No clássico discurso de julgamento, esta tratava, por exemplo, da oposição entre a lei normatizada verbalmente e a variedade e diversidade do acontecimento real. No caso, o decisivo é descobrir o conteúdo e o alcance do sentido visados pelo legislador a fim de poder perceber a tensão entre a letra e o espírito da lei. No entanto, Mt 5,20 também expressa essa tensão mediante a conhecida confrontação: "Com efeito, eu vos asseguro que, se a vossa justiça não ultrapassar a dos escribas e a dos fariseus, não entrareis no Reino dos Céus". Aqui, ainda não se tematiza a justiça correspondente à lei em sua relação com atitudes concretas, mas de forma generalizada, tendo em vista uma forma de justiça cuja prática possibilita a entrada no Reino dos Céus.

---

[38] Cf. ibid., 36,13 p. 87,20.
[39] Cf. BECK, *Theorie*, 133; LAUSBERG, *Handbuch*, § 275 (p. 157).
[40] De acordo com BECK, *Theorie*, 125, a indicação do tema não se restringe, porém, somente ao proêmio.

A aludida tensão entre a compreensão e a conseqüente realização da vontade de Deus que daí resulta, por parte tanto dos escribas e fariseus como dos ouvintes de Jesus, constitui, portanto, o *tema central* que deve ser tratado a seguir. Mas, no sentido do discurso deliberante, o objetivo e motivo da "discussão" só podem ser "a conquista do *bonum* (e) a evitação do *malum*".[41]

3.2. Corpo do discurso (Mt 5,21–7,12)

De acordo com as regras da retórica, o tripartido *corpus* do ensinamento sobre a montanha deveria ser agora demonstrado em diversas fases como *tractatio* na forma de uma *argumentatio, isto é, probatio* amplamente exposta. Para o esclarecimento formal dessa questão, parece oportuno partir da respectiva conclusão das três partes do *corpus*. Com freqüência, o final de uma seqüência argumentativa é constituído por uma gnoma sob a forma de um dito sapiencial, algo assim como um provérbio ou citação.[42] Tal "máxima" tem precisamente no discurso a uma multidão um valor especial, visto que a avaliação final do orador está ligada a seu etos pessoal e, por isso, é apropriada para suscitar em cada um dos ouvintes assentimento e identificação.[43]

Dessa forma, a *primeira parte da* tractatio (5,13-47), constituída pelas seis chamadas "antíteses",[44] encontra sua conclusão formal em 5,48. As primeiras quatro "antíteses" interpretam o quinto, o sexto e o oitavo mandamentos do Decálogo, levando em consideração o *sensus legis*, isto é, em relação a seu sentido próprio e pretendido pelo legislador. As duas últimas "antíteses" ultrapassam o Decálogo, visto que têm por tema a renúncia à vingança e o amor ao inimigo, cujo fundamento último consiste na condição de "filhos de vosso pai celestial" (5,45). A conclusão formal é constituída, por fim, pela gnoma: "Portanto, deveis ser perfeitos

---

[41] LAUSBERG, *Handbuch*, § 379 (p. 208).

[42] Cf. ibid., § 426 (pp. 234-235): "Quando a argumentação atinge a *causa* concreta, então o poder de convencimento da *auctoritas* é bem alto, justamente por causa da validade universal da sabedoria e de sua insuspeita imparcialidade" (QUINT. 5, 11, 37).

[43] Cf. ARISTÓTELES, *Ret.* I, 2, p. 1395 b 2-3; bem como BECK, *Theorie*, 305.

[44] O conceito é equívoco e deve ser compreendido apenas como forma de expressão retórico-formal. Quanto ao conteúdo, a tese comum aos dois debatedores — no caso, o mandamento de Deus — não é suprimido, mas apenas interpretado de forma diferente. Cf., a esse respeito, FRANKEMÖLLE, *Matthäus-Kommentar 1*, 126.

(ou seja, 'Sereis, portanto, perfeitos)' como vosso Pai celeste é perfeito" (5,48). Mas a designação de Deus como Pai aqui introduzida determina ao mesmo tempo a parte central seguinte (6,1-18) e a pilastra angular das instruções da terceira parte do ensinamento do Senhor (6,32; 7,11).

A pergunta a respeito de uma gnoma final para a *parte central* (6,1-18) é bastante difícil de responder. A frase temática de 6,1, bem como a de 5,20, apresenta a "justiça" *(dikaiosýne)* como tema. As três seções de 6,2-4.5-6 e 16-18, estruturadas de forma semelhante e que desenvolvem o tema, tratam de forma exemplar das "obras de piedade", a saber, a beneficência, a oração e o jejum, mediante o que o tema da paternidade de Deus perpassa toda a parte central. O trecho tripartido (de novo), inserido entre a segunda e a terceira seção, está igualmente marcado por esse tema geral. Ele contém a proibição de rezar como os pagãos (6,7-8), o Pai-nosso (vv. 9-13) e a continuação, em forma de comentário, da petição de perdão do Pai-nosso (vv. 14-15). Se esperarmos, portanto, na conclusão da última das três instruções (6,16-18) uma gnoma imediatamente reconhecível, então ficamos desapontados. Na verdade, segue-se uma tríade de *sentenças* (6,19-21.22-23.24), fechadas em si mesmas.[45] A *primeira* sentença (6,19-21) interdita ajuntar tesouros terrestres, mas estimula o entesourar nos céus. A palavra conclusiva fundamentadora (v. 21) funciona como uma gnoma: "Pois onde está teu tesouro, aí estará também teu coração". A *segunda* sentença referente ao olho como fonte de luz (vv. 22-23) desemboca na máxima: "Pois se a luz que há em ti são trevas, quão grandes serão as trevas" (v. 23c.d). A *terceira* sentença (v. 24) particulariza o que foi dito em retrospecção à primeira e termina com a gnoma: "Não podeis servir a Deus e ao Dinheiro" (v. 24d). Dado que somente aqui, no quadro da tríade de sentenças, encontra-se a palavra Deus, deve-se pressupor que aqui se encontra também a solução teológica das imagens. Em todo caso, fundamentalmente, a tríade de sentenças quer esclarecer que o entesourar nos céus, mediante a prática correta da "justiça", só é possível àquele que possui "olho" transparente, singelo e, por isso, permite enxergar corretamente, de modo que ele "não tem dúvidas" de que não pode servir a dois senhores. Sob esse aspecto, os versículos 21.23c. d e 24d constituem três sentenças de caráter geral, que se harmonizam entre si

---

[45] Cf., a propósito, STRECKER, *Bergpredigt*, 135: "No que se segue, Mateus reúne sentenças de conteúdos diversos, provenientes da tradição Q".

e que reconduzem "ao ponto" a parte central do *corpus* do discurso, dominada pelo número três.[46]

Presumivelmente, porém, a tríade de sentenças se presta a uma *dupla função*, visto que a última gnoma (v. 24d) oferece ao mesmo tempo a frase-tema para o "evangelho das preocupações" (6,25-34) que se segue. Por conseguinte, sob o aspecto retórico, pode-se falar de um tipo de *katástasis*. Esta, eventualmente, liga o proêmio com a *tractatio*, mas pode ser utilizada *também no interior* desta. No caso, então, ela serve de membro de ligação entre cada uma das demonstrações, na medida em que ela apresenta cada ponto da argumentação. Estes constituem, então, as frases temáticas *(propositiones)* para a parte seguinte da *tractatio*.[47] Pelo que respeita ao conteúdo, uma catástase apenas denomina as coisas, ou seja, suas pressuposições, conseqüências ou motivos,[48] tal como de fato acontece em Mt 6,19-24.

A *terceira* parte do *corpus* do discurso (6,19–7,11) conclui-se igualmente com uma gnoma. Independentemente das pouco mencionadas sentenças de 6,16-24, ela é formada pelo "evangelho das preocupações" (6,22-34), pela interdição de julgar (7,7-5) e de não profanar as coisas santas (7,6) e pelo desafio a uma oração plena de confiança (7,7-11). Conceitualmente, chama a atenção o fato de o evangelho das preocupações exigir confiança no "Pai celestial" e a exortação conclusiva de 7,11 concluir-se com a variante temática: "Quanto mais vosso Pai, que está nos céus, dará coisas boas aos que lhe pedem!". Em todo caso, a "moldura" tem como tema a atitude de confiança para com Deus, ao passo que os textos que ela envolve tematizam o relacionamento com as demais pessoas em referência a Deus. Conseqüentemente, a "regra de ouro" compõe a gnoma conclusiva: "Tudo aquilo, portanto, que quereis que os homens vos façam, fazei-o vós a eles, pois esta é a Lei e os Profetas" (7,12).

Se as máximas sapienciais no final das três partes do *corpus* do "discurso da montanha" levam a presumir uma *tractatio* correspondente, em sentido retórico,

---

[46] Como observa Bornkamm, Aufbau, 427, é provável, acima de tudo, "que a aglutinação das sentenças em 6,19-24 seja motivada pela seqüência das três primeiras petições dirigidas aos cuidados de Deus [o Pai-nosso]."
[47] Cf. Beck, *Theorie*, 137-138.
[48] Cf. Volkmann, *Rhetorik*, 297.

então se levanta a questão acerca de seu *modo de argumentação*. A propósito, deve-se levar em consideração que o "sermão da montanha", mediante o contexto narrativo precedente (Mt 4,25–5,2), não foi introduzido como, por exemplo, um discurso judicial, mas sim como instrução para os discípulos e para o povo, na qual são explicadas e exigidas dos ouvintes certas formas de comportamento, de feitio diferente, mas rejeitadas. Esse procedimento é apropriado ao *"genus deliberativum"* retórico, que trata "deliberativamente" a questão acerca do que desejar, fazer ou não fazer. Por conseguinte, os conselhos ou exigências dizem respeito fundamentalmente às atitudes que serão avaliadas como úteis ou inúteis, significativas ou vazias de acordo com a "alternativa de qualidade *utile/inutile*".[49] Segundo Aristóteles, o objetivo normativo para cada conselho é o bem idêntico ao reto pensar![50]

Via de regra, o discurso público parte de fatos concretos, de uma *quaestio finita*. Ou seja, a fim de poder propor ou exigir o comportamento correto, eventualmente é necessário "tratar também de objetos do presente e do passado".[51] Para a apresentação da relação entre o existente e o exigido, amiúde se emprega o método da confrontação comparativa *(comparatio)*, de modo que, no final das contas, todo o gênero retórico é determinado por isso.

Na *quaestio* mesma "o outro membro da *comparatio* pode freqüentemente não ser expresso"[52] e a definição da *causa* pode permanecer em abstrato. Conforme já se disse, esse é precisamente o caso de Mt 5,20. A tese é relativamente abstrata, não diz em que consiste o "menos" em "justiça" das pessoas comparadas, mas realça positivamente até o Reino dos Céus. Falta, portanto, a *divisio*. Esta "consiste numa mediação clarificadora entre a definição abstrata e o [...] caso concreto individual".[53] A forma mais evidente de tal procedimento encontra-se nas seis chamadas "antíteses" (5,21-48), que trabalham com a confrontação de: "Foi dito — eu, porém, vos digo". Com o auxílio de exemplos, elas vão explicando o que deveras se quer dizer com a frase temática de 5,20, e também com a tese

---

[49] LAUSBERG, *Handbuch*, § 224 (p. 123).
[50] ARISTÓTELES, *Ret. I, 6*, p. 1362a, 21-23; cf. EPICTETO, *Diss.* I, 22; cf. também BECK, *Theorie*, 263-264.
[51] LAUSBERG, *Handbuch*, § 228 (p. 124).
[52] Ibid., § 227 (p. 124).
[53] LAUSBERG, *Handbuch*, § 393 (p. 216).

respectiva, tirada do Decálogo. Igualmente as três instruções de Mt 6,2-4.5-6 e 16-18 esclarecem a temática de 6,1, retomada, mais uma vez, de forma variada, recorrendo a modelos exemplares de comportamento, os quais elas contrapõem ao dos "hipócritas". Da mesma forma, o evangelho das preocupações (6,25-34) explicita a gnoma de 6,24d, mediante o que, nos versículos 31-32, a atitude solicitada é acareada com a dos pagãos. Por fim, nas instruções práticas a propósito do julgamento (7,1-5) e da correta oração de petição (7,7-11), o comportamento de Deus faz o contraponto com o das pessoas.

Podem-se constatar, portanto, quase continuamente, formas de argumentação *comparadas*, especialmente no âmbito da comparação da diferença entre o menor (*minus*) e o maior (*maius*), ou também o contrário é indicado: "Como o menos [...], escolhe-se um tipo de *exemplum* [...] que é superado pelo assunto a ser tratado".[54] Nesse caso, o recurso à figura de estilo do *incrementum* pode alcançar um efeito argumentativo, isto é, confirmativo especial. O *incrementum* consiste na caracterização verbal, gradual, ascensional do objeto, "mediante a qual os graus inferiores já são considerados fortes, os quais, a seguir, são ainda suplantados pelo último grau".[55] Tal graduação está presente, por exemplo, na primeira e na quinta "antíteses" e, de certa forma, também na quarta, bem como no texto intermediário de 5,29-30, que liga a segunda e a terceira "antíteses". Tais observações valem também para as instruções da terceira parte da *tractatio* (6,25–7,11).

Finalmente, pertence aos elementos da retórica deliberativa o uso freqüente de exemplos *(exempla)*, na *argumentatio*, a fim de fundamentar o desejado julgamento.[56] Eles "podem ser históricos ou inventados livremente, e podem ter pessoas ou acontecimentos como conteúdo. Não por último, devem motivar os ouvintes a uma apreciação análoga e a um comportamento futuro semelhante".[57] Tais exemplos alegóricos são usados já no proêmio (cf. 5,13b.14b.15); encontram-se, acima de tudo, na tríade de sentenças do entesouramento, do olho e dos dois senhores (cf. 6,19-24), no evangelho das preocupações, na palavra acerca do julgamento (7,3-5) e no dito sobre a profanação do sagrado (7,6). Da mesma forma, na parte

---

[54] Ibid., § 404 (p. 222).
[55] Ibid., § 403 (p. 222).
[56] Cf. VOLKMANN, *Rhetorik*, 298; LAUSBERG, *Handbuch*, § 410-426 (pp. 227-235).
[57] ZEILINGER, *Krieg und Friede in Korinth II*, 29-30.

final do discurso (7,13-27), usam-se exemplos, como o da árvore boa e da árvore má (7,16-19) ou o do construtor sensato e do negligente (7,24-27). Como chamado "testemunho artificial", os exemplos podem referir-se a pessoas ou a coisas.[58]

Finalmente, as *emoções motoras* "esperança e medo" *(spes et metus)* determinam o discurso deliberativo, as quais dependem da qualificação dos modos de proceder que foram propostos. Elas podem determinar todo o discurso, no entanto mostram sua eficácia mais fortemente na parte final.[59] Não se faz necessário demonstrar que esses elementos, com suas referências ao Reino dos Céus, à recompensa celeste, bem como ao cárcere, ao julgamento etc. (cf., entre outros, 5,21-26), definem o sermão da montanha.

3.3. Final do discurso (Mt 7,13-27)

Na retórica clássica estão reservadas muitas funções à *peroratio*, à parte conclusiva do discurso. Uma delas é a *recapitulatio*, ou seja, a retrospectiva tanto da *quaestio* colocada no proêmio, quanto da sua *tractatio*, cujo *interesse* é trazido à baila, sem que o argumento seja repetido. Nesse ponto, recorda-se, acima de tudo, aquilo que *agora* é esperado e exigido dos ouvintes.[60] No discurso à multidão, outra tarefa do epílogo consiste, antes de mais nada, no *despertar emoções*, a fim de estimular os ouvintes à decisão *pelo* assunto exposto. Por isso, ele é recomendado como o único justo e bom. Possíveis defensores do contrário são, em contrapartida, difamados e apresentados como moralmente inferiores. No discurso público, nesse ponto as chamadas emoções motoras — "esperança e medo" — desempenham um papel especialmente importante. Faz parte do método apelar diretamente aos ouvintes e, ocasionalmente, tematizar seu relacionamento pessoal com o orador. Se procurarmos localizar esses elementos retóricos fundamentais na parte conclusiva do "sermão da montanha", então seremos plenamente bem-sucedidos.

A intenção de evidenciar a própria questão como a única legítima e boa, bem como demonstrar também que a rejeição da proposta de Jesus é a única coisa que se deve realmente temer, está presente continuamente na *peroratio*

---

[58] Cf. LAUSBERG, *Handbuch*, § 356 (pp. 193-194).
[59] Cf. LAUSBERG, *Handbuch*, §§ 229.258.437.
[60] Cf. VOLKMANN, *Rhetorik*, 311.

do "sermão da montanha" (7,13-27). Isso já é mostrado pelo confronto entre o bastante percorrido caminho que leva à perdição e o caminho, por poucos escolhidos, que conduz à vida (7,13-14). Qual caminho deve ser escolhido, está claro, pois a vida é o bem, ao passo que a perdição é o que deveras deve ser temido. A introdução, a seguir, dos falsos profetas (7,15-20) segue a mesma linha. Eles são desqualificados como "lobos em pele de cordeiro" (7,15). Ato contínuo, são comparados com uma árvore que produz frutos maus. A ameaça da perdição final corresponde exatamente ao pretendido despertar da emoção do medo. O aceno aos "frutos" dos falsos profetas como o meio de os reconhecer como tais traz ao mesmo tempo à memória a exigência indireta de praticar uma "justiça" superior, já presente no proêmio. Que se trata dessa prática, mostra-se especialmente a partir de 7,21. Como no proêmio (cf. 5,17), o orador fala na primeira pessoa e expressa concomitantemente a relação pessoal dos ouvintes consigo: "Nem todo aquele que me diz 'Senhor, Senhor' entrará no Reino dos Céus, mas sim aquele que *pratica* a vontade de meu Pai que está nos céus". A autojustificação fictícia daqueles aí subentendidos mostra que os que se limitam à fórmula de confissão de Jesus como Senhor identificam-se com os falsos profetas: "Senhor, Senhor, não foi em teu nome que profetizamos […]?" (7,22). Eles são rejeitados, por fim, como "praticantes da in-justiça" (7,23), pois não corresponderam à justiça maior exigida na frase temática de 5,20 e, portanto, têm motivos de sobra para temer um encontro imediato com o Senhor.

A *parábola conclusiva* do que constrói sobre a rocha ou sobre a areia (7,24-27) sublinha, por fim, mais uma vez, a idéia fundamental contínua de que ouvir e agir devem formar uma unidade. Com as imagens, procura-se, uma última vez, incentivar um comportamento no sentido do "ensinamento sobre a montanha", pois um agir assim é decisivo para o planejamento da vida. A alternativa de comportamento apresentada possibilita, de acordo com a "alternativa de qualidade *utile/inutile*",[61] uma derradeira avaliação de um comportamento legítimo ou prejudicial. Contudo, o objetivo dessa avaliação é a decisão pela prática do bem, idêntica ao modo de pensar justo,[62] no sentido do ensinamento do Senhor.

---

[61] LAUSBERG, *Handbuch*, § 224 (p. 123).
[62] ARISTÓTELES, *Ret.* I, 6, p. 1362a, 21-23; cf. EPICTETO, *Diss.* I, 22, 1; cf. também BECK, *Theorie*, 263-264.

3.4. Mateus e sua retórica

As considerações acima apresentadas fazem pressupor que as regras fundamentais da retórica deliberativa não eram desconhecidas do evangelista Mateus. Em todo caso, elas determinam de forma admiravelmente clara o esquema fundamental do "discurso sobre a montanha", bem como cada uma de suas partes. Ao mesmo tempo, são próprios do judeu-cristão Mateus uma formação sinagogal não de pouca monta e um gosto artístico nos moldes judeus, o qual se fundamenta, evidentemente, num uso intensivo de proposições bíblico-sapienciais.[63] A partir da ligação das duas "vias de formação" talvez fique claro que, acima de tudo na *tractatio*, não existe retórica helenista pura, mas sua adaptação original por um judeu-cristão da diáspora, que partilha sua cultura comum com os judeus helenistas. Por conseguinte, o "sermão da montanha" comporta, decididamente, não apenas o conteúdo essencial do "ensinamento do Senhor" sobre o chão das Sagradas Escrituras de Israel e da jovem Igreja, mas também a forma de uma pequena obra-prima literária que, nascida de tradições e de fontes, constitui uma totalidade nova e convincente.

4. Mateus e suas fontes literárias

No final do discurso das parábolas (13,1-52), Mateus escreve: "Por isso, todo escriba que se tornou discípulo do Reino dos Céus é semelhante ao proprietário que do seu tesouro tira coisas *novas* e *velhas*" (13,52). Entre outras coisas, isso vale bem para o próprio evangelista.[64] Conforme já mencionado, em sua obra ele segue o fio narrativo do *evangelho de Marcos* e se serve do grande complexo de discursos da *Fonte dos Ditos*.[65] A partir daí, deve-se ainda perguntar como Mateus ajusta o "ensinamento sobre a montanha" ao modelo de Marcos e de que maneira ele se serve da Fonte dos Ditos.

Em relação ao *evangelho de Marcos*, a inserção dos cinco grandes discursos de Jesus (Mt 5–7; 10; 13,3-52; 18; 23–25), juntamente com a "pré-história" (Mt

---

[63] Cf. Luz, *EKK I/1*, 76.
[64] Assim, ainda FRANKEMÖLLE, *Jahwe-Bund*, 145-146. Cf., porém, Luz, *EKK I/2*, 363-365 e notas 21-23.
[65] Acrescente-se o material especial, cuja origem é discutida. Cf. FRANKEMÖLLE, *Matthäus-Kommentar 1*, 101.

1–2) e as narrativas da Páscoa (Mt 28), constitui a mudança que mais chama a atenção.⁶⁶ Em conexão com Marcos, desde o início do "ensinamento sobre a montanha", o evangelista relata que Jesus, após a prisão do Batista, vai a Cafarnaum, onde ele dá início ao anúncio do Reinado dos Céus (4,17). Segue-se a vocação dos primeiros discípulos (Mc 1,16-20 // Mt 4,18-22). Omitindo Mc 1,21-34(38), o chamado "dia em Cafarnaum", ele expande a frase "E foi por toda a Galiléia, pregando em suas sinagogas e expulsando os demônios" num grande *sumário* da atividade de Jesus (Mt 4,23-25), ao qual se segue imediatamente a *introdução* ao ensinamento sobre a montanha *(5,1-2)*. Para a *conclusão* narrativa (Mt 7,28-29), ele recorre à *introdução* ao "dia em Cafarnaum", na medida em que ele retoma quase literalmente (Mt 7,28b.29) a frase: "Estavam espantados com o seu ensinamento, pois ele os ensinava como quem tem autoridade e não como os escribas" (Mc 1,22). Ele apenas acrescenta como sujeito as "multidões", que ele já apresentara como ouvintes de Jesus em 4,25 e 5,1. Levando-se em consideração a moldura de Marcos, o "ensinamento sobre a montanha" encontra seu "lugar" entre Mc 1,21 e 22. Aquilo que Mateus assume de Marcos até ali torna-se assim uma longa e empolgante (a partir de Mt 4,23) introdução ao primeiro grande discurso de Jesus em seu evangelho. Nela mesma, não nos deparamos com nenhuma autêntica apropriação do evangelho de Marcos, a não ser que se compreendam a sentenças que se seguem ao Pai-nosso (Mt 6,14-15) como uma variante de Mc 11,25-26.⁶⁷

Via de regra, contam-se como textos provenientes da *Fonte dos Ditos* aqueles que, ausentes de Marcos, encontram-se apenas em Mateus e em Lucas. Os textos relevantes para o "sermão da montanha" encontram-se invariavelmente na pequena e na grande interpolação (Lc 6,20–8,3; 9,51–18,14), ou seja, no chamado *"discurso da planície"* e no *"relato de viagem"* do evangelho de Lucas.

---

[66] Em relação à pertença mútua dos discursos quanto à forma e ao conteúdo, cf. ibid., 95-10, e *supra*, p. 16-20.

[67] Com efeito, Mc 11,26, sob o aspecto da crítica textual, não está solidamente atestado, uma vez que a frase não aparece nos importantes códices א B W. Ademais, o texto de Marcos está perpassado de expressões tipicamente mateanas como, por exemplo, "vosso Pai, que está nos céus", de modo que talvez se trate até mesmo de uma glosa proveniente do EvMt. (Cf. STRECKER, *Bergpredigt*, 129, nota 87).

O *"discurso da planície"* (Lc 6,20-49) abrange as seguintes unidades textuais:

1. 3 + 1 bem-aventuranças e 3 + 1 lamentos (Lc 6,20b-26).
2. O mandamento do amor ao inimigo em conexão com a interdição de vingar, a regra de ouro e a gnoma de ser misericordiosos a exemplo do Pai (6,27-36).
3. A proibição de julgar e de condenar (6,37-42).
4. A exigência de produzir bons frutos e de não apenas de testemunhar Jesus como Senhor, mas, ao contrário, praticar também sua palavra (6,43-46).
5. A parábola do construtor sobre a rocha e sobre a areia (6,47-49).

A *seqüência* prática dessas cinco unidades do "discurso sobre a planície" existe também no "sermão da montanha", mas não sua conexão *imediata*, uma vez que Mateus as divide pelos capítulos 5–7.[68]

Em contrapartida, os textos paralelos presentes no *"relato de viagem"* do evangelho de Lucas não se harmonizam de forma alguma em sua *seqüência* com os do Sermão da Montanha. Na *primeira parte* do "ensinamento sobre a montanha", Mt 5,13 e 14-15 correspondem ao dito de Lc 14,34-35 e 11,33, bem como Mt 5,18 mostra um paralelo com Lc 16,17. Lc 16,18 forma outro paralelo com a questão do divórcio em Mt 5,31-32. A mencionada ida ao juiz em Mt 5,25-26 encontra-se em Lc 12,57-59. Na *parte central* dos discursos, Mateus toma de Q somente o Pai-nosso (6,9-13) (cf. Lc 11,2-4). Para as três sentenças de Mt 6,19-21.22-23.24 encontram-se paralelos em Lc 12,33-34; 11,34-36 e 16,13. Na *terceira parte* do *corpus* do "sermão da montanha" o "evangelho das preocupações" (Mt 6,25-34) tem seu equivalente em Lc 12,22-31, ao passo que a seção conclusiva de Mt 7,7-11 tem sua contrapartida em Lc 11,9-13. Finalmente, Lc 13,23-24 corresponde à primeira seção da *conclusão do discurso* em Mt 7,13-14, bem como a ameaça de juízo em Mt 7,22-23 tem um paralelo parcial em Lc 13,25-26.

---

[68] Cf. Mt 5,3.6.7.11-12.38-47, bem como 7,1-5.12.15-20.21.24-27.

Portanto, a *técnica literária* de Mateus parece consistir no uso do grupo de sentenças do "sermão da planície" (Lc 6,20-49) como moldura de fundo para o "sermão da montanha" e, daí, na inclusão de seus textos na primeira e na última terça parte do "ensinamento sobre a montanha". Entre esses, recorre a outros textos provenientes da Fonte dos Ditos, que se acham dispersos em Lc 11-14 e 16. No *centro*, encontra-se, evidentemente de forma consciente, apenas o Pai-nosso (Mt 6,9-13), aparentado com Lc 11,2-4, o qual Mateus envolve com as diretivas sobre a beneficência, sobre a oração e sobre o jejum, pertencentes a seu material especial.

Numa visão geral, resulta de tudo isso o seguinte quadro,[69] o qual expressa, ao mesmo tempo, a *articulação do Sermão da Montanha* que está na base do presente trabalho:

---

[69] A sinopse apóia-se em LAMBRECHT, *Ich aber sage euch*, 25-26, e em WEDER, *Die "Rede der Reden"*, 253.

Questões prévias

Sermão da Montanha (Mt)			Sermão da planície (Q/Lc)	Relato de viagem (Q/Lc)
I.	Abertura 5,3-20			
	5,3-12:	Macarismos	6,20b-23	
	5,13-20:	Proêmio		14,34-35; 11,33; 16,17
II.	"Antíteses" 5,21-48			
	(5,20:	frase temática)		
(1)	5,21-26:	5º. mandamento		12,58-59
(2)	5,27-30:	6º. (9º.) mandamento		
(3)	5,31-32:	divórcio		16,18 (cf. Mc 10,11-
(4)	5,33-37:	8º. mandamento		12)
(5)	5,38-42:	vingança	6,29-30	(cf. Tg 5,12)
(6)	5,43-47:	amor ao inimigo	6,27-28.32-35	
	5,48:	perfeição	6,36: misericórdia	
III.	Instruções 6,1-23			
	6,1:	postulado		
(1)	6,2-4:	esmola		
(2)	6,5-6:	oração em segredo		
	6,7-8:	não tagarelar		
	6,9-13:	PAI-NOSSO		11,2-4
	6,14-15:	perdão		(Mc 11,25-26)
	6,16-18:	jejum		
	6,19-21:	tesouros		12,33-34
	6,22-23:	olho límpido		11,34-36
	6,24:	servir a dois senhores		16,13
IV.	Viver perante Deus 6,27–7,12			
(1)	6,25-34:	evang. das preocupações		12,22-31
(2)	7,1-5:	não julgar	6,37-39.41-42	
(3)	7,6:	não profanar		
(4)	7,7-11:	oração confiante		11,9-13
	7,12:	a regra de ouro	6,31	
V.	Peroratio 7,13-27			
	7,13-14:	dois caminhos		13,23-24
	7,15-20:	falsos profetas	6,43-44	
	7,21-23:	conhecimento pelas obras	6,46	
	7,24-27:	parábola conclusiva	6,47-49	

Capítulo 2

Introdução, prólogo, abertura (Mt 5,3-20)

1. Introdução (Mt 5,1-2)*

> v. 1   Vendo ele as multidões, subiu à montanha.
>   Ao sentar-se, aproximaram-se dele os seus discípulos.
> v. 2   E, abrindo sua boca, ensinava dizendo:

A *introdução* ao primeiro grande discurso no evangelho de Mateus fundamenta a subida de Jesus à montanha com o fato de ele *ver* (v. 1) a multidão. A montanha, com artigo definido, mas anônima, indica a montanha de Deus, o ponto de encontro do mundo divino com o mundo terrestre das pessoas. Portanto, não se trata de nenhuma noção geográfica, mas sim de um conceito teológico. Da mesma maneira, a subida a esse ponto de contato entre o céu e a terra possui caráter soteriológico, pois aqui "o Glorificado" *ensina* as pessoas com vistas à salvação delas. Os adendos "ao sentar-se, os discípulos se aproximaram, pôs-se a falar e os ensinava" conferem caráter oficial ao subseqüente "ensinamento sobre a montanha". Também o rabi mestre da Lei ensina sentado, enquanto seus alunos se sentam ao redor dele. De certa maneira, ele já assume a cátedra de Moisés (cf. 23,2), uma vez que ele interpreta e atualiza a Torá. Assim, Mateus alinha-se "à tradição de ensino rabínico: à maneira de um legítimo rabi [...] ele transmitirá aos ouvintes ensinamentos importantes".[1] A locução semítica "e, abrindo sua boca, ensinava

---

* De modo geral, na tradução, seguimos a *Bíblia de Jerusalém* em sua mais recente edição, afastando-nos dela sempre que maior fidelidade ao texto original grego for proposta pelo autor. Observe-se que, na *BJ*, a ordem da segunda e terceira bem-aventuranças segue a Vulgata, e não o texto grego. [N.T.].

[1] SAND, *Das Evangelium nach Matthäus*, 99.

dizendo" enfatiza três ações que, segundo nossa sensibilidade, constituem uma única: abrir a boca, ensinar e, na verdade, sob a forma de palavra pronunciada. Certamente a expressão "abrir sua boca" recorda o Sl 78,2: "Abrirei minha boca numa parábola", ou seja, num dito sapiencial importante para a vida.²

Os discípulos que se aproximam de Jesus constituem o círculo mais íntimo e correspondem aos alunos de um grande rabi. Assim como um rabi escolhe seus alunos, da mesma maneira Jesus os fez seus discípulos. Até agora, porém, foram chamados para o seguimento de Jesus apenas quatro: os dois irmãos Simão Pedro e André, bem como Tiago e João, sem que tenham sido denominados de discípulos (4,18-22). Por conseguinte, a noção de discípulo/aluno encontra-se aqui pela primeira vez no evangelho de Mateus e não é ainda muito bem especificada quanto ao conteúdo. Na introdução ao "discurso do envio" (Mt 10), Mateus escreverá: "Chamou os *doze discípulos* e deu-lhes autoridade de expulsar os espíritos impuros e de curar toda sorte de males e enfermidades" (Mt 10,1). Antes do início da subseqüente lista de nomes, eles são denominados de *doze apóstolos*, com vista à missão especial (10,2a). De acordo com 10,7-8, a tarefa deles é idêntica à própria tarefa de Jesus: eles devem anunciar a proximidade do Reinado dos Céus "às ovelhas perdidas da casa de Israel", bem como operar curas e expulsões de demônios no povo de Deus (cf. 4,23-24). Os Doze são, portanto, discípulos com a tarefa especial de agir como multiplicadores da boa-nova salvífica de Jesus em palavras e ações. Mas isso só lhes é possível porque eles, em razão de sua vocação a serem discípulos do Senhor, já estão plenamente ao seu lado e são os ouvintes primários de seu ensinamento, o qual eles próprios, em nome e sob o imperativo de seu mestre, devem transmitir e pôr em prática. Contudo, também o cenário que antecede o "ensinamento da montanha" já dá a entender que a eles foi destinada uma espécie de "posição intermediária [...] entre Jesus e o povo".³

Algumas vezes se supôs que Mateus, sob o pano de fundo da doação da Lei no Sinai, quisesse indicar Jesus como o novo e escatológico Moisés, que supera o primeiro. Contudo, a situação descrita em Ex 19,3; 24,15 difere do cenário que Mateus descreve. Com efeito, Moisés sobe ao Sinai acompanhado pelos anciãos (cf. Ex 24,1), a fim de encontrar-se com Deus e *dele* receber as tábuas da lei, de

---

² Cf. ibid., loc. cit.
³ GNILKA, *HThK I/1*, 110.

maneira que ele, *depois da descida* da montanha, as apresentasse ao povo — que entrementes, com certeza, se havia tornado rebelde — para que as aceitasse (cf. Dt 32). Jesus, porém, não transmite nenhuma Torá nova (cf. 5,17-19), mas, mercê da própria autoridade, interpreta a vontade de Deus contida na Lei e nos Profetas. Por isso, do ponto de vista puramente lingüístico, poder-se-ia pensar também numa analogia entre os anciãos de Israel e os discípulos, sozinhos com Jesus, sobre a montanha. Contudo, a partir da observação conclusiva de 7,28-29, deve-se supor que, para Mateus, também a multidão estava presente sobre a montanha.

O cenário é transparente para a comunidade dos leitores do evangelista, a qual, objetivamente, já se encontra no ponto de contato *escatológico* entre o céu e a terra, e recebe o ensinamento orientador acerca do Reinado dos Céus "a partir do céu". O Emanuel está aqui sentado e ensina como se estivera no lugar de Iahweh. O que ele dirá é a própria palavra de Deus que vela a fim de que os ouvintes cumpram sua obrigação. Com isso fica esclarecido que Mateus deseja que *sua* versão do "ensinamento sobre a montanha" seja compreendida como a plenipotente palavra do Senhor glorioso a sua Igreja! Como primeiro discurso de Jesus no evangelho de Mateus, ele transmite o programa do Emanuel (1,23) e contém, ao mesmo tempo, a forma definitiva de um tratado de aliança que, no final das contas, deve ser proclamado e concretizado "no mundo inteiro" (28,19-20).

2. Prólogo (Mt 5,3-12)

2.1. Forma e origem

	Mt 5,3-12:		Lc 6,20b-23
3a	*Felizes os pobres em espírito,*	20b	*Felizes os pobres,*
b	*porque deles é o Reino dos Céus.*		*porque vosso é o Reino de Deus.*
4a	*Felizes os aflitos,*	21b	*Felizes os que agora*
b	*porque serão consolados.*		*choram, porque haveis de rir.*
5a	*Felizes os impotentes,*		
b	*porque herdarão a terra.*		

6a b	Felizes os que têm fome e sede de justiça, porque serão saciados.	21a	Felizes os que agora têm fome, porque sereis saciados.

7a Felizes os misericordiosos,
b porque alcançarão
   misericórdia.

8a Felizes os puros de coração,
b porque verão a Deus.

9a Felizes os que promovem a
b paz, porque serão chamados
   filhos de Deus.

10a Felizes os que são
b   perseguidos por causa da
    justiça, porque deles é o
    Reino dos Céus.

11a b	Felizes sois, quando vos injuriarem e vos perseguirem	22	Felizes sereis, quando os homens vos odiarem, quando vos rejeitarem, insultarem
c	e (mentindo) disserem todo mal contra vós por causa de mim;		e proscreverem vosso nome como infame, por causa do Filho do Homem.
12a	Alegrai-vos e regozijai-vos,	23	Alegrai-vos naquele dia e exultai,
b c	porque será grande a vossa recompensa nos céus; pois foi assim que perseguiram os profetas que vieram antes de vós.		porque no céu será grande a vossa recompensa; pois do mesmo modo seus pais tratavam os profetas.

O prólogo do "ensinamento sobre a montanha" compõe-se das conhecidas oito bem-aventuranças (5,3-10) e de outra nona formulada diferentemente (5,11-12). Os *oito* primeiros macarismos apresentam-se como sentenças construídas de forma igual, as quais consistem em uma frase nominal e em uma frase de fundamentação na terceira pessoa. Elas correspondem ao gênero das bem-aventuranças, muito usado no AT,[4] são freqüentemente encontradas na literatura sapiencial e, na maioria das vezes, servem para elogiar o bom comportamento humano,[5] mediante o que seu caráter didático refere-se de muitas maneiras à conduta de vida.[6] Sua validade universalmente reconhecida é sublinhada não por último mediante o uso da terceira pessoa. Em contrapartida, a *nona* bem-aventurança (vv. 11-12) foi mantida no estilo de prosa e interpela diretamente os destinatários usando a segunda pessoa do plural. Ela é formada por dois períodos, a trimembre bem-aventurança dos interpelados (v. 11) e de um convite à alegria, que é fundamentado por uma promessa de recompensa e pelo recurso à sorte dos antigos profetas (v. 12). No Antigo Testamento, tais macarismos, bem como invectivas, são típicos do ambiente profético. A alusão ao destino dos profetas no versículo 12c corresponde, nesse sentido, ao gênero, e se refere, obviamente, à situação vexatória dos destinatários.[7]

Com relação ao esquema das oito primeiras bem-aventuranças, deve-se observar que a fundamentação da primeira é literalmente semelhante à da oitava, e tem por sujeito a idéia motora do "Reino dos Céus". Tem-se, então, uma *moldura* para o restante dos macarismos. A segunda idéia motriz, a "justiça", em compensação, encontra-se enfatizada no final da oração principal da quarta e da oitava bem-aventurança. Pode-se, portanto, supor que os oito macarismos se articulam em *duas "estrofes quádruplas"*.[8] As motivações das seis bem-aventuranças "emolduradas" são formuladas sempre futuristicamente. A terceira e a sexta argumentações usam, no caso, a forma ativa, as demais, a passiva. Na primeira estrofe, a terceira bem-aventurança acha-se em penúltimo lugar; na segunda

---

[4] Cf. Sl 1,1; 32,1-2; 41,2; 112,1; 119,1, entre outros.
[5] Cf. Pr 3,13; 8,32.34; Eclo 14,1-2.20; 25,8.9; 34,17, entre outros.
[6] Cf. SAND, *Das Evangelium nach Matthäus*, 201.
[7] Cf., *supra*, p. 10-12.
[8] Ademais, na primeira estrofe encontra-se ainda uma aliteração da letra π do sujeito da quarta oração principal. Felizes são os *ptochoi, penthoûntes, praeîs* e *peinôntes!*

estrofe, a sexta bem-aventurança encontra-se no segundo lugar, de modo que, além disso, delineia-se uma espécie de disposição concêntrica.

Uma olhada em *Lc 6,20b-23* mostra que uma parte dos macarismos remonta à *Fonte dos Ditos*. Esta continha, presumivelmente, apenas as três bem-aventuranças dos pobres, dos famintos, dos que choram, oferecidas por Lucas, bem como o elogio conclusivo aos odiados e multiplamente oprimidos (cf. Lc 6,22-23). Verossimilmente, as três primeiras bem-aventuranças referem-se *ao próprio Jesus*, visto que se trata de uma triplamente variada consolação aos desclassificados, da qual, porém, está ausente qualquer traço cristológico ou eclesiológico.[9] Elas não tratam tanto de situações determinadas, mas, no final das contas, de Deus, que se volta para o ser humano sem nenhuma concessão humana preliminar, ou seja, ele começa a cumprir a promessa de amparo e socorro para aqueles que se encontram em necessidade. Esses "macarismos primitivos" são, portanto, proclamação do Reinado de Deus e, como tais, promessa da salvação escatológica que já se inicia.

Mal se pode responder à pergunta se Jesus formulou as bem-aventuranças na segunda ou na terceira pessoa. Deve-se, antes, indagar se Lucas, em acomodação a sua quarta bem-aventurança, passou as fundamentações dos "macarismos primitivos" para a segunda pessoa, ou se Mateus, ao contrário, mudou-as em ditos sapienciais na terceira pessoa. Em todo caso, merece consideração a *forma mista* especial em Lc: as frases nominais antecedentes encontram-se, sempre, indicativamente na terceira pessoa ("Felizes *os* famintos"), ao passo que as frases conclusivas, que dão as razões, estão na segunda pessoa ("porque *sereis* saciados").[10] Portanto, dificilmente se trata de uma acomodação à quarta bem-aventurança. Pelo contrário, Lucas mesmo (de igual maneira Mateus) deverá ter encontrado as bem-aventuranças como declarações indicativas e, com certeza, ajustaram apenas as argumentações a fim de atualizar os macarismos para os leitores.[11] Com a inserção de um *quarto* macarismo, os autores da Fonte dos

---

[9] Cf. Luz, *EKK I/1*, 200-201.

[10] Cf. a referência in ibid., 201. (O texto da *Bíblia de Jerusalém* não mantém essa distinção, harmonizando as frases antecedentes pelas conclusivas, ou seja, colocando todas na segunda pessoa. [N.T.])

[11] Weder, *Die "Rede der Reden"*, 41, pensa diferentemente. Também o *"nûn"* da segunda e da terceira bem-aventurança, ao qual corresponde uma forma futura na fundamentação, não é provavelmente original, mas remonta presumivelmente a Lucas, quando não já à Fonte dos Ditos.

Ditos procuraram já "cristianizar" a tríade jesuânica, pois os pobres, os famintos e os que choram são agora ligados à proscrição dos mensageiros *pós-pascais* do evangelho. Precisamente a eles são adjudicadas as bem-aventuranças de Jesus, pois, por causa de seu testemunho de fé no Filho do Homem escatológico Jesus, eles padecem pobreza, fome e sofrimento!

De forma evidente, *Mateus* expandiu para nove os quatro macarismos transmitidos pela Fonte dos Ditos e, com isso, efetuou mudanças essenciais quanto à forma e ao conteúdo em relação a seu modelo. Sob o aspecto *formal*, mudou-se a *disposição* da tríade de sentenças jesuânicas. Na *primeira estrofe*, à bem-aventurança dos "pobres *em relação ao espírito*", segue-se agora a dos aflitos, a qual altera o terceiro macarismo proveniente de Q (*Logienquelle* — "Felizes os que (agora) choram", Lc 6,21c) e o situa na segunda posição. O segundo macarismo de seu esquema ("Felizes os que [agora] tem fome", Lc 6,21a), em contrapartida, Mateus coloca no quarto lugar (Mt 5,6). O motivo está certamente em que ele o expande para o encômio dos "famintos e sedentos *de justiça*" e assim constrói o ponto culminante da primeira quádrupla estrofe de seus macarismos. Como terceira bem-aventurança, Mt 5,5 apresenta a dos mansos, a qual não tem nenhum correspondente em Lucas e apresenta o conteúdo de acordo com uma citação do Sl 36,11, segundo a versão da LXX.[12] Não pertence, certamente, à "tradição primitiva".[13]

As bem-aventuranças da *segunda estrofe* (5,7-10) não possuem paralelos em Lucas. Apresentaram-se diversas hipóteses acerca de sua origem,[14] das quais

---

[12] De quando em vez, esse macarismo foi e é também compreendido como um acréscimo pós-mateano numa série de sete macarismos do evangelista (cf. WREGE, *Überlieferungsgeschichte*, 24, nota 5). Uma série original de sete tampouco se pode provar. LUZ, *EKK I/1*, 201, presume antes uma expansão dos "macarismos originais" em uma série-π "entre a Fonte dos Ditos e a redação de Mateus", mediante a tradição oral, pensada sob a técnica mnemônica, mas fica devendo uma prova. Acima de tudo, deve-se aprovar FRANKEMÖLLE, *BZ-NF 15* (1971), 71, o qual, em razão da palavra mateana preferida "mansos" (*praýs*), supõe uma criação de Mateus (cf. Mt 11,29; 21,5).

[13] Cf. STRECKER, *Bergpredigt*, 36-37.

[14] De quando em vez se pressupôs que Mateus teria substituído a série de ais (Lc 6,24-26) pelos três primeiros macarismos da segunda estrofe. A pressuposta pertença dos ais a Q não é, porém, demonstrável. LUZ, *EKK I/1*, 201, situa novamente esses três macarismos na tradição oral entre Q e Mateus. Nessa fase, eles teriam sido formulados à luz de Is 61,1-3 e de alguns salmos. No entanto, o discurso não vai além de uma suposição.

não é o caso de discutir o mérito. Contudo, dever-se-ia dar importância ao fato de a sexta e a sétima bem-aventuranças decididamente inserirem a noção de "Deus": "verão a Deus" (v. 8b), "serão chamados filhos de Deus" (v. 9b). Juntamente com o fundamento do quinto macarismo ("alcançarão misericórdia", v. 7b), elas trazem respectivamente uma promessa futura de salvação e de assunção no mundo divino, o qual destina-se aos que são misericordiosos, agem de coração puro e promovem a paz. Implicitamente ligados a isso, os sensíveis apelos aos leitores a que se comportem da mesma maneira completam a tradição[15] e remontam talvez ao próprio Mateus.[16] Não são necessárias outras provas para que se perceba aqui a intenção que o redator teve ao criar.

Se compararmos a *nona bem-aventurança (vv. 11-12)* com Lc 6,22-23, logo aparecem, acima de tudo, duas particularidades. Trata-se, de um lado, da forte ênfase sobre a *perseguição* e, de outro lado, da substituição da expressão "por causa do Filho do Homem" (Lc 6,22e) por "por causa de mim" (v. 11c). A família de palavras "perseguir/perseguido" encontra-se já no versículo 10a bem como nos versículos 11b e 12b, três vezes, portanto, no mais estrito espaço. Mateus deixa de lado os verbos acumulados em Lc 6,22 — "odiar", "rejeitar — excluir", bem como "proscreverem vosso nome como infame", e assume apenas "injuriarem" (*oneidísosin*) até mesmo na forma literal. O "proscreverem vosso nome como infame" é, ao contrário, substituído por "e (mentindo) disserem todo mal contra vós" (v. 11c), de modo que, assim, em conexão com "injuriar", a forma verbal da perseguição deva ser evidentemente mencionada.

Quando Mateus, em vez de "por causa do Filho do Homem", escreve apenas "por causa de mim", então é porque isso tem antes a ver com a expectativa apocalíptica, ainda dominante na Fonte dos Ditos, da volta iminente de Cristo como o Filho do Homem que realizaria a transformação do mundo. Contudo, depois de cerca de 50 anos de história da Igreja, para Mateus e seus leitores, a parusia não era mais *o* problema. Para ele, a causa da perseguição em palavras e atos (cf. v. 10a) é simplesmente a fé em Jesus como o Senhor glorioso (cf. 7,21-23) e mestre da verdadeira "justiça: (*dikaiosýne*). Quando ele, finalmente, no versículo 12c, em vez de: "do mesmo modo seus pais tratavam os profetas" (Lc 6,23c), escreve: "pois

---

[15] Cf. STRECKER, *Bergpredigt*, 31.
[16] Cf. FRANKEMÖLLE, *BZNW* 15 (1971), 67-69.

foi assim que *perseguiram* os profetas que vieram antes de vós", então os leitores cristãos são implicitamente incluídos no rol dos profetas, cuja eleição, envio e destino eles compartilham. A grandeza de seu envio é explicitada pelas primeiras frases do proêmio com as imagens do sal da terra, luz do mundo e cidade sobre o monte (5,13-16). O versículo 12c tem também, por isso, função de transição.

Finalmente, as nove bem-aventuranças do evangelho de Mateus querem mostrar como o agir e o comportar-se divinos em favor do ser humano, aqui e agora, conseguem expressar-se. Elas são dirigidas àqueles que, sob as circunstâncias de uma existência terreno-mundana, encontram-se no caminho para Deus. Elas descrevem o verdadeiro cristão, mas tacitamente exigem também o esforço efetivo em busca da prometida comunhão com Deus. Elas são a um tempo alegre boa-nova e indicadoras de caminhos.

2.2. As quatro primeiras bem-aventuranças (vv. 3-6)

3a   *Felizes os pobres em espírito,*
b   *porque deles é o Reino dos Céus.*

4a   *Felizes os aflitos,*
b   *porque serão consolados.*

5a   *Felizes os impotentes,*
b   *porque herdarão a terra.*

6a   *Felizes os que têm fome e sede de justiça,*
b   *porque serão saciados.*

No discurso fontanal, a *primeira bem-aventurança* soa simplesmente: "Felizes os pobres" (Lc 6,20b). Quem são, porém, "os pobres"? No *âmbito de Jesus*, devem ter sido certamente os *materialmente* pobres. As pessoas que se reuniam em torno de Jesus às margens do Mar da Galiléia eram pescadores, pequenos camponeses, freteiros e diaristas sem vencimentos seguros. Na disponibilidade para ouvi-lo, Jesus podia perceber que eles estavam interiormente abertos para ele porque dele recebiam uma mensagem que os fazia felizes. Efetivamente, ele lhes dizia algo que ninguém mais ousava dizer-lhes, isto é, que eles, em sua pobreza, juntamente com a fome a ela relacionada, e com suas lágrimas, são ditosos, porque a presença atuante de Deus, seu Reinado definitivo e, com isso, a plenitude, pertencem à pessoa de Jesus e nele se encontram. Esse poder atuante de Deus, que torna feliz, mostra-se, de fato, na enérgica dedicação de Jesus àqueles que deviam lamentar-se de doença e pecado, da desesperança vinda de dentro ou de fora, em resumo, de uma vida limitada de muitas formas. Os exorcismos, as curas e os apelos aos pecadores já configuram, na marcha do evangelho de Mateus, precisamente o comentário prévio às bem-aventuranças (cf. 4,23). Pois, "onde quer que isso aconteça, o Reinado de Deus irrompe no agora e, ao mesmo tempo, manifesta-se a felicidade dos pobres".[17]

No entanto, as bem-aventuranças não exortam, por exemplo, a uma pobreza voluntária nem tampouco apenas a uma tolerância passiva da pobreza, mas elas tocam a *situação* do pobre. Pobreza é uma situação vital marcada pela fome e pelas lágrimas, a qual necessita de alguém que ajude, e aguarda e espera esse auxílio. O verdadeiro pobre está orientado para o "coração" daquele que o ouve e acolhe, compreende e o favorece. Quando Jesus diz que o Reinado de Deus pertence aos pobres, então ele relaciona a Deus essa situação humana de carência. No pobre, portanto, está implícito, de alguma maneira, todo ser humano consciente de sua dependência em relação a Deus. "Deus (porém) só pode dar onde ele pode ser Deus sem impedimentos. Mas o ser humano só pode receber se ele for pobre [...]. A existência do Reino de Deus consiste na partilha; ele se mostra como partilha. Por isso, o Reinado de Deus pertence aos pobres, que necessitam da doação"[18] e se confiam inteiramente ao "coração" do Deus benevolente, isto é, deixam-se conduzir por Jesus ao coração de Deus.

Mt 5,3, porém, fala de pessoas que são pobres *em relação ao espírito*. A expressão leva evidentemente a pensar na comunidade de Qumrã, que também a usava em conexão com a autodenominação de "os perfeitos de comportamento" (1 QM 14,7). No geral, porém, considera-se que, analogamente ao sexto macarismo ("bem-aventurados os puros em relação ao coração", Mt 5,8), existe aqui um

---

[17] WEDER, *Die "Rede der Reden"*, 82.
[18] WEDER, *Die "Rede der Reden"*, 82.

dativo de relação.¹⁹ Semelhantemente ao "coração", o espírito é, pois, "o lugar onde reside a pobreza deles".²⁰ Portanto, indica-se o *espírito humano*, que determina e assinala o mais íntimo do ser. Em Mateus, a redação expandida da bem-aventurança dos pobres constitui, portanto, uma correção à concepção de que a pobreza financeira, *em si*, representa um valor perante Deus, visto que somente a pessoa como tal, em sua limitação e estreiteza, aparece como objeto da bem-aventurança. Tal pobreza pode expressar-se no fato de uma pessoa achar-se "desamparada", sem saber mais o que fazer. Contudo, essa pobreza é, no mínimo, tão dolorosa quanto a pobreza material. Ela pode ser experimentada como insucesso, inferioridade, frustração, crise existencial, ligados à sensação de exclusão e de indiferença, de ser desprezado como marginal ou apóstata, talvez porque tenha tido a ousadia de, na sociedade, na Igreja ou na família, nadar contra a maré.

Com a palavra *pneuma*, pode-se indicar também o *Espírito de Deus* que envolveu o coração do crente. A circunstância em que Mateus permite que ao primeira macarismo se siga imediatamente a bem-aventurança dos aflitos,²¹ justifica também a suposição de que o evangelista, de forma delicada, deseja evocar a palavra profética de Is 61,1-2: "O Espírito do Senhor (está) sobre mim, porque Iahweh me ungiu; enviou-me a anunciar a boa-nova aos *pobres* e a curar os quebrantados de coração [...], a fim de consolar todos os *enlutados*". Em sua resposta à indagação do Batista, no final de um grupo de citações, ele alude a esse texto e aplica-o a si mesmo: "Os pobres são evangelizados" (Mt 11,5 // Lc 7,22). Em seu contexto, a palavra profética tem a ver com a promessa da restauração de Jerusalém (Is 60; 61,4). Is 61,8-9 anuncia, finalmente: "Eu lhes darei fielmente a sua recompensa e estabelecerei com eles *aliança eterna*". A alegre notícia profética "aos pobres" implica também uma perspectiva escatológica. Quem acolhe a mensagem de Jesus corresponde aos pobres do período pós-exílico, mas com a diferença de que, mediante Jesus, o mensageiro divino ungido e enviado pelo Espírito, é-lhe prometido o Reinado de Deus definitivo.

Mas pobre em espírito/espiritualmente pobre é aquele que, com vistas ao Espírito de Deus, sente-se também indigente, pois o ser humano não pode dispor

---

[19] Cf. Bl.-Deb.-Rehk. § 194.
[20] Weder, *Die "Rede der Reden"*, 52.
[21] Cf. *supra*, p. 43.

do Espírito do Senhor; ele é puro dom para aqueles que acreditam no Emanuel Jesus. "Pobre em relação ao espírito" significa, portanto, ambas as coisas: uma "indigência no campo da sabedoria humana prática, bem como no campo do relacionamento humano com Deus".[22] Existe também aquela pobreza espiritual que não mais permite perceber Deus e produz a experiência do silêncio de Deus, tal como o livro de Jó de forma tão insuperável coloca diante dos olhos ou, mais inquietante ainda, como o próprio Jesus, segundo Mc 15,34, durante sua morte, em meio a trevas absolutas, brada com as palavras do Sl 22,2: "Meu Deus, meu Deus, por que me abandonaste?".

Quem ouve a primeira bem-aventurança, experimenta-a em si mesmo. O grandioso nela, porém, é que essa pobreza espiritual/de espírito não está menos perto do Reino dos Céus do que a pobreza material. Ela diz respeito à limitação do ser humano e liga ao Deus "que faz viver os mortos e chama à existência as coisas que não existem" (Rm 4,17). Pois "a pobreza é, por assim dizer, a forma vazia na qual o reino e o agir gracioso de Deus podem derramar-se".[23] A bem-aventurança dos que são interiormente pobres é simplesmente a alegre boa-nova de Jesus e, ao mesmo tempo, a fórmula que traz à memória pontualmente seu viver e seu morrer "pelos muitos". Quem, na fé, aceita essa sua pobreza abrangente, a este a bem-aventurança de Jesus torna-se realidade, uma vez que a promessa do Reino dos Céus *(v. 3b)* lhe diz respeito. O primeiro macarismo, portanto, não é apenas uma constatação, mas, ao mesmo tempo, uma sentença que antecipa um julgamento escatológico (cf. 25,34).[24]

Visto que Mateus fala de "pobres em relação ao espírito", deveria também referir-se à promessa de Ez 36,26-28: "Dar-vos-ei um coração novo, porei no vosso íntimo um espírito novo [...]. Então habitareis na terra que dei a vossos pais: sereis o meu povo e eu serei o vosso Deus". O evangelista e seus leitores evidentemente sabem, pelo contexto, que um espírito humano que está aberto aos dons de Deus e reconhece sua atividade salvífica entra numa ligação com o Espírito doado por Deus (cf. Sl 51,13), pois um espírito humano assim forjado é fruto do agir do Espírito de Deus.

---

[22] WEDER, *Die "Rede der Reden"*, 52.
[23] ERNST, *RNT (3)*, 217.
[24] SAND, *RNT (1)*, 101.

Introdução, prólogo, abertura (Mt 5,3-20)

O *segundo macarismo (v. 4)* proclama felizes os enlutados, porque serão consolados, ou seja, eles experimentarão o socorro de Deus. Diferentemente da Fonte dos Ditos (cf. Lc 6,21c), *Mt 5,4* não fala dos que choram, mas sim dos aflitos, isto é, dos que lamentam. A razão está certamente no fato de ele ter tirado de Is 61,2-3 a palavra "enlutados" em estreita conexão com "consolar/auxiliar" *(parakaleîn)*. Ali, de fato, está escrito: "Enviou-me [...] *a fim de consolar todos os enlutados* [...], a fim de dar glória aos *enlutados* de Sião [...]". Se Mateus alude a esse texto é porque ele certamente vê a promessa do consolo e do auxílio aos enlutados à luz do horizonte escatológico que irrompeu com Jesus. Em favor disso depõe, entre outras coisas, o fato de ele, na disputa em torno do jejum, tirada de Mc 2,18-22, modificar a palavra de Jesus: "Podem os amigos do noivo *jejuar* enquanto o noivo está com eles?" (Mc 2,19) no sentido de que ele substitui "jejuar" por *"estar de luto"* (Mt 9,15). O tempo da presença de Jesus Cristo entre os seus (cf. Mt 28,20), no qual Deus se liga às pessoas, não pode e não deve ser tempo de luto.

Mas o que isso significa concretamente? *Quando* é que as pessoas ficam de luto e lamentam? Costumamos lamentar sempre que algo importante nos falta, perdeu-se-nos ou nos foi tirado, o que diminui ou perturba sensivelmente nossa vitalidade ou a qualidade de nossa vida. Isso pode acontecer mediante a ameaça ou a perda da própria vida ou da alheia, ou por meio da perda de valores humanos ou intra-humanos, materiais ou espirituais. A perda de tudo o que se possui mediante catástrofes naturais ou pela maldade humana, por meio de revoltas ou de guerras, desencadeia dor e aflição. Mais dolorosa pode ser a perda do emprego quando ela ainda se faz também acompanhar da sensação de não ser mais útil ou de ser inapto. Quando idéias, ideologias, convicções revelam-se como o grande engano da vida, ou quando uma amizade, um grande amor, um matrimônio se rompem, então isso significa aflição profunda e árduo pesar para poder "viver" de novo. Quando alguém contrai uma doença incurável, então irrompe a pergunta pelo fim da vida tornado realidade e, depois de dolorosa resistência, lança em profunda depressão e luto, visto que, repentinamente, a finitude do ser tornou-se palpável de maneira direta. Quando o luto sobrevém, é sempre a vida que está propriamente em jogo. Consciente ou inconsciente, a aflição acompanha cada experiência de nossas inúmeras limitações e, por conseguinte, é parte integrante de nossa vida humana.

A pergunta pelo por que dessa míngua e dessa privação da vida aponta para aquele Deus que, como o único Vivente por si mesmo, produz e concede a vida. Por conseguinte, existe também a aflição de uma vida estragada ou frustrada em decorrência de culpa própria ou alheia. Então, precisamente quando a vida fracassa porque alguém procurou realizá-la confiando exclusivamente nas próprias forças, sobrevém a pergunta sobre Deus. Quem "venera" a si mesmo, de manhã até a noite e, finalmente deve constatar que esse "deus" não é capaz de salvar a vida da "ruína", encontra-se diante de um vazio o qual, como o mostra a bem-aventurança, somente o Deus vivo e verdadeiro pode preencher.

A fundamentação da bem-aventurança dos aflitos *(v. 4b)* usa a palavra grega *parakaleîn*. Literalmente, significa "chamar para junto de". O "advogado *(advocatus)*" é aquele chamado para junto de, que fica ao lado de, o defensor que intervém em favor daquele que não consegue safar-se por si próprio. Tal assistência é expressão de uma dedicação que consola. Mesmo que se tenha a impressão de que a ajuda de Deus não é sentida ou simplesmente não acontece, ainda assim os aflitos são declarados felizes, pois a eles, como "pobres em relação ao espírito", destina-se e se destinará aquele socorro que vem de Deus e que consiste em que o Deus invocado intervém, ele próprio, em favor deles. Mas isso significa que o Reino dos Céus, atribuído aos que crêem em Cristo, é e será a própria consolação eterna de Deus e seu auxílio, pois "consolar significa dar vida ao triste".[25] Pode ser que Mateus aluda à situação de seus leitores e procure superar suas expectativas quanto a uma intervenção intramundana de Deus com a referência à consolação escatológica. Fundamentalmente, porém, a cada um é dito: por meio de Jesus, nosso Senhor glorioso, Deus incluiu os aflitos em seu espaço vital, o que significa insuperável consolação. Pois a consolação de Deus consiste em que ele permite que os aflitos participem de sua própria vida, e isso significa da vida em si mesma.

O terceiro macarismo (v. 5) é material original de Mateus, mas corresponde ao tema segundo o espírito das bem-aventuranças. O termo grego *"prays/praytes"* pode ter diversos significados. Para Aristóteles, *praytes* significa o comedido domínio da ira.[26] A Vulgata traduz *prays* por *mitis*, na maioria das vezes traduzido

---

[25] Cf. WEDER, *Die "Rede der Reden"*, 58.
[26] ARISTÓTELES, *Et. Nic.* 4,11 (1125b-1126a).

por "manso". Por fim, a tradução ecumênica alemã parafraseia com "felizes os que não fazem uso da violência". O macarismo, porém, recorda fortemente o Sl 37 (36), proveniente da sabedoria mais antiga, o qual, "quase a modo de *leitmotiv* (9.11.18.22.27.29.34) [...] é perpassado pelo tema da terra como dom salvífico do Deus Iahweh a seu povo, tema aqui desenvolvido sob a ótica teológica dos pobres".[27] Do supracitado salmo, Mateus toma quase literalmente o versículo 11: "os '*praeîs*' herdarão a terra". A Septuaginta emprega aqui a palavra para a tradução do hebraico *anawîm*, a freqüente expressão para miseráveis, pequenos, oprimidos, fracos, os que se encontram em condições lastimáveis. Portanto, pode-se supor que no terceiro macarismo a noção de *praeîs* mal se pode diferençar daquela dos "pobres". Destarte, numa visão de conjunto com o versículo 5, a tradução "os impotentes" é mais provável, visto que aos oprimidos e aos impotentes é prometida a herança do país, isto é, da terra (*he gê*).[28] Se no Sl 36,11 os *praeîs* são o sujeito da promessa, então no versículo 29 os "justos" (*díkaioi*) é que "herdarão a terra e ali habitarão para sempre". Ainda que esse paralelismo aponte para uma época tardia do AT, a antiga promessa da terra, porém, soa para aqueles que vivem sem lar ou impotentes na escravidão do Egito ou no exílio.[29] Presumivelmente, porém, aqui, como também na primeira bem-aventurança[30] a promessa de um novo espírito inspirou-se em Ez 36,26-28, espírito que fará com que se *cumpram* os preceitos de Deus. Para esse caso vale: "Então habitareis na *terra* que dei a vossos pais" (Ez 36,28). Contudo, para Mateus, essa terra não é mais a Palestina, agora mesmo prometida como herança. Aos miseráveis e impotentes elogiados, que Mt 5,13 define como "sal da terra", deve tocar-lhes uma "terra" marcada pelo Reinado dos Céus. Sendo o Reino dos Céus, na verdade, uma promessa voltada para o futuro, então esse futuro já está agindo no mundo presente graças ao gesto salvífico de Cristo, que descreve a si mesmo como "*prays* e humilde de coração"

---

[27] ZENGER, Psalm 37, 229.
[28] SCHWEIZER, *Bergpredigt*, 15. LUZ, *EKK I/1*, 209, pensa, antes, na humildade que se expressa em cortesia. Em minha opinião, porém, essa nuança de significado é menos provável.
[29] Cf. FRANKEMÖLLE, *Matthäus-Kommentar 1*, 211.
[30] A proximidade objetiva do terceiro e do primeiro macarismos leva também a compreender por que no "texto ocidental" (D 33 b f q), na Vulgata, em Clemente de Alexandria e em Orígenes a seqüência da segunda e da terceira bem-aventuranças está invertida.

(Mt 11,29; cf. 21,5). Dele devem "aprender" os cansados e afadigados, a fim de que "encontrem repouso para suas almas" (11,29).[31]

Em nosso mundo atual, em contraposição à terceira bem-aventurança, os valores decisivos não são a humildade e a impotência, mas sim a capacidade de se impor e a força combativa. A meta do agir, agitar e politizar é amiúde a asseguração da vida mediante a obtenção do poder. Na escala de valores, a liberdade pós-autoritária do indivíduo é considerada como o mais alto valor. O detentor das decisões é o eu autônomo somente. Se, em princípio, isso certamente é verdadeiro, ao mesmo tempo se pode constatar que, em certas circunstâncias, predomina apenas o amor às *próprias* forças, o qual está inclinado a subestimar suas limitações. Auxílio, assistência e dedicação ao fraco podem tornar-se palavras estranhas, pois a confusão do amor-próprio, indispensável à vida e aos relacionamentos, com um egoísmo camuflado por diversos subterfúgios não permite tal. Ao mesmo tempo, porém, a absolutização desse princípio traz consigo também uma compreensão da vida que pode renunciar a valores transcendentes e se manifesta sob a forma de uma saliente sociedade sentimentalista, na qual é bom e tem valor o que me é útil e diverte.

Nesse contexto, certo tipo de *impiedade* é uma característica de nossa civilização em diversos níveis. Os "filhos do Iluminismo" não desejam "graça" alguma, mas querem viver conscientemente e, como indivíduos livres, poder reivindicar direitos. O princípio não mais soa "a graça prevalece sobre o direito", mas "o direito prevalece sobre a graça". No entanto, a impiedade humana é diametralmente oposta à *mensagem salvífica cristã*, que proclama um Salvador que em atitude e ação consumou a "descida" até a morte no infame lenho da cruz (cf. Fl 2,6-11). Ele equivale à incondicional dedicação de Deus ao ser humano, ele *é* pura graça e vive a renúncia divina ao poder e à capacidade de se impor. Ele não passa adiante a culpa, mas carrega-a sobre si mesmo. O que ele deixa para trás, em seu séqüito, é a inocente graça do acesso a Deus. Mas não é precisamente essa graça que se tornou pessoa, justamente a que rompe as violências de uma sociedade impiedosa, porque ela, no fim das contas, aponta para aquela confiança primigênia da criança, que não pode viver pelas próprias forças, mas unicamente

---

[31] Cf. também 2Cor 10,1; Cl 3,12; Ef 4,2.

por meio daquilo que lhe é dado e concedido? A pessoas dessa estirpe é que se promete o acesso ao Reino dos Céus (Mt 10,15 // Mt 19,15)! Pois à impotência do ser humano corresponde o poder criador de Deus, o qual permite o surgimento de um mundo que possibilita vida em abundância. Por conseguinte, não se promete, no sentido de uma teologia da inversão, todo poder aos miseráveis e impotentes.[32] Antes, o que é prometido é um ambiente vital que traz a assinatura de Deus, já aqui e no futuro, que tudo aperfeiçoará, "pois o que é loucura de Deus é mais sábio do que os homens" (1Cor 1,25).

O quarto macarismo (v. 6) conclui, de forma impressionante, o primeiro grupo de bem-aventuranças. Como já mencionamos, Mateus expande aqui a bem-aventurança dos famintos (cf. Lc 6,21) mediante a expressão "[…] os que têm sede de justiça *(dikaiosýne)*". Com isso ele consegue, como no primeiro macarismo, com apenas algumas palavras modificar decididamente o sentido original. Agora se trata mais do que carência de alimento e de bebida, de riqueza ou de pobreza em sentido biológico, pois a fome (e a sede) agora não diz mais respeito a desejos materiais, mas significa exigência de "justiça". A expressão "ter fome e ter sede" corresponde aos padrões veterotestamentários, ou seja, judaicos. Usada metaforicamente, a expressão ali expressa a exigência de bens *religiosos*. Assim, o anseio por Deus é parafraseado como sede de Deus[33] ou de sua palavra operante.[34] O "ter fome e o ter sede" podem relacionar-se à justiça[35] e à sabedoria[36] ou à Torá.[37] A frase pode também, finalmente, exprimir um "auto-esforço" humano pela virtude ou pelo que é "belo e bom".[38]

Todavia, a compreensão do conceito *dikaiosýne* constitui um problema difícil. Com isso se quer indicar a justiça de Deus ou a retidão humana? De qualquer maneira, a noção não é elucidada com mais precisão. A Septuaginta traduz

---

[32] Cf. Weder, *Die "Rede der Reden"*, 61-62.
[33] Sl 42,3; 63,1.
[34] Cf. Am 8,11.
[35] Cf., entre outros, Is 38,35 LXX; Br 2,19; Sl 16,15 LXX: "Quanto a mim, *em justiça* eu verei tua face; ao despertar, *eu me saciarei* com tua imagem".
[36] Cf. Fílon, *Virt 79*.
[37] bSanh 100a.
[38] Cf. Eclo 24,21-22; Fílon, *Post C*, 172; *Fuga 139*.

palavras hebraicas que remontam à raiz *zdq*, tanto com a palavra grega *dikaiosýne*, que freqüentemente descreve o justo relacionamento *inter-humano*, quanto com *eusébeia*, o termo para "piedade", com o qual se expressa o comportamento adequado diante de Deus. Em Is 61,8, porém, Deus mesmo diz: "Eu sou o Senhor, que amo a justiça (*dikaiosýne*) [...]", "o que pôde ser transferido às pessoas pelos salmos sapienciais tardios (Sl 33,16.20.22; 36,6.12.17.28-29.39)".[39] No caso, deve-se supor que Mateus usa a idéia de *dikaiosýne* no sentido da "linguagem grega especial do judaísmo helenístico".[40] Assim sendo, ele denota um "padrão de grandeza" tanto vertical quanto horizontal, ou seja, tanto a justa obrigação e relação do ser humano com Deus quanto também com o semelhante. Mt 22,40 indica, portanto, o duplo mandamento do amor como o ponto crucial da Torá e dos Profetas.

No entanto, Mateus conecta a idéia com o anúncio e com o comportamento de Jesus. Ele a usa para a "reflexão da tradição de Jesus e até mesmo como tema explícito do anúncio de Jesus",[41] isto é, transforma-a redacionalmente numa idéia teológica motriz do anúncio de Jesus.[42] Isso já o demonstra o material especial na cena do batismo, tirada de Marcos, segundo a qual Jesus considera como sua tarefa "cumprir toda a justiça" (Mt 3,15). Mas precisamente essa resposta ao Batista pressupõe a exigência de Justiça que Deus faz às pessoas, a qual Jesus quer cumprir em plena escala. Sob o aspecto do conteúdo, no final das contas ela expressa o fazer a vontade do Pai (7,21), que está "orientada" para a salvação do ser humano, pois Deus deseja "a justiça como a salvação do ser humano".[43] No evangelho de Mateus, portanto, *dikaiosýne* é, de um lado, expressão para indicar a salvação de Deus, de modo que os seres humanos podem e devem por ela "sentir fome e sede". Por outro lado, porém, ela denota também a exigência que Deus faz às pessoas de corresponder a ela mediante a realização da "justiça" apropriada a Deus. Justamente o "ensinamento sobre a montanha" mostra "a tensa identidade

---

[39] FRANKEMÖLLE, *Matthäus-Kommentar 1*, 211.
[40] LÜHRMANN, Gerechtigkeit III, 415.
[41] Ibid., 416.
[42] Cf. ibid., 414-415; KERTELGE, *dikaiosýne*, 792-793.
[43] KERTELGE, *dikaiosýne*, 793.

entre o indicativo da promessa salvífica divina e o imperativo da exigência ética direcionada aos discípulos de Jesus".[44]

Com isso, entretanto, Mateus recorre à economia veterotestamentária da aliança. A "justiça", de fato, segundo sua natureza, é um conceito relacional que exige no mínimo dois parceiros de relação. Nesse caso, de um lado, é Iahweh, o Senhor da aliança, quem oferece sua aliança ao povo de Israel para sua salvação e liga a isso suas orientações de conduta; de outro lado, é Israel, o povo da aliança, quem, em correspondência e para sua salvação, se compromete com o cumprimento da vontade de Deus. Portanto, a justiça é plenamente realizada quando a mútua dedicação acontece. Jr 31,31-34, por exemplo, espera e promete essa perfeita realização do preceito da aliança para o futuro, quando Deus exporá sua Lei não (mais) como "algo que está diante de", mas a inserirá *dentro* do "coração" do ser humano.[45] Da parte do ser humano, porém, essa derradeira dedicação salvífica de Deus implica também a exigência e a prontidão de corresponder à vontade salvífica do Senhor da aliança com todas as fibras do coração. A fome de justiça abrange, portanto, ambas as coisas: anseio pela realização definitiva da dedicação de Deus ao ser humano na forma da construção do Reinado dos Céus e o esforço dos chamados à realização radical da vontade salvífica divina no mundo. Para essa realização, é preciso remeter mais uma vez ao duplo mandamento do amor. A fim de corresponder deveras a esses dois mandamentos, é necessário um coração no qual Deus tenha colocado "o pensamento de seu coração", visto que o Reino dos Céus produz e exige um coração puro (v. 8), misericordioso (v. 7) e promotor da paz (v. 9). O modo e a maneira pelos quais esse Reino dos Céus deve tornar-se realidade podem, portanto, ser expressos com a noção relacional de *dikaiosýne*. Jesus também exige de seus discípulos e seguidores: "Buscai, em primeiro lugar, o Reino de Céus e sua justiça" (Mt 6,33a). O "ensinamento sobre a montanha", servindo-se de diversos exemplos, ilustrará o que isso significa concretamente. Por isso, não parece ser conveniente já tirar conseqüências concretas da noção

---

[44] Ibid., 793.

[45] Cf. a propósito o anúncio messiânico em Jr 23,5-6: "Eis que dias virão — oráculo de Iahweh — em que suscitarei a *Davi* um germe justo; um rei reinará e agirá com inteligência e exercerá na terra o *direito* e a *justiça*. Em seus dias, Judá será *salvo* e Israel habitará em segurança. Este é o nome com que o chamarão: '*Iahweh, nossa justiça*'".

de "justiça", introduzida sem comentários no quarto macarismo e, com isso, antecipar-se ao que ainda virá.

Por fim, pode-se constatar: os quatro primeiros macarismos são atribuídos a pessoas que, sob as condições de seu ser inacabado, estão de tal forma voltadas e abertas para Deus que podem experimentar sua plena e definitiva dedicação. Ao mesmo tempo, elas descrevem verdadeiros cristãos e, implicitamente, exigem também dilatar-se de acordo com essa dedicação divina. Os famintos e sedentos da Lei da aliança de Deus escatológica são os pobres segundo o espírito, os aflitos e impotentes que esperam a vida plena de Deus somente.[46] Eles são declarados bem-aventurados por quatro vezes, pois "Iahweh liberta o indigente que clama e o pobre que não tem protetor; tem compaixão do fraco e do indigente, e salva a vida dos indigentes" (Sl 72,12-13). A esperança cristã, evidenciada ao mesmo tempo com isso, é justamente sem limites e o deve ser a partir de Jesus: o conteúdo dela é o próprio Deus, seu Reinado e sua justiça que trazem a felicidade.

2.3. As quatro bem-aventuranças seguintes (vv. 7-10)

7a   *Felizes os misericordiosos,*
b   *porque alcançarão misericórdia.*

8a   *Felizes os puros de coração*
b   *porque verão a Deus.*

9a   *Felizes os que promovem a paz,*
b   *porque serão chamados filhos de Deus.*

10a   *Felizes os que são perseguidos por causa da justiça,*
b   *porque deles é o Reino dos Céus.*

Quem foi envolto pelo cuidado salvífico de Deus mediante Cristo deve transpor para suas atitudes e ações o comportamento e o agir de Deus, ou seja,

---

[46] Cf. a esse respeito, Spaemann, *Die kommende Welt*, 813: "A pressuposição indispensável para a compreensão e recepção da alegre boa-nova é a carência de salvação, é a expectativa do ser humano inteiro por outro mundo, diferentemente de como ele o experimenta".

sua forma específica de justiça, tal como Jesus o fez, segundo Mt 3,15, visto que fez do cumprimento de toda a justiça o programa de sua missão. De qualquer maneira, depõe em favor desse propósito de levar os leitores de Mateus nessa direção o fato de os três primeiros macarismos do segundo grupo de quatro não demonstrarem nenhum paralelo com Lucas e, portanto, serem material específico do evangelista.

A quinta bem-aventurança (v. 7) diz respeito aos que são misericordiosos. A palavra *eleémon* é-nos familiar através da oração de súplica *Kyrie eleison*. Pode significar "misericordioso" ou "compassivo". Diferente de *oiktírmôn*, porém, ela não acentua tanto uma emoção quanto a "disposição e o agir" da misericórdia.[47] No entanto, com a demonstração da compaixão, vibra um momento de emoção que se manifesta no agir obsequioso, sem cálculo nem reserva, somente por causa do outro.[48] Bem-aventurança semelhante encontra-se também no livro dos Provérbios: "Feliz é quem tem piedade dos pobres" (Pr 14,21), ao lado de que, mais tarde, se diz: "Aquele que se compadece encontrará compaixão" (Pr 17,5). À primeira vista, portanto, o macarismo não oferece nenhuma mensagem inédita. Destarte, uma sentença atribuída ao rabi Gamaliel Berabbi, como Sifre [comentário] a Dt 13,18, soa mais ou menos assim: "Quem se compadece do ser humano, do céu (= de Deus) obterá compaixão; quem não se compadece do ser humano, do céu (= de Deus) não obterá compaixão".[49] Outra máxima rabina traz o mesmo teor: "Cada vez que tu te compadeces, Deus se compadece de ti".[50]

Para *Mateus*, a atitude e o agir misericordiosos desinteressados fundamentam-se, sem dúvida, na misericórdia experimentada em Jesus Cristo e recebem daí também seu caráter *escatológico* salvífico. Para ele, o tema da misericórdia tem manifestamente importância singular (Mt 9,13; 12,7; 17,15), como o atesta admiravelmente, por ex., a parábola do servo impiedoso de um rei (18,23-35): "O Senhor" se compadece do que lhe deve uma soma enorme e que, numa penhora, estaria diante da ruína, juntamente com sua família. Então ele simplesmente lhe perdoa a dívida. Essa atitude nada tem a ver com o cálculo de um diretor de

---

[47] CREMER, *Biblisch-theologisches Wörterbuch des neutestamentlichen Griechisch*, 422.
[48] Cf. WEDER, *Die "Rede der Reden"*, 68-69.
[49] bSchab 151.
[50] Baba kamma 6c.

banco, mas é misericórdia *consciente*, até mesmo "ingênua", que apenas enxerga o ser humano em sua necessidade e deixa de lado toda precaução. No sentido da cristologia do evangelista, é evidente que com o rei e o senhor subentende-se o *Kyrios* que manifestou sua misericórdia compassiva na morte de cruz para o perdão dos pecados. Contudo, para o leitor, esse perdão da dívida é exemplo e reclama imitação. Por conseguinte, também as obras de misericórdia vão decidir, no julgamento do Filho do Homem régio, se o servo do Senhor e irmão de Cristo, declarado bem-aventurado, é digno de sua misericórdia definitiva (Mt 25,31-46). Por isso, Tg 2,13 declara: "O julgamento será sem misericórdia para quem não pratica a misericórdia. A misericórdia, porém, triunfa sobre o julgamento".

Aos seguidores misericordiosos de Jesus promete-se que eles obterão misericórdia. No caso, não apenas porque eles foram tão humanos, mas também porque Deus reconhece neles a imagem de seu Filho. No contexto do evangelho de Mateus, o arco do macarismo vai de Deus, passando por Jesus como o homem que se tornou misericórdia, até aqueles que estão dispostos a crer,[51] e a retornar a Deus. Com isso, porém, torna-se claro o que significam compaixão e misericórdia. Como o demonstra o exemplo de Jesus, a compaixão é uma com-paixão para com a necessidade do outro, até mesmo um sofrer pelo outro. Misericórdia consiste num voltar-se para as pessoas que carecem de prestativa dedicação. É a enérgica tentativa de mitigar ou suprimir a necessidade dos outros e, mediante a ação, possibilitar-lhes poder começar ativamente nova vida, desta vez sob o signo da "ressurreição".

Agir a partir da identificação com aquele que necessita de ajuda certamente não pode hoje consistir numa generosa doação de esmolas, mediante o que o necessitado talvez se sente até mesmo envergonhado e humilhado. A misericórdia implica sempre a renúncia ao próprio poder. Não consiste a misericórdia hoje em outorgar e admitir os direitos daqueles que não os podem conquistar ou reivindicar por conta própria? O direito universal à alimentação exige mudanças em nossos sistemas financeiros e econômicos. Podem alguns países e continentes viver na opulência à custa das regiões subdesenvolvidas? Banco Mundial, Fundo Monetário Internacional e países credores do primeiro mundo são convocados premente e urgentemente ao perdão das dívidas daqueles países em desenvolvimento, os quais,

---

[51] Cf. o pedido de misericórdia, ligado à confissão do "Filho de Davi", da parte dos dois cegos (9,27; 20,30) e da mulher cananéia (15,21-28).

mediante a crescente montanha de juros, endividam-se inexoravelmente sempre mais. Podem-se "matar" economicamente países inteiros? Misericórdia também significa ajuda para a autopromoção intelectual. Misericórdia não significa também dividir os latifúndios e passá-los aos pobres a preço módico, mesmo correndo o risco de que eles não serão capazes de utilizá-los conforme o "misericordioso" imaginou, mas que apesar de tudo se sentem felizes? Misericórdia significa também, com certeza, suspender a inescrupulosa exploração das reservas naturais em busca do lucro comercial, e refrear a destruição da terra e do clima do planeta. Misericórdia traduz-se também pela consecução de condições dignamente humanas nas prisões, na interdição, com todas as forças, do comércio de seres humanos e na criação de possibilidades para que as pessoas não precisem mais "vender-se" a fim de sobreviverem.

Os exemplos podem multiplicar-se à vontade. Isso tudo, porém, nada tem a ver com sentimentos piedosos baratos. Da mesma maneira, compaixão para com o Jesus outrora crucificado é algo deveras inútil, que nada custa e nada produz. Misericórdia significa antes um agir a partir de seu Espírito! Em um mundo impiedoso, a misericórdia é a forma de justiça que corresponde à justiça de Deus. A justiça divina é descrita de forma singular por Os 11,8-9 quando Deus, perante a apostasia de seu povo, diz: "Meu coração se contorce dentro de mim, minhas entranhas comovem-se. Não executarei o ardor de minha ira, não tornarei a destruir Efraim, porque eu sou Deus e não homem, eu sou santo no meio de ti, não retornarei com furor". No Sermão da Montanha, são declarados bem-aventurados aqueles "que são afeiçoados misericordiosamente ao ser humano".[52] O típico motivo cristão para a afeição apaixonada de Deus pelos "desventurados" é representado pelo agir de Jesus *pro homine*, uma ação que inclui sua morte e por meio da morte, no agir do Senhor, é dom perene e ao mesmo tempo tarefa de todos os cristãos. A esse respeito diz João Crisóstomo: "Não bastou a Cristo sofrer a cruz e a morte, mas quis também ser pobre e peregrino, errante e nu, ser lançado na prisão e suportar o cansaço, tudo isso para te chamar; [...] jejuei por causa de ti e ainda passo fome por tua causa: tive sede quando estava suspenso na cruz e ainda tenho sede *na pessoa dos pobres*; a fim de que esta ou aquela razão possam atrair-te a mim e tornar-te misericordioso — para tua salvação. Rogo-te,

---

[52] WEDER, *Die "Rede der Reden"*, 69.

pois, cumulado que foste por mil benefícios, que por tua vez me pagues. Não o exijo como de um devedor, mas quero recompensar-te como a um doador. Pelo pouco que me deres, dar-te-ei o reino".[53]

A *sexta bem-aventurança* (v. 8) dirige-se aos "puros de coração" e lhes promete a contemplação futura de Deus. O macarismo liga-se certamente ao Sl 24,3-6.[54] Este menciona "mãos inocentes e coração puro" (v. 4) como condições para a entrada no Templo, o lugar da presença de Deus sobre a terra. Tem um coração puro "quem não se entrega à falsidade nem faz juramentos para enganar", cujo interior é limpo, portanto, sem falsidade nem engano. Os versículos 5-6 acrescentam: "Ele obterá de Iahweh a bênção, e do seu Deus salvador a justiça. Esta é a geração dos que o procuram, dos que buscam *tua face*, ó Deus de Jacó". Por conseguinte, não se trata de pureza cultual no sentido das leis rituais, mas de uma integridade moral da qual brotam a atitude e o agir inequívocos, transparentes e retos. Mateus realça essa forma de pureza ética[55] mediante o acréscimo da expressão "de coração". Trata-se da fonte do pensar, do falar e do agir. De outra maneira, 1Tm 1,5 põe em paralelo o coração puro e a boa consciência, e com isso, de forma bastante helenista, diz algo semelhante. Portanto, aquele que não apenas exteriormente, mas segundo todo o seu ser, está voltado para Deus e para as pessoas, este é "justo" e corresponde à clareza da inclinação de Deus para as pessoas, isto é, sua "justiça". Todavia, tal como a misericórdia, também um coração puro é dom de Deus, pedido pelo Sl 51,12: "Ó Deus, cria em mim um coração puro, renova um espírito firme no meu peito". Com isso, a bem-aventurança torna-se de novo um imperativo para o ouvinte e leitor cristão: visto que fostes purificados pela participação em Cristo Jesus, vivei como pessoas de coração puro! Olhai as pessoas e as coisas com um coração no qual Deus ouve pulsar o coração de seu Filho, e buscai constantemente viver a partir desse espírito.

O encontro com Deus, que originalmente consistia na visita ao Templo (cf. Sl 16,15; 24,6; 42,3), é considerado por Mateus como o dom de Deus que tudo plenifica, "que acontecerá no fim dos tempos e que é característico da *basileía*".[56]

---

[53] J. Cris., *Hom. 15,6*; citado conforme *Der Große Wochentagsschott III*, 1739-1740 (o realce é meu).
[54] Cf. também Sl 14; 73,1.
[55] Cf. Frankemölle, *Matthäus-Kommentar 1*, 212.
[56] Strecker, *Bergpredigt*, 43.

Para os apocalípticos, a *contemplação de Deus* imediata estava inseparavelmente ligada ao "éon vindouro", ao "novo céu e à nova terra".[57] Ela será a felicidade dos justos. Mas o que quer dizer "contemplação de Deus"? A metáfora não pode significar uma contemplação de Deus como a observação de uma coisa interessante. A alegre visão ou a contemplação de uma pessoa amada já se aproximam do que se quer dizer, porque pressupõem e reforçam a propensão, a admiração, o amor. Com efeito, quem olha de bom coração penetra também o coração do semelhante e conhece seu ser, ao menos esquematicamente, assume-o em si e dele participa.

O místico conhece a experiência da *visio beatifica*, a arrebatadora visão do ser de Deus. Mas é mesmo concebível que o Deus santo, totalmente outro, conceda a uma criatura limitada acesso ao seu ser? Conforme Ex 33,20, vale o princípio: "O homem não pode ver-me e continuar vivendo". Isso se aplica, indubitavelmente, a todas as pessoas desse mundo, pois cada um está com o coração dividido em seu querer, sentir e pensar. Por isso, a promessa para os que são puros de coração vale acima de tudo para o futuro, para o mundo divino dos ressuscitados da morte. Essa é também a perspectiva de 1Jo 3,2-3, quando ele, com outras palavras, diz: "Desde já somos filhos de Deus, mas o que nós seremos ainda não se manifestou. Sabemos que por ocasião desta manifestação seremos semelhantes a ele, *porque o veremos tal como ele é*. Todo o que nele tem esta esperança purifica-se a si mesmo como também ele é puro". A promessa da contemplação de Deus para aqueles que aspiram a viver de coração puro e se orientam "de coração indiviso para Deus, criador de toda pureza",[58] designa o impossível aos mortais. De fato, é-lhes prometido que eles viverão nele, nele se moverão e terão sua existência, porque eles, como Lucas acrescenta, citando os *Fenômenos*, de Arato, "de (sua) raça (*génos*)" são (cf. At 17,28). No entanto, são declarados bem-aventurados não os que já penetraram na vida de ressuscitados mas sim "os que *são* puros de coração", aqueles, portanto, que como cristãos, aqui e agora, de coração puro se deixam orientar pela pureza de Deus, ou seja, por sua "raça". Tais pessoas não iludem a Deus e a seus semelhantes, porque elas conhecem o Pai, "que vê no segredo" (Mt 6,4.6.17). Portanto, a promessa feita outra coisa não é senão a

---

[57] Cf. 4Esd 7,91.98; Jub 1,28; além disso, MICHAELIS, *horáo* etc., 339.
[58] WEDER, *Die "Rede der Reden"*, 74.

feliz visão da intimidade de Deus, o conhecimento e a experiência de sua pureza absoluta e, assim, participação em seu ser!

A *sétima bem-aventurança (v. 9)* diz respeito aos que "promovem a paz" *(eirenopoioí)*. O componente ativo do vocábulo grego aponta para o campo da convivência humana. Implicitamente, o macarismo pressupõe a experiência da fragilidade do convívio humano e exige, por isso, também tacitamente, o agir em prol da paz. Com isso, ele faz coro às exortações sapienciais, rabínicas e helenistas à paz e ao encômio daqueles que promovem a paz. Dessa forma, a bem-aventurança constitui um ponto culminante na série dos macarismos visto que ela, fundamentando e ao mesmo tempo prometendo, assevera a *filiação divina* escatológica aos que promovem ativamente a paz.

Shalom/paz é, no AT, declaração e promessa. *Shalom* não significa tanto ausência de litígio e de guerra mas, acima de tudo, aquela ampla "condição da convivência na qual todos se sintam bem, no mais profundo sentido da palavra".[59] Tal circunstância possibilita a felicidade pessoal e social no âmbito do amor e da justiça. O pano de fundo religioso dessa abrangente noção de paz é proporcionado, mais uma vez, pela aliança de Iahweh, a qual o Deutero-Isaías compreende como aliança de paz (Is 54,10), e que também é parte integrante e conteúdo de expectativa futura. A situação de paz futura, porém, "não indica apenas um novo parágrafo na história de Israel, mas a irrupção de um tempo qualitativamente novo".[60] Nesse contexto é que também se devem ver as expectativas messiânicas. Já Mq 5,4 e Is 9,5-6 designam o messias como "príncipe da paz", que garante a paz definitiva. Da mesma forma, a apocalíptica espera o "Escolhido" como portador da paz.[61] No entanto, é sempre o próprio Deus que instaura a paz. A paz que as pessoas devem promover e fomentar é, portanto, "ao mesmo tempo parte do efeito terrestre da paz dada por Deus".[62]

A sétima bem-aventurança pressupõe nos leitores cristãos do evangelho de Mateus a convicção de fé a respeito do evento salvífico em Jesus Cristo. Aquele

---

[59] WEDER, *Die "Rede der Reden"*, 71.
[60] SCHMID, Frieden II, 608.
[61] Cf. SyrBar 73,1-3; 4Esd 13,3-5; TestLev 18,4, entre outros.
[62] GNILKA, *HThK I/1*, 126.

que já participou propriamente da paz divina do Senhor glorioso deve realizar essa paz no mundo. A isso acena também Tg 3,18: "(Um) fruto de justiça é semeado pacificamente para aqueles que promovem a paz". No entanto, não pode tratar-se apenas de pacificação entre partidos litigantes, por mais que tais esforços sejam importantes e necessários. Falar de paz e fomentar a paz não é a ainda o fazer a paz. Diversas potências já reivindicaram o estabelecimento da paz como motivo para suas ações: a *Pax romana* de Augusto era *de facto* paz mediante sujeição e poder militar; hoje, entre outras coisas, é paz por meio da intimidação atômica, paz oriunda da separação de raças, paz pela expatriação até o genocídio, paz através da opressão dos que pensam diferentemente e da liberdade de opinião etc. Tais ações pacificadoras não podem produzir uma paz no sentido de Jesus Cristo, pois é uma paz como "o mundo a dá". O Jesus Cristo não messiânico institui a paz à medida que ele, como Servo de Deus, "tomou nossas enfermidades e carregou nossas doenças" (Is 53,4 = Mt 8,17). Atos de paz só podem deveras ser ações pacificadoras *cristãs* se eles se pautam pela palavra e pelo exemplo do Senhor, que se esvaziou a si mesmo até a morte de cruz (cf. Fl 2,6-8). Trata-se, portanto, da transmissão da paz de Deus mediante o anúncio mas, acima de tudo, do testemunho por meio da ação.

Que aspecto esse testemunho possa ter, ilustra-o paradigmaticamente Mt 5,23-24: "Se te lembrares que o teu irmão tem alguma coisa contra ti [...], vai primeiro *reconciliar-te* com teu irmão". A reconciliação só pode ser promovida pelo odiado e atacado, não pelo agressor ou pelo rancoroso. Aqui se dá o inverso: é questão de renunciar ao próprio direito a fim de *possibilitar* a paz! Em Mt 5,38-42, exige-se algo semelhante quando, em vez de vingança lógica, cobra-se o oferecimento da outra face, a cessão da última camisa ou a dilatação espontânea do constrangimento sofrido. Por fim, a extremada interpretação que Jesus faz do amor ao próximo em Mt 5,44-45 recorda: "Amai os vossos inimigos e orai pelos que vos perseguem; desse modo *vos tornareis filhos do vosso Pai, que está nos céus!*". Assim, no propósito de Jesus Cristo, construir a paz significa renunciar à prevalência do próprio direito e, assim, criar a *condição prévia* para a verdadeira paz, uma vez que também Deus, como o demonstra a morte de cruz de Cristo, recusou-se a subjugar os homens pecadores com seu poder divino. Ao contrário, ele preparou o fundamento e o alicerce sobre o qual a paz autêntica pode surgir e crescer. Em *Os irmãos Karamázov*, Dostoiévski põe nos lábios de *starezt* Zosima a seguinte frase: "Diante de muitos pensamentos, ficamos paralisados, em dúvida, especialmente quando vemos os pecados do homem, e nos perguntamos: 'Deve-se tratar com violência ou com amor humilde?' Decido-me pelo 'amor humilde'. Quando te tiveres decidido por isso, uma vez por todas, então vencerás o mundo inteiro. O 'amor humilde' é uma força medonha; é a maior das forças e nada há que se lhe compare".[63]

Para esses "filhos da paz", vale a promessa de que serão chamados "filhos de Deus" (v. 9b). A designação dos pacificadores como "filhos de Deus" não é atestada antes de Mateus e exige atenção. Avizinha-se-lhe a promessa feita aos "filhos de Israel", em Os 2,1 (cf. a LXX), da reunificação dos dois reinos de Israel num único reino de paz: pois "não mais se lhes dirá: 'não sois meu povo', mas se lhes dirá: '*Filhos do Deus vivo*'". Se o assunto é "filhos", então ressoa o restabelecimento do direito do filho, pois a criança do sexo masculino torna-se "filho" não em razão de seu nascimento, mas em decorrência do ato jurídico de elevação à categoria de filho por parte de seu pai. Mediante isso, ele recebe o direito de herança e, por conseqüência, o direito "ao que seu pai é!". "Quem é 'filho de Deus' atingiu a realidade própria de sua existência",[64] pois o conceito de "filho de Deus" indica a prometida e legítima ligação a Deus, o fundamento primeiro de todo ser.[65] No salmo de entronização (Sl 2), diz-se ao exaltado: "Tu és meu filho, eu *hoje* te gerei". Mediante sua elevação a rei, o príncipe herdeiro israelita (à semelhança dos faraós) torna-se também "filho de Deus", visto que ele, como rei ungido de Israel, deve pôr em prática, concretamente, aqui e agora, o poder de orientação de Iahweh, o Senhor da aliança, em relação a seu povo. Por conseguinte, sua tarefa é percorrer "os caminhos de Iahweh".

Mas, tal como atesta o emprego do *futuro* na fundamentação da bem-aventurança, a plena "filiação" por parte de Deus é aqui prometida àqueles que já agora, a partir do espírito de pertença a Jesus, *o* Filho por excelência, possibilitam e constroem a paz. Ou seja, "promete-se aos pacificadores o ser que Jesus, como Filho de Deus, encarna em si mesmo".[66] A promessa da filiação divina como

---

[63] Citado de acordo com "breviário" *Der große Wochentagsschott I*, 383-384.
[64] STRECKER, *Bergpredigt*, 44.
[65] Cf. ibid.
[66] STRECKER, *Bergpredigt*, 41.

essência da plenitude deve-se mostrar já aqui e agora no agir indulgente e amoroso dos cristãos para com o inimigo segundo o exemplo de Deus (Mt 5,43-48) e assim revelar seu *tornar-se* (*génesthe* Mt 5,45) filhos de Deus. Por conseguinte, eles devem exercitar dedicação em vez de abandono, bondade em vez de ódio, humildade em vez de violência. Eles levam seu semelhante a sério, em vez de comercializá-lo, e estão antes dispostos à doação da vida, e não à aniquilação do inimigo. Ainda que isso, de acordo com os critérios da dinâmica de grupos ou da política da força, possa ser julgado e furiosamente combatido (cf. Sb 2,18-20) como idiotice irreal ou autodestruição utópica, que contraria toda auto-realização, trata-se de um comportamento que não apresenta nenhuma outra legitimação senão a força do amor. É reflexo do amor de Deus e torna o agir nas pessoas imitação daquilo que o Reinado dos Céus significa e é.

Conforme acenado, juntamente com a primeira, *a oitava bem-aventurança (v. 10)* forma uma moldura para os demais macarismos, visto que ambas prometem "o Reino dos Céus".[67] Se o primeiro macarismo declara bem-aventurados os pobres segundo o espírito, aqui o são os perseguidos por causa da justiça *(dikaiosýne)*. A conexão entre pobre em relação ao espírito e perseguido por causa da justiça/ integridade não deve ser negligenciada. Certamente o evangelista desenvolveu o macarismo a partir da bem-aventurança seguinte, relativa aos perseguidos por causa de Jesus, a qual ele já havia encontrado na Fonte dos Ditos (cf. Lc 6,22).[68] Em favor disso, depõe, entre outras coisas, o fato de as duas expressões "por causa da justiça" e "por causa de mim" harmonizarem-se entre si. Em primeiro lugar, o oitavo macarismo declara, de forma geral, aquilo que o versículo seguinte (v. 11) concretiza. Por isso, usa-se também a forma verbal grega do perfeito para "os que estão sendo perseguidos" *(dediogménoi)*, que expressa uma situação de perseguição que surgiu no passado e que perdura no presente. Para Mateus, ser perseguido é claramente um "sinal universal do ser cristão".[69] Mas também 1Pd 3,14 fala do sofrimento "por causa da justiça". A expressão deve ter sido bem corrente, sob diversas formas, no cristianismo primitivo.

---

[67] Cf. *supra*, p. 41.
[68] Cf. também FRANKEMÖLLE, *Matthäus-Kommentar 1*, 212.
[69] LUZ, *EKK I/1*, 214.

Também na literatura sapiencial o sofrimento do(s) justo(s) é tematizado.[70] De modo especial, Sb 2,10-20 vê na perseguição consciente até a morte ignominiosa a prova da "filiação divina" do justo. De acordo com Sb 3, os justos perseguidos são os preferidos de Deus, pois ele "os submeteu à prova e os achou dignos de si" (3,6).[71] Analogamente a isso, Mateus fundamenta a perseguição com a "justiça". Como no versículo 6, ela indica a relação dos cristãos com Deus graças a sua pertença a Cristo, portanto "um ser com a qualidade da justiça",[72] que se mostra mediante o testemunho que dão de Jesus e sua práxis de vida. Perseguidos são os que têm fome e sede de justiça, conseqüentemente, por causa dele (v. 11c) *e* por causa da justiça (v. 10a). A bem-aventurança implica, por certo, também a implícita exigência de não se exasperar por causa da perseguição. Pois a perseguição inflama-se a partir daquela relação fundamental com Cristo, resulta daquela práxis de vida que é justa perante Deus e, portanto, a única que é correta e segundo Deus. As testemunhas do Cristo Jesus crucificado e glorificado, as quais, não obstante a perseguição, não abandonam seu Senhor, são aqui declaradas bem-aventuradas, pois lhes é prometido o Reino dos Céus.[73]

Por fim, a identidade entre a frase de fundamentação da primeira *(v. 3b)* e da oitava *(v. 10b)* bem-aventuranças leva a reconhecer que os perseguidos por causa da justiça são os "pobres em espírito", os quais compreendem e moldam sua vida e seu comportamento diferentemente do usual. Portanto, para eles vale a máxima: "Quem é diferente e aspira ao diferente, incomoda e é tratado como um 'fator de perturbação'".[74] Por fim, os dois versículos da moldura abrangem, segundo o conteúdo, bem-aventuranças completas, seus objetos, promessas e exigências implícitas. Trata-se sempre daquela outra forma de ser que está sob a asseveração de promessas escatológicas. O mistério do Reino dos Céus consiste justamente no ser diferente, ou seja, na santidade de Deus, da qual participam os que pertencem a Cristo e pela qual são desde já determinados. A promessa do Reino dos Céus a pessoas cujas vidas são marcadas pela "extra-ordinariedade" de

---

[70] Cf. Sl 22; 34,20 etc.

[71] Cf., a propósito, Baba kamma 93a: "Prefere sempre pertencer aos perseguidos a pertencer aos perseguidores".

[72] WEDER, *Die "Rede der Reden"*, 79.

[73] Cf., a esse respeito, GIESEN, *Christliches Handeln*, 105-109.

[74] SAND, *Das Evangelium nach Matthäus*, 102.

Deus deixa entrever que esse "ser-diferente", no fim das contas, é o único modo "justo" e, portanto, correto de ser gente.

2.4. A nona bem-aventurança (vv. 11-12)

11a	Felizes sois,
b	quando vos injuriarem e vos perseguirem
c	e (mentindo) disserem todo mal contra vós por causa de mim;
12a	Alegrai-vos e regozijai-vos,
b	porque será grande a vossa recompensa nos céus,
c	pois foi assim que eles perseguiram os profetas, que vieram antes de vós.

A última bem-aventurança interpela diretamente os leitores que, por causa de Jesus, são perseguidos. Que Mateus, pois, tem diante dos olhos a situação *concreta* de perseguição de seus destinatários, demonstram-no as já referidas mudanças em relação ao texto da Fonte dos Ditos (cf. Lc 6,22).[75] Que tais hostilidades são de origem judaica, atesta-o a frase conclusiva: "Pois foi assim que *eles* perseguiram os profetas, que vieram antes de vós" (v. 12c).[76] Como a seqüência do discurso deixa entrever, a perseguição não consiste exatamente em execução ou algo semelhante. Sob o domínio romano, isso teria sido praticamente impossível. A perseguição constava antes de injúria e maledicência, que significa, porém, mais do que desaforo. O "disserem *todo mal* contra vós" significa, no final das contas, a rejeição dos cristãos e do modo de ser cristão. Como o testemunha a maioria dos manuscritos, antes de "disserem todo mal" deve-se ler ainda o particípio "mentindo" *(pseudómenoi)*. Assim, agem dessa maneira pessoas que representam a falsidade como tal e, por conseguinte, perseguem os destinatários com difamação e "calúnia", porque estes estão do lado da verdade. Eles julgam-nos e condenam-nos como outrora o fizeram a Jesus, seu Senhor (cf. Mt 26,59). Portanto, a intenção deles só pode ser amaldiçoar os seguidores de Jesus e a ele

---

[75] Cf., *supra*, p. 44.
[76] Cf., em contrapartida, Lc 6,23: "Pois do mesmo modo *seus pais* tratavam os profetas".

próprio. Daí, quem "ouve" o ensinamento de Jesus (sobre a montanha) expõe-se necessariamente à perseguição "por sua causa".[77] O leitor está avisado: acolher a mensagem de Jesus é um empreendimento arriscado!

Mesmo que a situação concreta dos destinatários de Mateus tenha levado o macarismo tradicional a ser expresso na forma vigente, a afirmação mesma ultrapassa a situação histórica. Durante quase dois milênios, em alguma parte do mundo, a Igreja sempre foi e é caluniada ou efetivamente perseguida. Nem sempre é o agir dos cristãos que, em primeiro lugar, dá ensejo a isso, mas o confronto de palavra contra palavra, a pretensão de seu anúncio contra a pretensão de outras mensagens que exigem igualmente aceitação. A pretensão de absolutismo do Império Romano, do socialismo nacional ou do comunismo soviético, entre outros, constitui o exemplo mais conhecido. A posição antitética do ser cristão, no confronto com instituições salvíficas de outra natureza, não fica sem conseqüências concretas.[78]

Algo semelhante, porém, vigora também *no interior* da Igreja. Diante deste problema encontra-se, por exemplo, pouco tempo depois de Mateus, o autor da primeira carta de João. Também ele está às voltas com verdade e mentira quando escreve: "Quem é o mentiroso senão o que nega que Jesus é o Cristo? Eis o Anticristo, o que nega o Pai e o Filho" (1Jo 2,22; cf. Jo 8,44). Dificilmente aqui se alude a cristãos que se metem em dificuldades por causa da fé, mas sim cristãos que recusam conteúdos fundamentais da fé cristã, talvez até as combatam, pois "eles saíram do nosso meio [...]" (1Jo 2,19). Mentira significa, portanto, "negação, desmentido intencional e voluntário da realidade tal qual foi criada por Deus e em Deus subsiste".[79] Atitudes antitéticas litigantes surgem, como sempre, entre grupos cristãos, mas também entre indivíduos. Elas não precisam sempre referir-se exatamente ao fundamento da fé, mas, na maioria das vezes, alicerçam-se em pretensões de absolutismo que demasiado freqüentemente escamoteiam inconfessas reivindicações de poder e conflitos de concorrências. A costumeira equiparação da rejeição de uma opinião diferente com um ataque pessoal revela nitidamente do que muitas vezes de fato se trata. Não se trata do desígnio total de Deus, que

---

[77] Cf. GIESEN, *Christliches Handeln*, 111-112.
[78] Cf. WEDER, *Die "Rede der Reden"*, 80.
[79] BONHOEFFER, in: *Bonhoeffer-Brevier*, 394.

paradoxalmente o revelou na doação da vida de seu Filho, mas sim do desejo absoluto da própria pessoa ou grupo, em nome de uma verdade fabricada para si. Quem não a "escuta" e não a aceita sem contestação é injuriado, rejeitado e difamado. Por outro lado, a perseguição não significa também automaticamente a legitimação das mundividências do perseguido. Por meio da perseguição um erro não se torna verdade, nem um absurdo se torna algo razoável.[80] Em todo caso, a pretensão de defender e de anunciar a verdade está sujeita à avaliação crítica. O perseguidor, porém, incorre sempre no erro, pois violência espiritual ou física não são meios adequados para convencer quem pensa diferentemente.

A conclusiva *provocação à alegria (v. 12)* constitui um paradoxo. Como podem escarnecidos, injuriados e perseguidos "alegrar-se e regozijar-se" com seus sofrimentos? *O versículo 12b* fundamenta essa exigência com a idéia de recompensa, segundo a tradição judaica, defendida por Jesus. Uma saída para essa promessa freqüentemente censurada é oferecida pelo olhar prospectivo, para o futuro. G. Strecker afirma, a esse propósito: "Quem sofre pelo Senhor, para este o *eschaton* está à disposição [...]. Por isso, a alegria escatológica pode ser precisamente o distintivo da comunidade padecente".[81] Os cristãos devem alegrar-se e regozijar-se não, porém, por causa de seu sofrimento, "mas sim não obstante o sofrimento [...], pois grande será a recompensa celeste".[82]

Mas, de acordo com o *versículo 12c*, os cristãos perseguidos se inserem também no rol dos profetas veterotestamentários. O tema do assassinato dos profetas é usado pela Fonte dos Ditos para a interpretação da morte de Jesus sob o pano de fundo da vida apócrifa dos profetas (cf. Mt 23,37-39 // Lc 13,34-35). Mediante isso, os missionários protocristãos podiam também fundamentar e orientar sua própria existência difícil e ameaçada (cf. Mt 10,41-42). Como o fio condutor do macarismo mostra até agora, Mateus diz, pois, a *todos* os crentes que eles são profetas, ou seja, "boca de Deus", quando eles se deixam assinalar pelo destino de Jesus e se portam segundo seu envio, quando testemunham "toda a justiça" (cf. Mt 3,15) em palavras, atos e com a vida. A "definição" dos ouvintes de Jesus como profetas pode fortalecer o apelo à alegria e ao júbilo escatológico

---

[80] Cf. WEDER, *Die "Rede der Reden"*, 80.
[81] STRECKER, *Bergpredigt*, 48.
[82] FRANKEMÖLLE, *Matthäus-Kommentar 1*, 213.

já neste mundo. O que Jesus dirá em seguida é, portanto, a palavra do Senhor a *seus* profetas! Como tais, eles são o sal da terra, a luz do mundo e a cidade sobre o monte (5,13-16). Conseqüentemente, são chamados também a praticar "a justiça bem maior" (5,20).

2.5. Resumo

Os macarismos respiram o espírito do Antigo Testamento e vivem dele. O chamado "Antigo Testamento" é, na verdade, a *Sagrada Escritura* de Jesus e dos autores neotestamentários. Nela se discute a Palavra de Deus em multiformes palavras humanas. Por conseqüência, todo judeu pode também ler e aceitar as "oito bem-aventuranças". Para Mateus, porém, elas são a palavra do "Deus-conosco — Emanuel" (Mt 1,23), cujo falar e agir "foi apresentado como evangelho da realidade de Deus" (4,23).[83] Em sua vinda, completa-se e cumpre-se a vida de Deus na palavra da Sagrada Escritura. De certa forma, Mateus lança-lhes um olhar retrospectivo a partir do cimo áureo de uma magnífica pirâmide e as compreende como fundamento e promessa da finalização do projeto edilício de Deus doravante alcançada. Por isso, antes de mais nada, os macarismos são *alegre boa-nova* do Reinado dos Céus dos últimos tempos, que de agora em diante se instaura. Elas também indicam, porém, o comportamento decisivo do ser humano como "abertura para a realidade de Deus, a qual deve ser naturalmente acompanhada por ações".[84]

As bem-aventuranças do evangelho de Mateus constituem, ao mesmo tempo, o portal fortemente estilizado para o Sermão da Montanha, em cuja mandorla impera o Pantocrator. Elas se desenvolveram a partir dos três "macarismos primitivos" de Jesus e foram pronunciadas em nova situação. Se os cristãos estão conscientes de sua pobreza e de sua dependência de Deus, e nelas consentem conscientemente, pois somente Deus lhes basta (cf. Mt 6,33), então devem saber que a esta sua sinceridade perante Deus corresponde o Reino dos Céus, aqui e no futuro. Se os cristãos, em seu ambiente hostil, estão enlutados, impotentes e famintos, então Mateus toma essas afirmações e as torna transparência da realidade

---

[83] FRANKEMÖLLE, *Matthäus-Kommentar 1*, 214.
[84] Ibid.

dos cristãos. Os "pobres de espírito" experimentarão consolo e assistência, até mesmo possuir simplesmente a "terra"que é prometida aos que amam a Deus. Mas quem ama a Deus sente-se faminto e sedento da realização definitiva de sua vontade salvífica, a fim de que o pulsar do coração de Deus possa tornar-se o pulsar do coração humano.

Uma pessoa, porém, que traz *no coração* (cf. Jr 31,31-33) a Lei da aliança escatológica de Deus, vive essa Lei em seu mundo e em seu ambiente. Ela é misericordiosa porque experimentou e continua a experimentar a solicitude de Deus como misericórdia gratuita em Cristo. Ela contempla as pessoas e as coisas com um coração tomado por Deus e que nada busca ocultar perante Deus. Ela provou a paz de Deus, deseja transmiti-la e emprestar-lhe um rosto humano. Aquele que, à medida que promove a paz, de coração puro, permite que a ação salvífica de Deus se torne realidade, a este, juntamente com o acesso ao Reinado dos Céus, é prometida também a contemplação de Deus como "filho" legitimamente herdeiro. Aquele que, nesse mundo, torna possível perceber no ser humano a imagem de Deus, esse experimentará, ele próprio, a imediatidade de Deus. Quem, finalmente, por causa de sua "justiça", é perseguido, deste o Reino dos Céus já se aproximou e consumará também sua plenitude definitiva.

O macarismo conclusivo *(v. 11)* levanta o véu que parece encobrir as bem-aventuranças. Elas valem para aqueles que, por causa de Jesus, são rejeitados e perseguidos "por causa de seu nome" (cf. Mt 10,22). A hostilização daqueles que nele crêem repousa no nível do destino de Jesus e é característica daqueles que o anunciam como seus profetas. Por isso, em atenção a seu Senhor, eles podem esperar que Deus também está do lado deles e estará definitivamente. Essa "recompensa", colocada em perspectiva futura, é verdadeiramente razão para alegria e júbilo.

3. A abertura (Mt 5,13-20)

3.1. Função, forma e origem

Conforme mencionado, um proêmio tem a *função retórica* de suscitar nos ouvintes atenção e benevolência, desfazer, mediante auto-apresentação positiva, a suspeita de que ali estaria falando uma pessoa qualquer; defender, desde o início, contra objeções ou censuras de adversários reais ou imaginários e apresentar o tema fundamental.

Os três parágrafos de Mt 5,13-16.17.20 assumem claramente essa função.[85] *Estruturalmente*, eles constituem um tipo de tríptico. A *parte conclusiva (v. 20)* expõe aos ouvintes, definidos no *primeiro* parágrafo como sal da terra, luz do mundo e cidade sobre o monte *(vv. 13-16)*, as conseqüências pessoais que decorrem dessa definição do seu ser. A *parte central (vv. 17-19)* ocupa-se, em contrapartida, com o ensinamento correto de Jesus e repele interpretações errôneas ou falsas insinuações. Cada uma das três partes se termina com uma "visão escatológica" em sentido lato: versículo 16c fala da glorificação do "Pai *que está nos céus*"; versículo 19c e e remetem para o *"Reinado dos Céus"*, bem como a frase conclusiva, versículo 20d.

Como o mostra uma olhada na sinopse, uma parte do texto remonta à Fonte dos Ditos, como paralelos no relato de viagem lucano dão a entender. Isso vale para o *primeiro parágrafo (vv. 13-16)*, na medida em que os versículos 13.15 se harmonizam com Lc 14,34-35 quanto ao conteúdo.[86] As interpelações diretas dos ouvintes (vv. 13a.14a), a palavra a respeito da cidade sobre o monte (v. 14b)[87] e a aplicação da palavra ilustrativa (v. 16), que contém expressões típicas de Mateus, devem, ao contrário, ser atribuídas à redação do evangelista. Na *parte central (vv. 17-19)*, somente o versículo 18 possui paralelo com Lc 16,17: "É mais fácil passar céu e terra do que *uma* só vírgula cair da lei".[88] Aqui também Mateus deverá ter-se

---

[85] Cf. p. 21-22.

[86] O dito sobre o sal (v. 13), com exceção da definição dos ouvintes — "Vós sois [...]" (v. 13a) —, possui também, para além de Lc 14,34-35, um paralelo conteudístico em Mc 9,50. A construção da sentença é, certamente, semelhante nas três redações, mas em Marcos tem o seguinte teor: "Tende sal em vós mesmos e vivei em paz uns com os outros". Para o versículo 15, ao lado do paralelo com Lc 11,33, ainda existem analogias com Mc 4,21 e Lc 8,16. Mas, literariamente, aproximam-se ao máximo o versículo 15b.c e Lc 11,33, de modo que se deve pressupor uma dependência comum em relação a Q, mediante o que Lucas deve ter sido mais fortemente modificado do que Mateus. Cf., a propósito, Luz, *EKK I/1*, 220; diferentemente Wrege, *Überlieferungsgeschichte*, 32-33.

[87] Luz, *EKK I/1*, 220, questiona a origem mateana do versículo 14b, visto que a imagem da cidade sobre o monte constituiria um corpo estranho e não se ajustaria nem ao versículo 14a nem à "aplicação" no versículo 16. Em minha opinião, porém, não se deve excluir a origem mateana, pois à imagem aplica-se a mesma função que àquela da lâmpada (v. 15). Ela implica apenas mais fortemente a comunidade que vive na cidade e, portanto, aponta mais diretamente para os destinatários.

[88] Cf. a variante em Mc 13,31 e par.: "Passará o céu e a terra. Minhas palavras, porém, não passarão".

reportado à tradição de Q. Contudo, para os versículos que constituem a moldura (vv. 17.19) não se podem sugerir paralelos. Por essa razão, estes e o *parágrafo conclusivo (v. 20)* são geralmente atribuídos ao evangelista. Uma olhadela em todo o proêmio mostra, portanto, que Mateus, partindo da tradicional palavra sobre o sal no versículo 13, utilizou material proveniente da Fonte dos Ditos (vv. 15.18), especialmente no centro de ambas as unidades textuais (vv. 14-16 e vv. 17-19) e, de forma oportuna, emoldurou-os redacionalmente.

3.2. Sal da terra, luz do mundo (vv. 13-16)

13a   Vós sois o sal da terra.
b   Se o sal se tornar insosso (inutilizável),
c   com que o salgaremos?
d   Para nada mais serve,
e   senão para ser lançado fora
      e pisado pelos homens.

14a   Vós sois a luz do mundo.
b   Não se pode esconder uma cidade
      situada sobre um monte.

15a   Nem se acende uma lâmpada
      e se coloca debaixo do alqueire,
b   mas na luminária,
      e assim ela brilha para todos os que estão na casa.

16a   Brilhe do mesmo modo a vossa luz diante dos homens,
b   para que, vendo as vossas boas obras,
c   eles glorifiquem vosso Pai, que está nos céus.

Em Mt 5,13, trata-se, como o discurso direto já o mostra, de uma *determinação do ser* dos leitores: eles são *"o sal da terra"* (tò hálas tês gês). No AT e no judaísmo, o sal tem importância religiosa e cultual. Lv 2,13 prescreve que toda oblação seja salgada, pois o "sal da aliança" não deve jamais faltar.[89] O sal torna os alimentos comestíveis e saudáveis. Se com a terra se quer indicar o mundo, então, em conexão com a palavra ilustrativa sobre a luz (v. 14a) e sobre a luminária (v. 15), enfatiza-se o anúncio dos discípulos e profetas de Jesus. Na citação de cumprimento em 4,15-16, a função da luz de Jesus foi limitada à terra das tribos de Zabulon e Neftali, bem como à "Galiléia das nações"e, segundo 15,24, Jesus tem consciência de "não ter sido enviado senão às ovelhas perdidas da casa de Israel". Aos cristãos, porém, é confiada a tarefa universal de ser "o sal da terra" e "a luz do mundo".[90] A mensagem deles deve, mediante a palavra e a ação, transformar o mundo numa oferta "saboreável" para Deus.

Com essa imagem, Mateus certamente quer dizer que os cristãos que expressam sua fé viva em seu anúncio, em seu comportamento e no sofrimento por causa de Jesus, são para o mundo o que o sal é para o alimento, isto é, "elemento essencial, irrenunciável".[91] Portanto, para eles não deve haver nenhuma retirada do mundo por causa das perseguições e maledicências ligadas ao ser cristão, pois o mundo é a tarefa deles! Certamente, em relação ao que é salgado, o sal utilizado constitui apenas uma pequena porção. "O que são, na verdade, os 'vós', portanto os pobres, os enlutados, os famintos, os que esperam em Deus em comparação com todo um mundo?"[92] Eles são, assim se diz, o elemento decisivo, visto que eles, como mensageiros do Senhor, levam ao mundo "o sal da aliança".

Quando se considera que os rabinos comparam a Torá com o sal, a Mixná com a pimenta e a Guemara com os condimentos, sem os quais o mundo não pode existir,[93] então a "definição" dos discípulos como o "sal da terra" aparece como provocação. Aquilo que ali é atribuído à Palavra de Deus e a suas veneráveis

---

[89] Cf. também Berakôt 5a (R. Schimon b. Lakisch): "A aliança é citada tanto pelo sal quanto pelo sofrimento [...]. Como, pois, a aliança é mencionada pelo sal, assim também o é a aliança pelo sofrimento que apaga todas as culpas dos homens".
[90] Cf. FRANKEMÖLLE, *Matthäus-Kommentar 1*, 215.
[91] STRECKER, *Bergpredigt*, 52.
[92] SCHWEIZER, *Bergpredigt*, 26.
[93] Cf. Sopherîm 15,8: "A Torá é semelhante ao sal, a Mixná à pimenta, a Guemara aos condimentos. O mundo não pode subsistir sem sal, nem tampouco sem pimenta, nem ainda sem condimentos, e o homem rico alegra-se com os três em seu alimento. Por conseguinte, também o mundo não pode subsistir sem a Escritura, sem a Mixná e sem a Guemara".

Introdução, prólogo, abertura (Mt 5,3-20)

interpretações, diz Jesus em breves palavras a respeito dos pobres, enlutados, famintos, dos que esperam em Deus e são proscritos e perseguidos por causa de Jesus! Isso só pode ser afirmado sob a convicção de fé de que ao Senhor ressuscitado "todo poder foi dado no céu e sobre a terra", e que ele delegou esse poder aos seus "profetas" neste mundo a fim de se dirigirem a todas as nações e, mercê de seu ensinamento, fazê-las discípulos seus (cf. Mt 28,18-20), pois o sal, sozinho, não produz efeito.[94] Ele só pode agir quando, como um vírus, encontra um "hospedeiro". A metáfora expressa, portanto, um movimento que se direciona para o mundo.

Todavia, Mateus também conhece as falhas de cristãos (cf. Mt 18,15-18). No *versículo 13b-e* ele fala literalmente do "apodrecer" *(moranthê)* do sal e argumenta então focando o processo inverso. Com freqüência, muitos já se perguntaram se o sal pode realmente estragar-se. A esse respeito, G. Strecker diz que o sal "ou é sal ou não o é. Não há alternativa".[95] Entrementes, divulgou-se que nos meses úmidos de inverno — por ex., em Istambul — o sal se torna completamente inutilizável, visto que, sob o efeito da alta umidade, ela passa por mudanças químicas.[96] O versículo 13b.c, portanto, faz uma pergunta sensata: "Se o sal se tornar insosso, com que o salgaremos?". Para Mateus, não se trata de como se pode fazer o sal reutilizável (cf. Mc 9,50), mas do fato de que não existe nada que possa corresponder ao sal que veio a faltar. Sal que se tornou inútil só pode ser jogado fora. Uma vez que no tempo do evangelista a defesa do meio ambiente ainda era uma dimensão desconhecida, o sal que se inutilizara era simplesmente jogado na frente das portas das casas orientais e pisado pelas pessoas que por ali passavam.

A falha dos cristãos, simbolizada na imagem do sal, consiste antes em que seu jeito de viver não mais corresponde à sua natureza de cristãos. Mas, então, o valor extraordinário e a missão profética dos cristãos tornam-se artigo descartável da parte "dos homens". Em Mateus, o "jogar fora" (nas trevas) é amiúde uma metáfora do juízo. Is 10,6 indica algo semelhante com a palavra "pisar": "Contra uma nação ímpia o enviei (isto é, o rei de Assur) [...], para que a *pisasse* como

---

[94] Cf. WEDER, *Die "Rede der Reden"*, 87-90.
[95] STRECKER, *Bergpredigt*, 52.
[96] Um professor de ensino médio, em atividade durante um ano em Istambul, confirmou-me tal informação.

a lama das ruas".[97] Querer seguir as pegadas de Jesus é um empreendimento arriscado. Se um cristão não é mais verdadeiramente cristão, então se passa por cima dele!

As poucas frases do versículo 13 alegram e ao mesmo tempo assustam. A multifacetada presença de cristãos no mundo resulta forçosamente de sua vocação à comunhão de vida com o Senhor glorioso. Vocação é, porém, igualmente, envio. Se o movimento cristão não comparece ao mundo humano, a definição do cristão como sal da terra torna-se uma farsa. Tal cristianismo mostra-se impotente e, na melhor das hipóteses, atola-se na superficialidade. Portanto, não pode ser questão de que nos entendamos a nós mesmos como "sal da terra", mas sim de *sê-lo* para o mundo, pura e simplesmente, à medida que vivemos rumo àquilo a que o "núcleo" — a comunhão de vida com Cristo — nos atrai e arrasta. Em um mundo que é sempre mais determinado pelos ídolos justamente ainda de "pagãos" batizados, cada um que ouve a palavra de Jesus é chamado, a seu modo, a assumir a responsabilidade por nosso mundo, seja em palavras e ações, seja simplesmente sob a forma de uma vida e de um comportamento nos quais se perceba que possuem uma base que se sobressaia da superficialidade.[98] Evidentemente que sal em demasia estraga a comida. Quando a própria sopa está tão salgada a ponto de não mais se poder prová-la, o antigo provérbio vem a calhar: "Devagar se vai ao longe".

O *versículo 14a* descreve os ouvintes como *"a luz do mundo"*. A metáfora tem diversas analogias no AT e no judaísmo. Iahweh é a luz de Israel quando ele, como coluna de fogo, vai adiante da comunidade do êxodo e a guia (Ex 13,21-22). Cada israelita pode meditar: "Iahweh é minha luz e minha salvação: de quem terei medo?" (Sl 27,1). Nur 15(178ᵉ) chama Deus até mesmo de "luz do mundo" e seu povo Israel também é designado como luz das nações. Assim, por ex., anuncia Is 60,2-3: "Sobre ti levanta-se Iahweh e sua glória aparece sobre ti. As nações caminharão *na tua* luz, e os reis, no clarão do teu sol nascente". Portanto, é a luminosidade de Iahweh que é visível em Israel. A respeito do Servo de Deus, diz Is 49,6: "Pouca coisa é que sejas o meu servo para restaurar as tribos de Jacó e

---

[97] Cf. Is 16,4.9; 18,2; 28,3 LXX, entre outros.
[98] Cf., a esse respeito, WEDER, *Die "Rede der Reden"*, 90: "Não é tarefa da Igreja dizer que ela é o sal da terra; sua missão é *ser* sal para o mundo, precisamente à medida que busca fazer o melhor para o benefício do mundo".

reconduzir os sobreviventes de Israel. Também te estabeleci como luz das nações, a fim de que a minha salvação chegue até as extremidades da terra". Assim, cerca de muito tempo depois, o *midrash* ao Cântico dos Cânticos, em alusão ao candeeiro de azeite, pode dizer: "Assim como o óleo traz luz ao mundo, assim é Israel a luz para o mundo" (1,3[85ª]).[99]

No NT, encontra-se também, de diversas maneiras, a metáfora da luz. Mt 4,15-16 cita Is 9,1-2: "O povo que jazia nas trevas viu uma grande luz; aos que jaziam na região sombria da morte, surgiu uma luz". Se ali se subentende Jesus, que escolhe Cafarnaum para moradia e lugar de atuação, então aqui, no versículo 15, deduz-se que são os destinatários de seu ensinamento sobre a montanha. Eles são luz porque participam da função de luz de seu Senhor.[100] Conseqüentemente, levando-se em consideração o Servo de Deus (Is 49,6), pode-se dizer: "Assim como Iahweh, na Escritura, como Deus de Israel, é Deus para todos, assim também o é Jesus e o são também seus discípulos [...] luz para Israel e para o mundo".[101]

Os cristão são a luz do mundo quando resplandecem, são vistos e colaboram para o verdadeiro ver, sentir e perscrutar. A partir dessa perspectiva, as imagens seguintes, nos *versículos 14-15*, da cidade sobre o monte e da lâmpada, tornam-se compreensíveis. A imagem da *cidade sobre o monte (v. 14a)*, que funciona inicialmente como uma interpolação, deve ser lida em conexão com a sentença seguinte a respeito da lâmpada na casa.[102] Também o evangelho copta de Tomé (séc. III d.C.) apresenta os dois ditos juntos[103] e alimenta a suspeita de que ambas as imagens já estavam ligadas numa coleção de ditos que, juntamente com Mateus,

---

[99] Cf. BILLERBECK I, 237. Finalmente, no rabinismo existem ainda expressões isoladas que também descrevem o mandamento (cf. Pr 6,23), a Torá, Jerusalém e o Templo como luz, ou seja, como luz do mundo.

[100] Cf. também Jo 8,12; 9,5; 12,46.

[101] FRANKEMÖLLE, *Matthäus-Kommentar 1*, 217.

[102] Em favor disso, depõe já a própria concatenação estilística de ambas as frases do versículo 14a e b. A primeira começa com "não" *(ou)*, a segunda com "e não" *(oudé)* e, com isso, permite que o dito sobre a lâmpada apareça como uma variante temática no sentido de um paralelismo pelo que respeita ao conteúdo.

[103] Cf. Logion, 32-33: "Disse Jesus: uma cidade construída firmemente sobre uma montanha não pode ruir nem pode ocultar-se. — Disse Jesus: o que tu ouves com teu ouvido e com o outro ouvido, anuncia dos telhados. Pois ninguém acende uma lâmpada e a coloca sob um alqueire, nem num lugar escondido, mas a coloca sobre a luminária, a fim de que todos os que entram e todos os que saem vejam sua luz" (tradução: GUILLAUMONT; PUECH; QUISPEL et al., *Evangelium nach Thomas*, Log 32-34).

também deve ter sido do conhecimento do autor (grego) do evangelho de Tomé. Em todo caso, as duas imagens se esclarecem e se completam mutuamente. A cidade configura uma coletividade pública, ao passo que a lâmpada é um elemento importante na intimidade de um lar (v. 15b). Tal como uma cidade é discernível de longe e exerce uma força de atração quando construída sobre um monte, assim também a lâmpada estende a força de sua luz quando posta sobre o lampadário. A típica cidade montana palestinense serve também, por isso, de imagem para Sião, a montanha de Deus, a meta da peregrinação escatológica das nações.[104] Aqui ela é relacionada aos destinatários que nos macarismos aparecem como que realçados do mundo e, portanto, não podem passar despercebidos.[105]

Em relação à imagem da lâmpada, chama a atenção o fato de Mateus, diferentemente de Lucas e de Marcos, que falam da disparatada ocultação de uma lâmpada sob um alqueire (ou cama),[106] falar do *acender* a lâmpada (v. 15a)! Nesse contexto, seria razoável pensar que a tarefa do alqueire consistiria, pois, em extinguir a lâmpada.[107] Se assim é que se deve entender, então Mateus aguçou extraordinariamente a imagem, visto que é completamente absurdo acender uma lâmpada para logo em seguida apagá-la. Como quer que se deva entender a função do alqueire, em todo caso exprime-se a idéia fundamental, já observada a propósito do sal, de que é um paradoxo ser "inflamado" por Cristo e, a seguir, não agir em prol do mundo e da comunidade cristã, ou seja, não irradiar o que o Senhor acendeu.

O *versículo 16*, por fim, explicita o significado da metáfora: "Os cristãos são luz do mundo à medida que deixam suas obras brilharem".[108] Em que consistem tais obras, aqui não é dito ainda. Inequívoco é que "não existe identidade cristã sem obras".[109] Fica evidente que, a partir da metáfora da lâmpada, dever-se-á pensar na da proclamação da mensagem salvífica, mas também no testemunho de vida no sentido de uma justiça melhor (v. 20). Portanto, as obras das testemunhas e

---

[104] Cf. SCHNACKENBURG, NEB I/1,50a.
[105] Cf. STRECKER, *Bergpredigt*, 53.
[106] Cf. Lc 11,33; Mc 4,41 e par.; Lc 8,16.
[107] Assim, JEREMIAS, Die Lampe unter dem Scheffel, 237.
[108] LUZ, *EKK I/1*, 224.
[109] FRANKEMÖLLE, *Matthäus-Kommentar 1*, 216.

profetas do Senhor não podem ser resultados a serviço de sua auto-satisfação, mas sim da glória de Deus ou, como o formula Mateus: "Para que, vendo as vossas boas obras, eles (= os homens) glorifiquem vosso Pai, que está nos céus" (v. 16c).[110]

A "irradiação" dos cristãos, porém, não pode restringir-se a pessoas que exercem funções oficiais na Igreja. Toda pessoa e toda casa carece de luz quando está às escuras.[111] Deus necessita de corações que ardam e que possam mediar a direção da iluminação fontanal. O raio e a ação de nossa "luz" pessoal podem até ser bem pequenos, mas o que conta é o modo *como* vivemos, nos relacionamos, avaliamos e agimos. Isso começa em casa, vale para o trabalho e no meio da sociedade. Não se trata, de novo, de apresentar-se ao mundo como luz, mas de ser luz. O sal deve salgar, a luz deve brilhar, uma cidade montana precisa ser visível, um cristão precisa saber que sua vocação é envio cujo meta é fazer com que sempre mais pessoas prestem a Deus a glória que somente a ele é devida. Se tudo vem de Deus, então tudo deve retornar a esse Deus que, mediante os que pertencem a Cristo, deseja agir iluminando, aquecendo e clarificando.

3.3. *Jesus e a Lei (vv. 17-19)*

17a   *Não penseis*
  b   *que vim revogar a Lei ou os Profetas.*
  c   *Não vim revogá-los, mas dar-lhes pleno cumprimento,*

18a   *porque em verdade vos digo*
  b   *que, até que passem o céu e a terra,*
  c   *não será omitido nem um só i, uma só vírgula da Lei,*
  d   *sem que tudo seja realizado.*

19a   *Aquele, portanto, que violar um só desses menores mandamentos*

---

[110] Cf. 2Cor 4,15: "E tudo isto se realiza em vosso favor, para que a graça, multiplicando-se entre muitos, faça transbordar a acão de graças para a glória de Deus".

[111] Cf. a oração da missa do dia 7 de janeiro: "Nós vos pedimos, ó Deus, que o esplendor da vossa glória ilumine os nossos corações, para que, passando pelas trevas deste mundo, cheguemos à pátria da luz que não se extingue".

b   *e ensinar os homens a fazerem o mesmo*
c   *será chamado o menor no Reino dos Céus.*
d   *Aquele, porém, que (os) praticar e ensinar,*
e   *esse será chamado grande no Reino dos Céus.*

Se, até então, o assunto era a natureza e a vocação dos destinatários (vv. 13-16), a segunda parte do proêmio trata do envio e da missão do Mestre Jesus.[112] O versículo 17 e sua fundamentação no versículo 18 funcionam — também no sentido retórico — como auto-apresentação do orador e o esclarecimento das linhas de seu discurso.[113] O versículo 19 generaliza, a seguir, o tema, na medida em que determina o que constitui o correto e o mau ensinamento em relação ao Reino dos Céus.

A primeira máxima *(v. 17)*, não obstante sua abstração, é de importância vital para a compreensão de toda a seção, até mesmo de todo o "ensinamento sobre a montanha". Ela apresenta o programa de Jesus tal qual Mateus julgou entender. Para esse fim, antes do começo do "ensinamento sobre a montanha", é preciso dizer uma palavra clara. Portanto, a introdução *(v. 17a)* volta-se contra um preconceito, ou seja, contra uma pré-condenação: *"Não julgueis" (mè nomísete)*.[114] Seria falso considerar Jesus como um mestre que veio a fim de "revogar a Lei e os Profetas" *(v. 17b)*. Na Septuaginta, o termo grego *nómos* substitui, na maioria das vezes, a noção de *Torá*, a qual, desde a origem, designa a *instrução de Deus* mantenedora da aliança. A partir daí, a Torá não deve ser compreendida no sentido grego do estabelecimento do direito, portanto, "legalmente". Na verdade, não se deve ignorar que a tradução por *nómos* insinua uma conotação "jurídica".[115] Em Mateus, a expressão "a Lei e/ou[116] os Profetas" indica toda a Sagrada Escritura (cf. 7,12;

---

[112] Cf. Frankemölle, *Matthäus-Kommentar 1*, 217.

[113] Cf. *supra*, p. 23.

[114] Assim o traduz Betz, *Studein*, 36. O verbo *nomízein* tem a ver com *nómos*/lei e leva a pensar em opiniões jurídicas.

[115] Cf. a respeito Hübner, *nómos*, 1161-1163.

[116] Como o observa Hübner, op. cit., 1163 e 1166, o "ou", encontrado apenas aqui em Mateus, pode classificar os profetas como intérpretes da Lei, de forma que a frase pode exprimir: "A Lei juntamente com sua interpretação por meio dos Profetas". Em minha opinião, o "ou" aqui não deve ser entendido disjuntivamente, mas no sentido de "e/respectivamente".

11,13; 22,40), o que se presta ao "sentido normativo".[117] "Revogar" *(katalýein)* encontra-se também em textos helenistas e judeu-cristãos e, em conexão com leis e mandamentos, significa anular prescrições, revogar, eventualmente também não segui-las. Mas, para o judaísmo, propagar a ab-rogação da Torá e dos Profetas era um tema que implicava heresia ou apostasia.[118]

Como enfatiza o *versículo 17c*, a meta de Jesus não é revogar a exigência obrigatória das Sagradas Escrituras; ao contrário, ele *veio* a fim de *dar cumprimento* à Torá e aos Profetas.[119] Se essa é a tarefa do envio do Emanuel (1,23), então esse cumprimento é também a norma que deve reger a vida e a missão de seus discípulos. Eles são, como a Igreja em sua totalidade, o grupo daqueles que acolhem o ensinamento de Jesus e devem aprender tudo o que Jesus ordenou fazer, a fim de anunciá-lo às nações (cf. 28,19-20). Para Mateus, está reservado a *Jesus* (em conexão com o Batista) "cumprir toda a justiça" (cf. 3,15). Em contrapartida, os discípulos são desafiados a cumprir *seus* "mandamentos", isto é, conservar para aprender.[120]

Mas o que significa cumprir? Não pode querer dizer que Jesus, como todo judeu fiel à Lei, tenha-se atido rigorosamente às prescrições da Torá. *Pleroûn* não significa conservar, ou seja, praticar preceitos legais, mas sim "aperfeiçoar, levar à perfeição, tornar pleno".[121] Levando-se em conta a atividade de Jesus, de quando em vez se diz que ele, mediante sua obediência, teria cumprido as exigências da Escritura, ou seja, por meio de sua morte e ressurreição, teria levado a Lei e os Profetas à meta de promessa neles contida.[122] Por essa razão, U. Luz relaciona o cumprimento à atividade messiânica de Jesus. Ele teria considerado como sua missão especial "cumprir plena e pormenorizadamente Lei e Profetas",[123] ou seja, realizar "toda justiça" (3,15). Em seu ensinamento, portanto, Jesus teria "salien-

---

[117] GNILKA, *HThK I/1*, 143; Cf. LAMBRECHT, *Ich aber sage euch*, 79.

[118] Cf BETZ, *Studien zur Bergpredigt*, 39.

[119] Cf. a esse respeito a sentença em bSchab 116a, que deve pressupor nosso versículo: "Não vim para suprimir algo da *Torá* de Moisés, mas vim para acrescentar-lhe algo".

[120] Cf. LUZ, *EKK I/1*, 155 e 236.

[121] Cf. a propósito LUZ, *EKK I/1*, 232; MERKLEIN, *Gottesherrschaft*, 77; WEDER, *Die "Rede der Reden"*, 94.

[122] Cf. DAVIES, *Matthew*, 440-456, em conexão com a teologia do Servo de Deus.

[123] LUZ, *EKK I/1*, 236.

tado a Lei em sua importância", isto é, "deu-lhe plena expressão".[124] De acordo com J. Lambrecht, Jesus veio para mostrar a vontade original de Deus mediante o ensinamento e o exemplo. Ele *"explicou e interpretou* a Lei e os Profetas de acordo com a autêntica intenção original de Deus".[125] Ou seja, "diferentemente do ensinamento de qualquer outro mestre ortodoxo, o de Jesus não era a própria Torá, mas sua explicação com o único fito de cumprir a vontade de Deus".[126] Para Jesus, portanto, tratava-se da "Palavra nas palavras"[127] e, assim, expor a vontade de Deus documentada no AT e realizá-la a partir da raiz. Com outras palavras, "também Jesus só pode ensinar à medida que ele explica a Torá. Ela é a Palavra viva de Deus, para ele, bem como para todos os judeus".[128] Com isso, porém, a *Sagrada* Escritura dos judeu-cristãos e dos gentio-cristãos permanece uma totalidade inalterável, pois ela é o documento da revelação divina. "Não é, portanto, por acaso que o próprio sermão da montanha, como didascália de Jesus, expressamente numa 'palavra' decididamente programática, fundamenta-se na *vinda* de Jesus",[129] como é logo enfatizado por duas vezes no versículo 17.

No entanto, será que a pretensão de incondicionalidade da Palavra de Deus, ligada a isso, não exige a observância radical também da menor prescrição no sentido dos escribas, como parece dar a entender a alusão ao *i* e à vírgula no *versículo 18*? A isso objeta-se, na maioria das vezes, quanto ao conteúdo, que o contexto geral do evangelho de Mateus leva a reconhecer que aqui se daria a entender o cumprimento escatológico da Palavra de Deus veterotestamentária na forma de sua radical concentração no duplo mandamento do amor (cf. Mt 7,12; 22,37-40), pois nele sobressai-se a verdadeira intenção da Torá.[130] Ainda que o aceno ao duplo mandamento do amor seja correto, permanece contudo a pergunta

---

[124] Dupont, *Beatitudes I*, 142.

[125] Lambrecht, *Ich aber sage euch*, 80 (o grifo é meu).

[126] Betz, *Studien zur Bergpredigt*, 39.

[127] Cf. Barth, *Der Römerbrief*, prefácio à 2. ed. de 1921, in 8. ed. 1947, XII.

[128] Feneberg, *Der Jude Jesus und die Heiden*, 81.

[129] Hanssen, *Zum Verständnis der Bergpredigt*, 16 (o grifo é meu). A esse respeito, cf. 9,13; 10,34; 20,28.

[130] Cf. Blank, *Der Jesus des Evangeliums*, 109, que, a partir daí, conclui que os versículos 18 e 19 teriam "surgido de discussões judeu-cristãs e acrescentados posteriormente". Segundo Betz, *Studien zur Bergpredigt*, 39-40 e Strecker, *Bergpredigt*, 58, deve-se antes admitir que os versículos 1-19 provêm de tradição rabínica e foram apresentados por Mateus através da autoridade de Jesus.

sobre se um resumo "ético" da Torá corresponde ao cumprimento *completo* da "Lei *e* dos Profetas".

Partindo-se da designação dos discípulos como "o sal da terra" e "a luz do mundo", então sobressai-se a universalidade da exigência ligada a isso, a qual recebe sua expressiva confirmação nas últimas frases do evangelho (28,18-20). Em razão de sua ilimitada plenipotência sobre céu e terra, aquele que foi elevado à categoria de Filho do Homem escatológico confere a seus discípulos a missão de ir a todas as nações pagãs, fazê-las também discípulos e comprometê-las com os ensinamento e com os mandamentos de Jesus. Esse direito universal do Filho do Homem Jesus sobre todo o mundo fundamenta-se na supra-universalidade escatológica de seu Reinado (cf. Mt 25,31-34). A expressão "sem que tudo seja realizado" *(v. 18d)* é, ademais, uma fórmula pertencente à linguagem apocalíptica[131] e que é utilizada também em Mt 9,13; 10,34; 24,6.35. Como o mostram as citações de cumprimento tipicamente mateanas, o evangelista compreende a totalidade do AT sob o aspecto *cristológico* como promessa que agora chegou ao cumprimento e, portanto, se realiza. Visto que a oração temporal paralela em Mt 24,34 ("Em verdade vos digo que esta geração não passará *sem que tudo isso aconteça*") fala dos acontecimentos do fim dos tempos, deve-se presumir que também aqui, com a expressão convencional, se queira indicar um acontecimento escatológico.[132] Depois deve-se evidentemente perguntar *o que* a Torá e os Profetas, na concepção do evangelista, prometem e em qual "acontecimento" se dá seu cumprimento em Cristo, o Filho do Homem *já* vindo como o Emanuel.

Mateus não fala apenas do Reino dos Céus como simplesmente o bem salvífico escatológico, mas também da realeza do Filho do Homem (cf. 13,41; 16,28; 20,21). A representação assume forma concreta na interpretação da parábola do joio (13,36-43), pois no fim do mundo o Filho do Homem "apanhará do seu Reino todos os escândalos e os que praticam a iniquidade e os lançará na fornalha ardente" (13,41-42). O Reinado do Filho do Homem, portanto, só pode concernir à Igreja *nesse mundo*. Por meio dele, a Igreja é "semeada" e, mediante

---

[131] Cf. Dn 2,28-29.45; Ap 1,1.19; 4,1; 22,6.

[132] *Pánta* (tudo) pode referir-se, sem problema, ao masculino singular *nómos* (Lei). Quanto a isso, cf. HANSSEN, *Zum Verständnis der Bergpredigt*, 26.

o ensinamento dele e a prática de sua palavra, obtém seu perfil definitivo.[133] À medida que o desígnio salvífico de Deus, documentado no AT, nela e através dela começa a cumprir-se, produz-se já agora o "evento" escatológico começado com a (primeira) "vinda" de Jesus. A função promitente da Torá e dos Profetas só se acaba, pois, quando "tudo está realizado", como também o Reinado do Filho do Homem que penetra esse mundo termina quando seu "campo" foi definitivamente "ceifado" e quando o Reinado dos Céus tudo preenche como o perfeito ambiente salvífico e soberano de Deus (cf. 1Cor 15,28).[134] Nenhum i, nenhuma vírgula pode desaparecer do *desígnio salvífico de Deus* atestado no AT, "até que céu e terra tenham passado" (v. 18b) e "tudo esteja realizado" (v. 18d). A modelação interna da Igreja, a partir de Israel e do mundo pagão, mediante o ouvir e o praticar o ensinamento de Jesus, bem como a penetração no mundo com o "sal" e a "luz" do discipulado, é, portanto, de um lado, ainda promessa, de outro lado, porém, já é também *cumprimento* do evento salvífico escatológico em Cristo Jesus, prometido pela Torá e pelos Profetas.[135]

Lendo o *versículo 19* sob esse pano de fundo, levanta-se então a pergunta sobre o que se deve entender por pequenos e grandes mandamentos que devem ser ensinados e praticados. A sentença, que funciona como uma norma jurídica casuística,[136] encerra, em todo caso, traços de discussão rabínica. Assim, a diferenciação entre grandes, ou seja, importantes, e pequenos, ou seja, leves mandamentos da Torá. Era tido como importante, por exemplo, o mandamento da circuncisão; entre os pequenos, ao lado de outros, o preceito de habitar em cabanas (Lv 23,42).[137] Em princípio, porém, vale a regra rabínica: "Leva (tu) em consideração tanto um mandamento pequeno quanto um grande".[138] De qualquer maneira, o versículo 19 deve ser lido no contexto, pois a sentença funciona como conseqüência *(oûn)* dos versículos 17-18 e aplica claramente a antitética do "revogar" e "cumprir" do versículo 17c. Também ele se reporta antecipadamente à

---

[133] Cf. HANSSEN, op. cit., 17.
[134] Cf. Mt 13,41 com 13,43.
[135] Cf. também FRANKEMÖLLE, *Matthäus-Kommentar 1*, 220.
[136] KÄSEMANN, *Exegetische Versuche und Besinnungen II*, 79, descreve o versículo 19 como uma das "normas do direito divino" das comunidades cristãs primitivas que são construídas tendo em vista o fim último.
[137] Cf. SDtn 12,23, § 76; p. Qid I, 58.61b.
[138] Abot II,1.

conclusão do evangelho, na medida em que Mt 28,20 constrói um tipo de paralelo quanto ao assunto. Ali, os discípulos devem levar as nações a aprender o que *Jesus* lhes ordenou. Os mandamentos dos quais se fala no versículo 19 significam, porém, como certamente em 28,20, os *mandamentos do Senhor*, que comportam tanto a material de ensino do "sermão da montanha" quanto a atividade docente dos discípulos, a qual eles devem desempenhar em favor das *pessoas* (5,19b), isto é, das *nações pagãs* (28,20).[139]

O discurso, porém, é acerca "desses menores ou desses mais pequeninos",[140] isto é, "mandamentos leves" (v. 19a). Em Mt 11,29-30, Jesus estimula: "Tomai sobre vós o meu jugo e aprendei de mim [...], pois meu jugo é suave e meu fardo é leve". No rabinismo também existe a expressão: "Tomar sobre si o fardo da Torá". Jesus, porém, não promulga nenhuma nova Torá em lugar de uma Torá "superada", mas, em razão do caráter escatológico desta, funda "um novo relacionamento com a Lei".[141] Não se trata de fidelidade formal à letra, mas de uma abertura que assinala o ser humano em sua totalidade, até o cerne de sua pessoa, para o desígnio salvífico de Deus que se revela nas prescrições da Sagrada Escritura. A partir dessa abertura amorosa para Deus cresce aquela atitude que considera a perfeição de Deus (5,48) como a medida absoluta do próprio fazer e ensinar. Contudo, daí resulta que a pergunta a propósito da hierarquia de mandamentos não corresponde propriamente ao relacionamento novo, verdadeiramente cristão para com a Lei e a legalidade, pois ao amor não interessa se uma prescrição é pesada ou leve, significativa ou insignificante, mas se volta para o ser amado por quem ele se sabe interiormente responsável.

A partir da diferenciação do dito, a ênfase recai, porém, na frase principal correspondente do paralelismo antitético: "Aquele, portanto, que violar um só desses menores mandamentos e ensinar os homens a fazerem o mesmo, será chamado (por Deus) o menor no Reino dos Céus (19c). Aquele, porém, que os praticar e os ensinar, será chamado grande no Reino dos Céus". O comportamento correto não começa com as grandes coisas, mas com as pequenas, e se decide

---

[139] Cf. Betz, *Studien zur Bergpredigt*, 43; cf. Byrskog, Matthew 5:17-18 in the Argumentation of the Context, 566-569.

[140] O superlativo deve ser entendido como elativo.

[141] Hansen, *Zum Verständnis der Bergpredigt*, 28.

nelas. Com essa confrontação de formas de comportamento, Mateus se mostra eclesiasticamente realista, pois existem discípulas e discípulos do Senhor que, na prática, não observam alguns mandamentos, ou cumprem-nos e também ensinam em conformidade com isso.[142] Segundo Mateus, a negligência ou o descaso em relação a um "pequeno" mandamento em decorrência de reais condições não impede, em todo caso, o acesso como tal à comunhão definitiva com Deus no Reino dos Céus. Sempre resta ainda "um lugar, ainda que seja menos preciso"[143] para aqueles que, mediante seu agir e ensinar, não correspondem perfeitamente ao ideal exigido. O "enfraquecimento"[144] realista da apodíctica do versículo 18 é até consoladora, mas também implica a advertência contra a irrefletida prática de um "cristianismo superficial" e talvez até mesmo de defendê-lo. O que exige e constitui o verdadeiro discipulado é dito, na verdade sem descontos, na frase conclusiva seguinte do proêmio, a qual apresenta, ao mesmo tempo, o tema de base do "ensinamento sobre a montanha" (v. 20).

3.4. Justiça maior e Reino dos Céus (v. 20)

20a Com efeito, eu vos asseguro que
b   se a vossa justiça não ultrapassar
     a dos escribas e a dos fariseus,
c   não entrareis no Reino dos Céus.

A introdução *(v. 20a)* enfatiza com a expressão "com efeito, eu vos asseguro", como no versículo 18a, a importância da tese diretamente direcionada para os destinatários, a qual fundamenta sumariamente o que foi dito até agora. Trata-se daquela justiça *(dikaiosýne)* em atos e palavras a que já se aludiu em 3,15, bem como na quarta e oitava bem-aventuranças (5,6.10). O que se deve entender por "justiça" no sentido de uma frase temática ainda não é aqui mais bem precisamente esclarecido.[145] Somente as três grandes partes do *corpus* do "ensinamento sobre

---

[142] Cf. SCHWEIZER, *Bergpredigt*, 30.
[143] LAMBRECHT, *Ich aber sage euch*, 85. Como observa FRANKEMÖLLE, *Matthäus-Kommentar 1*, 221, o texto deveria pressupor a "concepção de lugarzinhos melhores no céu".
[144] Assim HÜBNER, *Das Gesetz in der synoptischen Tradition*, 27.
[145] Para o conceito de *dikaiosýne*, cf. *supra*, p. 54-55; 65-66.

a montanha" explicitaram ilustrativamente "como a Lei deve ser compreendida e cumprida".[146]

O excesso em justiça é aqui contraposta sobrepujantemente, ou seja, comparativamente ao ensinamento e à práxis dos teólogos judaicos e dos sectários dos fariseus *(v. 20b)*. Conduto, não é negada, de forma alguma, a justiça aos teólogos judeus. Também não se trata, primariamente, de conseguir uma base polêmica de comparação negativa para o próprio assunto. A formulação hiperbólica indica antes que a maneira cristã de agir com a justiça exigida dever ser qualitativamente[147] superior a uma "justiça" apoiada em interpretações rabínicas da Torá, por mais seriamente que fossem levadas em consideração e vividas. Pois a possibilidade de produzir o excedente em justiça válido perante Deus fundamenta-se, para os cristãos, na ação salvífica escatológica de Deus mediante Jesus Cristo. O amor obsequioso de Deus é que possibilita ao cristão sua justiça responsiva, e "à medida que o cristão pratica a justiça ele entra, já agora, na comunhão com Deus, transcrita por Mateus com a expressão Reinado dos Céus".[148] Por conseguinte, não pode tratar-se de uma redução da vontade de Deus testemunhada no AT sob o prenúncio escatológico, pois de acordo com o versículo 17 o cumprimento da Torá e dos Profetas constitui o encargo do envio do Senhor, do qual resulta, isto é, deve resultar o excedente em justiça entre os cristãos.

A pergunta a respeito de como esse excesso deve-se mostrar será respondida pelas chamadas "antíteses" (5,21-48), as instruções centrais (6,1-18) e as indicações para a práxis da vida (6,19–7,11), no final das quais encontra-se a regra de ouro (7,12). Sob o sinal do Reino dos Céus, nelas não se exigirá dos cristãos, no fim das contas, outra coisa senão uma radical, isto é, profunda abertura de coração para Deus e para os semelhantes, a qual se manifesta em ações. Assim, os cristãos podem ser "sal da terra" e "luz do mundo" (vv. 13-14). O acesso ao Reino dos Céus está relacionado, portanto, ao excesso "como a conseqüência à ação".[149]

---

[146] LAMBRECHT, *Ich aber sage euch*, 85.

[147] De acordo com FRANKEMÖLLE, *Matthäus-Kommentar 1*, 221, "discute-se há muito tempo se o comparativo deve ser entendido em sentido qualitativo ou quantitativo". Em minha opinião, ele só pode ter sentido qualitativo, visto que não se podem interpretar de outra maneira as afirmações do *corpus* do discurso.

[148] GIESEN, *Christliches Handeln*, 139.

[149] Ibid.

3.5. Resumo

O proêmio deita ao mesmo tempo os trilhos que determinam a direção do "sermão da montanha". Assim como, indiretamente, nas bem-aventuranças, na abertura propriamente dita do "ensinamento sobre a montanha" é dito de forma direta aos ouvintes e leitores *quem* eles são. Os cristãos são o sal da terra, a luz do mundo, a cidade sobre o monte. O sal é indispensável, a luz significa esperança e auxílio de sobrevivência na penumbra e obscuridade da existência. O Sl 27,1 chama Iahweh de "minha luz e minha salvação". Aqui, o mesmo epíteto vale para seus ouvintes, leitores e seguidores. Por isso, com razão, diz santo Agostinho: "Cristo leva em consideração tua dignidade!". Essa dignidade e encargo são insuperáveis, tendo-se em vista a possibilidade do fracasso, mas também "muito perigosa". O testemunho e a mensagem dos cristãos ultrapassam a eles próprios, uma vez que eles devem proclamar a boa-nova do Senhor glorioso em seu compromisso universal, a fim de que ela penetre e ilumine o mundo.

Se a mensagem de Jesus Cristo deve ser anunciada, então é preciso esclarecer, de saída, que Jesus, mediante seu ensinamento e sua atividade, não veio anular a reivindicação de validade da Torá e dos Profetas, mas consumá-los conforme sua natureza. As Sagradas Escrituras testemunham o permanente desígnio salvífico de Deus, o qual na vinda, no ensinamento e no agir salvífico do "Emanuel" encontrou sua realização. Com efeito, a vontade de Deus documentada nas Escrituras mantém completa validade enquanto perdurar a história do mundo. Contudo, *como* a Torá e os Profetas devem ser compreendidos sob os auspícios do Reino dos Céus, este é o conteúdo do ensinamento do Senhor. "Ele próprio, mediante sua palavra e seus atos, leva o Antigo Testamento à plenitude de sua medida e confere-lhe o sentido definitivo".[150] Portanto, trata-se de pôr em prática e ensinar *seus* mandamentos, sem simplificações reducionistas. O cristão que assim viver e comportar-se será considerado maior por Deus no Reino dos Céus.

Se, mediante a glorificação de Jesus, tornou-se possível a comunhão escatológica do ser humano com Deus e, portanto, das pessoas entre si, então a comunidade dos fiéis está estabelecida sobre uma nova e definitiva base.[151]

---

[150] *Der große Wochentagsschott I*, 1142.
[151] Cf. HANSSEN, *Zum Verständnis der Bergpredigt*, 28.

A partir daí, resulta conseqüentemente a exigência de uma justiça que supere de longe a probidade intramundana. Essa, porém, só pode consistir em tomar a medida do comportamento humano em referência ao agir escatológico de Deus. Tal ação encontra sua concentração completa no duplo mandamento do amor, a respeito de qual Mt 22,40 diz que desses dois mandamentos depende toda a Lei (dos cristãos), bem como os Profetas. Mas o amor, no pleno sentido da palavra, provém do mais íntimo do ser humano e determina-lhe a totalidade do ser. Ele o abre para o tu, aproxima-se dele e *lhe faz justiça*.

Com isso, está apresentado o tema do "ensinamento sobre a montanha". Outra coisa ele não pretende senão, servindo-se de variados exemplos, de maneira francamente exigente, motivar os destinatários de Mateus e todas as leitoras e leitores de seu evangelho a enxergar Deus e os semelhantes com os olhos do amor e agir de forma correspondente. Conforme Mateus, o Senhor glorioso exige o impossível a fim de alcançar o possível, pois o amor é a base e o princípio vital do Reino dos Céus (cf. 1Jo 4,16.21). A chave para os textos seguintes do "ensinamento sobre a montanha" é dada pelo "Reinado dos Céus", que já irrompeu com Jesus e do qual também resulta a vida dos fiéis.

Capítulo

3

Justiça em relação às pessoas (Mt 5,21-48)

As seis seções da primeira parte do *corpus* do "ensinamento sobre a montanha" são descritas, na maioria das vezes, como "antíteses". A noção, introduzida por Marcião em meados do séc. II d.C., resultou em que as concretizações do *sensus legis* apresentadas foram entendidas antes como "o-posições" aos mandamentos e instruções prescritos na Escritura. O que levou a esse descaminho foi, na verdade, o fato formal de que as seis alíneas são introduzidas por fórmulas estereotipadas. A primeira e a quarta abrem-se com a forma do aoristo: "Ouvistes que foi dito aos antigos" (5,21.33); na segunda, na quinta e na sexta, a mesma forma, abreviada, diz: "Ouvistes que foi dito" (5,27.38.43), e na terceira ainda simplesmente: "Foi dito". Em contrapartida, as tomadas de posição de Jesus em todos os seis casos são introduzidas pela frase: "Eu, porém, vos digo". Com isso não se quer indicar que o Jesus de Mateus ponha fundamentalmente em questão ou "anule" o quinto, o sexto e o oitavo mandamentos, bem como a exigência do amor ao próximo. Com efeito, ele não veio para "revogar a Lei ou os Profetas, mas dar-lhes pleno cumprimento". Só pode tratar-se daquele "excedente em justiça" (v. 20), o qual, mediante a interpretação que corresponde ao sentido das prescrições divinas, é demonstrado paradigmaticamente.

A indubitavelmente experimentada oposição à justiça "dos escribas e dos fariseus" (v. 20b) reside no uso da antítese como forma lingüística retórica da Antigüidade, utilizada também amiúde pelo judaísmo contemporâneo.[1] As seis "antíteses" mateanas correspondem, pois, a um método de argumentação rabínico, sobretudo tanaítico, que a uma determinada teoria contrapunha ou opunha outra.

---

[1] Cf., a propósito, FRANKEMÖLLE, *Matthäus-Kommentar 1*, 226 e os argumentos ali apresentados.

Trata-se, portanto, de figuras retóricas fixas.² Em tal caso, não se trata jamais de um questionamento da Torá, sacrossanta para ambos os altercadores, mas sim de suas atualizações, eventualmente contraditórias ou divergentes, para a orientação concreta da vida.³ Daí, deve-se supor que também nosso evangelista escriba (cf. 13,52) conhece e usa tais formas de discussão.⁴ No que respeita ao "excesso em justiça" no confronto com os "colegas" rabínicos, demonstrada em nosso caso, uma observação de santo Agostinho a respeito de Mt 5,17-48 é bastante elucidativa: "Aquele que acrescenta algo que falta a algo já existente não quer com isso mudar em si o que já existe. Ele quer, antes, confirmá-lo e intensificá-lo".⁵ O Mestre, sobre a montanha, não revoga a Lei; ao contrário, aprofunda a instrução divina à medida que, servindo-se de exemplos, interpreta-a e atualiza-a radical e essencialmente.

Nisso o Jesus mateano encontra-se "em boa companhia", pois mediante sua interpretação da Palavra de Deus, superior à dos escribas e à dos fariseus, na lógica do fenômeno, ele nada mais fez senão o que já havia sempre acontecido na Bíblia no processo de seu crescimento, ou seja, na história de sua influência e de sua interpretação, e também o que os rabinos, como autoridades hermenêuticas e exegéticas, haviam feito. Com efeito, eles interpretaram a Torá sob a forma de um "contínuo desenvolvimento situacional" de seu material tendo em vista as exigências dos respectivos tempos — "quer em harmonia com o texto original da Torá, quer não".⁶ Tal atualização do desígnio divino acontecia tanto mediante o autor bíblico quanto por meio dos legisperitos reconhecidos "com autoridade imediata e com autonomia".⁷ Finalmente, também os escritores do Novo Testamento não fazem outra coisa quando compreendem a Palavra de Deus veterotestamentária sob o aspecto de seu cumprimento na era escatológica, que já foi inaugurada

---

² Cf. LOHSE, Die Einheit des Neuen Testaments, 73-87; STRECKER, Bergpredigt, 64-65.

³ Cf. FRANKEMÖLLE, Matthäus-Kommentar 1, 227.

⁴ Pode-se constatar facilmente até que ponto a forma antitética dos discursos seguintes remonta a Mateus apelando-se para uma comparação sinótica daqueles "antíteses" que apresentam paralelo literário em Marcos ou em Lucas, as quais não são formuladas antiteticamente.

⁵ PL 34,1229-1308; apud FRANKEMÖLLE, Matthäus-Kommentar 1, 226.

⁶ MÜLLER, Beobachtungen zum Verhältnis von Tora und Halacha, 108; apud FRANKEMÖLLE, Matthäus-Kommentar 1, 224.

⁷ FRANKEMÖLLE, op. cit.

incoativamente com Jesus, e interpretam-na e a atualizam correspondentemente. O mesmo vale para a interpretação da sempre reta Palavra de Deus da Escritura feita pelo Jesus mateano, quando Mateus toma palavras da Fonte dos Ditos e as modela no sentido de sua teologia orientada para os leitores. Ademais, o evangelista recorre à autoridade e à soberania do Emanuel Jesus cuja palavra e exigências ele interpreta exemplificativamente para as situações vitais concretas de seus destinatários fiéis cristãos. Essa sua interpretação, em razão de sua já extensamente avançada cristologia,[8] obtém sua importância singular. Por isso, a atualização e a interpretação apropriada ao tempo das palavras do "ensinamento sobre a montanha" sempre foram também, legitimamente, manejadas pela Igreja, pois, afinal de contas, na Igreja Católica, ao lado da Escritura inspirada dos dois "Testamentos", a "Tradição" constitui o segundo esteio de apoio do edifício da fé. Todavia, com razão, a tradição não significa apego imutável à letra da Escritura, mas sim a atualização ligada às circunstâncias daquilo que foi transmitido através de quase dois mil anos, pois "a letra mata, mas o Espírito comunica a vida" (2Cor 3,6).

Com relação ao *plano literário* das seis seções (Mt 5,21-48), cuja forma antitética certamente remonta a Mateus, deve-se ainda observar que o aoristo usado na primeira e na quarta alíneas da fórmula de abertura (vv. 21.33) leva a concluir que Mateus dispõe o texto em bloco tripartido. Em favor disso depõe também a circunstância de que a segunda e a terceira "antíteses" (adultério e divórcio), bem como a quinta e a sexta (vingança e amor ao inimigo) estão tematicamente em estreita conexão entre si.

1. Matar e reconciliar (Mt 5,21-26)

21a   *Ouvistes que foi dito aos antigos:*
        Não matarás;
b   *aquele que matar*
        terá de responder no tribunal.
22a   *Eu, porém, vos digo:*

---

[8] Cf., entre outros, os títulos de dignidade como Emanuel, Filho de Davi, Filho (de Deus), Filho do Homem etc.

b	*todo aquele que se encolerizar contra seu irmão terá de responder no tribunal;*
c	*aquele que chamar ao seu irmão 'Cretino!' estará sujeito ao julgamento do Sinédrio;*
d	*aquele que lhe chamar 'renegado' terá de responder na geena de fogo.*
23a	*Portanto, se estiveres para trazer a tua oferta ao altar*
b	*e ali te lembrares de que o teu irmão tem alguma coisa contra ti,*
24a	*deixa a tua oferta ali diante do altar e vai*
b	*primeiro reconciliar-te com teu irmão;*
c	*e depois virás apresentar tua oferta.*
25a	*Assume logo uma atitude conciliadora com o teu adversário,*
b	*enquanto estás com ele no caminho,*
c	*para não acontecer que o adversário te entregue ao juiz*
d	*e o juiz ao guarda*
e	*e, assim, sejas lançado na prisão.*
26a	*Em verdade te digo:*
b	*dali não sairás,*
c	*enquanto não pagares o último centavo.*

A perícope interpreta o quinto mandamento do Decálogo sob o aspecto da plena realização do desígnio divino. A pergunta que está por trás é esta: o que realmente se quer dizer com esse "mandamento"? Trata-se apenas de normas jurídicas nas instruções do Decálogo, "que mencionam um delito e a sanção correspondente"?[9] Ou aqui se encontra uma indicação para o comportamento de cada membro do povo da aliança para com seu semelhante, instrução livre de toda

---

[9] GNILKA, *HThK I/1*, 151.

interpretação penal, uma vez que ela provém de um Deus que sonda "coração e rins"? O caminho para uma justiça maior (5,20), a qual a instrução divina procura cumprir a partir de sua natureza, é indicado pelo "ensinamento sobre a montanha" mediante o fato de ele manifestar o espírito que habita o mandamento, e, lançando mão de exemplos, esclarece qual atitude para com o semelhante é exigida daquele que deseja viver sob o Reinado dos Céus.

O texto tripartido cita, em seu *primeiro* parágrafo, o mandamento juntamente com a sanção *(v. 21)* e acrescenta uma resposta trimembre de Jesus *(v. 22)*, a qual estilisticamente se aproxima da sanção (v. 21b). O *segundo* parágrafo *(vv. 23-24)* compreende-se como conseqüência *(oûn)* do primeiro. Ele se reporta, quanto ao conteúdo, à "primazia do relacionamento humano sobre o cultual (cf. 9,13; 12,7; 23,25-26)"[10] e foi pensado, como o demonstram a mudança para a segunda pessoa do singular e o conceito "teu irmão", usado duas vezes (cf. Mt 18,15.21), como um indício da atitude correta numa comunidade cristã (vv. 23b.24b). O *terceiro* parágrafo *(vv. 25-26)* oferece uma regra de prudência (v. 25) e a palavra-amém a ela correspondente (v. 26). Em decorrência de seu colorido negativo, os dois versículos funcionam como uma admoestação conclusiva. Ademais, eles têm um paralelo em Lc 12,58-59, de modo que se deve presumir que Mateus deve tê-lo encontrado na Fonte dos Ditos.

1.1. As "antíteses" (vv. 21-22)

A fórmula introdutória "ouvistes que foi dito aos antigos" aponta para a autoria divina. Com "os antigos" indica-se certamente a geração do êxodo, à qual foi anunciado o Decálogo no Sinai. A expressão, porém, também inclui os transmissores autorizados, mediante os quais a Palavra de Deus foi passada adiante. Em favor de uma compreensão rabínica desse tipo fala Abot 1,1: "Moisés recebeu a Lei do Sinai e a entregou a Josué, e Josué entregou-a aos anciãos, e os anciãos aos profetas, e os profetas entregaram-na aos homens da grande sinagoga". Contudo, no versículo 21, do Decálogo mesmo provém apenas o quinto mandamento, que, de acordo com o texto primitivo, afirma breve e concisamente: "Não matarás" (Ex 20,15; Dt 5,18). A sentença que se segue no versículo 21b, ao contrário, pertence

---

[10] SCHWEIZER, *Bergpredigt*, 35.

ao quadro do *jus talionis* (cf. Ex 21,12; Lv 24,17; Nm 35,16-18; Dt 17,18-20), que exige olho por olho, dente por dente e vida por vida. Por isso, o Targum Onkelos a respeito de Gn 9,6 diz: "Quem derrama o sangue de uma pessoa perante testemunhas, de acordo com o veredicto terá seu sangue derramado".[11]

A resposta de Jesus desmascara uma moral superficial, externa, pois já *a primeira frase (v. 22a)* põe em "crise" não somente o assassínio, mas até mesmo a ira, ou seja, o rancor não juridicamente passível de processo. No entanto, nenhum juiz de instrução criminal está realmente em condições de investigar tal "estado de coisas". Como o demonstra claramente a ameaça com o fogo da geena no final dos três exemplos (v. 24d), em todos os casos o assunto é o julgamento *escatológico*. Quem, porém, pronuncia esse veredicto? Traduzida literalmente, a oração principal diz: "sujeito será ao juízo" *(énochos éstai tê krísei)*. A passiva aponta, sem dúvida, para Deus como agente. Como se pode imaginar tal agir? Não seremos nós mesmos a reconhecer e julgar, na presença de Deus, nossos pensamentos, palavras e ações em sua qualidade e em comparação com a justiça maior e com a orientação para Deus e para os irmãos exigidas de nós? Se, pois, as últimas realidades, o Reinado dos Céus, com o "Deus-conosco" já estão incoativamente presentes, então já nos sentenciamos a nós próprios aqui e hoje quando rejeitamos, do fundo do coração, irmãos e irmãs cristãos os quais, como nós mesmos, pertencem ao Filho do Homem Jesus. O assassínio não começa primeiramente no sacar da arma, mas no mais íntimo do ser humano. O matar tem, porém, muitas facetas e não consiste apenas na eliminação física da pessoa odiada. Quando, pois, a rejeição interior, a proscrição e o abandono do semelhante nos tornam culpados e, ao mesmo tempo, ensejam a rejeição da parte de Deus,[12] o doador e conservador da vida, quem pode ainda subsistir? Pois "onde o matar tem início num coração furioso, não se pode mais buscar o espaço livre dentro do qual seja possível permanecer plenamente irrepreensível; é preciso um novo coração, criado por Deus (Jr 31,33)".[13]

A segunda frase (v. 22c) concretiza a rejeição interior mediante um insulto. O AT também está consciente da relação entre a expressão verbal e factual da

---

[11] WEDER, *Die "Rede der Reden"*, 103, traduz por conseguinte: "Aquele que mata, pois, deve padecer a pena de morte".
[12] Cf., a propósito, o significado de ira *(orgé)* em Rm 1,18-20.
[13] SCHWEIZER, *Bergpredigt*, 34.

maldade: "Antes do fogo vêm o vapor da fornalha e a fumaça; assim, antes do sangue, vêm as ofensas".[14] Estas são símbolos lingüísticos mediante os quais a comunicação truncada se expressa. O estrangeirismo sírio *raká* significa também o imbecil. Em sua última conseqüência, a descrição põe em dúvida a *capacidade comunitária* do insultado. Quem assim desqualifica seu irmão cristão e lhe nega competência e voto na comunidade é julgado por um órgão colegial competente.

Sob a palavra "sinédrio", o NT entende normalmente o Grande Sinédrio de Jerusalém, o qual, aliás, no tempo em que Mateus escreveu essas frases, não mais existia. O judaísmo, porém, conhece também sinédrios locais em comunidades maiores, responsáveis por casos de conflitos disciplinares ou doutrinais. Em contrapartida, instituição análoga em comunidades cristãs só é atestada por meio da didascália síria proveniente do séc. III d.C.[15] Em relação a esse assunto, aliás, Mt 18,15-17 já atesta um processo gradual nas comunidades cristãs para o caso de um "irmão pecar". Apesar de o procedimento em três estágios ali introduzido poder derivar da disciplina da sinagoga, ele não se deixa contaminar facilmente com Mt 5,22c. Presumivelmente, trata-se, porém, da orientação geral das três frases como "agravação exemplar da exigência incondicional intencionada por Deus"[16] e não de uma instância real da Igreja para determinados casos, do contrário os exemplos seriam de novo apenas expressão de uma justificação da instrução de Deus. Trata-se antes de que, na comunidade escatológica dos cristãos, que repousa sobre a base do ilimitado amor divino, a dispensa verbal de um irmão deve ser tratada pelo colégio dos discípulos de Cristo em nome *do Senhor*. Com efeito, tal rejeição do outro ('talvez porque é muito conservador ou demasiado liberal-esquerdista em palavras e atos') tem essencialmente a ver com Cristo, o Senhor comum *de todos* os crentes. Por outro lado, no ambiente escatológico das sentenças, expressa-se facilmente um aumento do tornar-se culpado perante si mesmo e perante Deus, incremento que se torna evidente com respeito à hierarquia sinagogal. Assim como a condenação verbal do "irmão" em relação à ira interior significa um incremento, visto que implica publicidade, assim também a responsabilidade do culpado diante da publicidade de Deus e dos co-cristãos.

---

[14] Eclo 22,24.
[15] Didascália 9.
[16] Luz, *EKK I/1*, 254.

A terceira frase (v. 22d) cita um insulto semelhante. *"Môrós"*[17] é um palavrão grego desrespeitoso e tanto significa parvo como doido. A literatura sapiencial usa a expressão qualificadamente na medida em que ela, em oposição ao sábio, designa o tolo, "aquele que é incapaz de relacionamento com Deus, ou seja, desobediente, incrédulo".[18] Sob essa pressuposição, isso quer dizer: quem nega a seu semelhante — aqui não se fala mais de "irmão" — o relacionamento com Deus desterra-o para longe de Deus e, com isso, relega-o ao domínio do mal. Por conseguinte, quem assim procede será lançado na geena,[19] ou seja, ele mesmo sofrerá a separação escatológica de Deus, a qual ele destinava e atribuía ao semelhante. Na verdade, ele já está marcado e saturado dela, pois o ardor geênico envolveu sua alma e, partindo dele, atinge o outro.

As três frases das "antíteses" certamente não falam em favor de uma exagerada casuística escatológica, mas têm diante dos olhos o sentido pretendido no quinto mandamento, ou seja, o respeito pelo semelhante e pelo co-cristão. Também não se trata de novo escalonamento regulado de culpabilidade e punição, mas sim de Deus, perante quem a insuficiência das construções da jurisprudência humana se tornam evidentes. O Jesus mateano deseja a coibição, desde a raiz, daquilo que é absolutamente indigno do cristão e mau, pois o amor respeitoso, como expressão da verdadeira justiça, volta o olhar para o outro de quem, por meio de um coração "envenenado", foi subtraído o ambiente vital. Mas um comportamento em relação ao "irmão em Cristo", que corresponde à vontade de Deus, fundamenta-se na participação garantida no relacionamento de Jesus com Deus como o Filho (cf. Mt 11,27), que veio a fim de cumprir a Lei e os Profetas.[20] Quem procura seguir a vontade de Deus atestada no quinto mandamento encontrará a resposta no duplo mandamento do amor, do qual "dependem toda a Lei e os Profetas" (Mt 22,40).

No nosso mundo atual, tal pessoa se confronta com o assassinato, a destruição, os maus tratos, o insulto e o desprezo, numa palavra, a degradação do outro

---

[17] Cf. BAUER, *WB*, 1075-1076.

[18] STRECKER, *Bergpredigt*, 70. Cf. também, a propósito, Sl 14,1; 94,8; Is 32,5-6; Jr 5,21; Dt 32,6.

[19] No Vale da Geena, o antigo lugar de sacrifícios a Moloc, a apocalíptica, de quando em vez, aguardava o julgamento dos incréus. O acréscimo "do fogo" é usado por Mateus apenas aqui e em 23,33, numa alusão a Is 66,24 (cf. Jr 32,34-35; 2Rs 21,4-5).

[20] Cf. *supra*, pp. 80-82.

como "material humano" militar ou econômico, embora todo cristão ou não-cristão conheça o quinto mandamento. O assassinato é mais bem vendido nos meios de comunicação. Em muitos países, a pena de morte ainda vale como recurso legal indispensável. Em nossas plagas, de quando em vez também ainda se ouve o apelo à sua reinstituição. Pertence evidentemente ao caráter da sociedade, por ocasião de escândalos ou delitos, exigir pronta e febrilmente um autor ou um bode expiatório. No entanto, muitas vezes trata-se de uma moral meramente exterior, a fim de poder voltar à normalidade da vida com o sentimento tranquilizador de que se ajudou no "triunfo" do direito. Mas, conforme já dito, o assassínio não começa somente com o ato! Por que não proclamamos as palavras e as ações do amor de cima dos telhados? Simplesmente porque boa notícia não é nenhuma notícia? É possível ainda "dormir" sossegado perante as palavras de Jesus a respeito do quinto mandamento?

1.2. Mudança de mentalidade e culto (vv. 23-24)

A segunda seção das palavras a respeito do matar compreende-se como consequência (*oûn*) do que foi dito. O interpelado diretamente traz sua oferenda ao altar. Isso pressupõe a existência do Templo de Jerusalém e a chamada oferenda privada. Para Mateus, esse cenário decididamente anacrônico é digno de ser passado adiante,[21] justamente porque nele se pode ilustrar de maneira particularmente inteligível a relação entre culto e mudança de comportamento, isto é, a relação entre amor a Deus e amor ao próximo. A oferenda representa o próprio ofertante. Na imolação, o sangue da vítima funciona como portador da vida para o proprietário. Mediante a morte do animal, ele expressa: "Senhor, minha vida e a dele te pertencem". Semelhantemente, a oferenda de alimento e de bebida é expressão da dedicação e da doação a Deus. A indispensável refeição sacrifical simboliza, finalmente, a unidade entre a comunidade e o Senhor da aliança.

Como elemento perturbador, no versículo 23b aparece o "irmão" daquele que se apresenta para a oferenda. Ele surge em sua mente, imediatamente antes do gesto sacrifical, e se torna presente como alguém que tem algo contra ele. Nada se diz a propósito de se o oferente mesmo é culpado pela inimizade ou se

---

[21] STRECKER, *Bergpredigt*, 70, pressupõe uma tradição primitiva autônoma do texto.

esta deve ser atribuída ao outro. Inequívoco é que, de acordo com o versículo 24a, daquele que se esforça pela comunhão com Deus, exige-se que ele, por si mesmo, tome a iniciativa de reconciliar-se com seu irmão. O ofensor não pode cobrar reconciliação; pode apenas rogá-la da parte do ofendido. Se o "irmão" for o culpado, então exige-se o inimaginável: que o ofendido, contra todas as regras da natureza e da estrutura social, mude sua atitude para a de um ofensor, visto que um relacionamento truncado entre as pessoas torna impossível um relacionamento sereno com Deus. Essa exigência corresponde à quinta petição do Pai-nosso — "E perdoa-nos as nossas dívidas como também nós perdoamos aos nossos devedores" (6,12) — e aos comentário correspondente: "Pois, se perdoardes aos homens os seus delitos, também vosso Pai celeste vos perdoará" (6,15). Trata-se aqui, certamente, de uma das mais difíceis exigências de Jesus, pois ela se opõe diametralmente ao amor próprio humano e reclama a renúncia a si mesmo com todas as conseqüências.

A conexão entre o culto a Deus e a reconciliação não é algo novo, mas já existe no AT e no judaísmo. Escreve, pois, Os 6,6, a conhecida frase: "Porque é amor que eu quero e não sacrifício". Da mesma maneira, a literatura sapiencial relaciona a ética ao culto,[22] e antepõe a misericórdia ao sacrifício. Contudo, a exigência exemplar do versículo 24a.b não visa a um cumprimento literal para este caso, e sim sob um sinal escatológico; ressalta uma postura fundamental para com o semelhante, a qual antepõe a reconciliação ao culto em todas as circunstâncias.[23] Um acordo de paz formal ainda não é, porém, verdadeira reconciliação. Congraçamento não é apenas perdão que não inclui necessariamente o esquecimento. Reconciliar-se significa, enfim, "mudar" *(diallássô)*[24] a atitude e a postura em relação ao outro, substituir a atitude negativa em relação a ele por outra positiva. Isso pressupõe que a culpa não conta mais (cf. 2Cor 5,19) e que a própria culpabilidade foi reparada.[25] No entanto, a mudança de comportamento é mais do que as mencionadas pressuposições. Ela compreende o esforço cons-

---

[22] Cf. Pr 15,8; 21,3.27; Eclo 31(34),21-24; 35,1-3, entre outros.
[23] Cf. Luz, *EKK I/1*, 259. Weder, *Die "Rede der Reden"*, 108, escreve: "Não há tempo para a dedicação a Deus enquanto o relacionamento com as pessoas estiver truncado".
[24] Cf. Bauer, *WB*, 75-76.
[25] Cf. Strecker, *Bergpredigt*, 70 e nota 15.

ciente de respeitar e de compreender o outro como pessoa. Compreender, porém, significa tornar-se um com o compreendido. Até que se consiga e se aceite isso, pode levar bastante tempo e exigir muita paciência.

O versículo 24c corrige ainda uma falsa imagem de Jesus. Ele não anula simplesmente a obrigação do ato cultual. O ir ao encontro do co-cristão ofendido e adoentado é, ademais, a "primeira coisa" que deve ser feita, pois o verdadeiro e definitivo culto só pode ser celebrado por pessoas reconciliadas.[26] Em contrapartida, o culto não pode esgotar-se em mero relacionamento humano. Este é o pressuposto mais importante, mas "depois virás apresentar tua oferta" (v. 24c).

1.3. Acordo extra-judicial (vv. 25-26)

Conforme mencionado, a terceira seção é tirada da Fonte dos Ditos.[27] Em *Lucas*, o texto paralelo constitui a conclusão de uma série de ditos tematicamente coincidentes que vão de Lc 12,39 a 59 e que podem ser apresentados sob o título "vigilante expectativa futura". As palavras imagéticas e a série de ditos inteiramente marcados pela dimensão escatológica atestam a própria expectativa da Fonte dos Ditos de uma volta iminente do Filho do Homem Jesus. A oportuna decisão por ele e contra o adversário, que é capaz de levar à perdição, é, portanto, o mandamento da hora.

Mateus subtraiu as frases a esse contexto e relacionou-as com o problema do modo de agir correto com adversários. Deve-se pressupor que ele, por sinal, tem diante dos olhos seus leitores oprimidos por dentro e por fora. Como eles devem viver a partir do espírito do quinto mandamento num ambiente hostil, sem fracassar, como cristãos, em relação às palavras do Senhor? Por conseguinte, Mateus não fala, como Lucas, do esforço por desvencilhar-se do adversário ao longo do caminho para o juízo final, mas apresenta a regra de comportamento: "Assume logo uma atitude conciliadora com o teu adversário, enquanto estás com ele no caminho" *(v. 25a.b)*. Com isso, faz-se a conexão com a seção precedente, que exige um trato positivo com o ofensor. Além do mais, Mateus, diferentemente de Lucas, não apresente o chefe *(árchon)* das autoridades judiciais como meta do caminho;

---

[26] Ibid.
[27] Cf., *supra*, pp. 31; 95.

ao contrário, fala apenas do *caminho comum* de ambos os contendores. Enquanto caminham junto, é preciso rapidamente e sem mais hesitação demonstrar disposição amistosa para com o adversário no processo. O caminho aparece, assim, como metáfora para a "carreira da vida"[28] relativamente curta que os dois, ao menos por algum tempo *(héos hótou)*, percorrem juntos. A representação pode estar ligada tanto ao relacionamento, em certas circunstâncias nem sempre livre de atritos, dos cristãos entre si, bem como também às difíceis relações vitais que o convívio de judeu-cristãos com judeus não cristãos ou com pagãos acarreta. Em todo caso, Mateus oferece uma regra de comportamento universalmente válida: enquanto um ser humano viver no mundo, ele tem a oportunidade, mas também a obrigação, de dar o primeiro passo positivo para a reconciliação com seu adversário, a fim de possibilitar uma mudança para o bem nos relacionamentos mútuos.

Com o *versículo 25c*, o texto inclina-se ao negativo e torna-se advertência. Para quem exclui qualquer contato positivo com o adversário, o caso tornar-se-á uma causa de julgamento. A imagem do juízo, desenvolvida nas frases subseqüentes, deve ser compreendida como metáfora para o comportamento de Deus. O que se quer dizer dá-o a entender a palavra conclusiva da parábola do crente impiedoso: "Eis como meu Pai celeste agirá convosco, se cada um de vós não perdoar (as dívidas), de coração, ao seu irmão" (Mt 18,35). Quanto ao juiz (v. 25c), fica aberta a questão se se trata de Deus ou do Filho do Homem. O ajudante *(hypêrétês)* do juiz, que leva o irreconciliado para a prisão, é idêntico *de facto* àquele a quem o cristão recusou benquerença e disposição para o congraçamento. Ele se tornou culpado em relação a ele e fracassou. Da mesma forma, o julgamento do juiz é, no final das contas, idêntico ao que o irreconciliado para condenar a si mesmo. Ele permanece prisioneiro do "cárcere" que ele próprio se construiu até que sejam pagas as dívidas em amabilidade, destruídas as grades de aço de seu coração e "liquidadas" as nódoas de seus sentimentos.

Portanto, a seção contrapõe presente e futuro, a fim de ameaçar o presente da vida com um futuro que não conhece mais nenhuma misericórdia? Como pode Jesus dizer algo assim? A chave para a compreensão está em sua mensagem-do-Reino-de-Deus: "O Reinado de Deus, não importa quando venha, mergulha

---

[28] STRECKER, *Bergpredigt*, 71.

o presente numa nova luz [...]. Ele [...] será compreendido como um tempo decisivo, que antecipa o futuro".[29] Isso significa, porém, que as decisões determinantes se dão durante o caminho da vida que cada um percorre com o outro. Tais decisões trazem, de acordo com a medida da abertura para os que percorrem o mesmo caminho, a verdadeira liberdade para o semelhante, mas também em si a não-liberdade escolhida. Estima, amabilidade e amor autocontrolado são as metas positivas e, portanto, decisivas do desígnio salvífico de Deus contido no quinto mandamento, que deseja levar o ser humano a uma liberdade francamente divina. A decisão por ela ilude o "julgamento", pois "o amor cobre uma multidão de pecados" (1Pd 4,8; Pr 10,12b).

Portanto, trata-se, de novo, daquele excedente de justiça (v. 20) que é exigido dos discípulos de Cristo, seguindo seu exemplo. Demonstrar benquerença a uma pessoa que me quer mal nada mais tem a ver, certamente, com justiça vindicativa, mas antes com o Reinado dos Céus, que, desde agora, determina o pensar e o agir, pois permite que o mundo humano transpareça numa luz diferente, numa luz divina.

1.4. Resumo

A chamada primeira "antítese" dá uma escovadela a contrapelo no quinto mandamento, o qual está a serviço da proteção da vida humana. Uma interpretação penal deveria interpretá-lo estritamente: só se dá assassínio quando alguém mata conscientemente uma pessoa. Jesus, porém, parte da raiz do mal: o assassínio não é primeiramente o ato. Ao contrário, este é emanação do íntimo do ser humano, no qual a recusa do semelhante se aninha. O dizer não ao tu faz brotar as mais diversas flores: a difamação, o assassínio de gabinete, o isolamento consciente do semelhante até a morte física. O mais íntimo do ser humano nega a capacidade ou a disposição para a comunicação do outro no confronto com Deus e com a sociedade humana, porque "o assassino segundo o coração" nega a própria comunicação e, portanto, a vida. Lá onde ele se coloca, esquece-se também do "Deus-conosco", no fogo infernal da isolação que criou para si mesmo.

---

[29] WEDER, *Die "Rede der Reden"*, 110.

Por isso, é um empreendimento perverso buscar a comunhão com Deus somente no culto, sem primeiro querer restabelecer as relações humanas rompidas ou estremecidas, para a salvação própria e para a do irmão. "A reconciliação não indaga por direito e culpa",[30] mas sim, em contraposição à negação da vida, por vida plena, que se constrói sobre a comunicação. Só um recomeço no plano da convivência humana possibilita e exige também a realização da *communicatio in divinis*.

A oportunidade de lograr, sempre de novo, a reconciliação humana é dada unicamente aqui e agora. Esta é também a oportunidade de todo cristão, enquanto ele ainda se encontra "a caminho através do tempo". Por essa razão, expressa 2Pd 3,9: "O Senhor não tarda a cumprir sua promessa [...], o que ele está, é usando de paciência convosco, porque não quer que ninguém se perca, mas que todos cheguem à conversão (*metánoia*)". Conversão e nova consciência se verificam, pois, quando elas trazem como primeiro fruto uma atitude fundamentalmente positiva em relação a qualquer um, incluindo o adversário. Tal postura encontra seu exemplo na dedicação de Jesus aos pecadores e em sua doação até a morte, seu fundamento (cf. 2Cor 5,15). Portanto, ser seguidor de Cristo significa mudar constantemente a própria vida. Trata-se, por isso, de ler e viver o quinto mandamento positivamente com Jesus, pois a opção da chamada primeira "antítese" é que o ser humano se torne sempre mais humano, criatura criada à imagem de Deus! Para isso, porém, é preciso que Deus crie nele um novo coração (Jr 31,33), que pulse *em prol* da vida.

2. Adultério e divórcio (Mt 5,27-32)

27a   *Ouvistes que foi dito:*
  b   *Não cometerás adultério.*

28a   *Eu, porém, vos digo:*
  b   *todo aquele que olha para uma mulher com desejo libidinoso*
  c   *já cometeu adultério com ela em seu coração.*

---

[30] Ibid., 111.

29a	*Caso o teu olho direito te leve a pecar,*
b	*arranca-o e lança-o para longe de ti,*
c	*pois é preferível*
d	*que se perca um dos teus membros*
e	*do que todo o teu corpo seja lançado na geena.*
30a	*Caso a tua mão direita te leve a pecar,*
b	*corta-a e lança-a para longe de ti,*
c	*pois é preferível*
d	*que se perca um dos teus membros*
e	*do que todo o teu corpo vá para a geena.*
31a	*Foi dito:*
b	*Aquele que repudiar sua mulher, dê-lhe uma carta de divórcio.*
32a	*Eu, porém, vos digo:*
b	*todo aquele que repudiar sua mulher,*
c	*a não ser por motivo de 'prostituição'*
d	*faz com que ela adultere;*
e	*e aquele que se casa com a repudiada*
f	*comete adultério.*

A segunda perícope consiste, mais uma vez, em *três seções*. As duas "antíteses" dos versículos 27-28 e dos versículos 31-32 estão intimamente ligadas quanto ao conteúdo.[31] A frase antecedente à palavra sobre o adultério cita o sexto mandamento do Decálogo (v. 27b); em contrapartida, aquela da terceira "antítese", apenas uma indicação de execução tirada de Dt 24,1-3. As duas seções emolduram ambos os ditos dos versículos 29 e 30, construídos paralelamente, cujas imagens, orientadas escatologicamente, bastante conscientes da radicalidade das palavras de Jesus a propósito do adultério e do divórcio, querem indicar que sua realização

---

[31] Isso é provado pelo fato de o mote "adulterar" *(moicheúein)* determinar tanto a conclusão da segunda "antítese" (v. 28c) quanto, por duas vezes, a da terceira (v. 32d e f), mediante o que, a segunda vez, cuidadosamente mencionada, constitui a conclusão (32f).

exige firmeza contra si mesmo para, no fim, poder sair vitorioso. A perícope compõe-se de porções de origens diversas. A palavra acerca do *adultério (vv. 27-28)* não tem paralelo e, portanto, é material especial de Mateus. Os dois *ditos (vv. 29.30)* centrais possuem paralelos tanto no próprio Mateus 18,8-9 quanto também na seção relativamente detalhada de Mc 9,42-48 a respeito do tema do "escândalo" *(skándalum)*. A palavra respeitante ao *divórcio (vv. 31-32)*, ao contrário, apresenta três paralelos antiteticamente formulados de maneira não rigorosa em Mc 10,11-12; Lc 16,18-19, bem como em Mt 19,8-9. Juntamente com Lc 16,18, na base de nosso texto encontra-se tradição oriunda de Q [Fonte dos Ditos], a qual, para além de Mc 10,11, está influenciada por uma fórmula retomada por Mt 19,9. Deve-se pressupor que a afirmação fundamental remonta a uma palavra autêntica de Jesus,[32] a qual, devido a sua independência, permaneceu inesquecível e já na Igreja primitiva exigia esclarecimentos e interpretações viáveis.[33]

2.1. A palavra acerca do adultério (vv. 27-28)

O versículo 27 cita literalmente o sexto mandamento de acordo com Ex 20,13, respectivamente Dt 5,17 LXX. Insere-se no quadro da "segunda tábua" do Decálogo sob o tema da intangibilidade de bens alheios, ou seja, concretamente: a vida (quinto mandamento), a esposa (sexto mandamento), o bem material (sétimo mandamento) e a integridade da fama (oitavo mandamento). Os mandamentos conclusivos, o novo e o décimo, condensam esse tema sob o conceito moral da *cobiça*. Contudo, em todos esses âmbitos não se trata primeiramente de leis penais, visto que falta qualquer ameaça de sanção imediata; a questão gira em torno de instruções *moralmente* relevantes para uma convivência humana harmoniosa.

O sexto mandamento é instrução transmitida pela vontade de Deus em prol da proteção do matrimônio. Como assunto de relevância social, carece de prescrições de execução e de delimitações mais precisas. Estas pressupõem uma sociedade marcadamente patriarcal, como ainda hoje existe freqüentemente nos países árabe-islâmicos. Uma vez que se trata da proteção da inviolabilidade de um bem alheio, um esposo não pode absolutamente romper seu matrimônio. Sua

---

[32] Cf. também Mc 10,9; Mt 19,6.
[33] Cf. a esse respeito Mc 10,12; 1Cor 7,10-13.15.

esposa pertence, de fato, a seus próprios bens. Ele só pode romper um matrimônio alheio quando se relaciona sexualmente com a esposa de outro. Visto que Lv 20,10 determina a pena de morte para o adultério, o fato do adultério devia ser estritamente interpretado. Por conseguinte, só se verificava *stricto sensu* quando um homem manteve relações sexuais com a esposa de um judeu. Todavia, a condenação à pena de morte pressupunha também que o adultério fosse comprovado por testemunhas unânimes e fosse precedido de uma advertência. A ruptura do matrimônio em si podia ser atribuída exclusivamente à esposa quando ela se envolvia sexualmente com um homem estranho. Uma vez que ela assim (objetivamente) rompeu o próprio matrimônio, a sanção diz respeito somente a ela e não ao homem a quem ela levou a isso.[34] Com efeito, o sexto mandamento torna-se uma causa jurídica contra a qual a própria instrução, conforme dito, apresenta como matéria da aliança de Deus uma regulamentação moral para a proteção da unidade de vida entre esposo e esposa no sentido da fidelidade à aliança.[35]

No *versículo 28*, a interpretação de Jesus se liga precisamente a essa diferença. A concepção segundo a qual o adultério não acontece somente mediante o ato não é, porém, algo exclusivo de Jesus, mas já se encontra também, às vezes, na literatura judaica e grega. Da mesma maneira, a ligação entre olhar e pecado é comprovada por sentenças rabínicas (certamente tardias). Comprovam-no frases como: "Também aquele que rompe o matrimônio com seus olhos é chamado adúltero",[36] ou: "Quem segue uma mulher com os olhos com intenção (cobiçosa) é como quem com ela coabita",[37] ou: "Quem possui uma compreensão pura do amor não segue nenhuma mulher com os olhos até o adultério".[38] A visão de que a cobiça é o fundamento do pecado é defendida também por estóicos e rabinos. Assim, lê-se em bJoma 29a que "o pensar no pecado é ainda pior do que o pró-

---

[34] Sobre esse fundamento é que se pode também compreender o fato de as mulheres bósnias violentadas na (pen)última guerra balcânica terem sido expulsas de casa por seus maridos: é que elas — mesmo a contragosto — foram transformadas em "adúlteras" e, com isso, o bem inviolável do esposo foi "devastado".

[35] Por conseguinte, é vice-versamente compreensível que o relacionamento de Israel com Iahweh no AT seja exemplificado com o vocabulário do amor conjugal ou, em Os 1–3, também com o adultério.

[36] Pesiq R 24 [124b] = LevR 23 [122b].

[37] Kala 1.

[38] TestBenj 8,2; cf. também Epicteto, *Diss. II/18, 14-15*.

prio pecado".[39] Os leitores do evangelho de Mateus são atingidos, portanto, onde se encontram.

O Jesus mateano procede a partir da situação jurídica social existente quando diz que transforma a mulher alheia em adúltera aquele que a olha cobiçosamente, pois a expressão *emoícheusen autén* significa "ele violou o matrimônio dela". Mas ele confronta a delimitação jurídica do adultério, restrita a um ato precisamente definido e exatamente demonstrável, com a vontade de Deus ancorada na teologia da aliança. Essa não pode e nem deve ser restrita a normas jurídicas verificáveis, pois a vontade de Deus visa ao "coração", ou seja, ao âmago mais íntimo da existência humana, aquele "jardim do coração" no qual, em cada ser humano, encontra-se a árvore do (re-)conhecimento do bem e do mal. "Se a vontade de Deus não chega até esse lugar, então ela foi iludida em seu próprio campo de ação."[40] Com efeito, "é do coração que procedem más intenções, assassínios, *adultérios, prostituições*, roubos, falsos testemunhos e difamações" (Mt 15,19).[41]

O desejo para o qual o olhar se dirige não se restringe aqui apenas ao desejo erótico. Conforme já o demonstram justamente o nono mandamento e a palavra hebraica *hamâd* que está na base do termo grego *epithymeîn* (cobiçar), trata-se de "um tomar e apoderar-se"[42] de um bem alheio. O olhar que se apodera da mulher, que ao mesmo tempo a "incorpora em si", já é uma posse daquilo que não lhe pertence; é uma invasão em algo que é próprio somente dos cônjuges. Com isso, porém, ofende-se a dignidade de um relacionamento que constitui a vida dessa mulher e de seu cônjuge.[43] Portanto, a culpa de tal adúltero baseia-se no egocentrismo de seu coração, que não leva em consideração a resistência e a vulnerabilidade de relacionamentos conjugais. O acréscimo "em seu coração" relativiza também o absolutismo do contato com o olhar como meio para a cobiça. Não se trata, pois, do tipo do meio, se um olhar ou um gesto etc., mas sim do "coração", que pertence a Deus como a sede do querer justo e sincero no sentido de uma justiça escatológica e, portanto, genuinamente cristã. Cristãos que são chamados,

---

[39] Joma 29a (BILLERBECK III, 373).
[40] WEDER, *Die "Rede der Reden"*, 113.
[41] Cf. Mc 7,21-22, que acrescenta ainda ambições desmedidas e "mau-olhado" ["inveja"].
[42] GNILKA, *HThK I/1*, 161.
[43] Cf. WEDER, *Die "Rede der Reden"*, 114; SCHWEIZER, *Bergpredigt*, 37.

como Jesus, a praticar um excedente de justiça são também desafiados, portanto, a realizar toda justiça *em relação às pessoas*, uma justiça que pensa, sente e age a partir do outro. Tal justiça não pode ficar atascada no âmbito judaico, pois não se trata da questão de quando ou o que se deve punir, mas sim o que se deve fazer a fim de que o amor e a fidelidade sejam mantidos. Para isso, Jesus exige uma pureza e uma integridade que descem à raiz, pois "a exigência de Deus assume o ser humano por inteiro".[44]

A máxima que de diversas maneiras hoje prevalece — "bom é o que diverte" — contraria fundamentalmente a palavra de Jesus. Esta revela, de fato, que a decisão acerca do que é bom ou mau não cabe à autonomia do ser humano, mas é assunto de Deus. Mas ela também rejeita a tentativa de deslocar o mal do próprio coração e atribuí-lo às influências do espírito do tempo,[45] seja a uma liberalidade que compreende a escorregadela como delito desculpável, seja a um capitalismo empreendedor que, na propaganda, entrega o corpo feminino ao olho cobiçosamente ávido, visando lucrar com isso e, assim, rebaixando a mulher a uma mercadoria.

Em contrapartida, Jesus gostaria de que o ser humano se tornasse sempre mais humano, no ser que foi criado à imagem de Deus! A "justiça melhor" fundamenta-se, assim, na "possibilidade prometida, conforme a teologia da criação (cf. Gn 2,24; Mt 19,3-12), de o ser humano ser inquebrantavelmente fiel".[46] Para isso, faz-se necessário, mais uma vez, um coração recriado por Deus (Jr 31,33), que reconheça no cônjuge alheio aquele Deus que fez o ser humano à sua imagem e semelhança, como homem e mulher (cf. Gn 1,27), os quais, mediante o laço matrimonial, "tornam-se uma só carne" (Gn 2,24).

2.2. Os ditos acerca do escândalo (vv. 29-30)

Essa palavra acerca da fidelidade conjugal não é uma utopia vazia, que não quer levar em consideração a realidade da existência? Em todo caso, na política, a fidelidade à palavra não é nenhum princípio absoluto quando ela obstacula

---

[44] GNILKA, *HThK I/1*, 162.
[45] Cf. ibid., 116.
[46] FRANKEMÖLLE, *Matthäus-Kommentar 1*, 232.

a vantagem política. Não é, pois, a fidelidade conjugal, com maior razão, um capricho ultrapassado da Igreja, psicologicamente suspeito, quando se trata da auto-realização e de uma "vida feliz"? Deve-se dar crédito a "ensinamento sobre a montanha" tão alheio ao mundo?

Como resposta a tais perguntas, Mateus acrescenta dois ditos sobre o "escândalo" (vv. 29-30). Em si, *skándalon* significa a pedra na qual alguém tropeça e vai ao chão. Como o mostra o modelo em Mc 9,43-48, originalmente os ditos não tinham certamente conexão com o sexto mandamento e foram transmitidos providos de material figurativo diversificado; Marcos situou-os depois do segundo anúncio da paixão (Mc 9,31), juntamente com outros textos (Mc 9,33-41). Eles mostram quase sempre pedras de tropeço que provêm tanto de fora quanto de dentro e ameaçam a fé dos discípulos. A metáfora utilizada aponta, finalmente, para o escândalo da cruz e para a subseqüente imitação da cruz

Mateus retoma apenas o dito sobre a mão e o olho (Mc 9,43.46-47), na ordem inversa, e iguala as duas sentenças estilisticamente entre si. Ao antepor a máxima a respeito do olho *(v. 29)*, ele a relaciona com a palavra precedente a propósito do adultério mediante o olhar cobiçoso. Presumivelmente, o dito acerca da mão direita *(v. 30)* está relacionado também às palavras sobre o divórcio (vv. 31-32). Em todo caso, o evangelista quer, com os ditos, sublinhar a dificuldade de ambas as instruções: trata-se de arrancar o mal pela raiz! Mencionam-se o olho direito, portanto o olho provido positivamente, o qual, de alguma maneira, apodera-se da mulher alheia, e a mão direita, a "mão dominadora", que ora se estende para o objeto de cobiça a fim de "incorporá-lo" a si, ora para assinar a carta de divórcio, a fim de alijar a consorte desagradável do campo da própria vida.

Para Mateus, não existe, evidentemente, nenhuma discussão sobre se as exigências de Jesus, o qual veio para cumprir a Lei e os Profetas (5,17), dão a impressão de serem utópicas ou são insuportáveis para o cristão normal. No geral, com os dois ditos ele pretende acentuar a mesma idéia expressa por Lc 9,62 em forma de dito de seguimento: "Quem põe a mão no arado e olha para trás não é apto para o Reino de Deus", pois não abrirá sulcos retos e findará por levar o arado para onde ele não queria nem devia. Portanto, a metáfora exorta "a destruir todas as pontes através das quais a tentação chega até nós", a fim de que o cristão "se subtraia ao perigo no qual *ele próprio incorreu*".[47]

A dupla menção da geena (vv. 29e.30e) tem a mesma função que no versículo 22d e nos versículos 25d-26. Pode-se falar de um "lugar" decididamente existente, mediante o qual Mateus se compraz em sublinhar a seriedade escatológica da situação.[48] Em conexão com as palavras a respeito do adultério e do divórcio, pode dar-se o caso de que ele, ademais, leve em consideração o significado original do vale de Ben-Enom, onde, no tempo dos reis, sacrificavam-se crianças ao deus fenício Moloc. Jeremias ameaça essa idolatria de Israel com o julgamento divino: "Construíram os lugares altos de Tofet no vale de Eben-Enom, para queimar os seus filhos e as suas filhas, o que eu não tinha ordenado e nem sequer pensado. Por isso, eis que dias virão — oráculo de Iahweh — em que não se dirá mais Tofet nem vale de Ben-Enom, mas sim vale da Matança. Enterrarão em Tofet por falta de lugar [...]. Farei cessar nas cidades de Judá e nas ruas de Jerusalém a voz de júbilo e a voz de alegria, *a voz do noivo e a voz da noiva*, porque a terra tornar-se-á uma ruína" (Jr 7,31-32.34; cf. 19,6). A partir dessa perspectiva, a ruptura do matrimônio no coração aparece como uma forma de ruptura da aliança com Deus, a qual traz consigo o distanciamento de Deus. Quem menospreza o relacionamento de outra pessoa com Deus, ou seu direito à vida, arruína seu próprio relacionamento com Deus e sua própria vida. Ou, dito de outra forma: quem não está disposto a renunciar radicalmente à brincadeira com fogo incendiar-se-á completamente e aí perecerá.

É possível que Mateus tenha compreendido as coisas dessa forma. Contudo, levando-se em consideração a totalidade da Escritura, é preciso ler conjuntamente também a narrativa da adúltera em Jo 8,1-11, na qual Jesus certamente não minimiza de forma alguma o adultério e o descreve inteiramente como pecado, mas diz à mulher: "Eu também não te condeno; vai e de agora em diante não peques mais" (Jo 8,11). Portanto, para aqueles que tropeçaram nessa pedra ao longo do caminho da vida, e caíram, ele deixa aberta a possibilidade de retornar ao caminho da obediência da fé e recomeçar, mais uma vez.

---

[47] EICHHOLZ, *Auslegung der Bergpredigt*, 80.
[48] Cf. também o "lugar" do "ser lançado nas trevas exteriores", onde haverá choro e ranger de dentes.

2.3. A palavra acerca do divórcio (vv. 31-32)

A segunda "antítese" fala do homem que deseja "possuir" uma mulher casada, e a segunda, fala do homem que deseja "abandonar", mais uma vez, sua esposa.

No início *(v. 31)*, não vem citado nenhum dos dez mandamentos, mas um resumo livre de separação jurídica segundo Dt 24,1-4: "Aquele que repudiar sua mulher, dê-lhe uma carta de divórcio". Essa prescrição pressupõe, mais uma vez, o ambiente cultural oriental-judaico, segundo o qual o direito de separação cabe unicamente ao esposo. A Mixná expressa-o claramente: "A mulher é despedida por sua vontade e/ou contra sua vontade, mas o homem a repudia somente por sua própria vontade" (MJeb XIV,1).[49] São conhecidas as posturas diversas dos rabinos contemporâneos Hillel e Shammai quanto ao problema da razão da separação. Para Hillel, uma pequena falha na condução da casa já justifica a possibilidade de separação; para Shammai, ao contrário, é preciso haver "algo vergonhoso".

Quão importante e atual deve ter sido a questão do divórcio também para a Igreja primitiva mostra-o, de um lado, a fato de o problema já ser tratado por Paulo em 1Cor 7,10-11 e também, diversas vezes, nos evangelhos sinóticos; de outro lado, a circunstância de que Mateus insere a posição tradicional fundamental de Jesus quanto ao divórcio no quadro do sermão da montanha sob a forma de *antítese (v. 32)*, mediante a qual, no confronto com a discussão dos legistas, apresenta-se a justiça qualitativamente superior (cf. 5,20), que deve ser posta em prática pelos leitores em suas comunidades judeu-cristãs. Com isso, porém, surge a questão da identidade e das peculiaridades conteudísticas de nossa "antítese" em comparação com seus paralelos.

Abstendo-se das variantes lingüísticas, constata-se, em primeiro lugar, que os textos sinóticos paralelos de Mc 10,11; Lc 16,18 e de Mt 19,9, em princípio, são concordes quanto à afirmação de base: *"Aquele que repudia sua mulher e desposa outra, comete adultério (contra a primeira)".*[50] Considerando-se o paralelo

---

[49] Cf. também, FLÁVIO JOSEFO, *Ant. 15, 7, 10*, quanto à causa da separação de Herodíades de seu esposo: "Entre nós, isso (ou seja, preparar uma carta de divórcio) é permitido a um homem; em nenhuma hipótese, porém, a uma mulher que tenha abandonado o esposo por iniciativa própria, é permitido contrair novas núpcias, sem que antes não tenha sido liberada por seu esposo" (O texto entre parênteses é meu).

[50] Assim, Mc 10,9: *"moichátai ep'autén"*.

em Mc 10,11-12 em seu contexto mais próximo, então essa regra constitui a conclusão, em forma de máxima, da discussão precedente de Jesus com os fariseus a respeito da questão de se é permitido a um homem repudiar sua mulher (Mc 10,2-9). Nesse caso, Jesus fundamenta a possibilidade da carta de divórcio com a dureza de coração e reporta-se à intenção criacional do matrimônio, segundo a qual os dois se tornam uma só carne (Mc 10,8 = Gn 2,24). Daí resulta a conclusão: "Portanto, o que Deus uniu o homem não separe" (Mc 10,9). Por conseguinte, Jesus defende a indissolubilidade do matrimônio a partir de razões teológicas criacionais e, também, implicitamente, faz uma "crítica radical à possibilidade do divórcio ancorada na Torá".[51] Nesse contexto, chama a atenção, porém, o fato de que nada é dito a respeito de que se devam equiparar divórcio e adultério, nem que o casamento de uma pessoa separada signifique adultério. A proibição de Jesus quanto ao divórcio pertence, portanto, "ao âmbito dos radicalismos éticos de Jesus [...] e deve ser avaliada como estes: uma instrução que se fundamenta na proximidade do Reinado de Deus: ela confronta o ser humano com a exigência do acontecimento definitivo [*eschaton*] e chama-o à conversão".[52]

A regra fundamental, citada a seguir em Mc 10,11-12, ao contrário, mostra-se como *aplicação eclesial*, tanto mais que vem separada da discussão mediante a indicação: "E em casa, *os discípulos* voltaram a interrogá-lo a respeito desse ponto. E ele *lhes* disse [...]" (vv. 10.11a). Que, nesse caso, Marcos esteja lidando com seus leitores em suas situações concretas, mostra-o, finalmente, o apêndice à regra fundamental: "E se *essa* repudiar seu marido e desposar outro, *ela* comete adultério" (Mc 10,12).[53] Essa atualização reflete indubitavelmente situações jurídicas greco-romanas, nas quais vivem os leitores e onde também a mulher tem a possibilidade de separar-se de seu marido.[54] Paulo pressupõe a mesma situação jurídica quando escreve aos coríntios: "Quanto àqueles que estão casados, ordeno não eu, mas o Senhor: a mulher não se separe do marido [...]. E o marido não repudie sua esposa" (1Cor 7,10-11). Diferentemente de Mc 10,11-12, nesse texto antigo, bem como na perícope marcana da discussão sobre o divórcio

---

[51] BLANK, *Der Jesus des Evangeliums*, 108.
[52] STRECKER, *Bergpredigt*, 78.
[53] Cf., quanto ao que se segue, ERNST, *Das Evangelium nach Markus (RNT)*, 289-290.
[54] Cf. LÖVESTAM, Ehescheidung und Wiederheirat, 23.

(Mc 10,2-9), a separação do parceiro não é igualada ao adultério. Certamente, 1Cor 7,10b expressa sua orientação para o casamento atual mediante a expressão: "Se, porém, se separar não se case de novo, ou reconcilie-se com o marido". Mas isso significa que, também para Paulo, o matrimônio realizado uma vez *perante Deus* permanece.

O emprego desse princípio em relação ao engajamento num segundo matrimônio com uma mulher demitida do matrimônio, tal como testemunhada pela Fonte dos Ditos (Lc 16,18b; Mt 5,32e.f) é, em si, conseqüência lógica. Ele pressupõe a interdição firmemente estabelecida em Dt 24,1-4 de novo matrimônio da mulher, mais uma vez, despedida do segundo matrimônio. Em Dt 24,4, tal ligação com uma mulher "tornada impura", mediante as segundas núpcias, é descrita como um "ato abominável diante de Iahweh", o qual faz pecar a terra dada pela aliança divina. A falha, perante Deus, segundo a qual o homem que se separou e desposa uma mulher separada incorre em culpa, em todos os textos sinóticos sobre o divórcio é considerada adultério e é examinada no contexto do sexto mandamento. Por conseguinte, o adultério, como no AT, não é assunto privado, mas revolta contra a aliança divina e, por isso, diz respeito também ao povo da aliança,[55] ou seja, a toda a Igreja.

No entanto, nos pormenores, é preciso diferenciar entre a tradição dos ditos, que tem uma influência evidente em Lc 16,18b e em Mt 5,32e.f, e a tradição de Marcos, que se harmoniza de novo com Mt 19,9. A tradição dos ditos está certamente mais próxima do pensamento judaico do que Marcos. À regra fundamental formulada completamente com vistas à situação jurídica judaica (v. 32b.d), Mt 5,32e.f acrescenta: "e aquele que se casa com a repudiada comete adultério". De acordo com antiga tradição, a Mixná proíbe a mulher infiel de desposar o amante. Mas ela também fica vetada para sempre em relação ao seu esposo, bem como para aquele com quem ela cometeu adultério,[56] de modo que um relacionamento extraconjugal leva imediata e forçosamente o esposo a despedir a mulher. Isso, porém, significa também que a esposa doravante vetada a seu marido provocou a

---

[55] Cf. ibid., 22-23 e nota 18.

[56] Cf. M Sota V,1: "Assim como ela fica vetada ao esposo, de igual modo está proibida ao adúltero".

dissolução do matrimônio.[57] Uma vez que, para Jesus, conforme a ordem da criação, o matrimônio é indissolúvel, conseqüentemente, perante Deus, a separada permanece, como sempre, ligada a seu esposo, ainda que ela lhe estivesse vetada conforme a legislação rabínica. Aquele, portanto, que a desposa, desposa, afinal, uma mulher casada.

Quando Lucas, em 16,18b, ainda acrescenta pessoalmente à regra geral (v. 18a): "E quem desposar uma repudiada por seu marido comete adultério", é porque ele sente precisamente que a regra exige uma especificação ulterior. A regra citada em Mc 10,11; Mt 19,9 e Lc 16,18a tem um teor praticamente idêntico: "Todo aquele que repudiar sua mulher e desposar outra comete adultério (contra a primeira)". Suplementarmente, Lucas esclarece, portanto, o que se deve entender por "outra". Em Mc 10,11; Mt 19,9 isso certamente não acontece. Contudo, que Mateus queira dizer o mesmo que Lc 16,18a resulta da palavra precedente a respeito do adultério (Mt 5,32). Ao contrário, da formulação da regra em Marcos, resulta que somente um divórcio *mais* um recasamento significa adultério. Como o demonstra a história da interpretação, essa combinação determina até hoje o direito matrimonial da Igreja Católica Romana.

No interior da "antítese do divórcio", que pressupõe a organização jurídica judia/judeu-cristã, a chamada *cláusula da prostituição* constitui o problema propriamente dito. A famosa frase: "A não ser por motivo de 'prostituição'" (Mt 5,32c) produziu notoriamente imensa literatura. Acima de tudo, deve-se perguntar o que se pretende dizer com prostituição *(porneía)*, e por que essa disposição excepcional foi introduzia por Mateus aqui e em 19,9. Em sentido bem amplo, a palavra grega *porneía* significa "todo tipo de relacionamento sexual ilegítimo".[58] Como se deve compreender o conceito num caso particular, só pode ser deduzido a partir do contexto. Por conseguinte, para Mt 5,32c, foram e serão pressupostos os mais diversos fatos que a palavra poderia designar.[59] No âmbito de nossa perícope,

---

[57] Cf. LÖVESTAM, Ehescheidung und Wiederheirat, 22. De modo semelhante, comporta-se o direito grego antigo: um homem que não exclui a esposa adúltera comete a *atimeía*, a desonra, com todas as conseqüências. Cf. GNILKA, *HThK I/1*, 169, nota 20.

[58] BAUER, *WB*, 1389.

[59] Cf., a esse respeito, a lista respeitante a esse assunto em LUZ, *EKK I/1*, 274. As pressuposições vão das relações sexuais durante o período do noivado, passam pelo concubinato até todo tipo de intimidade erótica de uma mulher casada com um homem estranho.

porém, a palavra encontra-se em estreita conexão com a noção de *moicheía*, portanto, com o adultério, que é o assunto tratado. Sob essa pressuposição, amiúde se presumiu que a prostituição, no caso, indicaria um incestuoso *matrimônio entre parentes de sangue próximo*.[60] Visto que no mundo helênico matrimônios entre consangüíneos não eram raros, e que para judeus e para judeu-cristãos, porém, constituíam algo "proibido por causa da impudicícia" (Lv 18,6-8)[61] e tornavam impossível a convivência, isto é, a celebração da Ceia (cf. At 15,29) com gentio-cristãos já devidamente "sobrecarregados", Mateus, levando em conta seus leitores — assim se argumenta —, teria incluído essa exceção. Na maioria das vezes, também, apela-se para a regulamentação paulina de matrimônios mistos em 1Cor 7,15: "Se o não-cristão quer separar-se, separe-se! O irmão ou a irmã não estão ligados em tal caso". Levando-se em conta que Paulo escreve para cristãos que provêm de ambiente cultural helênico, por conseguinte ele adapta o proibição absoluta de divórcio, assim como também Mateus o faz para seus judeu-cristãos em ambiente oriental.

Por mais simples que essa solução, com seu ponto de interrogação, possa soar para todos, ela não corresponde ao contexto da palavra a respeito do adultério (5,27-28). Ali se trata de que o adultério acontece no coração do *homem*; aqui, porém, evidentemente, se trata de um comportamento da *mulher*, o qual exige que o homem a expulse do matrimônio! Mas esta circunstância acontece, como já dito, no caso de adultério de uma mulher, a qual, em conseqüência disso, era "vetada" ao marido (bem como ao adúltero).[62] J. B. Bauer provou que, no campo bíblico, a raiz da palavra *moich-* (adulterar) liga-se mais aos homens, e que *porn-* (fornicar), às mulheres, mas os dois casos significam a mesma coisa, ou seja "adulterar/adultério".[63] Nesse caso, Mt 5,32c assume efetivamente a regra do rabi Shammai, que considerava somente "algo vergonhoso" como motivo para o

---

[60] Assim, BONSIRVEN, *Le divorce dans le Nouveau Testament*, 43-102; BALTENSWEILER, *Die Ehe im Neuen Testament*, 87-102; BAUER, Die matthäische Ehescheidungsklausel (Mt 5,32 und 19,8), 147-158, e outros mais.

[61] Cf. GNILKA, *HThK I/1*, 168.

[62] Cf. *supra*, p. 114, nota 56.

[63] Cf. BAUER, Bemerkungen zu den matthäischen Unzuchstsklauseln (Mt 5,32, und 19,9), 27. Que ambas as noções tenham sido também usadas alternadamente, demonstra-o, entre outros, Eclo 23,23: "*en porneía emoicheúthe*".

divórcio. Essa explicação da cláusula mateana da fornicação é a defendida hoje, com razão, pela maioria.[64]

Para Mateus e para seus *judeu-cristãos*, a obrigação geral de não poder despedir a esposa adúltera certamente deverá ter sido uma "abominação" completamente incompreensível e insuportável. A disposição excepcional de Mt 5,32 deixa aberta lingüisticamente a questão de se, "em caso de prostituição", a mulher *deve* ser despedida em sentido rabínico, caso em que se deve pressupor que essa obrigação, ligada à eliminação da abominação do povo da aliança, constitui o pano de fundo da compreensão da cláusula da prostituição. Nesse sentido, o escrito cristão primitivo Pastor de Hermas considera que o homem, consciente do adultério de sua esposa, dela não se separa, participará do pecado (Herm 4,1.5). Da mesma maneira, Justino considera um pecado da mulher continuar a viver junto com um marido adúltero.[65] Em todo caso, em Mateus, a cláusula da prostituição reflete, a seu modo, a situação pastoral que o evangelista devia levar em conta, tal como, de maneira diversa, aconteceu com Paulo em 1Cor 7,1-16 e Mc 10,12, para cristãos do ambiente greco-romano.

Mateus transmite a suas comunidades o radical desígnio criacional de Deus, anunciado por Jesus, em relação ao matrimônio e ao divórcio, "levando em consideração a situação concreta delas".[66] A perícope não reporta somente a palavra do Jesus histórico, mas anuncia ao mesmo tempo a forma de utilização atual como "palavra do Senhor". Essa palavra do Senhor a sua Igreja unifica a radicalidade ética de Jesus com a praticabilidade realista com vistas à exeqüibilidade e à capacidade de tolerância das comunidades. Essa atualização é possível ao evangelista porque Jesus não deixou um novo direito matrimonial com traços casuísticos e sanções, mas postulou uma conduta interior, que se deve manifestar em confiança e disposição para a reconciliação (cf. 1Cor 7,11).[67] Precisamente

---

[64] Cf. SAND, *Das Evangelium nach Matthäus*, 116; GNILKA, *HThK I/1*, 169; LUZ, *EKK I/1*, 275; STRECKER, *Bergpredigt*, 79; LÖVESTAM, Ehescheidung und Wiederheirat, 22; e muitos outros.
[65] JUSTINO, *Apol. 2,2*; semelhantemente também, HILÁRIO, 940; TERTULIANO, *Contra Marcionem*, 4,3.7; entre outros.
[66] LÖVESTAM, Ehescheidung und Wiederheirat, 27.
[67] Cf., a esse respeito, KREMER, *Der 1. Brief an die Korinther*, 143: "Isso não significa nenhuma redução do mandamento de Jesus a um mero preceito com vistas a um fim, mas a consideração do fato de que tal mandamento, em sua formulação geral, de modo algum abrange todos os casos particulares concretos não considerados diretamente pelo locutor".

assim, os leitores e ouvintes cristãos, em suas respectivas pressuposições condicionadas temporal e culturalmente, confrontam-se com a exigência de Deus e com a responsabilidade mútua.[68]

A pergunta fundamental que hoje se faz é a seguinte: afinal de contas, nós, cristãos, em nossa civilização ocidental, ainda temos consciência da mensagem de Jesus, acima das tantas novas perguntas? No âmbito de nossa mundividência atual, ela é ainda compreensível, aceitável e tem ainda algum valor? Teocentrismo radical é, afinal de contas, ainda suportável? O mandamento do momento é, sem dúvida, analogamente a Paulo e aos sinóticos, anunciar *de novo* o evangelho como instrução do Senhor, mediante o que *a salvação do ser humano*, em sua situação culturalmente condicionada e nos problemas daí resultantes, deve estar em primeiro plano, pois Deus se revelou em Cristo para a salvação de *todas* as nações.[69]

2.4. Resumo

As afirmações acerca do divórcio (vv. 31-32) devem ser lidas em conexão com aquelas a propósito do adultério (vv. 27-28) e os dois ditos a respeito do escândalo (vv. 29-30). O que o Jesus mateano diz sobre o *adultério* relativiza as determinações jurídicas do Antigo Testamento previstas para o caso. Se o adultério acontece *no coração*, portanto, no âmago pessoal do ser humano e sua realização é tão-somente ainda um fenômeno do *já* acontecido, então, no final das contas, deve ser considerado como algo que toca o relacionamento escatológico dos *cristãos* com Deus. Uma jurisprudência condicionada culturalmente, que pretende fazer da mulher a única passível de punição, está, portanto, superada, visto que o homem cobiçoso também o é perante Deus, ainda que não se tenha tornado culpado primariamente, pois "o Pai, que vê em segredo" (6,4.6.18), conhece o coração do ser humano. A palavra a propósito do adultério aponta, finalmente, para a aquela intensidade escatológica do relacionamento com Deus, que exige "um coração puro" daquele que "verá a Deus" (5,8), e para aquele excedente de honradez que possibilita ver no outro não o ser sexual cobiçado, mas o ser humano em sua

---

[68] Cf., a propósito, FRANKEMÖLLE, *Matthäus-Kommentar 1*, 232: "Ao leitor fica evidente: também um etos radical tem indicações precisas a dar para a práxis cotidiana, mediante as quais a exatidão teológica do etos permanece indiscutível. Como provocação profética, permanece no direito, ainda que ele, como tal, não pretenda ser lei".

[69] Cf. VATICANO II, *Constituição Dogmática "Dei Verbum" sobre a Revelação Divina*, nn. 7 e 11.

intocável dignidade. Isso é ilustrado drasticamente pelos ditos acerca das pedras de tropeço, que são parte do próprio ser humano. Por conseguinte, exige-se dos cristãos radicalidade contra si mesmos, a fim de que eles, por causa da cobiça ou da posse de um bem alheio, não venham a perder a comunhão com Deus que lhes foi concedida e não venham a arruinar-se no egoísmo.

De igual modo as palavras a respeito do *divórcio* estão marcadas pelo radicalismo ético. O recurso de Jesus à intenção criacional de Deus traz consigo rejeição tão absoluta do divórcio, tal qual não existe em parte alguma em seu ambiente e, com isso, censura a possibilidade, ancorada na Torá, de uma carta de divórcio incluída na categoria de uma ação humana. Pois "uma acomodação à impiedade humana é incompatível com a vontade de Deus".[70] A partir dessa base teocêntrica é possível ver em *uma* perspectiva tanto o divórcio e o adultério quanto o casamento de uma repudiada do matrimônio, isto é, da mulher de outro. O matrimônio é uma comunhão de vida única e, portanto, indissolúvel, marcada pelo desígnio criador de Deus, e não se assenta, portanto, num contrato relevante sociojuridicamente. Também essa fundamentabilidade se explica a partir do teocentrismo escatologicamente radicalizado de Jesus, passado adiante e repensado pelos escritores do NT.

A *cláusula da prostituição*, em Mateus, parece, à primeira vista, amenizar "a posição de Jesus". Em minha opinião, porém, ela se legitima a partir da cristologia do evangelista. Se, para Mateus, o "ensinamento sobre a montanha" é a instrução do Filho do Homem, elevado à categoria de Senhor, à sua Igreja "em seu caminho através do tempo", então é legítimo, antes, precisamente imprescindível, que o evangelista, na preservação da exigência fundamental de Jesus, marcada teocentricamente e radicalmente escatológica, inclua as possibilidades — e respectivamente, as impossibilidades — de realização "do caminho" e "do tempo", tal como, antes dele, já o fizeram Paulo e Marcos em suas situações. Na verdade, se levarmos a sério que a Palavra de Deus deve ser "encarnada" sempre de novo nas situações do mundo, condicionadas pelo espaço e pelo tempo,[71] a fim de que possa obter, de *fato*, uma resposta do homem capaz de diálogo, então se abre a possibilidade, para não dizer a obrigação, de apontar, sempre de novo,

---

[70] WEDER, *Die "Rede der Reden"*, 121.
[71] Cf. VATICANO II, *Constituição Dogmática "Dei Verbum" sobre a Revelação Divina*, n. 13.

caminhos que mostrem também ao homem de hoje uma "saída" que conduza à salvação. Também hoje a Igreja está ligada à palavra de Jesus, oportuna ou inoportunamente, e não pode simplesmente declará-la obsoleta, ainda que as compreensões do matrimônio tenham mudado, um compromisso estável significa bem mais do que um empoeirado requisito dos tempos da vovó. Por outro lado, ela é também chamada a não transformar de novo a palavra do Senhor em prescrições legais, as quais ele declararia obra humana. Precisamente nesse campo delicado é especialmente difícil harmonizar o excedente de justiça em relação a Deus com o excedente de justiça em relação às pessoas. Mas, como mostram os exemplos de uma justiça melhor, formulados antiteticamente, essa justiça perante Deus se realiza num agir, em prol da pessoa, o qual ultrapassa a medida humana. Mas a norma para essa medida é, sem dúvida, a salvação da pessoa, pois a Palavra de Deus se fez carne *propter nostram salutem!* ["para nossa salvação"].

3. Autenticidade diante de Deus e diante das pessoas (Mt 5,33-37)

33a   Ouvistes também
que foi dito aos antigos:
b   Não perjurarás,
mas cumprirás os teus juramentos para com o Senhor.

34a   Eu, porém, vos digo:
b   não jureis em hipótese alguma;

c   nem pelo céu,
d   porque é o trono de Deus,
35a   nem pela terra,
b   porque é o escabelo dos seus pés,
c   nem por Jerusalém,
d   porque é a cidade do grande Rei
36a   nem jures pela tua cabeça,
b   porque não tens o poder
de tornar um só cabelo branco ou preto.

37a   Seja vossa palavra 'sim', sim; 'não', não.
b   O que passa disso vem do mal.

Com o versículo 33, começa o segundo grupo das seis "antíteses".[72] A fórmula introdutória (vv. 33a) corresponde literalmente à primeira (v. 21) e se liga a ela mediante a palavrinha de abertura "novamente", isto é, "também" *(pálin)*. Sob o aspecto formal, a diferença em relação ao primeiro grupo tripartido se mostra no fato de as interpretações de Jesus serem formuladas agora, correspondentemente, *de forma imperativa*. Portanto, deve-se contar com uma nova ênfase. A hipótese segundo a qual os textos do segundo grupo se ocupam com as relações com os não-cristãos é, certamente, questionável.[73]

O texto não possui nenhum paralelo nos sinóticos. Mas o próprio Mateus traz uma duplicação de 5,34c.d em 23,22: "E, por fim, aquele que jura pelo céu jura pelo trono de Deus e por aquele que nele está sentado". A interdição de juramento encontra-se, por certo, formulada não antiteticamente mas de maneira formal, embora estruturada de modo igual em *Tg 5,12:*

12a   Muito especialmente, meus irmãos,
b   não jureis,
c   nem pelo céu,
d   nem pela terra,
e   nem por outra coisa qualquer.
f   Antes, seja vosso sim, sim, e vosso não, não,
g   a fim de não incorrerdes em julgamento.

Tal como em Mateus, seguem-se à proibição (v. 12a.b // Mt 5,34a.b) diversas concretizações (v. 12c-e // Mt 5,34c-36b) e, por fim, a alternativa em duas frases (v. 12f.g // Mt 5,37a.b). Mal se pode pressupor que a carta de Tiago dependa diretamente do evangelho de Mateus. Ao contrário, existe uma tradição comum, que consiste na proibição do juramento, na menção do céu e da terra e na exigência de sinceridade absoluta. Presumivelmente, de Mateus mesmo provém apenas a forma antitética. Ademais, a expansão das concretizações, suas fundamentações

---

[72] Cf., *supra*, p. 93.
[73] Contra STRECKER, *Bergpredigt*, 67.

(vv. 34c-36) e a reformulação da exigência conclusiva são, certamente, também obra sua (v. 37).

3.1. Não jurar (vv. 33-36)

As duas primeiras frases *(v. 33b)* não têm nenhum paralelo na Torá. A proibição de jurar falsamente em nome de Iahweh encontra-se em Ex 20,7, e a exortação a cumprir os juramentos, atesta-a, de acordo com o assunto, o Sl 49,14 LXX. O AT conhece, acima de tudo, duas formas de juramento: a) o juramento assertórico, ou seja, uma corroboração, "na qual se invoca Deus como testemunha para a verdade de uma afirmação a respeito de determinado assunto no presente ou no passado",[74] e b) o juramento promissivo, ou seja, a promessa ou o voto perante Deus, de apresentar, em tal dia, determinado comportamento, por exemplo, de tipo cultual, algo como a apresentação de um sacrifício, ou de outra natureza. Visto que, em cada caso, Deus está implicado, a quebra do juramento significa também uma injúria ao nome de Deus[75] e, conforme o segundo mandamento, traz como conseqüência uma punição, "porque Iahweh não deixará impune aquele que pronunciar em falso o seu nome" (Ex 20,7). Por isso, Eclo 23,9-11 adverte contra juramentos imprudentes, e os doutores da Lei se esforçavam por reprimir juramentos frívolos em forma de estereótipos credenciais cotidianos,[76] uma vez que, na Antigüidade, bem como no judaísmo contemporâneo, "jurava-se, mais freqüentemente do que hoje, nas ocasiões as mais banais".[77] Em contrapartida, os essênios rejeitam absolutamente o juramento, à exceção do juramento judicial,[78] Fílon de Alexandria questiona-o fundamentalmente, visto que ninguém possui o conhecimento direto de Deus,[79] e os rabinos posteriores de quando em vez citam o notoriamente conhecido provérbio: "Quer puro (inocente), quer culpado, não te metas em nenhum juramento".[80] A tensão que, indubitavelmente, existe entre a

---

[74] Eichholz, *Auslegung der Bergpredigt*, 86.
[75] Cf. Lv 10,12.
[76] Cf. Billerbeck I, 328.
[77] Luz, *EKK I/1*, 283.
[78] Cf. CD 9,8-12; 15,1.3-4.
[79] Cf. Fílon, *Leg. All. 3, 207*; cf. *Spec. Leg., 2, 224*.
[80] Cf. Billerbeck I, 329.

práxis cotidiana e o segundo mandamento é enfrentada amiúde também mediante o uso de *fórmulas substitutas*, o que, porém, levaria às mais burlescas diferenciações (cf. Mt 23,18-20).

O *versículo 34* contém a proibição de Jesus quanto ao juramento. Ele eleva ao absoluto a restrição contemporânea existente. É que se a proibição do perjúrio limita a veracidade do ser humano ao caso de juramento, então "a verdade torna-se um caso-limite".[81] Destarte, a absoluta interdição de juramento para *os cristãos* fundamenta-se, mais uma vez, no teocentrismo absoluto de Jesus, ou seja, em seu anúncio da proximidade do Reinado de Deus. À sua luz, torna-se evidente a falsidade *interior* do ser humano, pois somente esta provoca o juramento apelando-se para o Deus verdadeiro! No entanto, lá onde o desígnio originário de Deus se tornou a única linha diretriz da vida, o juramento torna-se desnecessário, mesmo quando é permitido pela Torá. Isso significa que, "onde se enfatiza a verdadeira e incondicional vontade de Deus, rompe-se o direito da antiga ordem".[82]

Os quatro *exemplos (vv. 34c-36)* subseqüentes citam as fórmulas substitutas usuais que evitam o nome de Deus. Como um olhar sobre Mt 23,16-22 e Tg 5,12 mostra, trata-se aqui apenas de alguns exemplos, embora centrais. Tg 5,12 menciona como títulos substitutos apenas céu e terra, ou seja, todo o âmbito do domínio de Deus e, com isso, exclui toda forma de apelo a Deus no sentido de um juramento. Em contrapartida, Mateus deixa entrever certo processo de crescimento casuístico, que ele ao mesmo tempo tem em vista, na medida em que ele mostra, mediante a fundamentação, que qualquer fórmula de juramento tem a ver com Deus. Com isso, ele frustra e critica todo tipo de falsidade interior, que nem sequer a Deus leva em consideração.

Um juramento pelo céu ou pela terra é rejeitado com uma citação tirada de Is 66,1. O texto diz: "O céu é meu trono, e a terra o escabelo dos meus pés". O juramento por Jerusalém (*v. 35c.d*) é repelido com um apelo ao Sl 47,3 LXX: "O monte Sião, no longínquo Norte, (é) cidade do grande rei", ou seja, ela é "a cidade de Iahweh dos Exércitos, a cidade do nosso Deus; Deus firmou-a para sempre" (Sl 47,9). Quem, portanto, jura por Jerusalém jura pelo lugar da presença

---

[81] WEDER, *Die "Rede der Reden"*, 125.
[82] STRECKER, *Bergpredigt*, 82-83.

de Deus e, portanto, mais uma vez pelo próprio Deus. As concretizações retomam, portanto, costumes judaicos que evitavam a pronúncia do nome de Iahweh, ou seja, deviam proibir.[83]

O último exemplo *(v. 36)* sai do esquema, pois o jurar pela própria cabeça, que quase equivale a uma automaldição, encontra-se, acima de tudo, em ambiente greco-romano.[84] Dele poderia também provir a fundamentação no versículo 36b, uma vez que a tintura dos cabelos era costume entre romanos e gregos. Obviamente, o versículo 36b não se refere a essa arte, mas à incapacidade do ser humano de modificar a cor *natural* do crescimento de seus cabelos.[85] Portanto, o juramento pela própria cabeça não é recusado mediante uma alusão a Deus, mas com a constatação da *impotência* humana de dispor sobre seu modo de existir. Quando ele jura pela própria cabeça, então jura, em última instância, por sua vida concreta, que lhe é concedida por Deus até quanto à cor dos cabelos. Um juramento, portanto, tem sempre a ver com Deus, a quem o ser humano não pode colocar a seu serviço, nem usar para seus intentos, muito menos abusar.

Os quatro exemplos revelam, finalmente, uma dupla falsidade. É um brincar com fogo formular de tal modo o apelo a Deus como testemunha para a veracidade de uma afirmação ou promessa para que apenas no plano formal e, portanto, processual não aconteça abuso do nome de Iahweh. O juramento mesmo é, *em si*, um problema de autenticidade, pois, "onde o falar se coloca perante os olhos de Deus, inibe-se o juramento".[86] A segunda falsidade, revela-a o juramento pela própria cabeça,[87] visto que, assim, o próprio ser humano se coloca como garantia da verdade e, no final das contas, assume o lugar de Deus. Com isso, ele engana

---

[83] Mateus não se refere aqui à diferenciação rabínica entre fórmulas de juramento obrigatórias e menos obrigatórias, mas as reserva para 23,16-21.

[84] Cf. Virgílio, *Aen. 9.300*: "Per caput hoc iuro".

[85] Na escolha dessa fundamentação, possivelmente Mateus está também influenciado por máximas provenientes da Fonte dos Ditos, tais como: "Os cabelos de vossa cabeça estão todos contados" (Mt 10,30 // Lc 12,7), ou: "Nem um só cabelo de vossa cabeça se perderá" (Lc 21,18). O exemplo que realça a insignificância e a relatividade dos cabelos é, em todo caso, variável.

[86] Weder, *Die "Rede der Reden"*, 126.

[87] Cf., a propósito, Billerbeck I, 335.

a si mesmo, "pois oferece um penhor sobre algo de que ele não pode absolutamente dispor".[88]

3.2. A exigência de autenticidade (v. 37)

Sobre o pano de fundo desse resultado, a exigência conclusiva, formulada positivamente, mostra o único caminho possível. Tg 5,12f.g, diferentemente de Mateus, exige que um sim seja um sim, e um não seja um não, desafiando portanto a uma atitude que possa suportar o julgamento de Deus. Se está correta a pressuposição de que o texto de Tiago corresponde mais à tradição do que o de Mateus, então as mudanças subseqüentes remontam ao evangelista: ele acrescenta "vossa palavra" como novo sujeito no versículo 37a e usa os dois sim e não restantes como predicados nominais. Além do mais, ele traz outra conclusão (v. 37b), diferentemente de Tg 5,12g, que, na verdade, ainda indiretamente deixa entrever o orientação escatológica, mas contém uma afirmação formulada diferentemente.

No caso do duplo sim, respectivamente, duplo não, trata-se apenas de uma fórmula de protesto, com a qual Mateus e seus destinatários, sem infringir a proibição absoluta de Jesus quanto ao juramento, podiam "jurar" a declaração conforme a verdade, quando fosse necessário *no interior da comunidade* (cf. Mt 18,17; 1Cor 6,2)? Mas isso, em última conseqüência, significava: "A proibição de Jesus quanto ao juramento transformou-se num substituto de juramento".[89] Com isso, o veto ao juramento ter-se-ia relativizado sofisticamente, na medida em que se relacionaria apenas àquele apelo a Deus, direto ou indireto e, por isso, seria trocado por uma fórmula substituta. Certamente não pode ser esse o caso, tanto mais que o fio condutor das "antíteses", até agora, depõe claramente contra. Também não se deve julgar que Mateus, que tanto busca apresentar antiteticamente aos cristãos a desafiadora justiça melhor, seja capaz de, repentinamente, adiantar uma solução que se assemelharia aos subterfúgios jurídico-formais[90] e, com maior, razão, deporia em favor da "justiça" rabínica. O que realmente se quer dizer fica bem facilmente esclarecido a partir do fato de que, tanto no grego quanto no semítico,

---

[88] Cf. *Der Große Wochentagsschott I*, 1160.
[89] STRECKER, *Bergpredigt*, 84. Cf. id., Die Antithesen der Bergpredigt, *ZNW* 69 (1978), 63.
[90] Cf., quanto a isso: EICHHOLZ, *Auslegung der Bergpredigt*, 91; GNILKA, *HThK I/1*, 175-176; LUZ, *EKK I/1*, 285-286; diferentemente, SAND, *Das Evangelium nach Matthäus*, 118.

as duplicações estão a serviço da intensificação, como o confirma, por exemplo, o "amém, amém" joanino. O duplo sim, respectivamente, não, que em Mateus foram "reduzidos" a nomes predicativos, exprimem um sim ou um não decididos, sem nenhum nem mas nem meio mas. A fim de fazer justiça à verdade perante Deus e perante si mesmo, só pode existir sim ou não, uma não questionável tautegoria,* que corresponde ao próprio ser e que permanece inalterável. Certamente isso pressupõe cristãos e comunidades cristãs que também são verazes até o mais íntimo do coração e da consciência.

A frase conclusiva *(v. 37b)* não é imediatamente clara sob o aspecto lingüístico. O que quer dizer a expressão "o que passa disso"? Um juramento impensado, ou simplesmente tudo o que ultrapassa um claro e alto sim ou não? Presumivelmente, com a expressão, Mateus queira dizer que qualquer outra asseveração ou testemunho não podem ter sua fonte na ilimitada sinceridade, uma vez que para esta bastam esse sim ou não decididos como transparente expressão de um verdadeiro cristão. O que se diz deve ser apenas o que está dito, "pois, para discípulos de Jesus, a norma não é a mentira, mas a verdade e a fidelidade".[91] Tudo o mais implica ambigüidade e "é discrepante como a consumação da existência daqueles que não são puros de coração".[92] Por conseguinte, provém "do mal" e não é um "caminho verdadeiramente viável através do tempo". Se com "mal" deve-se pensar em Satanás, o "pai da mentira" (Jo 8,44), no sentido de Mt 13,19, deve-se deixar em aberto. Se afirmativamente, então a antítese se conclui com uma admoestação escatológica que não deve ser sobrepujada.

3.3. Resumo

Jurar significa tomar Deus como fiador da verdade de uma afirmação. Isso pressupõe a mentira como uma possibilidade e realidade profundamente humanas. O AT conta com essa realidade até o ponto do juramento falso em nome de Deus. Isso não significa menos do que o abuso do nome Iahweh. Jesus parte também

---

* O termo "tautegoria" foi cunhado por Schelling. Indica uma afirmação (ou negação) que não precisa apelar para nada além de si mesma para impor-se e que não admite discussão. Por exemplo, Ex 3,14: "Eu sou aquele que é". [N.T.].

[91] *Der Große Wochentagsschott I*, 1161.
[92] Weder, *Die "Rede der Reden"*, 127.

da santidade do nome de Deus, isto é, do temor perante o ser de Deus. Aquele que em Mt 6 é chamado de Pai e designado como o Deus da aliança é, ao mesmo tempo, o Santo indisponível. Ambos exigem veneração pela palavra que a ele se refere e, ao mesmo tempo, o respeito pelo co-cristão e pelo semelhante, a quem, "por amor de Deus", não se deve enganar nem mentir. "Com efeito, onde a palavra humana é falsificada, de forma que um sim, em determinadas circunstâncias, pode também significar um não, e um não, sim, toda comunhão está arruinada."[93] Por fim, exige-se uma veracidade que, ultrapassando o juramento, tenha validade para *todos* os campos da vida.

Tal como as instruções precedentes, a proibição de Jesus quanto ao juramento permite perceber a problemática que perpassa constantemente "o ensinamento sobre a montanha". Como o demonstra a história do alcance desse texto, ao longo da história da Igreja sempre se fez a tentativa de "arrancar o aguilhão do texto".[94] Se os cristãos do primeiro século se ativessem ainda literalmente à proibição, então, com a virada constantiniana, tornar-se-ia um problema para a Igreja Estatal em face dos continuamente exigidos juramentos de bandeira, juramento de imperador etc. Martinho Lutero diferenciava, no sentido de "dois reinos", entre o âmbito público e o âmbito pessoal: no campo público-jurídico, a proibição do juramento não pode ser obrigatória, visto que levaria à ruína do "regime ou da jurisdição". Na vida e no comportamento pessoais, porém, a veracidade deve ser de tal forma determinante que um juramento se revela ilegítimo. Tal diferenciação corresponde deveras ao que foi dito? É possível, pois, dividir a vida, assim, em duas partes? Na Igreja também se prestam juramentos. Um dos mais conhecidos exemplos em âmbito católico-romano era o juramento antimodernista [Pio X], que preenchia diversas páginas, o qual não se relacionava ao "regime ou à jurisdição", mas a questões de fé! Existiriam ainda muitos exemplos que revelam pouco de Mateus, mas que dizem realmente do que se trata.

Contudo, o verdadeiro problema encontra-se no caráter escatológico da instrução do Senhor, pois ela coloca um desafio no espaço que pressupõe pessoas que ao mesmo tempo "não são desse mundo", mas que, clara e verdadeiramente, até a medula, são "como anjos de Deus no céu". Portanto, não se trata primeiramente

---

[93] Schweizer, *Bergpredigt*, 43.
[94] Luz, *EKK I/1*, 286.

da questão formal: devo ou não jurar, pois a proibição visa, afinal, à veracidade absoluta do cristão em cada palavra e acima de tudo à veracidade de seu ser em relação a Deus, aos semelhantes e a si mesmo! Esse universo humano, porém, ainda não existe, sequer em forma de Igreja. Portanto, da parte do cristão, não há motivo algum para auto-satisfação ou autojustificação;[95] antes, motivo para revisão constante da vida pessoal e eclesial no sentido do ensinamento do Senhor.

4. Renúncia à violência e amor ao inimigo (Mt 5,38-47)

38a   *Ouvistes que foi dito:*
  b   *Olho por olho e dente por dente.*

39a   *Eu, porém, vos digo:*
  b   *não resistais ao mal;*

  c   *antes, àquele que te fere na face direita*
  d   *oferece-lhe também a esquerda;*
40a   *e àquele que quer pleitear contigo,*
  b   *para tomar-te a túnica,*
  c   *deixa-lhe também o manto;*
41a   *e se alguém te obriga a andar uma milha (de caminho)*
  b   *caminha com ele duas.*

42a   *Dá ao que te pede*
  b   *e não voltes as costas ao que te pede emprestado.*

43a   *Ouvistes que foi dito:*
  b   *amarás o teu próximo e odiarás o teu inimigo.*

44a   *Eu, porém, vos digo:*
  b   *amai os vossos inimigos*
  c   *e orai pelos que vos perseguem;*

---

[95] Cf. FRANKEMÖLLE, *Matthäus-Kommentar 1*, 233.

45a	*desse modo vos tornareis filhos do vosso Pai, que está nos céus,*
b	*porque ele faz nascer o seu sol igualmente sobre maus e bons*
c	*e cair a chuva sobre justos e injustos.*
46a	*Com efeito, se amais aos que vos amam,*
b	*que recompensa tendes?*
c	*Não fazem também os publicanos a mesma coisa?*
47a	*E se saudais apenas os vossos irmãos,*
b	*que fazeis de mais?*
c	*Não fazem também os gentios a mesma coisa?*

Conforme mencionado,[96] os dois últimos trechos, construídos antiteticamente, estão ligados entre si quanto ao conteúdo. Em favor disso depõe, em primeiro lugar, o fato de que existe para ambas as seções em Lc 6,27-36 um paralelo comum, no qual as declarações a respeito da renúncia à vingança (Lc 6,29-30) estão enquadradas em palavras a respeito do amor ao inimigo (Lc 6,27-28.32-34.35). Por conseguinte, a renúncia à vingança aparece como uma *forma* de amor ao inimigo. Se essa forma de engrenagem textual remonta à redação lucana ou à própria Fonte dos Ditos é questão que pode ficar aberta.[97] A consciência da íntima correspondência Mateus demonstra formalmente mediante a introdução idêntica para ambas as "antíteses": "Ouvistes que foi dito" (vv. 38a.43a). Conteudisticamente, os dois textos estão ligados pelo tema do *amor ao próximo*, expresso inicialmente sob o ponto de vista da represália e, a seguir, sob o do amor ao inimigo. À medida que Mateus transforma os dois aspectos em duas "antíteses", ele os separa vigorosamente e com isso confere à renúncia à vingança um peso autônomo e mais intenso.[98]

---

[96] Cf., *supra*, p. 93.

[97] Quanto à problemática da reconstrução da composição da Fonte dos Ditos, cf., entre outros, Luz, *EKK I/1*, 291-292 e 306-307.

[98] Gnilka, *HThK I/1*, 179, supõe também que a ligação da dupla antítese à quarta remontaria a Lv 24,16-22, visto que no versículo 22, o *jus talionis* estende-se ao estrangeiro.

4.1. Renúncia à vingança (vv. 38-42)

A estrutura da seção é simples. Após a citação do *jus talionis* e da tomada de posição negativa de Jesus (vv. 38-39b), seguem-se três exemplos construídos sintaticamente de forma análoga, mas de forma crescente quanto ao conteúdo, tirados do campo da agressão (vv. 39c-41). O quarto apresenta, como o versículo 37, um tipo de resumo positivo (v. 42a) e, assim, conclui a seção com um olhar sobre o mundo cotidiano. Sob o aspecto formal, a perícope consiste em uma *proibição* (vv. 39b.42b) respectivamente no começo e no fim da instrução do Senhor, e de quatro *mandamentos* (vv. 39d.40c.41b.42a) incluídos no meio.

Comparando-se o texto com Lc 6,29-30, independentemente da construção antitética mateana, chama a atenção o fato de em Mt 5,41 a obrigação de acompanhar pelo caminho ser acrescentada como mais um exemplo. Ademais, em comparação com Lc 6,29c.d, onde apenas se fala do confisco do manto, Mt 5,40 introduz, através do verbo *krithênai*, na apresentação, o tema do litígio. Por fim, constata-se ainda que em Lc 6,30b e em Mt 5,42b existem conclusões diferentes. Lucas fala de bens tomados e que não devem ser reclamados de volta, ao passo que Mateus fala de alguém que pede emprestado e que não deve ser rejeitado. Certamente Mateus poderia estar influenciado por uma fonte textual comum a Lucas, uma vez que em Lc 6,34 se fala de empréstimo.

4.1.1. A "antítese" (vv. 38-39)

No início, cita-se o *jus talionis* de acordo com a Septuaginta *(v. 38b)*. O princípio jurídico geral encontra-se em Ex 21,23-25: "Vida por vida, olho por olho, dente por dente, pé por pé, queimadura por queimadura, ferida por ferida, golpe por golpe". Essa antiga disciplina jurídica israelita parece hoje desapiedada; no entanto, em face de uma vingança que punia com o múltiplo os danos corporais sofridos, era um progresso enormemente humano. Na verdade, ela não é genuinamente veterotestamentária, visto que a mesma disciplina de direito penal foi estabelecida já por volta do ano 1700 a.C. no Código de Hamurabi. De igual modo ela faz parte do decreto penal grego e romano. Contudo, ela vale somente para decisões judiciais e não diz respeito, de forma alguma, à justiça privada.[99]

O teor da tomada de posição de Jesus *(v. 39b)* é, à primeira vista, equívoco, pois "não resistais ao mal" certamente não pode significar tolerância e aceitação do mal ou do mau. Como os exemplos subseqüentes dão a conhecer, trata-se da ação má, que não deve ser revidada com outra ação má. "Mal" aqui indica também a *pessoa* má, isto é, o agressor. Uma vez que o termo grego *antistênai* (re-sistir) pode também ser compreendido como termo técnico para um procedimento judicial, "no qual acusador e acusado se contrapõem",[100] às vezes a instância foi compreendida no sentido de que, com ela, exigir-se-ia a renúncia ao processo jurídico[101] ou até mesmo ao próprio direito,[102] visto que estaria evidente "que a quinta antítese proscreve toda reivindicação pessoal de direitos".[103] Por certo essa interpretação parece ser confirmada pelo versículo 40f, uma vez que se fala claramente de um processo de penhora e pode-se pressupor coação a acompanhar pelo caminho por parte das autoridades. Por outro, deve-se levar em consideração que se trata de exemplos que pretendem mostrar condensadamente o que é válido para a totalidade do âmbito da vida e que superam de longe a renúncia ao processo judicial, dado que o não processar seria apenas *uma* forma de renúncia à retaliação. Assim, já Pr 20,22 recomenda, *por princípio*, a renúncia à desforra: "Não digas: vingar-me-ei do mal". Platão chega até mesmo a dizer: "É melhor padecer injustiça do que praticar injustiça".[104] Os estóicos defendem atitude semelhante em razão do esforço pela consecução da independência interior em relação ao sofrimento, à crítica, ao desprezo etc. Mas também os rabinos eram de opinião que seria melhor pertencer ao grupo dos perseguidos do que ao dos perseguidores.[105]

---

[99] No tempo de Jesus, já existiam, porém, duas possibilidades de sanção, uma ao lado da outra, como o atesta Flávio Josefo, *Ant.* 4, 280: "Quem mutilou deve padecer o mesmo, na medida em que ele será despojado daquilo que ele um outro privou; pode dar-se o caso que o mutilado prefira receber uma indenização em dinheiro".

[100] SCHLATTER, *Der Evangelist Matthäus*, 186.

[101] Cf. JEREMIAS, *Die Bergpredigt*, 24.

[102] Cf. ibid., 94; SCHWEIZER, *NTD 2*, 79.

[103] LOHMEYER; SCHMAUCH, *Das Evangelium nach Matthäus*, 138.

[104] PLATÃO, *Górgias* 469c.

[105] Cf., a propósito, LUZ, *EKK I/1*, 293, notas 23-25.

Contudo, à luz do versículo 39b, o *jus talionis* aparece como um princípio jurídico que apresenta numa fórmula clara o comportamento humano para o caso de discussões que passam às vias de fatos. Ele é, portanto, expressão *apenas* do humano![106] Jesus, porém, elucida uma justiça que supera de longe a mera justiça humana e, ao mesmo tempo, desaprova a postura "desse mundo temporal", pois ela proíbe a vingança e, com isso, exige romper o círculo da inimizade humana.

4.1.2. Os exemplos (vv. 39c-41)

A partir desse princípio, os três exemplos paradoxais são compreendidos *teologicamente*. O *primeiro exemplo (v. 39c.d)* fala, para além de Lucas, de um golpe na face *direita*. Somente um canhoto pode bater na face direita, ou o golpe é dado com as costas da mão ou por trás. No tempo do NT, o golpe com as costas da mão era considerado especialmente desonroso e, de acordo com a opinião rabínica, implicava uma dupla penitência.[107] É sabido que uma bofetada entre adultos significava uma ofensa em primeira linha, tanto mais que ela emprestava à ira ou ao ódio do oponente enérgica expressão. A injúria real, que não pertence exatamente ao pão de cada dia entre pessoas civilizadas, refere-se, para além disso, às diversas e freqüentemente mais dolorosas injúrias verbais nas famílias, comunidades de vida, de trabalho e religiosas, na política e na sociedade. A reação normal e, eventualmente, calculada de forma evidente contra aquele que deseja "subjugar-me" será pelo menos revidar por duas vezes, a fim de mostrar-lhe "quem é quem". Nas guerras e nas guerras civis, *de fato*, ainda hoje, como *antes* dos tempos do Código de Hamurabi, por causa de um soldado abatido a tiros, todo um povoado é destruído e deixado rente ao chão!

A provocativa tomada de posição de Jesus exige, ao contrário, "oferecer a outra face" ao adversário. O que é exigido não é apenas o não defender-se ou o suportar pacientemente a injustiça, mas até mesmo oferecer outra ocasião de agressão.[108] Isso pode ser pensado como reação desarmada, mas então ainda seria um modo sutil de se defender. Certamente não é isso que se quer dizer. Antes, trata-se de um sinal da submissão, a fim de começar um acordo pacífico. Em

---

[106] Cf. GNILKA, *HThK I/1*, 181; STRECKER, *Bergpredigt*, 86.
[107] Cf. BILLERBECK I, 342.
[108] Cf. GNILKA, *HThK I/1*, 182; WEDER, *Die "Rede der Reden"*, 129.

caso ideal, tal comportamento é sinal de que "se renunciou à idéia do revide".[109] Se se deve supor que Mateus esteja aludindo ao golpe desonroso, reservado aos cristãos por causa de Jesus, a fim de estigmatizá-los como "hereges",[110] deve-se deixar em suspenso. Talvez Is 50,6 já tenha influenciado a formulação da Fonte dos Ditos: "Ofereci o dorso aos que me feriam e *as faces* aos que me arrancavam os fios da barba".

O *segundo exemplo (v. 40)*, em Mateus, desenvolve-se em ambiente jurídico. A idéia é, certamente, a de que alguém deseja provocar uma decisão judicial que de fato equivalha a uma expropriação. De acordo com o direito hipotecário do AT, no evangelho de Mateus não pode ser questão do manto, mas apenas da túnica, segundo nossos conceitos, do terno ou da sobrecasaca. Em Ex 22,25-26 está, pois, escrito: "Se tomares o manto *(himátion)* do teu próximo em penhor, tu lho restituirás antes do pôr-do-sol. Porque é com ele que se cobre, é a veste do seu corpo: em que se deitaria?". Portanto, a provocação da antítese de Jesus consiste em que a prescrição veterotestamentária é largamente superada. A exigência de também ceder imediatamente o manto precioso[111] e, assim, completamente despojado, desprotegido e desprovido de dignidade, entregar-se ao adversário e ao mundo circundante, implica a mais profunda auto-humilhação. Devem ser apenas as roupas? Com freqüência, mediante a fofoca intencional, por meio da calúnia e da detração ou através dos meios de comunicação, uma pessoa não é privada de toda dignidade apenas imaginável, até que, finalmente, para alegria de todos, ela "sai do armário" simplesmente porque não lhe deixaram alternativa? Jesus, porém, exige espontaneidade! Também ele, como suplemento ao escárnio e aos maus tratos, antes da crucifixão foi despido de suas roupas e, portanto, privado do último símbolo de sua dignidade humana. Mas precisamente sua paixão mostra "uma medida de maldade para a qual a esperança de superação consiste apenas na renúncia do que lhe é próprio".[112]

---

[109] WEDER, op. cit., 131.

[110] Assim JEREMIAS, *Die Bergpredigt*, 24-25.

[111] DIÓGENES LAÉRCIO, 6, 6, aconselhava comportamento semelhante, na verdade para o caso de um *pedido*: "Ao que te pede o chitão, depõe também o manto".

[112] GNILKA, *HThK I/1*, 183.

Uma pretensão insuportável? Vale aqui mais uma vez: o motivo para renunciar a todo bom senso normal e *tudo* entregar só pode ser compreendido a partir da proclamação do Reino de Deus, feita por Jesus, pois a vinda de Deus desfaz toda segurança humana. A única segurança eficaz daquele que encetou o seguimento da cruz é aquele Deus que demonstrou, por meio de Jesus, que o "assumir sobre si a injustiça", ativamente, enfraquece o mal e o faz cair no vazio, "a fim de que aí descambe para o desaparecimento".[113]

O *terceiro exemplo (v. 41)* relaciona-se, em princípio, a medidas coercitivas militares. O exército romano, como potência de ocupação, utilizava-se do direito da "angária".[114] A "coação" consistia em que nativos podiam ser obrigados a acompanhar soldados por províncias perigosas como cumprimento de serviço e, ao mesmo tempo, como escudo humano vivo. A palavra sofreu uma expansão de significado no sentido de assunção de ofício, eventualmente de trabalho forçado, como carregador de fretes e tantos outros.[115] A indicação de distância em milhas remonta certamente aos romanos. Uma vez que os soldados romanos empregavam a angária também para fins particulares, compreende-se facilmente o versículo 41. Para os judeus, tal coerção equivalia, como era de se supor, a uma humilhação e a uma vergonha, tanto mais que, no âmbito da hospitalidade judaica, o acompanhar alguém pelo caminho era considerado um *gesto de amigo*.

A exigência de, espontaneamente, acompanhar ao longo de outras duas milhas, aponta na mesma direção que os exemplos precedentes. A mensagem é esta: a uma coação vergonhosa, talvez até mesmo perigosa para a vida, responde de maneira que assumas sobre ti o dobro da medida em humilhação, esforço e risco para o corpo e para a vida. E aquilo que tu, como gesto amigo, proporcionas a um hóspede muito viajado, garante o mesmo ao teu déspota, espontaneamente em medida dupla! Então quer dizer que, se alguém me bate, devo também ainda beijar-lhe a mão por isso? Em relação àquele que quer acabar comigo, devo, com o empenho de meu tempo e de minhas forças, até mesmo de minha vida, proporcionar-lhe proteção e amabilidade desinteressadas, posto que saiba que não devo

---

[113] WEDER, *Die "Rede der Reden"*, 131.
[114] *Angareúein* (constranger, forçar) é um estrangeirismo persa e significa originalmente a obrigação forçada imposta aos nativos, os quais deviam acompanhar o carteiro por regiões perigosas.
[115] Um bom exemplo disso é Simão de Cirene.

esperar gratidão, mas tão-somente a tentativa de desfrutar de minhas "fraquezas", a fim de finalmente e de forma definitiva acabar comigo? Além disso, o exemplo exige não somente boa conduta em situações extremas, mas o salto por cima das próprias sombras, um agir e pensar altruístas, a partir do outro. Pois "uma coisa é não importunar o inimigo, outra coisa é amar o inimigo".[116] Mas, para Jesus, o amor significa não somente "olhar um para o outro, mas seguir na mesma direção" (Saint Exupéry) — não obstante todas as conseqüências imponderáveis. Pois, no final das contas, esse comportamento determinado por um amor penoso tira sua medida do próprio Deus, que também acompanha ao longo da vida toda pessoa que o despreza e dele abusa, sem que esta lhe seja agradecida.

O fundamento de uma exigência tão provocativa é, mais uma vez, o absoluto teocentrismo de Jesus. Para Jesus (e para Mateus) o Domínio e o Reino de Deus já se aproximaram e já irrompem em nosso mundo. A partir desse princípio, ele se sente autorizado a ver o cristão que lhe pertence, por meio das lentes do Reinado de Deus, como a nova criatura, e a traçar seus contornos. Ele esboça o ser humano, por assim dizer, no brilho de sua plenitude. Daí resulta também o desafio sobre-humano para todo cristão no mundo: realizar hoje aquilo que será! A hermenêutica de Jesus em relação ao ser humano começa ali onde o ser humano, com ele, o Glorificado, está pleno do poder do amor de Deus. A partir daí, deriva a exigência de uma justiça, em relação aos semelhantes, que não codifica critérios de retaliação, que não mede nem conta, mas ama em excesso. Essa "moral-de-bofetada" só será compreendida, em um processo ao longo da vida, por aquele que procurar amar segundo a medida de Cristo.

4.1.3. A exigência conclusiva (v. 42)

O *último exemplo (v. 42)* resume positivamente e remete à vida cotidiana. Nas duas breves frases, não se trata mais de confronto com a violência do outro, mas de pessoas que *pedem*! Uma pede um donativo *(v. 42a)*, a outra pede algo emprestado *(v. 42b)*. Anteposição e subordinação são, portanto, invertidas. Agora eu sou interpelado como aquele que decide sobre o outro! A regra fundamental é absolutamente clara: "Dá ao que te pede". Eclo 12,1-2 ainda diferencia: "Se

---

[116] WEDER, *Die "Rede der Reden"*, 131.

queres fazer o bem, saibas a quem o fazes e teus benefícios não serão perdidos. Faze o bem a homem piedoso e terás a recompensa, se não dele, pelo menos do Altíssimo". Por meio de Dt 15,7-9, faz-se distinção entre o suplicante que aparece "em tua porta" e mendigos deambulantes. Em contrapartida, certamente com base no fundamento de Dt 15,7-9, ordena-se em *Baba mezia* 31b: "Abrir, tu deves abrir (tua mão) aos pobres. [...] *em toda circunstância*". O Jesus mateano, porém, não deixa absolutamente ninguém de fora.

No versículo *42a*, portanto, transmuda-se positivamente a recusa ao princípio da vingança, exigida até agora. Se o teor da "antítese" até agora era: "Paga ao mau o mal com o bem", agora se diz: "Abre-te a todo aquele que gostaria de obter algo de ti". Presumivelmente, Mateus deseja que toda a "antítese" seja compreendida sob o ponto de vista de um *amor efetivo*. Pois o amor "não guarda rancor", mas é "paciente e prestativo" (1Cor 13,4-5). Ele é a forma cristã da justiça melhor (5,20) no trato com as pessoas. Nisso ele demonstra que é maior do que a agressividade do mal e se mostra também no dia-a-dia sem pequenas contas e diferenciações.

Assim, também o versículo *42b*, o qual, por causa de sua "mentalidade-pequeno-jardim", depois de todas as declarações tão radicais até agora, causa escândalo em muitos intérpretes, adapta-se perfeitamente. Mateus encontrou o versículo na Fonte dos Ditos, a qual, por sua vez, alude de novo a Dt 15,8-9, como o dá a conhecer Lc 6,35b mediante o acréscimo: "E emprestai sem esperar em troca". Mas nessa direção aponta também o verbo *danísasthai (*danizo)*, empregado por Mateus, o qual, como *terminus technicus* para o negócio de empréstimos, na forma verbal média, significa "pedir dinheiro emprestado, pegar um empréstimo, solicitar". Aqui, presumivelmente, não se trata em primeira linha de uma crítica à antiga prática do negócio de empréstimos com juros exageradamente elevados, mas sim de um empréstimo de dinheiro ou de produtos naturais em quaisquer circunstâncias, mesmo quando o desejo configura-se numa exigência desavergonhada ou simplesmente quando se deve esperar que a coisa emprestada o tenha sido até nunca mais ver. Com o recurso à alta política com vistas ao pequeno mundo da vida cotidiana e de suas contrariedades, Mateus diz de forma mui impressiva a seus leitores: amor efetivo, generosidade e renúncia altruísta a um direito garantido começam no dia-a-dia. O excedente cristão em justiça consiste não certamente em feitos heróicos éticos, mas sim naquele inabalável amor, que não repele ninguém, mas é bom de coração para qualquer um, quer amigo, quer inimigo.

A ordem de renunciar à retaliação e à vingança incomoda! Ela incomoda políticos, funcionários do governo nos Ministérios da Defesa, do Exterior e do Interior, mas também cidadãos comuns, colegas de trabalho, vizinhos, membros da família etc. É que ela exige o decididamente impossível, uma vez que ela vai de encontro à natureza humana, ao instinto de conservação, ao próprio orgulho, à nossa mentalidade bairrista, consciente ou inconsciente. O que se quer dizer é que o cristão, segundo o exemplo de Cristo, torna-se livre para os semelhantes como criação de Deus. A instrução não fornece respostas prontas para todas as perguntas e problemas da vida em comum. Não se trata de recusa ao serviço militar, de direitos trabalhistas, de fato, nem sequer de direitos humanos. O que é exigido não é nenhum direito novo, mas o coração renovado, "que age não por coação, mas a partir da liberdade da fé".[117] Com efeito, a verdadeira liberdade é própria somente daquele que supera a si mesmo e vai ao encontro do outro, como Jesus Cristo fez — até a morte de cruz.

4.2. Amor ao inimigo (vv. 43-47)

Esta seção constitui o ponto culminante dos seis textos a respeito do comportamento correto com os semelhantes e revela esmero literário à altura. Já sob o aspecto meramente *formal*, a "antítese" propriamente dita (v. 44) consiste não apenas numa breve instrução, mas está construída como paralelismo frásico duplo (v. 44b.c), ao qual se segue ainda uma frase consecutiva (v. 45a), juntamente com a fundamentação, construída mais uma vez em paralelismo (v. 45b.c). Ademais, ambos os versículos 46 e 47 são construídos completamente em paralelo: a cada oração condicional, seguem-se correspondentemente duas orações interrogativas. As primeiras insinuam uma resposta negativa, ao passo que as segundas, uma positiva. Toda a seção está perpassada por paralelos ou por idéias análogas, tais como o demonstram, entre outros, os binômios inimigo/perseguidor, sol/chuva, publicano/pagão etc. Portanto, a roupagem literária é adequada à importância do conteúdo.

---

[117] SCHWEIZER, *Bergpredigt*, 115.

Conforme já dito, Mateus encontrou o texto-base da "antítese" na Fonte dos Ditos. No detalhe, porém, é praticamente impossível discernir se, por exemplo, o mandamento do amor ao inimigo, elaborado em quatro partes em Lc 6,27-28, foi abreviado por Mateus em duas frases (5,44), ou se Lucas expandiu o texto original citado no evangelho de Mateus. Contudo, ambos os evangelistas coincidem amplamente *quanto ao assunto*, embora divirjam quanto ao teor das palavras. É-lhes comum a exigência de rezar pelo inimigo, a promessa de tornar-se filhos de Deus, bem como a indicação da atitude de Deus em relação aos maus e aos bons. Em contrapartida, literalmente idêntica é apenas a exigência fundamental: "Amai vossos inimigos" (Mt 5,44b; Lc 6,27b), e a oração condicional: "Se amais os que vos amam" (Mt 5,46a; Lc 6,32a). Presumivelmente, os dois evangelistas utilizaram em função de seus interesses o texto da Fonte dos Ditos sem prejuízo do conteúdo fundamental. No caso, certamente a exigência de amor ao inimigo e sua fundamentação na teologia da criação (v. 44f) remontam ao anúncio de Jesus. Mas as afirmações seguintes também não estão em contradição com isso.

Freqüentemente, o amor ao inimigo vigora como algo especificamente cristão, muitas vezes admirado, não cumprido ou desprezado como moral de escravo.[118] Em todo caso, o mandamento constitui o espinho na carne de todo ser humano de boa vontade. E mesmo aqueles que o consideram loucura ou alienação, o fazem inconscientemente para que eles mesmos não enlouqueçam na tentativa de pô-lo em prática. O "alheamento do mundo" dessa exigência é tão grande que só pode ser afirmada em sua incondicionalidade onde modos de comportamento intramundanos são perscrutados em sua relatividade à luz do absolutamente diferente modo de ser de Deus. Mas isso só é possível àquele que percebe e reconhece o mundo divino virtual de Jesus como a realidade sustentadora da existência.

4.2.1. "Amai os vossos inimigos" (vv. 43-44)

A tese *(v. 43b)* consiste em dois mandamentos: amar o próximo e odiar o inimigo. O mandamento do amor ao próximo é tirado de Lv 19,18b (LXX). Em contrapartida, um mandamento de ódio ao inimigo não se encontra nem no Pentateuco, nem na Bíblia Hebraica nem no Talmud. No entanto, Mateus e seus leitores

---

[118] Cf. WEDER, *Die "Rede der Reden"*, 138-139.

devem ter-se familiarizado com essa interpretação negativa do mandamento do amor ao próximo a partir da halaca judaica.[119] Nesse sentido, a regra da seita de Qumrã exige "amar todos os filhos da luz [...], mas odiar todos os filhos das trevas, cada um segundo sua culpa na vingança de Deus" (1QS 1,9-10). Uma vez que a comunidade de Qumrã se compreende como o verdadeiro Israel, então todos os que a rejeitam são dignos de ódio.[120] Visto que Mt 5,43b faz lembrar tais textos, conclui-se que no versículo 44 deve-se pressupor que os inimigos a serem amados são os perseguidores da comunidade. A situação de perseguição, já mencionada nos macarismos (5,10-11), determinaria, portanto, o complemento mateano no versículo 43b e, assim, certamente aludiria também a uma discussão atual entre as fileiras dos destinatários.[121] Em todo caso, a dupla tese expressa um padrão geral de comportamento humano, ou seja, criatural.

Conforme já se disse, *Mateus* apresenta apenas uma afirmação bipartida (5,44), a saber, a exigência fundamental de amor ao inimigo, literalmente correspondente a Lc 6,27b, e o ápice do amor ao inimigo voltado para os *perseguidores*! Para ele, em razão do paralelismo do versículo 44b e c, o amor ao inimigo se expressa, em princípio, na *oração* da comunidade por seus perseguidores, quer sejam judeus, quer sejam pagãos. Essa concretização, porém, não estreita o horizonte do mandamento geral de amor ao inimigo, mas o interpreta tendo em vista a situação atual. Uma vez que o amor ao inimigo não consegue facilmente fazer com que perseguidores convictos se transformem em amigos que retribuem automaticamente o amor, a oração ao Deus comum é a única possibilidade de ir ao encontro dos inimigos e orientá-los simplesmente para o ponto de referência comum. Não posso rezar a esse Deus enquanto odeio meu inimigo que, de qualquer maneira, também pertence a Deus![122] Quando eu rezo pelo inimigo, começo a experimentar que eu e ele temos o mesmo Pai no céu, aquele que faz nascer o sol e descer a chuva e, portanto, conserva vida a ele e a mim de maneira igual (v. 45b.c). Ou seja, começo a compreender que também meu adversário é amado

---

[119] Cf. FRANKEMÖLLE, *Matthäus-Kommentar 1*, 229.

[120] Cf. também a tendência de separação em 1Ts 5,4-5; 2Cor 6,14-15; Rm 13,12; Jo 13,19-21; 12,35-36; Lc 16,8.

[121] Cf. GNILKA, *HThK I/1*, 190; SAND, *Das Evangelium nach Matthäus*, 121.

[122] Cf. SAND, *Das Evangelium nach Matthäus*, 121.

por Deus e considerado parceiro exatamente como eu próprio. A circunscrição de Mateus à oração como a expressão por excelência do amor ao inimigo deixa entrever, finalmente, que o amor ao inimigo não é obra humana, resultado máximo ascético ou virtude puramente, mas sim um dom de Deus que deve ser confiado a quem está unido com Deus na oração.[123]

Considerando-se os textos até agora analisados, constata-se que um amor ao *próximo* implica, em si, uma delimitação. A pergunta a respeito de quem seria o próximo (Lc 10,29) é, portanto, típica. Já Lv 19,18, no âmbito de seu contexto, compreende o próximo como o compatriota: "Não te vingarás e não guardarás ranço contra os filhos do teu povo. Amarás o teu próximo como a ti mesmo". Só posteriormente é que o mandamento se expandirá às nações prosélitas, no que a maioria dos pagãos e samaritanos permanece excluída. Uma delimitação do objeto de amor exige quase forçosamente uma interpretação segundo a qual o inimigo deve ser indiscutivelmente odiado. Transpondo-se essa reflexão do amor ao próximo para as comunidades cristãs, então deve resultar compreensão análoga. O próximo é o co-cristão, eventualmente os catecúmenos também. Contudo, que no curso da história da Igreja, nem sequer o ser cristão fundamenta a condição de próximo demonstram-no as odientas perseguições que as diversas confissões deflagraram umas contra as outras e ainda hoje, infelizmente, deflagram.

Jesus, ao contrário, jamais exclui ninguém. Ele derruba as barreiras impostas ao amor porque é isso que exige o verdadeiro amor. Pois até a famosa tautegoria: "eu te amo" não se deixa comprovar. Um amor a prazo ou sob determinadas condições não é nenhum amor em sentido pleno. Ele diz realmente o que ele é quando constata: "Eu te amo", ou seja, *a ti* como um todo, com todos as qualidades e fraquezas, sem mais nem menos. No mandamento do amor ao inimigo se trata, portanto, do próprio ser do amor, que ama gratuita e incondicionalmente e, assim, transforma também o inimigo em próximo.[124] A questão de se entre pessoas pode existir deveras o amor absoluto reconduz mais uma vez ao anúncio do Reino de Deus feito por Jesus. Como tal amor deve ser vivido e realizado, dá-o a entender o hino da carta aos Filipenses: Cristo não se apegou obstinadamente à sua condição de igualdade com Deus, mas tornou-se obediente como um escravo

---

[123] Cf. SCHWEIZER, *Bergpredigt*, 48.
[124] Cf. WEDER, *Die "Rede der Reden"*, 143.

até a ignominiosa morte de cruz (cf. Fl 2,6-11). 2Cor 8,9 sublinha o aspecto soteriológico desse amor: "Com efeito, conheceis a generosidade de nosso Senhor Jesus Cristo, que por causa de vós se fez pobre, embora fosse rico, para vos enriquecer com a sua pobreza". Cristo exige essa grandiosidade do amor daqueles que se denominam cristãos. Contudo, ele também mostra o caminho que conduz a tal amor. Na oração, os cidadãos desse mundo encontram o ilimitado amor de Deus. Eles encontram o amor que constrói o amor.

4.2.2. Fundamentação teológica (v. 45)

Em primeiro lugar, designam-se "meta e objetivo" do ativo amor ao inimigo: "[...] desse modo vos tornareis filhos do vosso Pai, que está nos céus" *(45a)*. A pergunta a respeito de se *"vos tornareis"* deve ser entendida em sentido futuro ou presente é respondida de forma controversa. No primeiro caso, trata-se de uma promessa; no segundo, de uma declaração acerca da filiação do cristão que se demonstra no amor ao inimigo.[125] Ambas são possíveis. Em favor de uma promessa, depõe a analogia com o sétimo macarismo: "Felizes os que promovem a paz, porque serão chamados filhos de Deus" (5,9). Em prol da relação com o presente, pode-se fazer referência ao fato de que os discípulos de Jesus, em razão de sua pertença a Cristo, podem chamar a Deus de Pai, de modo que eles já agora podem e devem estabelecer a "condição de filhos". Os dois aspectos, porém, não se excluem, pois a filiação divina como meta da promessa determina certamente também o comportamento atual. O tornar-se vale, portanto, para o agora e para o futuro absoluto, ao mesmo tempo. Se a filiação divina for entendida aqui no sentido judaico, então ela significa que, entre os cristãos, existe uma relação com Deus que os inclui totalmente no âmbito de Deus e que também os torna completamente determinados por esse âmbito de vida. Assim já está escrito em Eclo 4,10: "Sê para os órfãos pai, e marido para sua mãe. E serás como filho do Altíssimo". Quem, portanto, ama o inimigo "é filho de Deus, na medida em que se deixa determinar completamente por Deus".[126] Ele já pertence àquele mundo definitivo e novo de Deus, posto que ainda viva nesse mundo e, precisamente por isso, é desafiado a realizar hoje aquilo que será.

---

[125] Cf. GNILKA, *HThK I/1*, 193.
[126] WEDER, *Die "Rede der Reden"*, 146.

Quem, porém, é "filho de Deus" nesse sentido age igualmente segundo o exemplo de Deus. As duas sentenças de fundamentação no *versículo 45b.c* emprestam a esse pensamento um colorido concreto. Elas correspondem à bipolaridade da "tese" antecipada (v. 43b): pois Deus *não* diferencia entre inimigo e amigo, justo e ímpio, mas garante a ambos o brilho do sol e a chuva mantenedores da vida. A argumentação com o sol e com a chuva pertence bem ao campo da teodicéia judaica, como uma sentença rabínica tardia o deixa pressupor: "O dia da chuva é maior do que o dia da ressurreição dos mortos. Com efeito, a ressurreição dos mortos diz respeito aos justos, ao passo que a chuva, aos justos *e* aos ímpios".[127] A indicação teológico-criacional de que Deus cuida de sua criação, sempre bem dotada, ultrapassa o olhar sobre Israel ou sobre a comunidade cristã para a dimensão universal. A bondade e a fidelidade de Deus, mantenedoras da vida, valem para todos os homens, sem acepção de pessoas.[128] Ademais, a idéia parece ter sido um antigo bem universal, pois Sêneca escreve: "Se quiseres imitar os deuses, faze o bem igualmente aos ingratos, pois o sol também nasce sobre os maus, e o mar permanece aberto também para os piratas".[129]

Contudo, se Jesus recorre à criação como a prova do amor de Deus pelo inimigo, amar o inimigo deve ser sempre atribuído ao horizonte escatológico de seu ensinamento, pois, no fim das contas, o verdadeiro amor ao inimigo deve ser visto no horizonte do "ser humano virtual no brilho da perfeição". Jesus esboça o ser humano a partir de sua perfeição escatológica e, portanto, sobre o resplandecente pano de fundo da nova criação, ou seja, da *basileía* do Pai celeste.[130] Os cristãos moldam sua vida atual a partir do futuro que já entrou primeiramente em nosso mundo presente com a morte e a ressurreição de Jesus. Ele padeceu a morte

---

[127] *R. Abbahu* (cerca de 300 d.C.), cf. BILLERBECK I, 374 (o grifo é nosso).

[128] Cf. STRECKER, *Bergpredigt*, 94. — Lucas omite mui conscientemente o componente teológico-criacional da Fonte dos Ditos quando escreve: "Sereis filhos do Altíssimo, pois ele é bom para com os ingratos e com os maus" (Lc 6,35d.e). Os "ingratos" *(acháristoi)* correspondem, ademais, à substituição da idéia de recompensa (Mt 5,46b) pela do agradecimento *(cháris)* em Lc 6,33b e 34b. De acordo com Lucas, o discípulo de Jesus deve amar o inimigo não pelo fato de poder esperar uma grande recompensa. "Ele se considera antes um entre os tantos ingratos e maus acolhidos por Deus, e por isso chamado a agir como Deus" (ERNST, *RNT [3]*, 228).

[129] SÊNECA, *De beneficiis* IV, 26,1; cf. *Mc. Aurel., semt.* 9,11.

[130] Cf. WEDER, *Die "Rede der Reden"*, 150: "Ele coloca este mundo sob o raio de influência do mundo vindouro".

"pelos muitos" como Filho de Deus. E. Schweizer diz, portanto, com razão, "que não somos verdadeiramente pessoas humanas enquanto não aprendermos com Deus a amar não somente maus e bons, mas realmente também justos e injustos, comunistas e capitalistas, normais e mentalmente desleixados, retos e tortuosos espiritualmente".[131] Por fim, M. Luther King pondera: "O mandamento do amor ao inimigo é uma necessidade absoluta, se quisermos sobreviver. O amor ao inimigo é a chave para a solução dos problemas de nosso mundo".[132]

4.2.3. Fundamentação antropológica (vv. 46-47)

O excedente que é exigido do amor é explicitado num primeiro exemplo recorrendo-se ao comportamento humano normal de publicanos e de pagãos. A conduta usual não é, no caso, rejeitada, mas o que se exige é uma atitude que ultrapassa o corriqueiro. Aqui, Mateus transmite o conteúdo do modelo presumivelmente melhor do que Lucas, que fala helenisticamente de pecadores (Lc 6,32-34).[133] Em contrapartida, Mateus assume as imagens de inimigos típicas do tempo de Jesus: os publicanos em Israel, e os pagãos nos arredores de Israel. Eles comportam-se em conformidade com a sociedade, na medida em que agem de acordo com o princípio do *do ut des* ["dou, para que dês"].[134]

A pergunta retórica acerca de qual *recompensa* se deve esperar para o comportamento habitual *(v. 46b)* insinua a resposta negativa: "nenhuma". Que no caso esteja subentendida a recompensa divina, dá-o a entender a analogia do versículo 47b, onde se indaga pelo "cogulo" *(perissón)*, portanto, pela justiça maior (5,20). Presumivelmente, o texto paralelo de Lc 6,34b constitui também uma alusão a esse tema, uma vez que ali, em vez da noção de recompensa, encontra-se a de *cháris*, ou seja, do agradecimento, da graça.[135] No entanto, para Jesus, a idéia de recompensa, no âmbito de sua teologia judaica, não era, como

---

[131] SCHWEIZER, *Bergpredigt*, 49.

[132] Citado conforme *Der große Wochentagsschott I*, 1175.

[133] De forma análoga, na petição de perdão no Pai-nosso, Lc 11,4 substitui dívidas (cf. Mt 6,12) por pecados, ainda que, com isso, a frase *"perdoa-nos os nossos pecados"* não mais se harmonize completamente.

[134] De acordo com LUZ, *EKK I/1*, 312, Mateus retoma esses exemplos também porque seus leitores, "como sempre, vivem no horizonte do pensamento judaico".

[135] STRECKER, *Bergpredigt*, 95, nota 73, considera a possibilidade de um conceito fundamental aramaico comum.

se sabe, nenhum tabu. Em todo caso, o que se quer dizer é: quem pratica o puro amor experimentará também o pleno amor de Deus, e quem aqui não encontra nenhuma correspondência adequada a seu amor recebe-a de Deus. Quem, de fato, põe em prática o ilimitado amor criacional de Deus realiza algo no qual ele já está acolhido por Deus. A recompensa, então, não consiste em outra e maior coisa senão no Reino dos Céus. Expresso de forma personalista, isto quer dizer que a recompensa consiste em que Deus se doa plenamente ao ser humano.

No segundo exemplo *(v. 47)*, em Mateus, diferentemente de Lucas, o *cumprimento* desempenha um papel importante. Na mentalidade oriental, o cumprimento não significa uma saudação desatenta, mas também ser acolhido e hóspede na casa do cumprimentado (cf. Lc 10,4b). A saudação judaica é *shalôm*. Trata-se de uma felicitação, a promessa de paz e de bem-estar geral em nome de Deus. *Shalôm é*, portanto, promessa da presença de Deus que realiza a salvação e a vida. Isso é confirmado também por Mt 10,12-13 (Lc 10,5-6) no âmbito do discurso de envio: "Ao entrardes na casa, saudai-a. E se for digna, desça a vossa paz sobre ela." Essa promessa, porém, não deve limitar-se aos irmãos cristãos, pois os membros da comunidade já são portadores da bênção de Deus que opera a salvação. O excedente de ágape das comunidades cristãs consiste muito mais no fato de ele, ultrapassando a fronteira de uma comunidade rigidamente delineada, agir no mundo circundante conflituoso e egoísta, descrito depreciativamente como o do "paganismo" *(ethnikoí) (v. 47c)*. Mas a consolação cristã da paz escatológica não consiste, pois, acima de tudo no anúncio e na missão? Ela diz respeito a todos, judeus e pagãos, amigos e inimigos, pessoas francas ou agressivamente endurecidas.

A meta desse modo de agir é, porém, para todos — na fé no único Deus — o ensejo de uma fraternidade universal, a qual inclui o amor ao inimigo.[136] Com a imitação de um Deus que enviou seu Filho ao mundo do mal e o entregou a seu ódio, aquela justiça meramente humana só é, pois, superada quando os cristãos simplesmente acolherem seus inimigos com a oferta da paz de Deus escatológica, a paz da felicidade.

---

[136] Cf. FRANKEMÖLLE, *Matthäus-Kommentar 1*, 233.

4.3. Resumo

As duas perícopes da renúncia à vingança e do amor ao inimigo, ambas intimamente relacionadas, ilustram de forma radical o que se quer dar a entender com a justiça superabundante que se exige dos cristãos em relação a seus semelhantes em Mt 5,20. Partindo-se do *jus talionis*, que já apresenta uma verdadeira "humanização" da vingança, o Jesus mateano exige um excedente de justiça que renuncia absolutamente à retribuição do mal e a substitui por abnegada cortesia e solicitude. O indescritivelmente extremo amor que daí se espera, amor que não leva em conta o mal, mas é longânime e bondoso (cf. 1Cor 13,4-5), é a forma da justiça qualitativamente melhor, que assim demonstra que é maior e mais forte do que a agressividade do mal, e que não despreza ninguém que, em caso extremo ou na cotidianidade da convivência, necessite de nossa ajuda. Os cristãos devem superar formas de comportamento meramente humanas e tornar-se *livres para* os semelhantes segundo o modelo daquele a quem procuram seguir.

A prescrição de amar os inimigos e de rezar pelos perseguidores mostra o caminho que conduz ao encontro positivo com os adversários. Com efeito, ela fundamenta essa exigência sobre-humana na relação Pai-filho dos cristãos e no agir de Deus em sua criação, mantendo-lhe a vida. Na imitação do Deus Pai de Jesus Cristo, que acolhe bons e maus, os cristãos superam de longe a justiça meramente humana em relação aos correligionários e amigos, no sentido da exigência do excedente de justiça escatológica. O agir verdadeiramente cristão deve ser compreendido somente como um comportamento em unidade com aquele Deus que em Jesus se revelou como o "Deus-conosco" (1,23). Somente sobre esta base é pensável e possível viver e agir ao lado *do* Filho, como ele próprio viveu e agiu.

Contudo, as perguntas que são perceptíveis por trás dessas admoestações são questões de antigamente e de hoje: o que me traz essa atitude de superar a mim mesmo? Levo, enfim, alguma vantagem em relação aos humanistas ou aos folgazões e materialistas? Por puro amor humano, devo deixar-me ridicularizar, espancar-me a cabeça até sangrar e sofrer ferimentos quando ultrapassar o ambiente seguro? A esse respeito, diz o Jesus mateano: "Sereis filhos de vosso Pai, que está nos céus" (5,45a)! A recompensa do amor é, portanto, o amor absoluto em pessoa! Mas o amor perfeito é mais do que o corriqueiro, pois ele se pauta pela excepcionalidade do amor de Deus (cf. 1Cor 1,25).

5. O chamado à perfeição (Mt 5,48)

48a   *Portanto, sede/tornai-vos perfeitos,*
b   *como o vosso Pai celeste é perfeito.*

A máxima que a chamada sexta "antítese" encerra soa inicialmente como uma blasfêmia. Contudo, de pessoas humanas, limitadas de diversas maneiras, não se pode esperar, ou seja, exigir que sejam perfeitas em seu comportamento como o próprio Deus o é. Senão seriam deuses, iguais a Deus por nascimento, e de tais coisas fala a serpente no paraíso, a qual também ainda relaciona com esse dado a capacidade de conhecer o bem e o mal (Gn 3,5)! Certamente não é isso que o apelo quer dar a entender.

Deve-se primeiramente partir do fato que o paralelo lucano traz: "Sede misericordiosos como o vosso Pai é misericordioso" (Lc 6,36). Em Lucas, no âmbito do discurso da planície, de forma análoga, o dito segue-se imediatamente depois da seção do amor ao inimigo (Lc 6,31-35), mas não está estreitamente ligado a esse mediante a conjunção "portanto" *(oûn).* Talvez o dito tenha sido transmitido originalmente de forma isolada e a seguir, na Fonte dos Ditos, inserido nas palavras acerca do amor ao inimigo. Em todo caso, deve-se supor que Lucas cita o dito sem alterações. Mateus, porém, reformulou-o em seu sentido. Favorece acima de tudo essa hipótese o fato de, nos evangelhos, o conceito de "perfeito" *(téleios)* encontrar-se apenas em Mateus. Além de inseri-lo no dito precedente, Mateus ainda o introduz no relato do chamado "jovem rico" do modelo redacional de Marcos (Mc 10,21 = Lc 18,22): "Se queres ser perfeito *(téleios eînai),* vai, vende o que possuis e dá(-o) aos pobres [...]" (Mt 19,21). Contudo, parece significativo que, em ambos os textos, o conceito de ser perfeito acha-se em conexão com a admoestação a um comportamento abnegado (por amor), tal como o demonstra a estreita ligação com a "antítese" precedente a propósito do amor ao inimigo em 5,48a.

No entanto, a questão decisiva é o que o letrado evangelista quer dizer com a idéia de "perfeito". Em todo caso, a palavra grega *téleios* significa que um objeto, uma coisa, um acontecimento ou também uma pessoa está plena, completa ou perfeita. Pode indicar a maturidade concluída, portanto, a idade adulta de uma pessoa,[137] os atletas perfeitos,[138] a completa iniciação aos mistérios,[139] mas também a (atitude de) fé plena etc.[140] A LXX, porém, traduz com *téleios* as palavras hebraicas *tamîm* e *shalêm*, que descrevem, por exemplo, a indefectibilidade de um animal sacrifical (cf. Ex 12,5), mas também, de forma geral, a indivisibilidade, imaculabilidade, perfeição e totalidade de coisas, ou de pessoas e de seus comportamentos.[141] Dt 18,13 dá-o a entender de forma transparente: "Tu serás íntegro (LXX: *téleios*) para com Iahweh teu Deus". Ser perfeito, portanto, indica a indivisibilidade de coração para Iahweh, que não admite outros deuses e inclui a totalidade da obediência às exigências do Senhor da aliança. Assim, a perfeição se mostra na indivisa confiança e lealdade para com Deus.[142] Essa idéia certamente determina também a declaração de Mt 5,48, pois o que as "antíteses" querem superar, de forma exemplar, é precisamente certo tipo de "divisão do coração" no tato com os mandamentos de Deus e no encontro com os semelhantes.[143] A "justiça maior", exigida em 5,20, a fim de entrar no Reino dos Céus, consiste precisamente na totalidade da orientação ao sentido mais profundo da Torá e, portanto, a Deus e às pessoas.

Nos escritos de *Qumrã*, encontra-se mui freqüentemente o mencionado vocábulo. Fala-se da "casa da perfeição" (1 QS 8,9) e dos "homens da perfeição" (1 QS 8,20; CD 20,2.5.7). Os monges têm em mente "comparecer diante dele (ou seja, de Deus) imaculados (perfeitos), de acordo com tudo aquilo que lhes foi revelado para os tempos que lhes foram determinados" (1 QS 1,8-9), isto é, "viver imaculados, à luz de tudo o que foi revelado por toda a lei, portanto, praticar a verdade, honradez, justiça, bondade de coração e paciência, uns para com os outros" (8,1-2).[144] Eles se compreendem, portanto, como a comunidade que segue o "caminho perfeito",[145] ou seja, que se atém às instruções da Torá, no sentido de

---

[137] Cf. Fílon, *Agr.* 2; 1Cor 14,20; Ef 4,13.
[138] *Polyk* I,3.
[139] Fílon, *Som.* 2.234.
[140] *I Clem.* 55,6.
[141] Cf. Gnilka, *Theologie des Neuen Testaments*, 192-193.
[142] Cf. também, a propósito, Gn 6,9; 1Rs 8,61; 11,4.10; 15,3.14; 1Cr 28,9; Eclo 44,17.
[143] Cf. Feldmeier (ed.), *"Salz der Erde"*, 54.
[144] Wise; Abegg Jr.; Cook, *Die Schriftrollen von Qumran*, 143.153.
[145] Cf. 1 QM 14,7; 1QH 1,36; 1 QS 5,24 etc.

sua halaca, sem reduções.¹⁴⁶ Quanto a esse ponto, a comunidade de Qumrã se acha de acordo com Dt 18,13, segundo o qual pertence à perfeição a indivisibilidade do coração para Iahweh, a qual não segue, de forma alguma, outros "deuses", mas cumpre inteiramente as exigências do preceito da aliança. Sua imaculabilidade, isto é, perfeição, se mostra, portanto, na ilimitada obediência em relação à Palavra da Escritura e à Regra da Comunidade, como o caminho concreto para o perfeito cumprimento da reivindicação da vontade de Deus revelada. "Obviamente, no caso, trata-se do ideal perfeccionista de uma elite religiosa; no entanto, ele cresce sobre o chão de uma concepção de homem situada na integridade e na inteireza, concepção esta que se diferencia claramente da doutrina da virtude antropocêntrica greco-filosófica."¹⁴⁷ Para Mateus, com certeza a mencionada halaca do ensinamento sobre a montanha é o "caminho perfeito" para o cumprimento da vontade de Deus atestada na Torá.

Possivelmente, com sua exigência de perfeição, Mateus também esteja sob o influxo da *literatura sapiencial*, o qual é inegável sobretudo na terceira parte do *corpus* do "Sermão da Montanha". Sb 9,6, por exemplo, expressa claramente uma conexão entre perfeição e sabedoria: "Por mais *perfeito* que seja alguém entre os filhos dos homens, se lhe falta a *Sabedoria* que vem de ti, de nada valerá". Paulo certamente retoma essa ligação quando escreve em 1Cor 2,6a: "No entanto, é realmente de *sabedoria* que falamos entre os *perfeitos (en toîs teleíois)*".¹⁴⁸ Contudo, concluir a partir daí que Mateus pressupõe que o orador sobre a montanha personificaria e anunciaria a sabedoria e, conseqüentemente, exigiria de seus seguidores uma sabedoria perfeita parece algo pouco convincente.¹⁴⁹

Sobre um plano *formal*, o versículo 48 corresponde ao começo da "lei de santidade" em Lv 19,2: "Sede santos, porque eu, Iahweh vosso Deus, (sou) santo". Um emprego dessa exigência apresenta, a seguir, o mandamento do amor ao próximo (Lv 19,18; cf. Lv 20,26; 21,8), mas que permanece limitado a Israel e a

---

¹⁴⁶ Cf. GNILKA, *Theologie des Neuen Testaments*, 192-193.
¹⁴⁷ WIEFEL, *ThHK 1*, 123.
¹⁴⁸ Cf. também Cl 1,28; Tg 1,4-5.
¹⁴⁹ Cf. LUCK, *Die Vollkommenheitsforderung der Bergpredigt*, 30-33, bem como a crítica in DAVIES, *ICC I/1*, 562. Cf. também a opinião preferentemente consentânea de FRANKEMÖLLE, *Matthäus-Kommentar 1*, 236.

estrangeiros residentes. Assim como a santidade de Deus é "o fundamento que possibilita o comportamento do povo",[150] assim em Mt 5,48 a perfeição de Deus é que possibilita a perfeição dos cristãos. Segundo Mateus, a santidade exigida em Lv 19 deve apresentar-se, portanto, como perfeição. Mas a santidade de Deus tem sempre que ver também com seu modo diferente de ser e de agir (cf. Os 11,9). Se o livro do Levítico exige amor para com os compatriotas e estrangeiros associados, as duas últimas "antíteses" do "Sermão da Montanha" exigem o amor ao inimigo, portanto um amor extremado, que abrange indiscriminadamente todas as pessoas, que não exclui ninguém e que é, por conseguinte, perfeito, uma vez que age diferentemente do modo que é próprio do ser humano. Destarte, a chave decisiva para aquilo que Mateus entende por perfeição no versículo 48 situa-se evidentemente no contexto próximo, imediatamente precedente.[151]

A *fundamentação (v. 48b)* já vem preparada pelo versículo 45b.c: "(Amai os vossos inimigos [...],) porque ele faz nascer o seu sol igualmente sobre maus e bons e cair a chuva sobre justos e injustos". No versículo 48, Mateus refere-se, portanto, à imagem de Deus delineada. A perfeição de Deus demonstra-se na indivisibilidade do seu amor que age ativamente, que se confirma na fidelidade conservadora de vida do Criador em relação às suas criaturas, sejam elas boas ou más. Justamente assim é que ele se mostra como o Santo, aquele que — diferentemente do ser humano — "não ama a ruína" (cf. Os 11,9b).

Mas o regresso da exigência de perfeição a esse tipo de perfeição de Deus dá a entender que a noção de perfeição de Mateus é, no final das contas, uma idéia de relação.[152] A isso aponta, em todo caso, o versículo 45a: "(Amai vossos inimigos [...],) desse modo vos tornareis filhos do vosso Pai, que está nos céus", pois "filiação divina" indica, por fim, uma relação familiar mútua que se deixa reconhecer pelo fato de as pessoas se deixarem determinar por Deus em seu modo de pensar, sentir e agir. Concretamente, isso significa "que, perante o 'sim' de Deus para nós, o 'não' aos semelhantes não pode mais permanecer a última

---

[150] FRANKEMÖLLE, op. cit., 236.

[151] Assim também DAVIES, *ICC I/1*, 562-563. Independentemente do "portanto" conclusivo, favorece também essa hipótese a equívoca forma verbal *ésesthe*, que pode ser lida como futuro ou como exortativo. Ela compreende, como conseqüência das perguntas sobre o excedente (vv. 46-47), tanto a promessa: "*tornai-vos* perfeitos", quanto a exigência: "*deveis ser* perfeitos".

[152] Cf. GUELICH, *The Sermon on the Mount*, 234-246.

palavra. Não 'como ages comigo, ajo contigo', mas: 'como Deus age comigo, ajo contigo' — este é o comportamento 'perfeito' do seguidor de Jesus Cristo".[153] Por conseguinte, com o desafio à perfeição, o Jesus mateano exige um comportamento humano que deve ser *como* o do Pai celeste, porque ele concretiza e transmite ao mundo dos humanos o amor indiviso de Deus, o fundamento da existência humana.[154] Esses são precisamente os "gestos de filho" daquele que se entrega ao amor de Deus e se deixa conduzir por ele.

O agir cristão deixa-se, assim, compreender como um agir em *comunhão* com Deus Pai, uma comunhão que nos foi aberta pelo Filho (cf. Mt 11,27). Esse direcionamento mútuo de Deus para o ser humano e do ser humano para Deus é substituído no início da sexta "antítese" pela noção de "justiça" *(dikaiosýne)*. Por essa razão, poder-se-á compreender a tarefa conclusiva de uma perfeição segundo Deus como variante da exigência preliminar de uma "justiça" superabundante, que corresponde à "justiça" de Deus existente em superabundância.[155] Como grandeza escatológica, isso significa um comportamento divino que possibilita cumprir os preceitos divinos no plano do *ágape*. Deus é, pois, aquele "mediante quem o homem recebe sua marca".[156] O amor a Deus e o amor ao próximo são, pois, até o amor ao inimigo, simplesmente *o* mandamento escatológico. Realizá-lo no sentido de Deus é dado àquele que é assimilado no relacionamento de Jesus, o Filho, com Deus. Mediante ele, Deus demonstrou seu amor universal por nós, os necessitados, "pelo fato de Cristo ter morrido por nós quando éramos ainda pecadores" (Rm 5,8).

A carta de um cristão anônimo a Diogneto, vinda a lume por volta do ano 200 d.C.,[157] em seu cap. 10, oferece uma impressionante explicação e concretização daquilo que Mt 5,48 quis dizer fundamentalmente em duas frases curtas: "Não te admires de que um homem possa ser imitador de Deus. Ele o pode, quando o

---

[153] FELDMEIER (ed.), *"Salz der Erde"*, 54.

[154] Cf. também EGGER, Handlungsorientierte Auslegung, 126: "O comportamento para o qual Jesus quer mover deve corresponder à imagem fundamental da bondosa atitude de Deus e do Reinado de Deus (entendido como iniciativa dinâmica de Deus em prol do bem-estar do ser humano).

[155] Cf. FRANKEMÖLLE, *Matthäus-Kommentar 1*, 235.

[156] SCHWEIZER, *Bergpredigt*, 50.

[157] De acordo com MARROU, *A Diognète (SC 33)*, 1951, a carta provém de Alexandria e se dirige presumivelmente ao sumo sacerdote do Egito Cláudio Diogneto (197-202). Cf. ANDRESEN, Diognetbrief, 200.

quer. Pois a felicidade não significa o domínio sobre o próximo, a vontade de estar em vantagem diante dos mais fracos, nem riqueza e poder sobre os pobres; nisso ninguém pode imitar Deus, pois está fora de sua grandeza. Mas quem carrega o fardo do próximo, aquele que, com aquilo com que foi mais bem agraciado, faz o bem a quem é inferior, aquele que distribui aos carentes aquilo que recebeu de Deus, torna-se, assim, um Deus para os que recebem: este é um imitador de Deus".

6. Síntese

Os seis indicadores de itinerário do Jesus mateano apresentam claramente o que se quer dizer com uma "justiça" que supera de longe a usual (5,20).[158] Fundamentalmente, cada uma das "antíteses" remonta ao direito de Deus, contido na Torá e nos Profetas, sobre o ser humano inteiro, a quem Deus chamou como parceiro da aliança. O que isso significa da parte de Deus, Os 2,21-22, por exemplo, parafraseia da seguinte forma: "Eu te desposarei a mim para sempre, eu te desposarei a mim na justiça e no direito, no amor e na ternura. Eu te desposarei a mim na fidelidade e conhecerás a Iahweh". A partir daí, porém, cresce a exigência: "Semeai para vós segundo a justiça, colhei conforme o amor, arroteai para vós um terreno novo; é tempo de procurar Iahweh, até que ele venha e faça chover a justiça sobre vós" (Os 10,12). Contudo, para Mateus, as promessas implícitas na Torá ou nos Profetas são "cumpridas" de modo escatológico em Jesus Cristo (cf. 3,15; 5,17). Daí resulta também o ensinamento do Senhor sobre a montanha, dirigido àqueles que, em seu seguimento, formam e devem formar o verdadeiro Israel. Nesse ensinamento, explicita-se exemplarmente aquilo que a promessa de Ez 36,27 expressa e encerra em si: "Porei em vós o meu espírito e farei com que andeis de acordo com os meus estatutos e guardeis as minhas normas e as pratiqueis".

A partir desse "íntimo" é que as instruções de Deus devem ser compreendidas e postas em prática: o assassínio não começa com o ato, mas brota do interior.

---

[158] Cf., a propósito, FRANKEMÖLLE, *Matthäus-Kommentar 1*, 231: "O Jesus mateano desvela a vontade de Deus revelada na Torá e na halaca, o sentido instituído por Deus para uma vida bem-sucedida e libertada, em exemplos concretos da vida cotidiana dos destinatários".

Mas no "coração" brota também a disposição para a conversão e para a reconciliação, a que se faz alusão positiva no quinto mandamento, como pressuposto para o genuíno encontro com Deus. Algo semelhante vale para o sexto mandamento. Adultério e divórcio não são apenas uma questão jurídica em relação a um contrato jurídica e socialmente relevante. Eles têm a ver antes com a vontade criacional de Deus, mas também com um coração sincero, com o olhar puro e com conseqüências no que diz respeito à pedra de tropeço em si mesmo. De forma análoga, a proibição de juramento supõe o "coração" tomado pelo espírito escatológico de Deus, o qual garante aquela veracidade interior que tem a ver com a verdade de Deus. Por fim, a renúncia à vingança e o requerido amor ao inimigo exigem aquela liberdade e capacidade de amar escatológicas que possibilitam superar a si mesmo e a própria autêntica angústia vital e ainda ver até mesmo no inimigo a imagem de Deus. Contudo, um modo de pensar e de agir assim tão "perfeito" só é possível em unidade com Deus que, em Jesus, o Emanuel (1,23), "desposou-nos" definitivamente e espera todo nosso amor.

Em todo caso, quem se confronta seriamente com o "ensinamento sobre a montanha" sente remorsos. Jesus faz valer inexoravelmente a vontade de Deus revelada na Torá e na halaca. A pergunta não é sobre o que (ainda) me é permitido, mas o que Deus exige de mim, até as últimas conseqüências. A pergunta é sobre o que existe em meu coração e sobre o que brota do coração, caso em que não se permite nenhuma diferenciação a respeito de se isso se dá em pensamentos, palavras ou em atos. Então, nas chamadas "antíteses" encontrar-se-ia o *livro do julgamento* de Cristo, o qual apenas diz ao cristão, perante seu constante atraso com relação àquilo que lhe é exigido, que ele se acha sob o poder do pecado, de modo que ele pode salvar-se somente por meio da condenação divina de Cristo à morte de cruz, "em nosso lugar"? Portanto, o "ensinamento sobre a montanha" seria exclusivamente um *anúncio de Cristo*, "o qual permite que se apresente apenas aquele que o cumpre"?[159] Isso seria talvez Rm 5–7, mas não o "sermão da montanha" de Mateus. Certamente ele dever ser compreendido somente com vistas a Cristo, que toma a palavra pessoalmente nesse ensinamento. Contudo, ele o pronuncia como a carta da aliança dos últimos acontecimentos para os que o devem acatar e pôr em prática.

---

[159] Schweizer, *NTD 2*, 126.

A partir da perspectiva tacanha de nossa sociedade, as instruções do Senhor parecem, sem dúvida, o programa de um mundo virtual. Com efeito, elas ambicionam um comportamento "que se dá *de forma comparativa* em face do mundo",[160] querendo transcender a justiça mediante um amor ilimitado e, assim, explicando a perfeição como a *constante* no oceano de todos os valores, leis e convenções relativos. O mundo real, no qual vivemos e que procuramos mudar, só pode ficar atrás dessa constante; jamais pode alcançá-la, jamais ultrapassá-la. Mas não nos é ensinada nenhuma *ética de comportamento* — "independente de sua realização"[161] —, mas uma *ética escatológica*, que depende "do fato de ela estar obrigada total e exclusivamente ao Reinado de Deus".[162] Todavia, essa ética é um dom que, proveniente do futuro absoluto mediante Jesus, intervém no presente e transforma o crente numa criatura tal, perante Deus e entre as pessoas, que pode e deve alcançar, de fato, uma vida livre e plena *para* Deus e para os demais. O que o "Emanuel" exige, portanto, nada mais é do que a realização do próprio ser escatológico como verdadeiro cristão! Por conseguinte, no âmbito da razão terrestre e do modelo de comportamento puramente humano, está ligada também aquela *estranheza* que impede uma imediata conversibilidade aqui e agora. Mas, então, essas exigências proféticas não *devem* inevitavelmente malograr na realidade da vida? Desde o começo, a Igreja esfalfou-se com a pretensão dessas exigências, ajustou-as às realidades da vida e, com isso, fez também reduções. Presumivelmente, com o passar do templo, ela *deverá* também continuar a fazê-las não para trivializar a Palavra da Escritura, mas para torná-la, vez por vez, praticável.

A interpretação da Torá e a instrução do Senhor (cf. 7,21-23) confrontam a nós, cristãos, com a reivindicação daquilo que nos foi dado e que nos marca indelevelmente. Elas não nos deixam jamais presunçosos nem vaidosos, visto que nos desafiam constantemente a renovar a face da terra. Reside na natureza do amor sem fronteiras o fato de isso jamais ser alcançado. É que se ele for canalizado e organizado à moda humana, à medida que é compreendido e praticado como uma nova *lei*, ele perde sua imensidade e, com isso, arruína-se. Em nosso caso, porém, ele recai sobre aquele tipo de "justiça" que o Jesus mateano exige que

---

[160] WEDER, *Die "Rede der Reden"*, 155.
[161] SCHWEIZER, *NTD 2*, 125.
[162] WEDER, *Die "Rede der Reden"*, 154.

se ofereça em excesso (5,20), explicada em seis "antíteses" vigorosas, as quais, juntas, anunciam que o amor é o cumprimento da Lei (cf. Rm 13,10).

O "ensinamento sobre a montanha" coloca-nos, portanto, diante da pergunta: será que alguma vez realmente já compreendemos Jesus? Em que se fixa minha vida? Em mim, no meu eu, que deseja assegurar-se, ou em Deus, aquele ser que ama universalmente, que outra coisa não deseja senão ser levado a sério até o mais profundo do meu coração capaz de amar? No final das contas, com as "antíteses", Jesus outra coisa não diz senão: pense, sinta, ame a partir de Deus e você começará a praticar a justiça melhor, pois você aprenderá a compreender a perfeição do amor. Não se trata de esporte religioso de alta potência, mas da liberdade para Deus, a qual cresce a partir do amor e, portanto, ao mesmo tempo, trata-se da liberdade para o ser humano que merece nossa honra porque também acolhido por Deus, altruisticamente amado e mantido em vida, tal como nós mesmos. "Livre é somente aquele que crê, e isso significa: aquele que reconhece a si, sua vida, sua existência fundada em Deus — por meio de Jesus —, aquele que tem em Deus seu apoio seguro e, portanto, não troca esse suporte por nenhum outro, nem por costume, ordem ou regra, nem por uma lei."[163]

---

[163] MARXSEN, Predigten, 987.

Capítulo 4

Justiça perante Deus (Mt 6,1-18)

A parte central do "ensinamento sobre a montanha", tal como a primeira parte (5,21-47), deseja conduzir à liberdade do agir cristão. Se as "antíteses" estavam orientadas teologicamente para a Torá, as instruções que ora se seguem estão marcadas acima de tudo *sapiencialmente*. Se, até o momento, a questão foi o excedente cristão de justiça em relação aos semelhantes, agora estão em discussão exemplos de *piedade judaico-judeu-cristã*. Em Tb 12,7b-8, Rafael diz a Tobit e a Tobias: "Praticai o bem, e a desgraça não vos atingirá. Boa coisa é *a oração com o jejum, e melhor é a esmola com a justiça do que a riqueza com a iniquidade*". Mateus mudou essa sequência. O tema da oração, que culmina no Pai-nosso, encontra-se no centro (vv. 5-15), emoldurado por instruções sobre a beneficência (vv. 2-4) e sobre o jejum (vv. 16-18). A ênfase recai sobre a oração como a *ação central* dos cristãos, os quais, orando, então em comunicação imediata com Deus. A questão, porém, é *como* esse dirigir-se a Deus em palavra e ação deve acontecer a fim de que essas correspondem ao excedente de justiça que se exige dos cristãos (5,20).

A *estrutura* formal das três *instruções nos versículos 2-4.5-6.16-18*, que se seguem à frase temática *(v. 1)*, no geral, é (mais uma vez) montada antiteticamente. Porém, em meio a duas das instruções assim dispostas, a segunda respeitante à oração (vv. 5-6) e a terceira ao jejum (vv. 16-18), insere-se uma catequese sobre a oração, estruturada diferentemente *(vv. 7-15)*, em cujo centro encontra-se o Pai-nosso (vv. 9-13), emoldurado por uma admoestação contra o modo de orar dos pagãos *(vv. 7-8)* e uma advertência à prontidão em perdoar *(vv. 14-15)*, a qual desenvolve o pedido de perdão do Pai-nosso. O centro do Pai-nosso, portanto, forma um tríptico no qual outro tríptico está incluído, como o mostra o seguinte quadro:

| ESMOLA | ORAÇÃO | | JEJUM |
vv. 2-4	vv. 5-6		vv. 16-18
	Pagãos	PAI-NOSSO	Perdão
	vv. 7-8	vv. 9-13	vv. 14-15

Do ponto de vista da *história da tradição*, pode-se determinar exatamente a origem de apenas algumas frases. A *frase temática do versículo 1* remonta claramente ao próprio Mateus, visto que é regida pela idéia condutora de "justiça" *(dikaiosýne)* e, ademais, exibe um vocabulário típico de Mateus.[1] Em seu conteúdo básico, as três *instruções dos versículos 2-4.5-6.16-18* já poderiam ser anteriores ao evangelista. Comparadas com as sentenças da Fonte dos Ditos, elas se mostram relativamente autônomas quanto à forma e ao conteúdo e apontam antes para um judeu-cristianismo ainda simpatizante da sinagoga, mas que, na diáspora, distancia-se tanto do formalismo rabínico quanto das práticas pagãs de oração.[2] A estrutura dos *versículos 7-8*, imediatamente precedentes ao Pai-nosso, sem dúvida não corresponde totalmente à das demais três instruções.[3] Antes de mais nada, falta uma alternativa positiva, se não se quiser vê-la no Pai-nosso como tal. Estes versículos também acham-se em tensão com o Pai-nosso, uma vez que esta oração torna-se, na verdade, supérflua se o Pai celeste, sem ela, de antemão, sabe do que os discípulos precisam (v. 8). Talvez esses dois versículos, que criticam a oração dos pagãos, já tenham sido acrescentados à diretiva sobre a oração (vv. 5-6), antes de Mateus, como contrapartida a tendências hipócritas no judaísmo. Contudo, não se pode ter certeza.

Em compensação, o *Pai-nosso (vv. 9-13)* fundamenta-se inequivocamente na Fonte dos Ditos, como o mostra o paralelo em Lc 11,2-4. No entanto, Mateus ampliou a oração modelo de Jesus na terceira e na sétima petição. A expansão explica-se em função da tendência fundamental do "Sermão da Montanha",

---

[1] Dele fazem parte o imperativo "guardai-vos" *(proséchete)*, a construção infinitiva "para serdes vistos (por) eles " *(pròs tó theathénai autoîs)*, "não tereis/recebereis recompensa" *(misthòn ouk échete)*, bem como a descrição de Deus como "vosso Pai, que está nos céus".

[2] Cf. STRECKER, *Bergpredigt*, 101.

[3] Cf. LAMBRECHT, *Ich aber sage euch*, 121.

segundo a qual a prática da verdadeira justiça significa o fazer a vontade de Deus "*na terra*, como no céu", enquanto a libertação do mal significa a salvação de um comportamento oposto, que contradiz a vontade divina.

A interpretação da petição do perdão *(vv. 14-15)*, a qual se segue ao Pai-nosso, encontra em Mc 11,25 um quase paralelo para o versículo 14: "E quando estiverdes orando, se tiverdes alguma coisa contra alguém, perdoai-lhe, para que também vosso Pai, que está nos céus, vos perdoe as vossas ofensas". Todavia, a redação do texto de Mateus deverá, antes, ter seguido "uma tradição autônoma"[4] que, provavelmente, remonta a uma palavra autêntica de Jesus.[5]

Conforme mencionado, servindo-se da parte central, artisticamente elaborada por ele, *Mateus* quer proporcionar a seus leitores uma resposta segura e convincente à pergunta sobre o *como* do voltar-se escatológico para Deus, a fim de que eles possam corresponder, em palavras e ações, ao excedente de justiça exigido, o qual é alcançado pela fé na proximidade do Reinado dos Céus.[6] Se nas "antíteses" trata-se de uma apresentação paradigmática *daquilo* que constitui o essencial da vontade divina para o comportamento com o semelhante, as instruções orientam para o comportamento pessoal correto *para dentro* e, ao mesmo tempo, mostram, a partir *de dentro*, os perigos inerentes à exigência do extraordinário, pois "justiça como justiça própria diante de Deus (pode) ser pecado (cf. Rm 9,30–10,3)".[7] Esta é, certamente, a razão por que Mateus situa a oração correta no centro das três instruções e, assim, "ressalta a oração como o meio decisivo para a obediência e para a justiça".[8] Portanto, a "Oração do Senhor" constitui a resposta à pergunta pelo modo correto de orar, como *também* pelo relacionamento, conforme a vontade de Deus, com os semelhantes. O tema é preparado antecipadamente pela visão da beneficência altruísta (vv. 2-4). O jejum correto é auxílio para a correspondente dedicação nova a Deus (vv. 16-18), mas a oração mesma (vv. 5-15), como o dirigir-se imediatamente a Deus, é o meio salvífico contra toda autojustificação.

---

[4] Cf. STRECKER, *Bergpredigt*, 129.
[5] Cf. LUZ, *EKK I/1*, 353; PESCH, *EKK II/2*, 207.
[6] Cf. FRANKEMÖLLE, *Matthäus-Kommentar 1*, 240-241.
[7] LUZ, *EKK I/1*, 329.
[8] Ibid., 329.

1. O tema (Mt 6,1)

1a   *Guardai-vos*
 b   *de praticar a vossa justiça diante dos homens*
 c   *para serdes vistos por eles.*
 d   *Do contrário,*
 e   *não recebereis recompensa junto ao vosso Pai, que está nos céus.*

No início das instruções, Mateus coloca a *advertência* contra uma falsa prática da "justiça". Os cristãos agem erroneamente quando realizam suas obras de piedade com a intenção de serem vistos pelas pessoas. A admoestação pressupõe a experiência universalmente válida de que tal coisa também acontece entre os cristãos. A adversão parece colidir com 5,16, onde se diz: "Brilhe do mesmo modo vossa luz diante dos homens, para que, vendo as vossas boas obras, eles glorifiquem vosso Pai, que está nos céus". Efetivamente, a tensão é apenas aparente, uma vez que permanece ainda sem resposta a pergunta sob quais circunstâncias as chamadas "boas obras" *perante Deus* são também realmente boas e assim correspondam à medida máxima de justiça exigida (5,20).[9]

A *idéia de recompensa (v. 1e)*, que domina as três instruções, pode inicialmente causar admiração, mas ela corresponde à meta do agir cristão, mencionada em 5,20: a "entrada no Reino dos Céus". O "Reino dos Céus", porém, é uma idéia que toca a noção de aliança e, tal como essa, inclui em si a graciosa oferta da comunhão de vida de Deus com as pessoas. A plena união de Deus com seu povo, anunciada por Jr 31,31 e Ez 36, é, considerada a partir da expectativa dos escritores neotestamentários, uma grandeza escatológica desejada e que exige a prática da probidade correspondente a Deus. Se o versículo 1e fala de "recompensa junto a Deus", então não se trata de uma recompensa qualquer, mas da inclusão dos cristãos no âmbito da ação de Deus que tudo plenifica, na qual Deus é tudo em todos (cf. 1Cor 15,28). Como o demonstra a parábola dos trabalhadores da vinha (Mt 20,1-16), Deus não "recompensa" um a um os resultados obtidos, mas concede a cada um que a ele se entregou — não importa em que tempo — a recompensa plena. Ele mesmo é a

---

[9] Cf. FRANKEMÖLLE, *Matthäus-Kommentar 1*, 240.

recompensa indivisa, que se oferece a todo aquele que acolhe sua oferta gratuita e a ela responde por meio de ações. Se a fé na proximidade do Reinado dos Céus constitui o pressuposto, então "a recompensa escatológica é a motivação mais forte da ética de Mateus".[10]

O contrário disso é produto da falsa direção da resposta à benevolente oferta de Deus. De fato, se a probidade interior, que se expressa exteriormente no agir humano, for feita apenas "a fim de ser visto pelos homens", então "falta aquilo que constitui a verdadeira honradez".[11] Quem, na verdade, exibe suas "justas" ações está ocupado consigo mesmo. Para este, Deus significa menos do que o julgamento dos homens, de cuja opinião ele se faz dependente. O que ele pode granjear para si é a admiração, que deve ser conseguida, a cada vez, por meio da propaganda do rendimento religioso. O que não se pode conseguir com isso é o dom do relacionamento de amor com Deus. Os cristãos que agem assim não têm conseqüentemente mais nenhuma recompensa divina a esperar, "pois já receberam sua recompensa" (6,2.5.16). O versículo 1 visa, portanto, a pessoas de coração puro, às quais é prometida a contemplação de Deus (cf. 5,8). "Não se trata daquilo que vêem os homens, pois eles vêem apenas com os olhos, mas Iahweh olha o coração" (1Sm 16,7; cf. Rm 2,28-29).

2. Beneficência, oração e jejum (Mt 6,2-4.5-6.16-18)

2a   *Por isso, quando realizares um ato de misericórdia,*
b   *não te ponhas a trombetear em público,*
c   *como fazem os hipócritas*
d   *nas sinagogas e nas ruas,*
e   *com o propósito de ser glorificados pelos homens.*
f   *Em verdade vos digo: já receberam sua recompensa.*

3a   *Tu, porém, quando realizares (uma obra de) misericórdia,*
b   *não saiba tua esquerda o que faz tua direita,*
4a   *para que teu gesto de misericórdia fique em segredo;*

---

[10] Ibid., 241.
[11] SAND, *Das Evangelium nach Matthäus*, 22-23.

b	*e o teu Pai, que vê no segredo,* *te recompensará.*
5a	*E quando orardes,*
b	*não sejais como os hipócritas,*
c	*porque eles gostam*
d	*de fazer oração pondo-se em pé nas sinagogas e nas esquinas,*
e	*a fim de serem vistos pelos homens.*
f	*Em verdade vos digo: já receberam sua recompensa.*
6a	*Tu, porém, quando orares,*
b	*"entra no teu quarto e, fechando a porta",*
c	*ora a teu Pai que está lá, no segredo;*
d	*e teu Pai, que vê no segredo,* *te recompensará.*
16a	*Quando jejuardes,*
b	*não tomeis um ar sóbrio como fazem os hipócritas,*
c	*pois eles desfiguram seu rosto*
d	*para que seu jejum seja percebido pelos homens.*
e	*Em verdade vos digo: já receberam sua recompensa.*
17a	*Tu, porém, quando jejuares,*
b	*unge tua cabeça e lava teu rosto,*
18a	*para que os homens não percebam que estás jejuando*
b	*mas apenas teu Pai, que está lá no segredo;*
c	*e teu Pai, que vê no segredo,* *te recompensará.*

2.1. Beneficência em segredo (vv. 2-4)

A beneficência tinha (e tem) no judaísmo um prestígio especialmente alto. Um seguro social, que alguém pode, com direito, reivindicar, é um conceito moderno. Na verdade, havia assistência social *pública* através da sinagoga, financiada por um tipo de imposto recolhido como cota obrigatória. Fundamental, porém, era o amplamente disseminado e constantemente recomendado campo da beneficência *privada*, da qual fala também nosso texto. A ela pertencem as (pequenas) esmolas, empréstimos privados para defesa própria, mas também as grandes doações, como por exemplo em favor de uma sinagoga e de seus projetos. No caso, antigamente como hoje, em algumas ocasiões incluía-se numa lista quanto o indivíduo dava. Na eventualidade de doações especialmente generosas, o mecenas podia ser convidado pelo chefe da sinagoga e lhe era permitido sentar-se junto dele, em frente à comunidade, *"a fim de ser visto por todos"*. A tentação de mergulhar fundo no bolso por amor à publicidade estava naturalmente à espreita. Contudo, no âmbito da beneficência privada, o judaísmo demonstrava fundamentalmente uma sensibilidade ética particularmente elevada. Uma frase impressionante a propósito pode ser lida em Baba Batra 9c: "Quem pratica a beneficência secretamente é maior do que nosso mestre Moisés". Subsiste, ademais, a idéia de que alguém que oferece um dom a outrem, não deve dar-lho a conhecer; aliás, considera-se como ideal que nem o beneficiário saiba de quem está recebendo a oferta, nem o doador saiba a quem ele a dá, pois as esmolas encontram "sua recompensa somente de acordo com a medida do amor que nelas está contida".[12] Doação pública ostensiva de esmolas nas sinagogas ou nas ruas do povoado era, além disso, considerada vergonhosa para o recebedor e, imediatamente, "uma ação má".[13]

A esse contexto pertence também a denominação "hipócrita" (v. 2c) para pessoas que pretendem tirar proveito para si mesmas da exibição pública de sua solicitude social. A noção grega *hypokrités* designa, em si, o ator. Para o judeu piedoso, porém, o ator grego que interpreta, por exemplo, um deus mitológico e, portanto, exibe uma "imagem de Deus" ou "representa" a divindade faz algo ímpio *ipso facto*! Uma vez que ele ainda busca também o aplauso e, portanto, sua própria glória, no lugar da divindade, põe-se imediatamente no lugar de Deus.[14] Mas quem "age como hipócrita" em sua beneficência porque a realiza publicamente não representa nenhuma papel estranho; ao contrário, mostra a todo mundo quem

---

[12] BILLERBECK IV, 543.

[13] bChag 5a. Não se pode provar que o "trombetear", no sentido do sopro do chofar, tenha sido compreendido como sinal da irrupção de um novo "éon" financeiro.

[14] Cf. GIESEN, *Christliches Handeln*, 154: tal "comportamento não é hipócrita, mas ímpio".

ele próprio é, ou seja, uma pessoa ambiciosa e egoísta. Com isso ele desperdiça a recompensa do amor, da qual ele francamente não é digno de forma alguma.

Em que consiste, porém, a *justiça* que ultrapassa a medida? A resposta está contida na forma antitética: *"Tu, porém* [...], não saiba tua esquerda o que faz tua direita" (v. 3). Presumivelmente, na base da expressão encontra-se um provérbio que, de forma variada, o Ginza Direito* parece citar: "Quando derdes esmolas, meus eleitos, não o demonstreis [...]. Dai com vossa direita, e não o digais a vossa esquerda; dai com a esquerda, e não o digais a vossa direita".[15] Mateus também não exige a renúncia ao conhecimento de que se faz ou se fez o bem, mas a renúncia à "publicação" da boa obra *(v. 4)*, "a fim de privar-se a honra exterior como sucedâneo da recompensa celeste. Isso implica que o doador não deseja honrar-se com suas ações e também não leva em consideração sua atitude".[16] Com isso, pode-se ainda especular que a Antiguidade considerava o lado direito como o positivo, o esquerdo como o negativo. Se essa idéia procede, então toda influência negativa deve ser evitada a partir de dentro. No caso, podem-se considerar negativas a ambição, a vaidade, a arrogância.

Nossa sociedade de resultados, às vezes prontamente homicida, delineia-se aqui. A procura de tudo quantificar parece constituir um sinal de nosso tempo. Quem "avalia" manifestações científicas ou culturais apenas quantitativamente, a fim de ressaltar-lhes o valor econômico, passa ao largo do objeto e de sua qualidade, pois ambos são uma questão de eros e, portanto, em última instância, do "amor". Não se pode, porém, quantificar o amor. Nesses casos, porém, ele não é indagado. Tal mentalidade de ganhos e perdas pode atuar ruinosamente até mesmo em comunidades religiosas, quando somente é levado(a) em "consideração" e vale alguma coisa como confrade ou co-irmã aquele(a) que, com a ajuda de muitos, consegue apresentar convincentemente seus resultados. O "ensinamento sobre a montanha", em contrapartida, exige "a ruptura de toda mentalidade [...] que ainda quiser, de alguma forma, medir o que se produz, a fim de, a seguir, reclamar

---

* "Ginza" (ou Sidra Rabba) significa "tesouro". É o livro sagrado dos mandeus, e se divide em Ginza Direito e Ginza Esquerdo. Os mandeus (do aramaico *manda*, "conhecimento") são os adeptos de uma religião gnóstica dualista, abraâmica, talvez pré-cristã, que considera Jesus e o Espírito Santo como forças malignas. Essa religião existe ainda hoje no Iraque e no Sul do Irã. [N.T.].

[15] Ginza Direito I, 104.
[16] STRECKER, *Bergpredigt*, 105.

a recompensa para isso junto às pessoas ou mesmo junto a Deus".[17] A secreta e ao mesmo tempo pior tentação consiste, pois, em querer considerar *Deus* aquela recompensa que — talvez religiosamente calculada — se rejeita presunçosamente junto às pessoas. Essa é, talvez, a mais refinada forma de compensação!

Admitindo-se isso, então levanta-se a quiçá a aflitiva questão: "Como posso acabar com meu egoísmo camuflado por mim mesmo de altruísmo"? Se Jesus desafia o chamado "jovem rico" a distribuir seus bens e *segui-lo*, então Jesus se coloca como guia e modelo (cf. 2Cor 8,9)! À perplexa pergunta dos discípulos sobre quem, pois, ainda poderia ser *salvo*, retruca ele abertamente: "Ao homem isso é impossível, mas a Deus tudo é possível" (Mt 19,26 e par.). Isso pode servir-nos de consolo, uma vez que talvez jamais conseguiremos doar(-nos) altruisticamente de forma plena. À pergunta a respeito da recompensa daquele que abnegadamente seguiu Jesus, este finalmente responde a Pedro: "Receberá muito mais; e terá em herança a vida eterna" (Mt 19,29). A vida eterna, porém, deve ser equiparada ao "Reino dos Céus", uma vez que ela é idêntica ao ser de Deus.

Com isso fica claro que os versículos 3-4 parafraseiam o relacionamento escatológico entre Deus e o ser humano, aqui e além, em cima e embaixo. O Deus paternal vê no segredo, conhece nosso "coração" melhor do que nós próprios. Um amor que, também diante de Deus, não leva em conta a si mesmo, experimenta como recompensa o amor de Deus. Que se tem em mente esse relacionamento *pessoal* do amor, dá-o a entender a expressão *"teu* Pai", encontrada somente aqui nos evangelhos sinóticos. Ela faz lembrar a relação Pai-Filho entre Deus e Jesus, que se esvazia de si mesmo até a morte de cruz e, *por essa razão*, foi elevado por Deus e constituído nosso Senhor (cf. Fl 2,6-11). O Pai, que nos verdadeiros seguidores de Jesus, pode "ver" a desinteressada dedicação de Jesus aos pobres, remunera esse tipo de auto-esvaziamento de forma análoga, uma vez que ele "vê" neles a imagem de seu Filho. O amor que esquece a si mesmo é recompensado pelo amor, pois a recompensa do amor é o amor.

2.2. *Oração em segredo (vv. 5-6)*

A oração constitui a instrução central do sermão da montanha. Quão importante é esse tema para o evangelista, mostra-o, entre outras coisas, o fato de ele, no

---

[17] SCHWEIZER, *Bergpredigt*, 57.

fim do corpo do discurso, colocar um insistente apelo à oração de petição (7,7-11). A instrução reflete ao mesmo tempo o ambiente judeu-cristão e o comportamento preventivo contra os formalismos rabínicos. Ela se dirige particularmente a cada leitor como orante *privado*.

O verdadeiro pano de fundo da instrução é constituído pelo fato de, no judaísmo, os tempos de oração privada estarem também sob determinada regulamentação. O judeu piedoso deve rezar a décima oitava oração de petição diariamente pela manhã, ao meio dia e ao entardecer, voltado para o Templo de Jerusalém. Entretanto, no tempo de Jesus e da Igreja primitiva, os orantes privados orientavam-se pelos momentos dos sacrifícios diários no Templo, pela manhã e à tarde. A partir da fixação dos tempos de oração, resulta que o fariseu piedoso faz também, em público, sua oração privada, onde quer que esteja no momento. De fato, a religião não era nenhum assunto privado. Rezava-se fundamentalmente de pé. O ajoelhar-se e o prostrar-se eram apropriados somente para o Templo. Como *lugares* de oração, o *versículo 5d*, como o versículo 2d, mencionam as sinagogas, mas também as esquinas. Se a instrução, a propósito do dar esmolas, fala de ruas estreitas (v. 2d), então trata-se aqui, concretamente, dos pontos de interseção das ruas principais que, na época romana, eram muitas vezes arquitetonicamente construídas de forma particularmente bela, formando ao mesmo tempo um tipo de praça *(plateîa)*.[18] Em todo caso, trata-se de lugares nos quais pulsava a vida da cidade e onde havia grande público.

Censura-se, mais uma vez, uma hipocrisia que faz da oração uma demonstração na qual a pessoa se exibe a outras pessoas, em vez de dirigir-se a Deus somente. É evidente que, com isso, não existia uma desconfiança total na oração judaica. Alude-se antes à possibilidade demasiadamente humana de abusar da oração para a satisfação de desejos egoístas. Naturalmente, é possível — hoje como antigamente — que se desperte nos orantes cristãos a agradável sensação de ser visto como um orante mergulhado em si mesmo e de suscitar admiração. Com isso, porém, perde-se o verdadeiro interlocutor, "quando, na oração se olha de soslaio para outra pessoa, fazendo dela, de certa forma, o destinatário de sua

---

[18] Cf. SEXTO EMPÉDOCLES, *Pyrrh.* I, 188: "Quando falamos de *plateîa*, queremos indicar as ruas largas". Exemplos estupendos atestam as escavações das esquinas das estradas de colunas de Gerasa, na Jordânia, e de Palmira, na Síria.

oração".¹⁹ De fato, o orante já mereceu sua recompensa, sem precisar de Deus, pois a admiração conseguida obtida mediante as pessoas frustra o reconhecimento de Deus e produz apenas vaidade. Se a publicidade é buscada conscientemente ou não, existe sempre o perigo de desconhecer a verdadeira essência da oração.

Em seu realismo, a admoestação corresponde à instrução que se lhe segue no *versículo 6*. O *versículo 6* pressupõe as relações simples de uma casa oriental no interior ou na periferia da cidade. Por quarto *(tameîon/tamieîon)*, deve-se compreender um espaço escuro, sem janelas.²⁰ Se com isso se quer indicar o aposento mais íntimo, a despensa ou depósito, não tem importância e não faz diferença. Mas o versículo 6c contém uma citação de Is 26,20. Ali, desafia-se Israel a entrar em seus aposentos e fechar suas portas "até que passe a ira de Iahweh". Se essa expectativa imediatamente apocalíptica ressoa também em Mateus, é questão que deve ficar aberta. Isso seria pensável antes para uma eventual redação original do texto, ligada à expectativa apocalíptica.

Mais importante, porém, é que a porta pode ser trancada e que, durante a oração, é fechada. Mateus também explicita o exemplo nesse sentido: "Ora a teu Pai que está lá, no segredo" (v. 6c).²¹ A frase nada diz a respeito do lugar da oração, mas sobre *Deus* como o *Deus absconditus*, a quem a oração em segredo é adequada, uma vez que ele, como o abscôndito, "manifesta o seu ser" estando presente no secreto. Então a oração transforma-se em colóquio pessoal, dirigido a esse Deus olhos nos olhos, coração a coração. O "quarto" torna-se, portanto, metáfora para o âmbito do qual todas as demais pessoas são excluídas e onde o ser humano encontra-se completamente para si e com seu Deus e Pai: "É o aposento da vida", ²² pois aqui o mistério de nossa vida penetra o mistério da vida mesma, o Deus vivo. A um tal orante é prometida a "recompensa" daquele Deus onipresente e atuante no mais íntimo cerne pessoal de cada ser humano. A este o próprio

---

¹⁹ SCHWEIZER, *Bergpredigt*, 58.

²⁰ Cf. STRECKER, *Bergpredigt*, 108.

²¹ O artigo dativo *tô* é problemático, uma vez que falta em alguns manuscritos (D λ φ sy^{cs} bo). Nesse caso, dever-se-ia traduzir: "Ora a teu Pai em segredo". Contudo, os testemunhos pertencentes ao texto ocidental são amiúde suspeitos.

²² WEDER, *Die "Rede der Reden"*, 167.

Deus se oferece, visto que sua oração antecipa, por assim dizer, a *communicatio in divinis* ["comunhão com Deus"] que constitui o Reino dos Céus.

Talvez, para Mateus e seus leitores, na alusão ao "quartinho" ressoe também quiçá a dolorosa lembrança do Templo já destruído pelos romanos, até mesmo, aliás, certa crítica à pretensão do Templo de Jerusalém de ser o único lugar da presença de Deus no mundo durante a época precedente à guerra judeu-romana. Mais tarde, o evangelho de João retoma o problema sob outro ângulo. À pergunta da samaritana a respeito do lugar legítimo da adoração, se em Garizim ou em Sião, o Cristo joanino responde: "Mas vem a hora — e é *agora* — em que os verdadeiros adoradores adorarão o Pai em espírito e verdade, pois tais são os adoradores que o Pai procura" (Jo 4,23). Em tais circunstâncias, os lugares de adoração são acidentais. Não se trata mais de templo, catedrais ou despensas, mas daquela oração "em espírito e na verdade", que compreende Deus como o *mysterium fascinosum et tremendum* ["mistério fascinante e terrível"] e apresenta-lhe a mais profunda dedicação do coração! Não é nenhum mistério que o retrair-se à solidão não impede de a pessoa, perante Deus, gravitar sempre de novo sobre si mesma. A segunda instrução, porém, visa a resistir à tentação "de o orante querer, diante de si mesmo e dos outros, sentir-se como *modelo* do orante",[23] em vez de levar a sério Deus como Deus e *a ele somente* dedicar toda honra e adoração, e agradecer-lhe por *sua* imensa glória.

2.3. Jejum em segredo (vv. 16-18)

A terceira instrução, elaborada de forma especialmente cuidadosa,[24] tal como a precedente, apela a um comportamento que é segundo Deus, em segredo. O ser de Deus como o Pai "que (está) no segredo" e que "vê no segredo" (v. 18b. c) é ainda mais fortemente enfatizado do que na catequese da oração.[25] A noção

---

[23] EICHHOLZ, *Auslegung der Bergpredigt*, 110.

[24] Demonstra-o o jogo com o verbo *faíno* (iluminar, brilhar, mostrar-se), no versículo 16c.d e no 18a, bem como a formulação da frase conclusiva, no versículo 18a.b, como uma "antítese" bimembre (não/mas sim), que ultrapassa afirmações simples do versículo 4a e do 6c, de modo que o "brilhar" diante dos homens contrapõe-se ao brilhar diante do Pai que está no secreto.

[25] A substituição do substantivo *(en tô) kryptô*, no versículo 4a e no 6c, pelo adjetivo *(en tô) kryfaío*, no versículo 18b e c sublinha bem mais vigorosamente Deus como *Deus absconditus*. Quanto ao versículo 6c, cf. *supra*, nota 21.

tem seu pano de fundo acima de tudo na literatura sapiencial. Conforme Eclo 23,19, por exemplo, o homem depravado, ao contrário do sábio, teme apenas os olhos dos homens, mas não considera que os olhos de Deus também penetram os "recantos" *mais remotos*.[26] Consoante Sb 17,3, é típica do engano dos inimigos do povo de Deus a opinião de que seus pecados ocultos permanecem inobservados *(epì kryfaîois hamartémasin)*. Àquele, porém, que anseia pela sabedoria, ela revela os segredos do mundo (Sb 7,17-21) e lhe assegura o conhecimento da vontade salvífica de Deus (Sb 9,17-19). Por conseguinte, exige-se uma vida sobre o chão da sabedoria divina, visto que, com sua ajuda, a vontade do Deus abscôndito será conhecida e o comportamento humano, à sua luz, será manifesto.

A advertência contra um comportamento equívoco durante o jejum diz respeito, mais uma vez, aos hipócritas que, sem sabedoria alguma, colocam a própria honra no lugar da honra de Deus. Tais "atores" ou "exibidores" apresentam-se como *skythropoí*, ou seja, como pessoas sombrias, carrancudas, de olhar turvo, de aparência triste,[27] isto é, taciturna *(v. 16b)*. Elas têm rostos que não brilham *(aphanízousin)*, mas que são embaciados e desfigurados *(v. 16d)*. O que se quer indicar com isso, di-lo o *versículo 17b:* os hipócritas não se lavam nem se untam quando jejuam. Na realidade, trata-se, de fato, de uma expressão de penitência, uma vez que o deixar de lavar-se e perfumar-se nas extensões climáticas do Oriente pode ter conseqüências bem desagradáveis. O texto não entra no mérito dessa questão, mas aponta somente que isso acontece "a fim de 'mostrar-se' às pessoas como aquele que jejua, ou seja, para poder dar na vista".[28] A fim de conseguir esse objetivo, o hipócrita deve distanciar-se daqueles que levam uma vida normal.[29] Como o observa oportunamente G. Eichholz, ele realiza também uma falsa ruptura consigo mesmo: "Se o jejum é sinal de conversão para Deus, então se trata da ruptura comigo mesmo, do não a mim próprio. Como, porém, posso dizer não a mim mesmo se, no caso, desejo representar um papel — e, portanto, elevo o velho Adão, mais uma vez, às alturas? Então a conversão é fingida, então a ruptura comigo mesmo é uma ruptura falsa, uma ruptura na qual meu coração

---

[26] Cf. também; 17,15; 39,19.
[27] Cf. BAUER, *WB*, 1514.
[28] SAND, *Das Evangelium nach Matthäus*, 134.
[29] Cf. WEDER, *Die "Rede der Reden"*, 168.

permaneceu velho e não foi tocado pela conversão".[30] A palavra *amém (v. 16c)* ratifica esse estado de coisas com a constatação: a recompensa "está paga e a 'conta', acertada",[31] pois a recompensa consiste no reconhecimento e na admiração dos semelhantes, de modo que a recompensa celeste é dispensada, ao passo que uma "recompensa-igual-a-zero" é altamente considerada.

A instrução positiva *(v. 17f)* não questiona o jejum cristão. Ela exige apenas que os cristãos, quando jejuarem, cuidem do corpo como de costume. O tratado mixnaico Joma 8,1 proíbe, para o *dia da expiação*, o comer e o beber, o lavar-se e o perfumar-se. É difícil dizer se aqui está em jogo o fato de, para os cristãos, a celebração do dia da expiação ter sido substituída pela morte de cruz de Jesus. O acréscimo mateano à palavra sobre o cálice "para o perdão dos pecados" (Mt 26,28; cf. Mc 14,24) poderia, na verdade, depor em favor dessa idéia; no entanto, o contexto segue outra orientação, uma vez que, mui provavelmente, a Igreja judaico-cristã assumiu e deu continuidade à prática judaica do jejum privado em dois dias da semana (cf. Mc 2,20). Assim, a Didaqué 8,1 atesta a prática do jejum da Igreja primitiva em harmonia e distanciamento em relação judaísmo: "Vosso jejum não deve coincidir com o dos hipócritas, pois eles jejuam no segundo e no quinto dia da semana; vós, porém, deveis jejuar no quarto dia e no dia da preparação". Nesse contexto, com os *versículos 17b-18a*, presumivelmente indica-se que a sólita higiene corporal deve servir justamente para *não* aparecer diante dos homens como quem está jejuando. Com isso, certamente não se fala em favor de uma "falsidade" de outro tipo, que serviria apenas à vaidade própria. Trata-se, antes, de um tipo de jejum que tem como meta unicamente o voltar-se para Deus. Somente assim o jejum torna-se "um acontecimento existencial".[32]

Mas por que se falou, no início da instrução, de rostos que não brilham? É que uma face radiante é expressão de alegria. O jejum proporciona realmente tanta alegria? A palavra de Jesus a respeito do jejum em Mt 9,14-15, tomada de Mc 2,18-20, aponta aqui a direção. Ela fundamenta, de fato, a renúncia dos discípulos ao jejum com o argumento de que "os filhos do quarto nupcial não podem enlutar-se enquanto o noivo está entre eles". O tempo da presença de Jesus "neste mundo

---

[30] EICHHOLZ, *Auslegung der Bergpredigt*, 111.
[31] STRECKER, *Bergpredigt*, 133.
[32] WEDER, *Die "Rede der Reden"*, 169.

temporal" exprime, portanto, um tempo das "núpcias" escatológicas, tempo da alegria nupcial. De acordo com Mt 1,23, Jesus é, pois, o "Deus-conosco"! O jejum como sinal do afastar-se das exigências do instinto de conservação é, portanto, ao mesmo tempo um sinal do voltar-se para aquele Deus que mantém a vida dos maus e dos bons, e promete a vida eterna, ou seja, promete a si mesmo, e com isso, o jejum é sinal da alegria da festa. Se, em Mt 6,17, fala-se do jejum *cristão*, então este pressupõe o acréscimo de Mt 9,15b, tirado de Mc 2,20, segundo o qual os discípulos jejuarão nos dias em que o noivo lhes for tirado, com o que o jejum pós-pascal da Igreja parece legitimado. A instrução sobre o jejum correto leva em conta, portanto, a situação *ambivalente* da Igreja depois da Páscoa. Objetivamente considerada, ela *já* é a comunidade declarada por Deus bem-aventurada, luz do mundo e cidade sobre o monte; ao mesmo tempo, porém, ainda está sempre a caminho das núpcias celestiais e, por conseguinte, carece sempre de novo da conversão a seu Senhor, o "Deus-conosco". Disso é que o jejum, dirigido totalmente ao Pai absconso e determinado por seu segredo, deve ser sinal.

De acordo com os sinóticos, *o próprio Jesus* jejuou quarenta dias no deserto, o lugar dos demônios e do encontro com Deus. Para ele, esse "deserto" estava e está fundamentalmente sempre presente. No deserto de sua existência terrena, Jesus encontrava-se na sempre renovada decisão de escolher entre uma carreira brilhante, "a fim de ser visto pelos homens", e um caminho que só tem validade diante de "seu Pai, que vê no segredo". No final da tríade de tentações, tiradas da Fonte dos Ditos, cita-se Dt 6,16: "Ao Senhor teu Deus adorarás e a ele só prestarás culto" (Mt 4,10). Jesus decidiu-se pela renúncia a si mesmo como profeta andarilho, sem seguranças, e por fim à sua vida, fama e dignidade, até o abandono de Deus na morte de cruz. Jejuar, portanto, é mais do que a renúncia à comida e à bebida. O jejum diz respeito também a bens espirituais, tais como a obsequiosa e oportuna renúncia ao uso da superioridade intelectual, das vantagens profissionais ou de ocasiões de sucesso em favor de colegas malsucedidos etc. Tal "jejum" é um múltiplo treino no único necessário. É a sempre renovada tentativa de se entregar, a fim de poder cair nas mãos de Deus.

2.4. Resumo

As três instruções encontram-se, como as "antíteses", sob o conceito genérico "vossa justiça" (5,20; 6,1). Trata-se aqui, como lá, de exemplos, que podem ser multiplicados e que querem ilustrar como o excedente de conduta segundo Deus, exigido dos cristãos, deve-se mostrar em determinadas situações. Do mesmo modo que as chamadas "antíteses" elucidam o que significa exteriormente, num caso particular, a realização do excedente exigido, as instruções apontam para o interior. Assim como as "antíteses" não questionam o caráter vinculatório da Torá, mas, a cada vez, apresentam uma interpretação que, sob a argumentação do Reino dos Céus que se aproximou, mostra o sentido pretendido pelo mandamento, tendo em vista uma prática que é conforme Deus, o mesmo vale também para a práxis da piedade individual. Semelhantemente às "antíteses", o Jesus mateano também não questiona as obras de piedade como tais, mas exorta a uma "piedade sem segundas intenções".[33]

Para nós, cristãos, existe hoje o perigo, como antigamente, de compreender o excedente de justiça exigido como uma realização exterior, talvez até mesmo heróica, de nossa fé. Queremos ter nossos direitos e deveres, também em relação a Deus, delimitados e circunscritos com exatidão. Então podemos ater-nos a algo e nem sequer o próprio Deus nos pode censurar por não termos feito nossa obrigação! Nesse caso, porém, as ações exigidas exemplarmente transformam-se em exterioridade, quando não em esporte e triunfo religioso que deseja ser recompensado ou pelos homens, a quem enganamos, consciente ou inconscientemente, no papel de atletas espirituais, ou também por Deus, cuja vontade pretendemos ter cumprido fielmente. Os três exemplos indicam expressamente que isso não tem sentido perante um Deus que vê no secreto. Não se trata de resultados dignos de recompensa, mas de uma existência diante de Deus, olhos nos olhos, coração a coração. Pois uma relação com Deus, baseada em absoluta sinceridade diante de si mesmo, expressa-se como amor. Contudo, o amor não consiste numa exibição de resultados avaliáveis, mas atua *porque* ama. Ele também não olha às furtadelas para a recompensa, mas ele mesmo é a recompensa, porque Deus é amor! A justiça exigida é, pois, somente uma verdadeira justiça melhor se ela cresce de uma relação com Deus que em outra coisa não consiste senão na resposta do amor ao dom do amor de Deus. Do contrário, todo reto agir está "corrompido por dentro"[34] e arruinado.

---

[33] FRANKEMÖLLE, *Matthäus-Kommentar 1*, 242.
[34] *Der Große Wochentagsschott I*, 1181.

Chama a atenção o fato de que, nas três instruções, trata-se da relação do *indivíduo* com Deus e de uma piedade discreta, que exclui toda exterioridade, pois "a verdadeira piedade, como tal, não é perceptível".[35] Isso vale para a ação social na assistência aos pobres, para o jejum como sinal do voltar-se para Deus, para a oração como encontro pessoal com Deus e para muitas outras expressões de piedade pessoal. Nesse contexto, deve-se perguntar, pois, o que Jesus pretendia realmente com seu Reino de Deus. Claramente nenhum movimento de massa para a consecução de determinados objetivos com o auxílio de cerrado poder espiritual ou clerical. Ele pretendia evidentemente "levar as pessoas a um relacionamento totalmente pessoal com Deus, ao reconhecimento de Deus e ao aprofundamento das relações entre elas".[36] Cada um deve seguir esse caminho individualmente, e é sempre o indivíduo, cuja atitude *interior* correta na realização de atos religiosos pode ser admoestada.

Mateus quer dar a entender o "ensinamento sobre a montanha" como a palavra do Senhor glorificado à sua Igreja. Por conseguinte, trata-se necessariamente de reflexões de fé, aplicação e hermenêutica da mensagem profética do Jesus histórico, o qual, sob a noção geral do Reinado escatológico de Deus, outra coisa não queria senão dar início a comunhão definitiva entre Deus e as pessoas. Essa sua boa notícia, porém, desafia a reflexões sempre novas e as renovadas aplicações. Isso vale para o dom da benévola proximidade de Deus, nela anunciada, bem como para a tarefa, resultante desse presente, do amor mútuo vivido, o qual Mateus descreve como um excedente de "justiça".

3. Assim deveis rezar (Mt 6,7-15)

A peça intermediária e relativamente longa, inserida entre as três concisas instruções, desenvolve a exortação à oração em segredo sob uma perspectiva completamente diferente. A Oração do Senhor (vv. 9-13) constitui o centro do excurso precedente, bem como de todo o "ensinamento sobre a montanha". Ela está engastada entre a exortação contra uma *forma* pagã de orar (vv. 7-8) e a admoestação ao perdão inter-humano como *pressuposto* para o perdão das próprias culpas por Deus

---

[35] Betz, *Studien zur Bergpredigt*, 60.
[36] Hütter, *Predigtforum der Redemptoristen (Internet)*, 30.07.2000, 2.

(vv. 14-15). O trecho intermédio (vv. 7-15) não mais tematiza, portanto, a discrição da oração particular, mas sim a *forma*, o *conteúdo* e a *pressuposição* da comunhão orante com Deus, pois "para Mateus a oração é o ponto decisivo, onde o ser do homem se esclarece".[37] O caixilho do Pai-nosso, que produz um efeito disparatado quanto ao conteúdo, alinha-se, portanto, com a Oração do Senhor sobre o plano da comunicação humano-divina. Pressupõe-se a dedicação de Deus em relação a nós (v. 8b.c), a qual, porém, exige a abertura do homem livre, que ele, em oração, de maneira conveniente a Deus, volte-se mais uma vez para ele. Em contrapartida, o homem só pode, então, solicitar de Deus a graça salvífica desejada quando ele se comportar, em relação a seus semelhantes, da mesma maneira que ele espera que Deus aja com ele (vv. 14-15). A precedente catequese sobre a oração liga, portanto, a perspectiva teológica e antropológica da comunicação entre Deus e os homens apelando para a questão acerca da maneira correta de rezar.

3.1. Oração pagã (vv. 7-8)

7a   *Nas vossas orações, não useis de vãs repetições,*
       como os gentios,
 b   *porque imaginam*
 c   *que é pelo palavreado excessivo que serão ouvidos.*

8a   *Não sejais como eles,*
 b   *porque vosso Pai sabe do que tendes necessidade*
 c   *antes de lho pedirdes.*

O *versículo* 7 adverte, inicialmente, contra uma assimilação à forma de oração pagã. Esta é vista pelos judeus como "tagarelice vazia" *(battalogeîn)* e como "parlapatório" *(polylogía)*.[38] Ambas as palavras encontram-se somente aqui no NT e provêm, certamente, de uma camada redacional pré-mateana. O tom polêmico leva a pensar numa situação de origem no judaísmo da diáspora,[39]

---

[37] WEDER, *Die "Rede der Reden"*, 169.
[38] STRECKER, *Bergpredigt*, 109, interpreta a palavra como "discurso loquaz"; FRANKEMÖLLE, *Matthäus-Kommentar 1*, 25.244, tradu-la por "verbosidade".
[39] Cf. BETZ, *Studien zur Bergpredigt*, 56.

no ambiente dos leitores de Mateus. Se com a tagarelice se alude à longa lista de nomes e epítetos das correspondentes divindades nos hinos pagãos,[40] que foram usados no sincretismo helenístico a fim de encontrar o verdadeiro nome da divindade invocada e assim alcançar seu beneplácito, ou a fórmulas de encantamento e a fórmulas mágicas de evocação, não importa. Isso, porém, é somente a forma de manifestação externa de uma compreensão pagã da oração. Mais decisiva é a fundamentação: "Eles imaginam que é pelo palavreado excessivo que serão *atendidos*" (v. 7b.c).[41] Isso pressupõe que a divindade primeiramente obtém, por meio da oração, a informação necessária sobre as necessidades da oração, a fim de poder responder correspondentemente.[42] Ou seja, mediante a informação, o deus designado de forma correta é primeiramente "ativado", de modo que ele acolha, enfim, o pedido apresentado e, quiçá, de forma ativa.

A opinião segundo a qual a polêmica se referiria à extensão de tais orações, contra o que a oração do cristão deveria ser breve e concisa, tal como o demonstra paradigmaticamente o Pai-nosso, é demasiado superficial. A exortação de Mateus, a qual, sem dúvida, vale também hoje para os orantes cristãos, teria demonstrado relativamente pouco efeito, ao menos nesse nível, tanto mais que justamente a Oração do Senhor, por vezes, se transformou, de forma francamente inflacionária, no conteúdo das "ladainhas" de oração cristã quando, por exemplo, para a invocação da ajuda de um santo em situações especiais, exigem-se logo "três pais-nossos, três ave-marias, três glórias-ao-pai" e ainda uma lista de outras orações pré-formuladas. Por vezes, acontece também de forma bastante oficial, por parte de pessoas encarregadas exclusivamente de "cumprir" a oração eclesial do breviário. O contrário, porém, não corresponde somente à mentalidade serviçal e estressada de sacristãos, mas também à de inúmeros freqüentadores de Igrejas, segundo a qual tudo deva ser feito o mais rápido possível, "a fim de não dever 'sacrificar' demasiado tempo, também em recintos santos, construídos exclusivamente para esse Deus".[43]

---

[40] De acordo com WEDER, *Die "Rede der Reden"*, 170, atestam-se trezentos.
[41] Cf. SÊNECA, *Ad Lucilium* 31,5, que receia "enfastiar os deuses" *(fatigare deos)* com longas orações.
[42] Cf. BETZ, *Studien zur Bergpredigt*, 56.
[43] EGER, *Gott lässt sich nicht zitieren*, 16.

Em contraposição a isso, o *versículo 8* exorta a não assemelhar-se a tais orantes. Como fundamentação, esperar-se-ia que apenas a qualidade da oração e da súplica contasse diante de Deus, e não a quantidade ou a duração. A fundamentação do *versículo 8b.c*, no entanto, aponta para a onisciência de Deus e sua constante presença. O Pai, que, segundo o versículo 6, vê no segredo, já sabe das necessidades do orante. Essa idéia já se encontra em Is 65,24: "Acontecerá então que antes de me invocarem, eu já lhes terei respondido". No judaísmo rabínico, tais palavras pertencem às promessas messiânicas. A certeza singular de Jesus de ser atendido enraíza-se, no final das contas, na expectativa da irrupção do Reinado de Deus, e é-lhe típica.[44] Com isso, contrapõem-se duas imagens de Deus, mediante o que a pagã (v 7b.c) é corrigida pela judeu-veterotestamentária (v. 8b.c). Em sentido cristão, porém, isso significa que o Deus e Pai de Jesus Cristo *não está diante* de nós, mas, por meio de Jesus Cristo, é o "Deus-conosco" (1,23). Esse Deus plenificador sabe do que precisamos antes de lho pedirmos. Ou seja, "um Deus que sabe tais coisas, há muito tempo se pôs em movimento, passando da distância do céu à proximidade dos seres humanos".[45] Isso significa que Deus, *per Christum dominum nostrum* ["por nosso Senhor Jesus Cristo"] está presente e, portanto, está pronto para ouvir e socorrer.

No entanto, deve-se considerar que nós, não raro de forma pagã, queremos forçar Deus a realizar aquilo que pedimos. O orante, então, gira em torno de si mesmo e pretende, afinal, com a ajuda de Deus, realizar os próprios desejos e expectativas. Todavia, um orante que, segundo o ensinamento de Jesus, pressupõe a onisciência e a graciosa presença escatológica de Deus, conhece os próprios limites: não posso dar-me, *por mim mesmo*, aquilo de que preciso e que gostaria de ter! A oração, então, tem o sentido de que eu, em diálogo com Deus, estou disposto a poder aceitar aquilo que *realmente* preciso da parte de Deus! Segundo o fio condutor do "sermão da montanha", aquilo de que deveras preciso outra coisa não é senão a unidade com a vontade salvífica de Deus, à qual minha vontade deve ordenar-se na prática da verdadeira "justiça". Na oração, cria-se, portanto, o espaço para que a vontade de Deus aconteça na terra como céu. Isso pode também significar que eu, em razão do perdão divino de minhas culpas que me é garantido,

---

[44] Cf. as parábolas de Mc 4; além disso, Mc 9,1; 14,25 etc.
[45] WEDER, *Die "Rede der Reden"*, 171.

cuja imprescindibilidade admiti na quinta petição do Pai-nosso, seja impulsionado também a fazê-lo chegar às pessoas que se me tornaram devedoras, ou que eu, mediante o pedido sincero pela vinda do Reinado de Deus, também me abra a elas, e esteja disposto a tirar todas as conseqüências para minha forma de vida. O pedido para que a vontade de Deus aconteça "na terra como no céu", portanto também em mim, pode igualmente fazer com que Deus me torne capaz "não apenas de acreditar em Cristo, mas também de sofrer por sua causa" (cf. Fl 1,29)!

A oração é, portanto, uma situação na qual eu sou colocado no amor gratuito de Deus e nele me coloco conscientemente com meu pequeno amor. Tal oração busca a Deus por Deus, na medida em que reveste de palavras suplicantes aquilo que ele nos envia para a salvação. Para isso, o Pai-nosso é simplesmente o *modelo de oração* que revela a *forma* correta de como deve ser a oração do cristão, a fim de que se faça *justiça* ao ser e à vontade de Deus.

3.2. A Oração do Senhor (vv. 9-13)

3.2.1. Pano de fundo judaico

O Pai-nosso respira de tal forma o espírito da tradição de oração judaico-veterotestamentária que sua forma original é vista como "o formulário de oração da mais antiga judeu-cristandade da Palestina, originado apoiando-se em orações, ou seja, fórmulas de orações judaicas tardias".[46] Como tal, pode até estar marcado pelo espírito da expectativa apocalíptica, posto que sem a limitação nacionalista ou a polêmica contra os pagãos. Se, nesse caso, a origem do Pai-nosso deva ser buscada no tempo pós-pascal, H. D. Betz remonta ainda ao Jesus histórico: "Diante do rico material paralelo na literatura judaica sobre a oração, deve-se supor que as petições são até mesmo mais antigas, e que, no máximo, sua combinação característica no Pai-nosso aponta para Jesus".[47] Segundo G. Strecker, o critério segundo o qual as petições estão reunidas está presente nas duas tábuas do Decálogo: a primeira tríade de petições dirige-se a Deus e pede que se realizem seu ser e sua vontade; em contrapartida, os quatro pedidos restantes orientam-se

---

[46] SCHULZ, *Die Spruchquelle der Evangelisten*, 87.93; cf. MELL, *Das Vater-Unser als Gebet der Synagoge*, 283-285.

[47] BETZ, *Studien zur Bergpredigt*, 58.

para a segunda tábua do Decálogo, a qual regula o convívio humano e, portanto, diz respeito aos "assuntos humanos".[48]

Não é preciso partilhar tal opinião, mas o rico material nos textos paralelos não pode ser simplesmente ignorado. Com efeito, constata-se uma admirável proximidade da primeira e mais antiga estrofe da oração do *kadish*, da época do culto do Templo, em relação às *duas primeiras* petições do Pai-nosso: "Glorificado e *santificado* seja seu grande nome no mundo criado segundo sua vontade. Que seu Reinado se exerça ao longo de vossa vida e em vossos dias, e durante a vida de toda a casa de Israel, logo e em tempo breve. Seja louvado seu grande nome de eternidade em eternidade".[49] A oração diz respeito à santificação do nome de Deus sob a forma da vinda iminente de seu Reinado.

Também na Oração das 18 Petições encontram-se analogias significativas. Assim a terceira frase de louvor corresponde, de certa forma, à *primeira* petição do Pai-nosso: "És santo, e terrível é teu nome. Não existe um deus além de ti". A *terceira* petição aponta para bBer 29b: "Seja feita tua vontade no céu, e faze na terra o que te é agradável aos olhos".[50] A *quinta* petição corresponde, de novo, ao sexto louvor das Oração das 18 Petições: "Perdoa-nos, *Pai nosso*. Pecamos contra ti! Apaga nossos delitos, afasta-os dos teus olhos, pois rica é tua misericórdia. Sê louvado, Senhor, tu que és rico em perdão".[51] A *sexta* petição, finalmente, aproxima-se de uma sentença tirada de uma oração da manhã ou da tarde no bBer 60b: "Não me entregues ao poder do pecado, não me entregues ao poder da culpa, não me entregues ao poder da *tentação*, não me entregues ao poder do que é infame".[52]

Uma vez que Jesus estava imerso na tradição judaica de oração, essas concordâncias temáticas não constituem nenhuma surpresa. A esse propósito, opina U. Mell: "Jesus não foi o autor, senão que um receptor da oração sinagogal ao Pai".[53] Contudo, a recepção de Jesus fundamenta-se em sua consciência de envio e em sua convicção de que, com ele e mediante sua boa-nova, irrompe o

---

[48] STRECKER, *Bergpredigt*, 113.
[49] Apud STRECKER, *Bergpredigt*, 113.
[50] Apud GINZEL, *Die Bergpredigt*, 91.
[51] Apud RIESSLER, *Altjüdisches Schrifttum außerhalb der Bibel*, 7-9.
[52] Apud STRECKER, *Bergpredigt*, 114.
[53] MELL, Das Vater-Unser als Gebet der Synagoge, 290.

Reinado escatológico de Deus. A partir daí é que se deve entender também a teologia jesuânica que está por trás dessa "compilação de pedidos".

3.2.2. Tradição e forma

O Pai-nosso foi transmitido por Lc 11,2-4 e Mt 6,9b-13 na versão seguinte:

Lc 11,2b-4	Mt 6,9.13
Pai,	Pai nosso, nos céus,
(1)	*(1)*
Santificado seja teu nome,	*Santificado seja teu nome,*
(2)	*(2)*
venha teu reino.	*venha teu reino.*
	(3)
	seja feita tua vontade
	no céu (como) também na terra.
(3)	*(4)*
Nosso pão (que nos é) cabível	*Nosso pão (que nos é) cabível*
oferece-nos cotidianamente;	*dá-nos hoje;*
(4)	*(5)*
e perdoa-nos nossos pecados,	*e perdoa-nos nossas dívidas,*
pois também nós mesmos (os)	*assim como nós [já]* (as)*
perdoamos a cada um dos nossos	*perdoamos aos nossos devedores;*
devedores;	
(5)	*(6)*
e não nos induzas em tentação.	*e não nos induzas em tentação,*
	(7)
	mas livra-nos do mal.

Sob o aspecto do conteúdo, as duas versões concordam de tal maneira na invocação ao Pai e nas cinco petições comuns que se pode presumir para elas uma

---

* Lucas emprega a forma presente, ao passo que Mateus usa o aoristo, traduzido normalmente pela forma do perfeito simples, em português. Uma vez que, em português, a forma do presente e a do perfeito simples do verbo perdoar são idênticas — perdoamos —, permitimo-nos inserir aqui o advérbio "[já]", ausente tanto do grego quanto do texto original traduzido, a fim de manter a distinção que o autor do livro quer fazer. [N.T.]

tradição comum. Mateus expande a simples invocação ao Pai em "Pai *nosso*, nos céus". Visto que no evangelho de Mateus Jesus fala apenas de "meu Pai" ou de "vosso Pai", e que a junção "Pai *nosso*" encontra-se apenas aqui, deve-se supor que a presente ligação aponta para uma oração comunitária e, portanto, pressupõe uma "versão cultual" judeu-cristã. Nesse caso, a comunidade associa-se ao uso lingüístico sinagogal.[54] A versão atestada na Didaqué 8,2 diferencia-se apenas um pouco da redação do evangelho de Mateus, mas contém a conhecida doxologia final. Em todo caso, deve-se contar com uma tradição *litúrgica* comum.[55]

As *duas primeiras e a última petições* são literalmente iguais em ambas as versões. Em contrapartida, a *petição do pão* diverge: Lucas escreve: "Nosso pão [...], *oferece-nos cotidianamente*", ao passo que, em Mateus, diz-se: "Nosso pão [...], *dá-nos hoje*". Na maioria das vezes admite-se que, neste caso, Mateus apresenta o teor original, e que Lucas o modificou, visto que, para ele, trata-se do pão de que o cristão cotidianamente necessita "no tempo que se alonga".[56] Em Lucas, a *petição do perdão* soa assim: "E perdoa-nos nossos *pecados*, pois também nós mesmos (os) perdoamos a cada um dos nossos devedores". Em compensação, Mateus escreve: "E perdoa-nos nossas *dívidas*, assim como nós [já] (as) perdoamos aos nossos devedores". Em favor de uma mudança de "dívidas" para "pecados", efetuada por Lucas, depõe, sem dúvida, o verbo "perdoar" *(aphíemi)*, comum a ambos, e que pertence à linguagem comercial. Para Lucas, o perdão dos pecados deve ser sempre de novo pedido também no tempo pós-pascal. Em conformidade com isso, na frase conclusiva ele emprega a forma presente "nós perdoamos". Mateus, diversamente, emprega o aoristo "nós [já] perdoamos". Se, com isso, Lucas enfatiza a "duração do ato", no sentido da escatologia presente,[57] Mateus, por sua vez, corresponde mais fortemente à linha da Fonte dos Ditos, a qual aguarda o perdão divino das culpas para o Juízo Final. Este, portanto, é precedido do *já* completo perdão humano das culpas. Os versículos 14-15, que explicitam o que foi dito, também seguem essa compreensão. Quanto à *quinta* petição comum, constata-se, portanto, em *ambos* os evangelistas, um cuidadoso trabalho reda-

---

[54] Cf. Luz, *EKK I/1*, 341, com documentação, notas 60 e 61.
[55] Cf., a propósito, Niederwimmer, *Die Didache, KAV 1*, 170.
[56] Cf. Lc 9,23; 16,19.
[57] Strecker, *Bergpredigt*, 124.

cional no sentido da escatologia correspondente a cada um. De quando em vez tentou-se até mesmo deduzir uma forma primitiva do Pai-nosso que poderia soar da seguinte maneira: "Pai, (1), santificado seja teu nome, (2) venha o teu reino, (3) nosso pão dá-nos cotidianamente, (4) e perdoa-nos nossas dívidas, (5) e não nos induzas em tentação".[58]

Mateus, porém, ainda ampliou a Oração do Senhor, acrescentando-lhe uma *terceira e sétima petição*. Essas petições estão marcadas por vocabulário tipicamente mateano[59] e pertencem ao material específico do evangelista. Mediante a adição das duas petições, o Pai-nosso adquire uma *forma concêntrica* de ótimo efeito, visto que então as duas primeiras petições, de uma só linha (vv. 9c.10a), correspondem às duas últimas também de uma só linha (v. 13a.b); ao passo que a terceira, de duas linhas (v. 10b.c), corresponde à quinta petição, igualmente composta de duas linhas (v. 12a.b). O centro, que elas abarcam, é constituído pela petição do pão (v. 11), que também apresenta uma exceção estilística, uma vez que começa com o elemento "pão" e se conclui com a determinação mais pormenorizada do predicado "dá-nos *hoje*".

Conteudisticamente, as três primeiras petições, "nas quais se trata da afirmação do que diz respeito a Deus",[60] podem ser designadas de "petições-tu", isto é, "oração de desejo". Em contrapartida, o pedidor funciona como objeto das demais petições ("dá-*nos* [...], perdoa-*nos* [...]; não *nos* induzas [...]; livra-*nos* [...]). Por conseguinte, pode-se falar de "petições-nós".

3.2.3. Abertura e apelo a Deus (v. 9a.b)

9a   *Assim, portanto, deveis VÓS rezar:*
b   *Pai nosso nos céus!*

Em *Lucas*, no *cap. 11,1-2b*, a oração segue-se ao relato de Marta e Maria (Lc 10,38-42). Ali se estabelecem prioridades: o essencial para aqueles que

---

[58] Cf. a esse respeito, Schulz, *Die Spruchquelle der Evangelisten*, 87.93; Mell, Das Vater-Unser als Gebet der Synagoge, 283-285.
[59] Cf. "seja feita"; "(tua) vontade"; "céu/terra"; "(o) mal".
[60] Haacker, Stammt das Vater-Unser also doch von Jesus?, 293.

acolhem Jesus é ouvir primeiramente sua palavra. A essência de sua palavra é, a seguir, resumida na oração ao Pai. O pedido precedente dos discípulos por uma oração, em analogia e diferenciação do Batista e de sua comunidade de discípulos (Lc 11,1), sublinha esta tendência. Ela deve "ser um sinal distintivo que une os discípulos entre si e os distingue dos demais [...], que jorra do anúncio do Reino de Deus e está marcada pelo acontecimento salvífico".[61] No evangelho de Lucas, o Pai-nosso constitui claramente um *sumário da boa-nova de Jesus* sob a forma de uma oração que apresenta a fórmula fundamental contendo o essencial para os cristãos. *Mateus*, ao contrário, inicia a Oração do Senhor com a indicação de que "assim", ou seja, *desse modo* devem os leitores orar *(v. 9a)*. Ele a compreende, portanto, simplesmente como o *modelo de oração* que revela o modo da verdadeira oração cristã, a fim de que corresponda à natureza de Deus.

No início da Oração do Senhor encontra-se o apelo a Deus como "Pai nosso" *(v. 9b)*. À invocação grega a Deus com *páter* corresponde à aramaica *abbâ*. Com esta palavra é que as crianças pequenas chamam pelo pai, mas ela também serve para crianças já crescidas e amigos dirigirem-se a homens idosos e veneráveis. Portanto, a palavra não é mera balbuciação ou palavra carinhosa, mas expressão de respeito e veneração. A invocação a Deus mediante o apelativo Pai já se encontra em textos essenciais do Antigo Testamento,[62] mas com a ligação "Pai nosso" *(abbînu)*, também na oração comunitária sinagogal. Por conseguinte, o apelativo a Deus da oração do Pai-nosso não é algo completamente inusual. O fato de em Gl 4,6; Rm 8,15 e na cena do Getsêmani de Mc 14,36, o aramaico *abbâ*, ainda que explicitado pelo grego *ho patér*, seja citado textualmente, leva, porém, a reconhecer "que as comunidades cristãs viram nesse apelativo a Deus de Jesus algo especial".[63]

A noção de pai é, segundo sua natureza, um conceito de relação que expressa tanto o aspecto da origem dos filhos, quer em sentido físico, quer em sentido figurado de adoção ou de eleição, quanto pode também apontar para a função de orientação e de cuidado (por ex., no âmbito das sociedades de parentesco e de estirpe orientais) para a qual os parentes podem admoestar o pai. É bem verdade

---

[61] STÖGER, *Das Evangelium nach Lukas*, 309.
[62] Cf. Eclo 23,1.4; Sb 14,3 (2,6); Tb 13,4; 3Mc 5,7; 6,3.8; (1Cr 29,10 LXX).
[63] LUZ, *EKK I/1*, 340.

que no AT a designação de Deus como Pai encontra-se em número relativamente pequeno, mas em afirmações centrais da literatura pós-exílica com respeito à relação fundamental de Iahweh com seu povo da aliança.[64] Na necessidade, movido pela confiança, diz Is 64,7: "Tu, porém, Iahweh, és *nosso Pai!* Somos a argila, tu, o oleiro, somos todos obra de tuas mãos" (cf. Jr 3,4.19). No caso, não se trata da criação do ser humano, mas de Deus como criador de seu *povo da aliança*, como o atesta, por ex., Dt 32,18: "Não mais pensaste na rocha que te *gerou*, esqueceste o Deus que te *deu à luz*". Finalmente, a paternidade de Deus consiste em que ele "*escolheu* seu povo como seu filho e sua herança".[65] Is 63,16b alude certamente ao acontecimento do Êxodo quando reza: "Não retenhas tua misericórdia, pois [...] tu és *nosso Pai*; teu nome é nosso *salvador* desde os tempos mais antigos". Dá-se a entender, portanto, a paternidade de Iahweh que se fundamenta na salvação e na escolha de Israel, de modo que este pode até mesmo ser designado como o "*filho primogênito*" de Deus (cf. Ex 4,22-23; Jr 31,9). Em relação a Jesus, deve-se também ver a idéia da paternidade de Deus em conexão com a noção de aliança. Com efeito, sua preocupação era, em continuação com o anúncio do Batista, conduzir o povo de Deus, Israel, sob o mote do Reinado de Deus, a um relacionamento com Deus em conformidade com a aliança. Se Jesus considerava que sua missão era anunciar o Reinado definitivo do paternal Senhor da aliança, e demonstrar sua proximidade, por meio de sinais, em palavras e atos, não admira, pois, que ele se dirija a Deus como Pai[66] e o designe para seus discípulos como "vosso Pai".[67] Contudo, a singularidade dessa invocação a Deus consiste em que Jesus a ensina a seus discípulos como *oração deles* e como sumário de sua boa-nova (Lc 11,2). Com isso, atesta-se que o Pai do povo de Israel, especialmente o Pai daquele que, mediante o envio e a obra de Jesus, está-se constituindo no povo de Deus *escatológico*, no verdadeiro Israel, que logrou alcançar o relacionamento com Deus originalmente desejado.

---

[64] Cf. Kraus, *RGG* 6, 1234.
[65] Strecker, *Bergpredigt*, 115. O grifo é nosso. Cf., a propósito, Jr 3,19; Ml 1,6.
[66] Cf. Mt 11,27-28 // Lc 10,22 (Q).
[67] Cf. Mt 6,32 // Lc 12,30 (Q). A conexão "vosso Pai" encontra-se, para além de poucos textos da Fonte dos Ditos, *apenas* em Mateus de forma cumulativa (cf. 5,48; 6,8.15; 10,20.29; respectivamente "teu Pai" em Mt 6,4.6.19). Evidentemente, por razões teológicas, ele forçou de modo especial esse(s) nexo(s).

A expansão do apelo a Deus como "Pai" (cf. Lc 11,2b) para "Pai *nosso*", efetuada por Mateus, é, em si, pura conseqüência. Em razão de sua consciência de enviado, o próprio Jesus designa-se como "o Filho": "Ninguém conhece o Filho senão o Pai; e ninguém conhece o Pai senão o Filho e aquele a quem o Filho o quiser revelar" (Mt 11,27). No entanto, esse revelar significa a inclusão dos crentes na vocação e no envio de Jesus. Paulo aplica essa idéia a si mesmo quando afirma, em Gl 1,15-16, a respeito de sua vocação e envio: "Quando [...] aprouve a Deus revelar-me (em mim) o seu Filho, para que eu o evangelizasse entre os gentios [...]". Conseqüentemente, em Rm 8,15 ele pode concluir para todos os chamados a ser cristãos: "Recebestes um espírito de *filhos* adotivos, pelo qual chamamos: Abba! Pai". Ou seja, "a comunidade neotestamentária testemunha na invocação da oração que, por meio da boa-nova de Jesus, a qual, depois da páscoa é, igualmente, a boa-nova de Jesus Cristo, Deus, como o Pai de Jesus Cristo, aproximou-se dela".[68] Na qualidade da associação daqueles que o Filho do Homem régio considerará como seus irmãos (Mt 25,31-46), ela ousa dirigir-se a Deus como seu pai. Todavia, o acréscimo absolutamente judaico "nos céus" torna clara também a distância essencial em relação ao Deus Pai de Jesus e previne de banalizar[69] o Pai-nosso ou de esvaziá-lo cá embaixo. O Pai dos céus é e permanece o Senhor da Glória, por meio de quem toda a salvação tem seu início e sua plenitude.

Com isso, o orante cristão volta mais uma vez a ser o foco da atenção. Com efeito, o apelativo a Deus mediante a expressão "Pai nosso" diz respeito não somente à nossa compreensão de Deus, mas também, de forma absolutamente decisiva, à nossa *autocompreensão* como cristãos.[70] Em Rm 8,15-16, Paulo contrapõe servidão e filiação: "Com efeito, não recebestes um espírito de escravos, para recair no temor, mas recebestes um espírito de *filiação*, pelo qual clamamos: Abba! Pai! O próprio Espírito se une ao nosso espírito para testemunhar que somos *filhos de Deus*". Um empregado deve desempenhar sua tarefa de tal maneira que corresponda às expectativas do empregador. Em troca, ele é remunerado segundo um contrato coletivo ou sob acordo. Em caso ideal, tudo se realiza segundo o

---

[68] STRECKER, *Bergpredigt*, 116.
[69] Cf. STÖGER; HAMMERSTIEHL, *Bergpredigt*, 61.
[70] Cf. WEDER, *Die "Rede der Reden"*, 176.

direito e o contrato. Contudo, o relacionamento do filho com o Pai normalmente não é nenhuma relação de serviço regulada contratualmente, mas, em situação ideal, uma relação pessoal marcada pelo espírito de pertença familiar e de amor. Se os cristãos podem designar a Deus como seu Pai e a ele dirigir-se como tal, então esta palavra diz ao mesmo tempo ao orante: tu pertences à família de Deus! Não és nenhum empregado assalariado, cujo relacionamento de amor se volta para outros, mas foste subtraído da falta de relacionamento pessoal para ligar-te a Deus, porque ele, em seu Filho, te acolheu e foi ao teu encontro! "Este é o espaço vital que Jesus forjou em toda a sua existência e aguçou no dom dessa oração."[71] Testemunho disso é, semelhantemente a uma família humana, o parentesco espiritual com Deus, que torna possível compreender-nos como filhos de Deus e nossos co-cristãos como irmãs e irmãos.

Contudo, em Rm 8,17, Paulo continua: "E se (somos) filhos, somos também herdeiros de Deus e co-herdeiros de Cristo, pois sofremos com ele para também com ele sermos glorificados". Ser herdeiros de Deus naturalmente não pressupõe a "morte de Deus", mas o dom de participar daquilo que Deus é. Para nós, co-herdeiros de Cristo, isto significa a participação na prometida glorificação conjunta com o Cristo glorificado. *Sua* glorificação, porém, significa a confiabilidade com o Reinado de Cristo por meio do Pai e, portanto, a participação no poder libertador e salvífico de Deus sobre os seres humanos nesse mundo e nesse tempo (cf. 1Cor 15,25-28).[72] Neste sentido, no final do evangelho de Mateus, o Ressuscitado pode dizer de si mesmo: "Toda a autoridade sobre o céu e sobre a terra me foi entregue. Ide, portanto, e fazei que todas as nações se tornem discípulos [...]" (28,18-19). Ser co-herdeiro de Cristo implica, portanto, a participação no poder salvífico de Cristo neste mundo. De acordo com Mt 5,13-15, isso significa: "Vós sois o sal da terra, a luz do mundo, a cidade sobre o monte!". Aquele que, com Jesus, o Filho, pode dirigir-se a Deus como nosso Pai, também é chamado a agir e a operar no Espírito de Deus. Ser chamado a participar da glória do Senhor é, ao mesmo

---

[71] WEDER, *Die "Rede der Reden"*, 179.

[72] Um exemplo histórico poderá esclarecer a idéia: o fundador da XII dinastia do faraó Amenemet I (ou de seu sucessor Sesostre I), para garantir a sucessão ao trono, constituiu antecipadamente seu filho como co-regente. Certamente este exemplo só pode ser aplicado condicionalmente à elevação do Crucificado à condição de Senhor e de Messias (cf. At 2,36). Mas, de certa forma, ele dá a entender o que se quer dizer com sua "glorificação".

tempo, ser enviado para a santificação do mundo "em nome do Pai e do Filho e do Espírito Santo" (Mt 28,19b). Com isso, revela-se também a estreita conexão entre o Pai-nosso e o proêmio, e as chamadas antíteses do "ensinamento sobre a montanha". O excedente de justiça ali exigido resulta, portanto, da filiação, de um relacionamento vital que é determinado pela proximidade e pelo amor. A prática da justiça em e para o mundo fundamenta-se, assim, na autoconsciência cristã, que implica o apelo a Deus como "Pai nosso".

A designação de Deus como nosso Pai é, obviamente, uma metáfora que, servindo-se de um conceito humano, procura traduzir o ser de Deus e dos seguidores de Cristo. Mantendo-se essa idéia diante dos olhos, as polêmicas contra uma imagem patriarcal de Deus aparecem antes como uma escaramuça superficial, pois, em última instância, trata-se de, fazendo apelo a uma idéia (inteiramente variável) tirada do âmbito dos relacionamentos familiares, apresentar o que significa ser incluído na corrente do amor divino, ou seja, na base primigênia e na meta do ser, "por Cristo, nosso Senhor".

3.2.4. As "petições-tu" (vv. 9c-10)

9c *Santificado seja teu nome,*
10a *venha teu reino*
b   *seja feita tua vontade,*
c   *no céu (como) também na terra.*

As três petições do Pai-nosso desdobram aquilo que está tematizado no apelo a Deus. São pedidos que têm como teor o ser e a atividade de Deus.

A *primeira petição (v. 9c)* fala da santificação do nome de Deus. No judaísmo contemporâneo, *"o Nome"* é um título substituto para o próprio Iahweh, uma vez que *esse* Nome não pode ser pronunciado, porque ele diz respeito ao ser de Deus e o põe, por assim dizer, à disposição daquele que o menciona.[73] A reverência perante a realidade transcendente de Deus traz como conseqüência que a designação "o Nome" se torna "quase uma grandeza autônoma, personi-

---

[73] Quanto à "magia do nome", cf. Mc 5,9; Lc 8,30.

ficada",[74] que no entanto está ligada intimamente à auto-revelação operante de Deus. Portanto, "o Nome" designa Deus à medida que ele se revela eficazmente para fora, isto é, se mostra.

O predicado anteposto "santificado seja" encontra-se no aoristo, de acordo com o estilo da oração, e aponta para uma ação única. Como *passivum divinum* pode parafrasear uma ação de Deus, mas também pode expressar uma ação humana para com Deus. Ambos estão atestados no AT. A santificação de seu nome *por meio do próprio Deus* tematiza-o, por ex., Ez 36,21-28: "Assim diz o Senhor Iahweh [...]: *santificarei meu grande nome*, que foi profanado entre as nações no meio das quais o profanastes, e saberão as nações que eu sou Iahweh, oráculo do Senhor Iahweh. Quando eu for *santificado* em vós aos seus olhos, quando eu vos tirar de dentre as nações e vos reunir de todas as terras, reconduzindo-vos à vossa terra, borrifarei água sobre vós e ficareis puros [...] de todas as vossas imundícies e de todos os vossos ídolos imundos. Dar-vos-ei um *coração novo*, porei em vosso íntimo um *espírito novo* e farei com que andeis de acordo com os meus estatutos e guardeis as minhas normas e as pratiqueis. Então habitareis na terra que dei aos vossos pais; vós sereis o meu povo e eu serei o vosso Deus". A *auto-santificação* do nome de Deus acontece, portanto, mediante a recondução dos que se tornaram rebeldes ao domínio do Reinado de Iahweh, e a restituição a Israel da meta da comunhão ideal do Deus da aliança com seu povo da aliança, o qual deve viver conforme o ser de Deus. Se, portanto, "o Nome" substitui a pessoa e o ser de Deus, então ele substitui também "tudo o que essa pessoa realiza, todos os lugares onde ela aparece, onde ela se construiu um nome".[75]

Ezequiel, porém, pressupõe a *profanação* do nome de Deus mediante o comportamento transgressor da aliança por parte de Israel no contato com um ambiente pagão. Dessa maneira, o direito de unicidade de Iahweh foi exposto ao ridículo, ou seja, seu nome foi profanado. A desconsagração do nome de Deus acontece sempre que o ser humano se substitui a Deus, ou seja, coloca a si mesmo no lugar de Deus, à medida que ele se esquece ou abusa da dignidade e do poder de Deus em favor de sua própria potência. Quantas "guerras santas" em diversas

---

[74] STRECKER, *Bergpredigt*, 116; cf. BIETENHARD, *ónoma, etc.*, 257-258, bem como Pr 18,10; Ml 1,11.
[75] WEDER, *Die "Rede der Reden"*, 179.

religiões já não foram convocadas e realizadas em nome de Deus! Quanta usurpação do querer de Deus não acontece também *nas* religiões em proveito da própria potência ou também da presunção no campo hierárquico ou acadêmico?[76]

A santificação do Nome de Deus por meio das *pessoas* só pode consistir em uma radical conversão. Is 29,22-24 expressa-o de forma eloqüente: "Jacó não deve mais envergonhar-se nem seu rosto deve empalidecer, pois ele verá a obra de minhas mãos em seu meio, e *santificará o meu Nome*. Eles santificarão o Santo de Jacó e temerão o Deus de Israel. Então os de espírito desviado alcançarão entendimento, e os revoltosos *converter-se-ão!*". Como o texto deixa entrever, o auto-santificar de Deus visa à santificação de seu ser por meio do povo. Mas isso exige a consciência e a dedicação do ser humano a Deus, ou seja, o reconhecimento de seu ser-Iahweh, que se revela e se mostra salvífico e santificador mediante a obediência às suas instruções.[77]

Portanto, levar Deus como Deus a sério significa a ruptura radical com todas as tentativas de querer dispor de Deus, ou simplesmente de diferenciar o que é obra de Deus do que é obra humana. Is 45,22-25 diz claramente o que significa a santificação do nome de Deus por meio do ser humano: "Voltai-vos para mim e *deixai-vos* salvar, vós todos os cantos da terra. Pois eu sou Deus e não há outro! Jurei por mim mesmo; de minha boca sai a verdade, uma palavra irrefutável: perante mim todo joelho se dobrará, e toda língua jurará por mim e dirá: *somente em Iahweh* estão a salvação e a força!". Se o hino da carta aos Filipenses modificou esse texto a ponto de agora significar: "Por isso Deus o sobreexaltou (o Crucificado) grandemente e o agraciou com o Nome que é sobre todo o nome, para que, *ao nome de Jesus*, se dobre todo joelho dos seres celestes, dos terrestres e dos que vivem sob a terra, e para a glória de Deus, o Pai, toda língua confesse: Jesus é o Senhor" (Fl 2,9-11), isso quer dizer, então, "que Deus fez para si um Nome definitivo: o Nome de Jesus [...]. E visto que ele operou de forma inconfundível sob esse Nome, doravante não devia ser mais possível nenhuma confusão entre o que Deus faz e o que o ser humano tem de fazer".[78] Um cristão que reconhece,

---

[76] Um simples irmão leigo chamado Johann Baptist Stöger defendia — no sentido do Pai-nosso — o seguinte princípio: "Prefiro falar com Deus a falar sobre Deus".
[77] Cf., entre outros, Lv 22,31-32; Dt 32,51; Is 8,13; 29,23 etc.
[78] WEDER, *Die "Rede der Reden"*, 180.

confessando na fé, esta última e definitiva auto-santificação de Deus só pode dobrar o joelho e prestar honra a Deus somente.

A *segunda petição (v. 10a)* esclarece a primeira em brevidade lapidar e sob a forma de um *parallelismus membrorum*: a santificação do nome de Deus manifesta-se na vinda de seu reino definitivo *(basileía)*. Enquanto as orações rabínicas com freqüência rogam a "manifestação" ou o "revelar-se" do Reinado de Deus no futuro escatológico, contando até mesmo com prazos determinados para isso,[79] o imperativo aoristo "venha" *(elthéto)*, no sentido do estilo da oração, não está ligado a nenhum termo, mas à urgência de um desafio!

Nos evangelhos sinóticos, o Reino de Deus é uma noção central do anúncio de Jesus (cf. Mc 1,15 e par.; 4,26; 9,1 e par.). Como o mostra o anúncio da *proximidade* do Reino em Mc 1,15, em síntese com as "parábolas da lavoura" (Mc 4), o Reinado de Deus não é uma grandeza estática, mas *dinâmica*, correspondente a sua natureza, que se aproxima por meio de Jesus em começos pequenos, isto e, já se aproximou e já começou a operar. Isso não significa que o Reinado de Deus se estende em linha reta até sua manifestação decisiva no fim "desse mundo temporal", mas que o começo insignificante e envolto em dificuldades e malogros instituído por Jesus oculta a plenitude definitiva.[80] Mas, no levar seu povo para casa, na comunhão definitiva com Deus, revela-se mais uma vez a *auto-santificação de seu nome* mediante Deus, a qual exige a adequada reação do ser humano livre para decidir.

Se Jesus, sem nenhum acréscimo esclarecedor, ensina a pedir simplesmente pela vinda do Reinado de Deus, então isso significa para o orante preparar-se a fim de reconhecer Deus total e completamente como Deus. Trata-se do Reinado daquele Deus que exige no Decálogo: "Não terás outros deuses além de mim; [...] Não deverás prostrar-te diante de imagens nem adorá-las; pois eu, Iahweh, teu Deus, sou um ciumento [...]" (Ex 20,3.5; cf. Dt 5,7.9). Para *Paulo*, prostrar-se diante de "imagens" troca a glória, vale dizer, a potência do Deus incorruptível por imagens que representam um ser humano corruptível ou animais (cf. Rm

---

[79] Cf. AssMos 10,1; MShir 2,13; Targ. Is 31,4.
[80] Cf. GNILKA, *HThK I/1*, 220. De acordo com STRECKER, *Bergpredigt*, 119, a petição aberta, na formulação, quer indicar "o reino como uma grandeza cósmica, que transcende o ser humano, e cuja realização definitiva abarcará céu e terra".

1,23). Imagens são símbolos que prometem mais do que o superficial, ou seja, "poderes e potestades", que nos podem separar do amor de Deus em Cristo Jesus (Rm 8,38-39). Aquele que, mediante sua súplica pela vinda do Reinado de Deus, quiser deixar que Deus fale encontra-se diante da questão: a cargo de quais poderes determinantes da vida isso acontece e deve acontecer? Pois o Reinado de Deus relativiza toda autoglorificação humana. Dá-o também a entender At 4,19-20, quando Pedro e João dizem perante a mais alta instância civil e religiosa, o sinédrio: "Julgai se é justo, aos olhos de Deus, obedecer mais a vós do que a Deus. Pois não podemos, nós, deixar de falar das coisas que vimos e ouvimos". Inúmeros mártires e confessores seguiram esse exemplo no decorrer da história da Igreja. Evidentemente, nem sempre se pode denominar ou etiquetar inequivocamente os poderes e as potestades. Ao lado de cantores, atores, desportistas etc., que são venerados como deuses, existe também o espírito do tempo ou simplesmente uma cultura que paira no ar (cf. Ef 2,2) e que não pode ser aprisionado, mas que nos domina.

Por fim, nós mesmos é que, diante da petição pelo Reinado de Deus, somos desafiados a perscrutar nossa própria pretensão de reinado, a fim de recolocá-la diante do *Primum* absoluto, que deve determinar-nos (cf. Mt 6,33). Não lutamos por nossos "lugares ao sol", não nos asseguramos por todos os lados e não defendemos nossas cidades até as últimas forças e conseqüências, a fim de, em algum lugar, sermos o próprio senhor? Mas também se dá o contrário: quanta piedade e reverência demonstramos à nossa prosperidade e progresso, ao nosso *status* social e a nossas aventuras sentimentais e a nossas paixões? Em quantas "efemeridades" ardentemente amadas não confiamos com a máxima doação, como se fossem a coisa primeira e mais importante? Não adoramos a nós mesmos de manhã até a noite? Aquele, porém, que roga no Pai-nosso pela plenitude de vida definitiva de Deus, na verdade não pode conhecer nenhum "primeiro" senão ele mesmo e ele somente! Com isso aparece de novo o "cristão virtual" sobre a tela? Perante nossa humanidade demasiadamente humana assim parece! Aquele, porém, que seriamente reza pela vinda do Reinado de Deus, seja como for, é inevitavelmente confrontado com a pergunta: o que significa para mim o Reinado de Deus? Quem é deveras Deus em minha escala de valores?

A *terceira petição (v. 10b.c)* revela de maneira vigorosa a teologia de Mateus. O imperativo "seja feita" *(genethéto)* mais uma vez diz respeito primeiramente a

Deus como o agente. Ele desejaria que sua vontade se realizasse também na terra assim como no céu obviamente se realiza. Isso pode ser entendido de forma escatológica, mas não necessariamente. De qualquer maneira, pede-se que o definitivo se torne "realidade" já no presente, aqui e agora. A ênfase, portanto, recai nas últimas palavras: "sobre a terra!". Quem pronuncia conscientemente esse pedido admite que existe outra vontade além da própria. Quem roga para que a vontade de Deus seja feita deve procurar despedir-se da própria vontade como a última instância na própria vida. Pois não vale mais o axioma da predominância absoluta das próprias forças. Por certo isso não significa renunciar simplesmente à própria vontade e permitir que tudo lhe aconteça, mas significa reconhecer a vontade divina como o espaço existencial no qual acontece a realização definitiva.

Em que consiste, porém, essa vontade de Deus? No "ensinamento sobre a montanha", é o Jesus do evangelista quem, servindo-se da Torá, interpreta a vontade de Deus, vale dizer, anuncia-a mediante diversos expedientes e, no fim do evangelho, encarrega seus discípulos: "[...] ensinai-as a observar tudo quanto vos *ordenei*" (Mt 28,20). Nesse contexto, deve-se recordar a noção da desmedida "justiça" *(dikaiosýne)*, que é preciso praticar a fim de entrar no Reino dos Céus (5,20). O próprio Jesus é quem, juntamente com o Batista, considera tarefa sua "cumprir toda a justiça" (3,15), como ele veio também "para dar cumprimento à Lei e aos Profetas" (5,17), e como o procura demonstrar todo o evangelho de Mateus, ele mesmo cumpre de fato. Mas, para seus seguidores cristãos, esse exemplo significa o reconhecimento de que o Reinado dos Céus se realiza, pois, sobre a terra, quando é aceito sob a forma de incansável e vigoroso direcionamento para Deus e transferido para a prática da vida.[81]

Em Mt 18,14 encontra-se: "Não é da vontade de vosso Pai, que está nos céus, que um destes pequeninos se perca". Aqui, no contexto da parábola da ovelha desgarrada, a vontade de Deus se volta para a *salvação* dos cristãos, a qual deve ser oferecida novamente para aqueles que se desviaram. *A oração no Getsêmani* explicita ainda mais radicalmente a vontade salvífica e redentora de Deus. Quando Jesus ora "seja feita tua vontade" (Mt 26,42), ele pede "também a força para conformar-se ativamente a essa vontade de Deus".[82] Como o mostra a cena,

---

[81] Cf. também FRANKEMÖLLE, *Matthäus-Kommentar 1*, 250, bem como id., *Jahwe-Bund*, 273-293.
[82] LUZ, *EKK I/1*, 344.

a submissão de Jesus à vontade do Pai é o resultado de sua luta com o destino de morte: "Meu Pai, se é possível, que passe de mim este cálice; contudo, não seja como eu quero, mas como tu queres" (26,39). Contudo, não é um destino o que ele aceita, senão a vontade do Pai como o espaço existencial no qual precisamente a plenitude definitiva torna-se realidade. Pelo visto, Mateus tomou literalmente da cena do Getsêmani a frase "seja feita tua vontade" (Mc 14,36) e introduziu-a no Pai-nosso. Portanto, segundo o exemplo de Jesus, apela-se à tendência salvífica da vontade divina, a qual ele entendeu como exigência de Deus.

Como orantes do Pai-nosso, expomos nosso agir diante de Deus sob a forma de um pedido no qual nos declaramos dispostos, tal como Jesus, a assumir a vontade salvífica de Deus com todas as conseqüências e, concordes, fazermos própria essa vontade que está acima de nosso querer e de nosso arbítrio! O pedido pode ser também perigoso! Ele pode transformar-se inconscientemente no pedido de uma purificação dolorosa que nos traz a salvação (cf. 2Cor 4,10-11)! Mas pode também ser o pedido pela força de anunciar a boa-nova de Cristo, oportuna e inoportunamente, a fim de que se torne salvação para outros, dentro e fora da Igreja. Nesse pedido, a terra está em foco, e o céu não é mais *apenas* o futuro, mas a *norma do acontecimento sobre a terra!* No céu, dá-se o cumprimento da vontade divina, que santifica, mas para a "terra", bem como para o céu, vale a palavra de Dante: "Em tua vontade está nossa paz".[83]

As três primeiras petições do Pai-nosso desejam, portanto, sob três aspectos, que Deus já seja, agora, "tudo em todos". Em absoluto teocentrismo elas expressam: Pai nosso, age como Deus em nós e através de nós, gerando salvação e vida nesse teu mundo.

3.2.5. As "petições-nós" (vv. 11-13)

11	*Nosso pão (que nos é) cabível, dá-nos hoje;*
12a	*e perdoa-nos nossas dívidas,*
b	*assim como nós [já] (as) perdoamos aos nossos devedores;*
13a	*e não nos induzas em tentação,*
b	*mas livra-nos do mal.*

---

[83] DANTE ALIGHIERI, *La Divina Commedia.*

Presumivelmente, Mateus tomou da Fonte dos Ditos a versão original da *petição do pão (v. 11)*,[84] a qual devia ter diante dos olhos a situação dos primeiros cristãos missionários andarilhos. Ele próprio pensa, talvez, na existência socialmente insegura de seus leitores. Em tal situação, convém que se reze, a cada manhã, pelo que é vitalmente necessário para o dia. A partir dessa pressuposição torna-se também compreensível o dito: "Não vos preocupeis, portanto, com o dia de amanhã, pois o dia de amanhã se preocupará consigo mesmo. A cada dia basta a/o sua/seu fadiga/mal" (Mt 6,34-35). Em todo caso, por trás da redação mateana da petição do pão encontra-se a idéia de que aquele que reza pela vinda do Reino de Deus, cheio de confiança pode e deve colocar em Deus as preocupações acerca da manutenção de sua vida no sentido mais amplo.

O problema da frase, porém, consiste na determinação mais precisa do pão mediante o adjetivo *epioúsios*. Desde a época patrística, o adjetivo, de resto não atestado nem na literatura grega nem na linguagem popular,[85] é considerado uma *crux interpretum*, pois, de acordo com a dedução filosófica, resulta um significado diferente. Para Aristóteles, *ousía* é a existência, de modo que a palavra poderia significar "necessário à existência". Isso corresponderia bem à totalidade da petição do pão. Então, na verdade, dever-se-ia escrever *epoúsios* (sem i). Desde Orígenes, *ousía* tem sido entendido também como substância, de modo que aqui se falaria de um pão que ultrapassa nossa substância como *panis supersubstantialis*. Sob essa pressuposição, a frase foi amiúde entendida cristologicamente, e mais tarde, também eucaristicamente. Evidentemente, essa noção de substância era (ainda) estranha à Igreja do primeiro século. Por outro lado, se se derivar a palavra de *iénai* ("eu irei") ou de *tò epiòn*, ("o vindouro"), então se pode pensar no pão da refeição celeste "a nós vindouro", ou seja, no "pão do reino que há de vir".[86] Nesse caso, existe uma alegorização que não parece impossível como tal, visto que, no próximo pedido, as dívidas a serem perdoadas devem ser entendidas alegoricamente (v. 12a). Sem alegorização,

---

[84] Cf. *supra*, p. 178.

[85] Apenas em um papiro egípcio do séc. V d.C., encontra-se fragmentariamente como *epious [...]*. Cf. PREISIGKE, *Sammelbuch griechischer Urkunden aus Ägypten I*, 1915, 5222 (n. 5224).

[86] STRECKER, *Bergpredigt*, 122. A idéia não é desconhecida à tradição sinótica de Jesus, como o mostram Mc 14,25; Mt 8,11-12; Lc 14,15; 22,30.

porém, pode-se pensar também pura e simplesmente no "pão da amanhã, cuja asseguração se pede de Deus. Em prol disso depõe o fato de *he epioûsa (heméra)*, no sentido de "o dia de amanhã", encontrar-se com freqüência na época do surgimento dos escritos neotestamentários.[87] Em todo caso, a inusitada palavra é polissêmica e talvez até mesmo deva sê-lo.

A mudança de estilo da petição do pão indica o início das petições "antropológicas" para cristãos no mundo, os quais carecem do necessário para sua vida *terrena*, a fim de agüentar o dia "em seu caminho através do tempo". Isso pressupõe a consciência, freqüentemente esquecida em nossa sociedade do bem-estar, de que o pão cotidiano não é algo assim tão evidente. O refrão da canção *Strenger Richter aller Sünder* ["Juiz severo de todos os pecadores"], proveniente do ano 1766, ainda soa: "Ouve, compassivo, nossos pedidos, afasta de nossas cabanas doença, guerra e o flagelo da fome, dá-nos *nosso pão de cada dia!*". Se no Pai-nosso se reza pelo pão *de amanhã*, então isso pressupõe que — também ainda hoje — para muitas pessoas não é possível saber, para além do dia, como as coisas devem continuar. Nesse caso, reza-se por uma possibilidade de sobrevivência projetável a curto prazo, no sentido de Pr 30,8, por ex.: "Concede-me o necessário e o suficiente". Não se pedem aqui a riqueza e o supérfluo, mas o suficiente para que, consciente da importância do pão de amanhã, se possa partilhar hoje um pedaço de pão. Nesse sentido, a petição do pão do Pai-nosso choca-se com uma experiência de Deus deficitária que se exprime numa relação muitas vezes possessiva, até mesmo arrogante para com os meios alimentares fundamentais.[88] Isso corresponde à nossa "sociedade do desperdício" e ao seu próprio irreverente abuso da natureza para fins meramente comerciais.

A partir do contexto, sugere-se também, evidentemente, a interpretação *escatológica*. Se a vontade de Deus deve ser feita "tanto no céu como na terra", então a vontade *salvífica* de Deus, mantenedora da vida, deve manifestar-se de tal forma que também nos conserve, aqui e hoje, a comunhão de vida com Deus que

---

[87] Nesse sentido, o Evangelho dos Nazarenos, por volta do ano 100 d.C., já emprega a palavra hebraica *mahár* (de amanhã) no Pai-nosso. Igualmente são Jerônimo interpreta-a antes escatologicamente, quando escreve: *"mahár, quod dicitur crastinum, ut sit sensus: panem nostrum crastinum, ide est futurum, da nobis hodie"* ["*mahár*, que se traduz por 'de amanhã', cujo sentido é: nosso pão de amanhã, ou seja, futuro, dá-nos hoje"].

[88] Cf. WEDER, *Die "Rede der Reden"*, 186.

nos foi oferecida. Disso é que necessitamos para sobreviver *como cristãos*. Uma vez que o Pai celeste sabe do que precisamos mesmo antes de lho pedirmos (v. 8), essa petição tem de novo a missão de nos mover a também aceitar, de verdade, o que o cuidado *escatológico* de Deus nos garante a cada dia. Destarte, a petição poderia também significar: "Dá-nos a força para vivermos, aqui e hoje, de forma verdadeiramente cristã".

No entanto, as duas possibilidades de interpretação da petição do pão não se excluem mutuamente. Vida terrestre e vida divina constituem, de fato, para os cristãos, uma unidade que consiste em que a vida divina vai ganhando forma em nossa vida corporal. Não se pode "tornar saborosa" a beleza da graça divina a uma pessoa que não sabe o que deverá comer no dia de amanhã. Em sentido inverso, existe também o perigo de se esfalfar "pelo pão somente". Nosso ser humano só atinge a meta que lhe foi fixada "quando o santo Nome de Deus, seu Reinado e sua vontade determinarem nossa vida",[89] e quando Deus nos conserva a vida terrestre *e* sua graça. O Pai-nosso roga, portanto, "a um tempo metafórica *e* real-concretamente",[90] pelo necessário à existência de modo geral, pois se trata de tudo o que é necessário para uma existência cristã. Por conseguinte, desde os tempos mais antigos, a Igreja considerou apropriado rezar em comunidade a Oração do Senhor antes da recepção da refeição eucarística.

A *quinta petição (v. 12)* deixa claro que o ser humano e o cristão, para sua plena sobrevivência, precisam não somente do pão cotidiano, mas também do *perdão das dívidas* da parte de Deus. Sob o aspecto *formal*, a quinta petição corresponde à terceira, a qual apresenta também uma oração subordinada introduzida por "como" *(hôs)*. No sentido da concentricidade das petições do Pai-nosso, o perdão das dívidas tem a ver, portanto, com a realização da vontade de Deus. Os conceitos dívidas, devedores e perdão pertencem à linguagem comercial (cf. 18,23-35). Indubitavelmente, eles são empregados aqui em sentido figurado,[91] o que corresponderia, como mencionado, ao sentido escatológico da petição do pão. Em nosso uso lingüístico, a expressão "ficar a dever" não significa automaticamente

---

[89] GNILKA, *HThK I/1*, 224.

[90] FRANKEMÖLLE, *Matthäus-Kommentar 1*, 251 (o grifo é nosso).

[91] Cf. ibid., 252. Conceitos da linguagem comercial encontram-se, ademais, amiúde em todo o Novo Testamento como portadores de afirmações teológicas.

também "ter dívida" ou "tornar-se devedor". O sentido metafórico de dívidas aqui presente também leva em consideração algo diferente de pecados em sentido geral, como em Lc 11,4, pois, segundo Mateus, o perdão dos pecados acontece na morte de cruz de Jesus, como o mostra o acréscimo da palavra eucarística sobre o cálice em Mt 26,28. Portanto, devem repetir o Pai-nosso os cristãos crentes que já tomaram parte no efeito da morte de Jesus, pois sobre esse perdão de dívidas é que se fundamenta a vida da Igreja e de cada cristão.[92]

As interpretações da Torá (5,21-48) já levavam à compreensão de que também o cristão batizado, purificado e santificado ainda fica muito a dever no confronto com a vontade salvífica de Deus. Nossos delitos como cristãos são, portanto, "dívidas", visto que não nos houvemos de forma adequada com o "empréstimo" de nosso estado de graça. Portanto, temos sempre de pedir a Deus que se digne não levar novamente em conta aquilo que lhe ficamos a dever (cf. 2Cor 5,19), eliminando-o de nossa "conta" a fim de possibilitar um balanço equilibrado. Logo, é preciso rogar a Deus pelo perdão de tudo o que nós, cristãos, *como cristãos*, "ficamos a dever" quando nossa vida e comportamento não mais se harmonizam com nosso ser e, por isso, também não mais correspondem à vontade de Deus.

Mas, como cristão, em que posso ficar a dever a Deus e com isso endividar-me? Em última instância, só pode ser quanto à relação uma vez estabelecida e que eu minimizo ou até mesmo rompo. Se eu, em razão da morte e da glorificação de Cristo, posso chamar a Deus de Pai, então isso significa, certamente, um ficar-a-dever de um amor responsável e agradecido no âmbito de minha ligação com o Filho. O amor é um dom imerecido e maravilhoso que espera o amor recíproco. Se lhe fico a dever, então o sistema de relação é disturbado ou destruído. A dívida do ficar-a-dever do amor recíproco reside, portanto, no desdém da relação *existente* e é "transtorno da vida, a realidade da morte em meio à vida".[93]

Contudo, nem o perdão nem a reconciliação podem ser exigidos do outro. Ambos podem ser apenas rogados. Pois, "onde o assunto é o perdão, não se trata absolutamente de resultados mensuráveis, com os quais se possa contar e que

---

[92] Cf. GNILKA, *HThK I/1*, 225.
[93] WEDER, *Die "Rede der Reden"*, 187.

fundam um direito, mas é questão de uma atitude do ser humano, a qual renuncia completamente a um direito próprio".[94] O movimento que é deslanchado nessa petição é o movimento de volta ao primeiro amor! Poder-se-ia, talvez, parafrasear a petição com as palavras da canção religiosa: "Oh, faze-me encontrar o caminho de volta ao lar como o filho perdido", ou seja, "devolve-me o amor, faze florescer o germe da graça".[95] O desprezo de uma relação amorosa não pode ser reparado como a um dano material. Tal relação não pode também simplesmente ser legada ao esquecimento, visto que "não se pode mudar mais nada". Ela só pode ser restabelecida por aquele a quem ficamos a dever se ele não mais levar em conta as dívidas, de modo que se crie um recomeço que, em situação ideal, aprofunde ainda mais o amor recíproco. O Deus que, por causa de Cristo, perdoou todas as nossas dívidas e marcou nossa pré-história cristã mostra-se tal como é em nosso correspondente novo "alívio". Ele permite o recomeço, o que certamente esperamos, mas que não podemos forjar com nossas próprias forças (cf. Mt 18,23-25).[96]

Mais problemática revela-se a *conclusão (v. 12b)*: "assim como nós [já] (as) perdoamos aos nossos devedores". A conexão entre perdão de dívida(s) humano e divino já existe no judaísmo. Assim está escrito em Eclo 28,2: "Perdoa ao teu próximo a injustiça, e então, ao rezares, ser-te-ão perdoados os teus pecados". Tem-se, portanto, a impressão de que o perdão humano "é, de certa forma, considerado como exemplo ou modelo ("assim como nós") para o agir de Deus",[97] e "que o perdão humano se torna condição para o perdão de Deus".[98] Por essa razão, às vezes se supõe que a conclusão de Mt 6,12b teria sua origem na comunidade judeu-cristã primitiva, que está por trás da tradição de Q e, portanto, não seria jesuânica, mas uma "obrigação voluntária da comunidade orante". O especificamente novo seria a ligação dessa obrigação voluntária a uma fórmula de oração.[99] Como quer que tenha sido, inequívoco é que *Mateus* compreendeu o perdão mútuo também como *ocasião* do perdão da parte de Deus, como o explicitam os versículos 14-15, que

---

[94] BULTMANN, Jesus; citado conforme *Der Große Wochentagsschott I* (1976), 510.
[95] THURMAIR, *O Herr, aus tiefer Klage...* (1935).
[96] Segundo STRECKER, *Bergpredigt*, 125, a petição do perdão refere-se, portanto, "não apenas ao Juízo Final, mas às experiências da comunidade em sua história e em seu presente".
[97] LAMBRECHT, *Ich aber sage euch*, 136.
[98] STRECKER, *Bergpredigt*, 126.
[99] Cf. MELL, Das Vater-Unser als Gebet der Synagoge, 285-287.

comentam a quinta petição. Com isso, ele se situa inteiramente sobre o chão do pensamento judaico como, entre outros, atesta-o Joma 8,9: "O dia da expiação só pode alcançar reparação para os pecados que o ser humano perpetrou contra Deus. Para os pecados contra o semelhante, o dia da expiação não pode trazer nenhuma reparação até que se tenha conseguido o perdão do semelhante".

Para a correta disposição da conclusão (v. 12b), a parábola do servo implacável, presente em Mt 18,23-34,[100] deveria oferecer o auxílio correto para a compreensão, tanto mais que ela enfatiza elementos diferentes do texto de Joma 8,9. A pergunta decisiva do rei ao crente de coração endurecido, a qual, aliás, se constrói como a quinta petição do Pai-nosso com "como também" *(hos kagó)*, soa assim: "Não devias, também tu, ter compaixão do teu companheiro, *como também eu* tive compaixão de ti" (18,33)? Aqui, do perdão régio de Deus *resulta* a obrigação do perdão das dívidas do semelhante! Se, além disso, se considera a correspondência concêntrica da quinta petição do Pai-nosso com a terceira, então evidencia-se, mais uma vez, que Mateus, no final das contas, quando tematiza o perdão das dívidas, fala da realização da vontade divina. Os cristãos pedem perdão por aquilo que ficaram a dever na realização da vontade divina de perdão que assumiu forma em Jesus Cristo.

Com a forma verbal do aoristo — "nós [já] perdoamos" —, o orante recorda a Deus, de certa forma, que o perdão mútuo entre os cristãos já aconteceu e acontece. Por conseguinte o pedido pelo perdão divino tem também diante dos olhos a prática do requerido excedente de justiça possibilitado por Deus: "Porque já nos foi perdoado, *podemos* perdoar aos demais. E porque podemos perdoar, *temos a permissão* de pedir o perdão definitivo".[101] O perdão de Deus possibilita "reviver", mais uma vez, e é "um mantimento num sentido qualificado da palavra".[102] Por isso, a quinta petição leva a considerar que o restabelecimento da relação malograda ou destruída com Deus ou com os semelhantes não pode ser obra nossa apenas,

---

[100] O versículo 35 não é levado em consideração, visto que se trata antes de uma frase-caixilho secundária à parábola de 18,23-34, a qual a recunha alegoricamente. Cf. MELL, *Das Vater-Unser als Gebet der Synagoge*, 286.

[101] SCHÜRMANN, *Das Gebet des Herrn*, 88 (o grifo é nosso).

[102] WEDER, *Die "Rede der Reden"*, 186.

mas precisa ser implorada na oração. Os "negócios" de Deus com nossas dívidas são sempre, porém, atividades unilaterais em nosso favor.

As duas *últimas petições (v. 13a.b)* estão intimamente ligadas e constituem formal e conteudisticamente um *parallelismus membrorum* em sentido positivo-negativo. *A sexta petição (v. 13a)* refere-se à precedente quanto ao assunto. Ali se roga o perdão das dívidas *existentes*, ao passo que aqui se roga pela preservação da ameaça *futura* ao ser cristão.[103] Em textos veterotestamentários, a tentação pode ter o significado de teste ou provação (cf. Jó 1,9-12). Assim, lê-se no Sl 11,5: "Iahweh examina o justo e o ímpio". O poeta do Sl 26,2 chega até mesmo a pedir tal provação: "Examina-me, ó Iahweh, coloca-me à prova, depura meus rins e meu coração". O exame, porém, é a sondagem da confiança e da firmeza. Por isso o Sl 140,4 reza: "Impede meu coração de se inclinar ao mal, de cometer a maldade com os malfeitores". Semelhantemente roga Eclo 23,4-6: "Senhor, *meu Pai* e Deus de minha vida, não me dês um olhar altivo, afasta de mim a inveja, não me dominem o apetite sensual e a luxúria, não me entregues ao desejo impudico". Por fim, lê-se em Ber 60b: "Não me induzas em pecado e não me induzas à culpa, nem à tentação, nem à vergonha". No ambiente do NT, encontram-se, portanto, ambas as coisas: o pedido de prova do justo, bem como também o desejo de não ser levado numa direção que possa afastar de Deus.

Pressupõe-se, às vezes, que a palavra "tentação", sem o artigo, refere-se à grande tribulação do final dos tempos apocalípticos. De tal situação Mt 24,4-13.23-24 e par. parecem falar, visto que ele, ultrapassando seu modelo em Mc 13,9.13 escreve: "Nesse tempo, vos entregarão à tribulação e vos matarão, e sereis odiados de todos os povos por causa do meu nome" (24,9). Tendo em vista a Igreja, diz-se, porém, a seguir: "E então muitos ficarão escandalizados e se entregarão mutuamente e se odiarão uns aos outros. E surgirão falsos profetas em grande número e enganarão a muitos. E pelo crescimento da iniquidade *(anomía)*, o amor de muitos esfriará" (24,10-12). A advertência contra os falsos profetas encontra-se também no "ensinamento sobre a montanha" (7,15-17), mas no sentido presente! Isso significa que a tentação a que se alude na sexta petição não acontece somente no futuro, pois o futuro escatológico é visto concomitantemente com o presente terreno da

---

[103] Cf. STRECKER, *Bergpredigt*, 126.

Igreja. A sexta petição do Pai-nosso pressupõe, portanto, que os cristãos, neste mundo, estão *sempre* expostos ao mal.[104]

O *teor* da tentação só pode consistir, portanto — também no sentido da concentricidade do Pai-nosso —, na ameaça radical ao conteúdo da fé e à prática da fé! Destarte, a sexta petição apresenta, de um lado, a contrapartida à primeira e à segunda, de outro lado, está envolvida pela petição do perdão e por seu comentário no versículo 14f. Por conseguinte, é acertada a pressuposição de que a essência da tentação é, de fato, mencionada em Mt 24,12: um adiantado distanciamento da "lei de Cristo" traz consigo o esfriamento do amor, que se manifesta na Igreja em implacabilidade e ódio e, finalmente, por falta de uma verdadeira "justiça" cristã, significa o malogro do espaço salvífico do Reino dos Céus. Um olhar à tríade de tentações de Jesus (Mt 4,1-10 // Lc 4,1-12), provenientes da Fonte dos Ditos, mostra, em princípio, a raiz de cada tentação. Trata-se da tentação de determinar por si mesmo o agir salvífico e, portanto, mostrar-se como o senhor do acontecimento, em vez de servir unicamente a Deus e, assim, "cumprir toda a justiça" (cf. 3,15). O que vale aqui para o Filho de Deus vale analogamente para aqueles que, semelhantemente a ele e com ele, podem apelar a Deus como seu Pai. Por fim, é a tentação de, em vez de crer em Deus, crer unicamente em si mesmo; em vez de fazer a vontade dele, fazer apenas a própria vontade; não pedir o Reinado de Deus como um dom, mas querer, segundo os próprios critérios, estabelecer o Reino dos Céus sobre a terra. Que a Igreja já tenha sido tentada a isso, continua a sê-lo e o será, pode-se provar facilmente a partir da história da Igreja e da história contemporânea.

Mas pode-se caracterizar Deus como aquele que conduz à apostasia e, portanto, à perda da relação? Tg 1,13 escreverá: "Ninguém, ao ser tentado, deve dizer: 'É Deus que me está tentando', pois Deus não pode ser tentado pelo mal e a ninguém tenta (também)". O próprio Mateus sentiu bem a problemática da sexta petição, pois a *sétima* petição, que ele acrescentou ao texto original, parece atenuar a tensão da sexta.[105] Em primeiro lugar, dever-se-á, porém, distinguir entre a *tentação* à ruptura da relação e a ruptura mesma. Ser tentado ao mal não

---

[104] Cf. Weder, *Die "Rede der Reden"*, 190. Para a explicação apocalíptica, cf., entre outros, Schulz, *Die Spruchquelle der Evangelisten*, 92.

[105] Cf. Schürmann, *Das Gebet des Herrn*, 136.

é, pois, nenhum pecado, e a presença de Deus não cessa simplesmente na situação de tentação. Ao contrário, pois o amor de Deus concede espaço livre a seus seres amados e corre até mesmo o risco de que prefiramos querer ser como Deus (cf. Gn 3,4-5). Se Deus induz à tentação, então ainda se trata, sempre, de uma condução *de Deus!*[106]

A *sétima petição (v. 13b)* quer evidentemente apresentar outro acesso a esse problema, visto que "livrar" *(apo-rhýsai)* do mal é a contrapartida exata de "induzir" na tentação. As *duas* possibilidades são atribuídas a Deus. De acordo com Rm 9,18, elas lhe convêm de maneira que ultrapassa qualquer lógica humana: "De modo que ele faz misericórdia a quem quer e endurece a quem ele quer". Para Paulo isso significa, afinal de contas, conhecer e reconhecer Deus realmente como Deus, como o *deus revelatus* et *absconditus*, cujos pensamentos não são os nossos pensamentos e cujos caminhos não são os nossos caminhos! Aqui desaparecem todos os clichês nos quais gostaríamos de fazer Deus entrar à força a fim de "tê-lo nas mãos"! A tentação de fazer para si uma "imagem" de Deus é, desde sempre, atual e violenta. Mas a sétima petição concentra a atenção em que Deus nos arranque ao âmbito do poder do mal, em vez de nos entregar ao abandono do bem. Ela pede pela alternativa salvadora! Se com "o mal" se quer indicar o mal ou o demônio, pouco altera na afirmação. "Em todo caso, refere-se ao poder do mal que pretende prejudicar o ser humano e, de modo especial, os discípulos de modo geral, procurando desviá-los de seu caminho."[107]

Trata-se, portanto, da dupla petição a Deus para que não nos deixe entorpecer em uma forma de pensar, falar e viver contrária à sua vontade, como mortos-vivos, mas que nos despegue e nos salve do poder do mal, que pode pairar sobre nós, cristãos, comunidades e Igreja, como uma nuvem venenosa. Para isso, exprimimos ao mesmo tempo, na oração, que não somos senhores da situação e que não somos capazes de, por nossas próprias forças, deter o mal. Por fim, na sexta petição, pedimos a proteção de Deus contra nós mesmos e, na sétima, a libertação do mal, que produz em nós próprios o mal,[108] por exemplo, a obstinação em bens fictícios! Portanto, a última petição corresponde à primeira. Ela

---

[106] Cf., a propósito, WEDER, *Die "Rede der Reden"*, 192.
[107] GNILKA, *HThK I/1*, 227.
[108] Cf., a esse respeito, WEDER, *Die "Rede der Reden"*, 193.

roga a iniciativa salvífica de Deus, que impede a profanação de seu nome, pois a profanação do Nome de Deus acontece *sempre* que o ser humano se coloca acima de Deus, à medida que ele rejeita ou se esquece da dignidade e da grandeza de Deus em favor de sua própria potência. Quando rezamos o Pai-nosso, rogamos, em nome de Cristo, a vinda do Reinado de Deus que nos possibilita vida, perdão e perseverança. Quem pronuncia a Oração do Senhor sabe-se conduzido por sua proclamação-do-reino-de-Deus, mas também desafiado. Por conseguinte, ele ora pela preservação no bem e pela libertação do mal, a fim de que o Nome de Deus seja deveras santificado e sua vontade salvífica se realize plenamente em nós.

3.3. Orar e agir (vv. 14-15)

14a   Pois, se perdoardes aos homens os seus delitos,
b   também o vosso Pai celeste vos perdoará;

15a   mas se não perdoardes aos homens,
b   o vosso Pai também não perdoará os vossos delitos.

Com "pois" *(gár)*, Mateus liga os dois versículos com o tema da quinta petição (v. 12) do Pai-nosso. O recurso ao versículo 13 mostra, de um lado, quão intimamente ligadas estão as três últimas petições e, do outro lado, deixa entrever, mediante o suplemento em forma de comentário, quão importante para os cristãos é a questão do perdão mútuo. Como uma espécie de "assinatura" à Oração do Senhor, os dois versículos tematizam, ademais, a pressuposição para a oração correta em geral e, de modo especial, para a oração do Pai-nosso.

Estilisticamente, os dois versículos constituem um apurado paralelismo antitético. O verbo "perdoar" encontra-se em cada elemento sintático e determina toda a unidade textual. Mas, importante também, pelo que respeita ao conteúdo, é o fato de o conceito "dívidas" doravante ser substituído e interpretado pelos *paraptómata*, ou seja, pelos "deslizes, transgressões, faltas". Tem-se em mente transgressões de prescrições e regras, mas, por fim, deslizes e falhas no confronto com outras pessoas. No presente caso, trata-se dos discípulos, vale dizer, dos leitores cristãos, os quais devem suportar as falhas dos outros e devem perdoar-lhas.[109] Além do mais, chama a atenção o fato de o objeto do agir cristão agora ser constituído, de forma bem geral, *pelas pessoas*, portanto, pelos co-cristãos, mas também pelos judeus e pagãos, bem como pelos inimigos da comunidade destinatária. De acordo com E. Schweizer, a mudança de objeto depõe em fazer da assunção de tradição, visto que a primeira meia frase do versículo 14, ainda que em contexto diferente, encontra-se também em Mc 11,26.[110] Ademais, *mutatis mutandi*, o versículo 15 corresponde, segundo o assunto, ao dito de Mt 18,35, que constitui a conclusão da parábola do devedor implacável: "Eis como meu Pai celeste agirá convosco, se cada um de vós não perdoar, de coração, ao seu irmão". Até que ponto o versículo 15 possa ser derivado desse dito é, obviamente, discutível.[111] Se o dito pertence à tradição pré-mateana, então ele poderia também estar na base de Mt 6,15 e pode ter sido estendido pelo evangelista *a todas as pessoas*.

Pelo que respeita ao conteúdo, os dois versículos, que atuam como um *casus* jurídico em relação à quinta petição do Pai-nosso, despertam inicialmente uma impressão problemática, visto que, a partir do respectivo comportamento dos destinatários interpelados, enfatizados por "vós", em relação a outras pessoas, resulta o mesmo comportamento de Deus para com eles. O ser humano parece ter nas mãos o poder de forjar para si ou perder o perdão de Deus. Caso o duplo futuro (vosso Pai) *perdoará/não perdoará (vv. 14b.15b)* indique o Juízo Final, então o agir humano é apenas "preparação para o agir benevolente do juiz celestial".[112] Trata-se, portanto, de uma variante do *ius talionis*, ou Mateus está às voltas com a doutrina da justificação pelas obras?[113]

---

[109] Cf., a propósito, LAMBRECHT, *Ich aber sage euch*, 137; STRECKER, *Bergpredigt*, 130; GNILKA, *HThK I/1*, 232-233; SAND, *Das Evangelium nach Matthäus*, 128.

[110] Cf. SCHWEIZER, *Bergpredigt*, 70. Quanto ao problema de crítica textual, cf., porém, *supra*, p. 32, nota 67.

[111] Cf. MELL, *Das Vater-Unser als Gebet der Synagoge*, 286.

[112] STRECKER, *Bergpredigt*, 130.

[113] WEDER, *Die "Rede der Reden"*, 189, pressupõe isso e fala de uma "queda teológica da comunidade mateana ou de Mateus [...] na justiça que [...] não aproxima de Deus, muito menos ainda do *Pai* que está nos céus".

Os dois versículos comentadores[114] não deveriam ser considerados isoladamente. Em Eclo 28,7 diz-se: "Lembra-te dos mandamentos e não tenhas ressentimento do próximo; (lembra-te) da *aliança* do Altíssimo, e não consideres a ofensa". A alusão à aliança de Deus com Israel consolida o perdão humano na relação com Deus, a qual foi concedida graciosamente a Israel e, a partir da qual, os próprios mandamentos, como auxílio gracioso, produzem um comportamento coerente com a aliança. Da mesma maneira, o perdão cristão enraíza-se na vontade salvífica de Deus, realizada fundamentalmente no acontecimento redentor da morte de Jesus, e que inclui, como desafio, a prática adequada do perdão no convívio com os semelhantes. Contudo, a relação recíproca entre o Pai celeste e seus filhos, possibilitada por Cristo, é uma relação de amor. A recepção do perdão divino gratuito exige, conseqüentemente, perdão gratuito das falhas dos co-cristãos. O direcionamento, conforme Deus, de nosso movimento em direção aos nossos semelhantes que se encontram em erro provoca de novo o movimento de Deus em nossa direção, pois ambos significam uma caminhada "divino-humana" rumo a objetivo comum.

A advertência contra a "tagarelice" pagã (vv. 7-9a), anteposta ao Pai-nosso, deve também ser lida conjuntamente no sentido da concentricidade de toda a seção. A oração que não tem continuidade nem efeito no comportamento e na vida permanece tagarelice. Nesse caso, o orante se mostra como "hipócrita", pois, nesse momento, ele age como prestidigitador diante de Deus e de si mesmo, mostrando algo que, no íntimo, *não é verdadeiro!* Mas "só pode esperar algo da parte de Deus aquele que se porta de tal maneira em relação a seus semelhantes como ele mesmo o deseja para si, da parte de Deus".[115] Quem perdoa pode orar pedindo perdão, e quem ora aprenderá a perdoar!

3.4. Resumo

Como exemplo da oração correta, o Pai-nosso constitui simplesmente também o centro do ensinamento sobre a montanha. Ele se fundamenta no conhecimento da autoridade do Senhor da Igreja, a partir da qual ele a ensinou a

---

[114] FRANKEMÖLLE, *Matthäus-Kommentar 1*, 253, fala de "uma nota de rodapé à petição do perdão".
[115] Ibid., 244. Cf. Mt 5,23.

rezar: "Assim deveis vós rezar"! Portanto, não se trata apenas de comunicação individual com Deus, mas do conteúdo correto e da forma adequada a Deus da oração da Igreja. O Pai-nosso é o modelo de oração que abrange, em rigorosa associação, a natureza e o agir de Deus, e pede pela realização do seu ser divino no sentido de seu Reinado escatológico e de suas conseqüências para o ser cristão no mundo. Como modelo, ele pode suportar desenvolvimentos e esclarecimentos de tipo targúmico, da parte do evangelista, sob a forma de hemistíquio, petições e um apêndice elucidativo, pois a Oração do Senhor é uma oração que desperta questionamentos que gostariam de obter esclarecimentos.

Tertuliano designa o Pai-nosso como um *"breviarium totius Evangelii"*[116] ["resumo de todo o evangelho"] e, com isso, acerta o detalhe de que ele deve ser considerado no âmbito do anúncio de Jesus, a fim de pressentir seu sentido original. A boa-nova de Jesus diz respeito à irrupção do Reinado de Deus como a virada decisiva da desdita história humana com Deus. Essa expectativa e firme esperança, mencionadas na segunda petição, estão por trás de todas as petições. A partir delas pode-se rezar pela santificação do Nome de Iahweh, pelo agir constantemente presente e poderoso de Deus, bem como pelo pão necessário, em sentido amplo, pelo perdão das dívidas humanas perante as exigências decorrentes do voltar-se para Deus, bem como pela proteção contra a perda da fé e o endurecimento de coração.

Essa oração pode ser rezada também por judeus.[117] Contudo, o discipulado pós-pascal ligava sua esperança à realização do Reinado de Deus no Senhor Jesus crucificado e glorificado por Deus. Quando os discípulos pronunciam a Oração do Senhor, então eles ousam dirigir-se a Deus como nosso Pai, porque ele "fez de Jesus Senhor e Messias" (At 2,36) e, por isso, eles podem compreender-se como a comunidade dos irmãos e das irmãs de seu mestre (cf. Mt 23,8; 25,40), os quais levam adiante sua mensagem filial (cf. Mt 28,18-20).

---

[116] TERTULIANO, *De oratione* 1.
[117] A opinião recentemente defendida de que Jesus, com sua breve oração, pretendia reformar a práxis de oração da sinagoga é, certamente, digna de ponderação, mas dificilmente demonstrável. Cf. WICK, Der historische Ort von Mt 6,1-18, *RB 105* (1998), 332-358.

De quando em vez, o Pai-nosso foi também compreendido como compêndio da dogmática, da mística e da filosofia cristãs.¹¹⁸ Com isso, ele não é mais compreendido como aquilo que realmente é: não um falar sobre Deus, mas *a* Deus. Ele se dirige como a um Pai àquele Deus que existe antes de toda a criação, ao Deus do começo primigênio, da evolução e do vir-a-ser humano, como ao Deus escatológico, que cria o novo inalcansável e, ao mesmo tempo, mantém e completa toda a criação. Esse Deus nos deixa, talvez, perplexos, visto que ele não é nenhum objeto que se possa definir, pesquisar, manusear e citar. Esse Deus, a quem Jesus nos ensinou a chamar de Pai, só pode ser justamente adorado.¹¹⁹

4. Síntese

No centro do "ensinamento sobre a montanha" encontra-se a questão a propósito de um comportamento dos cristãos que corresponda deveras à natureza de Deus. As *três instruções* a respeito das tradicionais obras de piedade aludem à "dimensão interior" do indivíduo. A tendência de base soa assim: diante de Deus, não se pode nem se deve representar nenhum papel por mais bem ensaiado que seja, pois Deus é "o Pai que vê no segredo". Diante dele, só se mantém a veracidade absoluta do próprio ser pessoal, que se deve manifestar nas boas obras. A autenticidade do cristão, porém, está marcada pelo conhecimento do amor paternal de Deus, que deve ser correspondido amorosamente. Uma vez que, em contrapartida, a recompensa de tal amor de Deus só pode ser novamente o amor ilimitado do Pai, privam-se dessa recompensa os que pretendem "granjear" o sucedâneo de uma recompensa "à moda de justificação pelas obras" sob a forma de admiração e veneração humanas. O mesmo vale também para a loquacidade pagã, que procura obrigar a divindade a realizar seus próprios desejos.

A *Oração do Senhor*, ao contrário, parte totalmente da divindade de Deus, da natureza e da ação de Deus Pai: que *ele* se digne santificar seu nome e possibilitar sua santificação por meio de nós e instituir o Reinado definitivo dos Céus, de modo que sua vontade salvífica aconteça já aqui e agora. Que *ele* se digne conceder-nos o pão que mantém a vida, que cancele nossas dívidas, que nos preserve de

---

¹¹⁸ Assim, Máximo Confessor, *Expositio orationis dominicae*, PG 90, 872-909.
¹¹⁹ Cf. Eger, *Gott lässt sich nicht zitieren*, 19.

renegá-lo e nos salve do endurecimento do coração. Por fim, essa oração-modelo pede que *Deus* seja tudo em todos! Mas que essa oração pressupõe a correlação entre o ser humano e Deus, mostram-no os acréscimos do evangelista. Podemos pedir perdão a Deus porque nós mesmos estamos dispostos ao perdão no plano intra-humano; podemos perdoar as dívidas dos nossos semelhantes porque Deus nos perdoou nossas dívidas. Assim como no *Glória* da Missa, nós damos graças por causa da imensa glória, isto é, potência de Deus, assim, no Pai-nosso, pedimos que Deus se mostre em nós potente-glorioso.

Aquela "Oração Eucarística" cristã primitiva, que nos foi transmitida pela chamada "Doutrina dos Apóstolos", a Didaqué (cerca de 110-120 d.C.), respira aquele espírito perceptível no Pai-nosso sobre a "montanha", ponto de contato simbólico entre o mundo celeste e o mundo terrestre:

"Nós te damos graças, Pai Santo, por teu santo Nome, para qual preparaste um abrigo em nossos corações, e pelo conhecimento, pela fé e pela imortalidade que nos concedeste mediante Jesus, teu Servo. *A ti a glória por toda a eternidade!*

Lembra-te, Senhor, de tua Igreja, para livrá-la de todo mal e para levá-la à perfeição em teu amor. E reúne-a dos quatro cantos do mundo em teu Reino, que para ela preparaste. *Pois teu é o poder e a glória por toda a eternidade"* (Didaqué 10,2-5).

Capítulo 5

Justiça no dia-a-dia (Mt 6,19–7,12)

1. A propósito do conceito de composição

A terceira parte do "ensinamento sobre a montanha" contém uma série de seções completas em si mesmas, de conteúdo diferenciado, as quais, em sua maior parte, recorrem ao texto da Fonte dos Ditos,[1] e estão ligadas entre si mediante algumas características *formais*. Assim, em primeiro lugar, seguem-se quatro unidades textuais introduzidas pela negação "não" *(mé)*, que funcionam, portanto, como *proibições*. Existem essas três máximas (6,19-24):[2] a do chamado "evangelho das preocupações" (6,25-34), a da proibição de julgar (7,1-5) e a da breve interdição de profanar o sagrado (7,6). Às quatro proibições, seguem-se os dois *desafios*, formulados positivamente — à oração de petição confiante (7,7-11) e ao amor ao próximo sob a forma da "regra de ouro" (7,12), a qual conclui também toda a parte do discurso. Mas sua seqüência, *pelo que respeita ao conteúdo*, parece, à primeira vista, sem verdadeiro nexo, e funciona como uma coleção de citações não elaboradas que permite ao evangelista trazer à memória dos leitores diversas regras de comportamento, ou ainda, parece acomodar simplesmente uma série desordenada de "suplementos" antes da conclusão do discurso. Contudo, visto que Mateus, até agora, compôs cuidadosamente cada parte do "ensinamento sobre a montanha", é difícil julgá-lo capaz de tal procedimento.[3]

As tentativas de reconstruir um conclusivo conceito de composição são inúmeras e manifestam certa perplexidade no que respeita à unidade *conteudística*

---

[1] Cf. *supra*, p. 34.
[2] Quanto à função retórica dos ditos, cf. *supra*, pp. 25-26.
[3] Cf., a propósito, BORNKAMM, Aufbau, 425.

do texto. Paralelamente à retirada total ao nível meramente formal,[4] às vezes busca-se esclarecer a lógica conteudística da seqüência textual partindo-se também de critérios formais. Uma vez que o *Pai-nosso* constitui, sem dúvida, o centro do Sermão da Montanha, dali é que se deve partir para indagar a respeito da função das perícopes, isto é, dos ditos que se lhe seguem. Conforme W. Grundmann[5] e E. Schweizer,[6] todos os textos que precedem o Pai-nosso conduzem às três primeiras petições; em contrapartida, os textos seguintes à Oração do Senhor desdobram as demais quatro petições do Pai-nosso. Deveria tornar-se problemático, porém, o fato de os textos condutores não se deixarem determinar assim tão inequivocamente, e de os dois autores incluírem nesse desdobramento também a parte conclusiva em 7,13-27.[7]

A hipótese apresentada por *Günther Bornkamm*, em 1978, segundo a qual "Mateus tirou das petições do Pai-nosso os motivos de composição para seu assunto aqui",[8] possibilita demonstrar relativamente bem a unidade temática da terceira parte do discurso e, por conseguinte, tem algo em seu favor. No caso, Bornkamm parte dos ditos a respeito da *oração de petição (7,7-11)*, que soam deslocados, e no que diz respeito ao conteúdo não parecem apresentar uma relação temática imediata nem com o contexto precedente, nem com a "regra de ouro" (7,12) que se segue. Visto que tais ditos em Lc 11,9-13 estão separados da Oração do Senhor (Lc 11,2b-4) apenas pela parábola do amigo suplicante (Lc 11,5-8), pertencente ao material específico de Lucas, presumivelmente eles foram transmitidos na Fonte dos Ditos num contexto imediato juntamente com o Pai-nosso. Mateus certamente

---

[4] Cf. GNILKA, *HThK I/1*, 113: "Presumivelmente, podem-se apresentar apenas considerações formais quanto a essa disposição do texto. STRECKER, *Bergpredigt*, 134-135, intitula a terceira parte do Sermão da Montanha "Instruções particulares", e observa a propósito: "No que segue, Mateus reúne sentenças de conteúdo diverso, provenientes da Tradição Q". LAMBRECHT, *Ich aber sage euch*, 169, não consegue reconhecer, de fato, nenhuma argumentação rigorosamente lógica, mas opina, de forma bem generalizada, que Mateus, mediante a ênfase no Reinado (dos Céus) e na justiça, no esforço, na confiança em Deus e no amor ao próximo, teria conseguido uma unidade temática.

[5] Cf. GRUNDMANN, *ThHK 1*, 205-206.

[6] Cf. SCHWEIZER, *NTD 3*, 130.

[7] LUZ, *EKK I/1*, 186, com razão compreende mais estreitamente a concentricidade, mas, em razão da extensão igual de 56 linhas (!), defende a opinião de que as antíteses (5,21-48) corresponderiam à terceira parte do discurso (6,19–7,11).

[8] BORNKAMM, *Aufbau*, 431.

conserva essa seqüência, mas insere entre o Pai-nosso, juntamente com os ditos que se lhe seguem (6,14-15.16-18) e os ditos da oração de petição (7,7-11), o bloco de proibições de 6,19–7,6. Importa saber por quê?

G. Bornkamm esclarece essa situação mediante as seguintes observações: as máximas sobre o *ajuntar tesouros* (Mt 6,19-21) e o *evangelho das preocupações* (Mt 6,25-34) encontram-se também, em seqüência inversa, em Lc 12,22-32 e 12,33-34. Visto que se deve supor que Lucas manteve melhor a seqüência dos ditos de Q, Mateus evidentemente mudou a posição de ambos os textos. A partir daí e em conexão com outras observações, conclui-se "que o reagrupamento dos ditos de 6,19-21, mediante a seqüência dos três primeiros, está motivada pelas petições voltados para os interesses de Deus e [...] a disposição dos ditos sobre a preocupação, que só se seguem em 6,25, ilustram [...] a quarta petição".[9] Com isso fica esclarecida a função da tríade de máximas de 6,19-24. Elas esclarecem que as *três primeiras* petições do Pai-nosso, em conjunto, constituem a norma determinante e a força motriz "para o comportamento integral dos discípulos no mundo".[10] Em contrapartida, o evangelho das preocupações (6,25-34) serve de comentário à *petição do pão*, mediante o que as preocupações acerca do sustento da vida ficam subordinadas à busca e ao esforço pelo Reino de Deus (cf. 6,33).

A proibição de *julgar* (7,1-5) tem seu paralelo em Lc 6,37-42. Ali, no âmbito do Sermão da Planície, ele interpreta o mandamento do amor ao inimigo (Lc 6,26-28) e a exigência a ele ligada de ser "misericordioso como vosso Pai" (Lc 6,31). Em Mateus, encontra-se num lugar completamente diferente, depois do evangelho das preocupações, com o qual, aparentemente, não tem nada em comum. A seqüência, porém, dá a entender que essa proibição deve esclarecer a *quinta* petição do Pai-nosso, juntamente com seu comentário acrescentado em 6,14-15. Por fim, nesse contexto, a interdição de *profanação do sagrado* (7,6) tem a função de esclarecer a *sexta e a sétima* petições do Pai-nosso: "O último dito do comentário-ao-Pai-nosso mateano deve mostrar-lhes (isto é, aos discípulos) exemplarmente quais 'tentações' os ameaçam e de que 'mal' se trata de livrar".[11] Assim como, por meio da ameaça de que o sal insípido "será pisado pelos homens"

---

[9] Ibid., 427.

[10] Ibid., 429.

[11] BORNKAMM, Aufbau, 427 (a inserção é nossa).

(5,13), da mesma maneira aqui os discípulos são ameaçados pelo pisar de suas "pérolas" pelos "porcos" e, portanto, ameaçados com a própria ruína.

Finalmente, a provocação positiva à confiante *oração de petição* (7,7-11) não se relaciona com *nenhuma* petição do Pai-nosso em particular, mas simplesmente ao Pai-nosso como modelo de oração cristã. Retoricamente, esse parágrafo funciona como uma *recapitulatio*, que é determinada pela concisão e amplificação do tema fundamental, e intensifica ao universalmente válido a meta decisiva até agora buscada.[12] Por conseguinte, a *"a regra de ouro"* (7,12) também pertence a essa *recapitulatio*, visto que sublinha que o relacionamento com Deus traz consigo o justo comportamento para com os semelhantes, e que as duas linhas de relacionamento estão intimamente ligadas.

Se essa hipótese estiver correta, então toda a seção de Mt 6,19–7,12 mostra-se como um tipo de *midrash ao Pai-nosso* que, servindo-se de materiais tirados da Fonte dos Ditos, interpreta pareneticamente a Oração do Senhor e esclarece suas possibilidades de concretização. Em minha opinião, a hipótese de G. Bornkamm — posto que discutível nos detalhes — constitui ainda a melhor possibilidade de captar a lógica do plano.

2. Os ditos triásicos (Mt 6,19-24)

Sob o aspecto *retórico*, os presentes ditos triásicos podem ser determinados como um espécie de *katastasis*, visto que funcionam como elo de ligação entre duas partes principais do "discurso", na medida em que eles apresentam os pontos individuais da argumentação.[13] Estes constituem também, a seguir, as frases temáticas *(Propositiones)* para a parte seguinte da *Tractatio*.[14] Portanto, os três ditos, paralelamente à função de um comentário que aprofunda as "petições-tu" do Pai-nosso, possuem também uma tarefa *condutora*. A tríada suscita a impressão de que (1) o ajuntar tesouros no céu (vv. 19-21) só é possível àquele que (2) possui um "olho" claro, singelo e que permite enxergar corretamente (vv. 22-23). Somente assim ser-lhe-á claro que ele (3) não pode servir a dois senhores (v. 24).

---

[12] Cf., a esse respeito, ZEILINGER, *Krieg und Friede in Korinth II*, 36.
[13] Cf., *supra*, pp. 26-27.
[14] Cf. BECK, *Theorie*, 137-138.

Os versículos 19-24 constituem, portanto, três máximas de tipo geral, sintonizadas umas às outras, mediante o que a terceira sentença (v. 24) antecipa, de certa forma, o tema do evangelho das preocupações que se lhe segue, o qual confronta a auto-segurança com a confiança em Deus.

2.1. O dito sobre o verdadeiro tesouro (vv. 19-21)

19a	*Não ajunteis para vós tesouros na terra,*
b	*onde a traça e o caruncho (os) corroem,*
c	*e onde os ladrões arrombam e roubam.*
20a	*Mas ajuntai para vós tesouros nos céus,*
b	*onde nem a traça, nem o caruncho (os) corroem,*
c	*e onde os ladrões não arrombam nem roubam.*
21a	*Pois onde está o teu tesouro,*
b	*aí estará eu coração.*

O dito é aparentado com Lc 12,33-34, mas é transformado por Mateus em uma *antítese* quase literal, à qual ele acrescenta ainda o "caruncho" *(brôsis)* como segundo objeto destruidor. O termo grego *"brôsis"* pode significar "devorar, corroer, comida de animais, consumo, erosão" e pode ser usado em conexão com ferrugem, cupim etc. A antitética dos versículos 19 e 20 conclui-se com a máxima do versículo 21, cujo teor é quase idêntico a Lc 12,34. Se Lucas fala de *"vosso* tesouro" e de *"vosso* coração", Mateus usa a forma singular *"teu* tesouro — *teu* coração", como na admoestação precedente acerca do jejum. Com isso, fica estabelecido o nexo formal com as advertências anteriores, ainda que o dito, no que diz respeito ao conteúdo, quase nada tenha que ver com o jejum correto. Os dois valores que se excluem mutuamente são "tesouros na terra" e "tesouros no céu". Se a *brôsis* aponta para a *efemeridade e a inconsistência* de todos os bens terrenos, então isso significa que, para Mateus, não se trata em primeiro lugar de uma advertência contra a posse e a riqueza, mas da realização da vontade divina *nesse mundo*. Esta cria, no sentido das três primeiras petições do Pai-nosso, aquela riqueza indestrutível que consiste no dom do Reinado dos Céus e que, vinda de

Deus, para ele reconduz. Como domínio de Deus, ela é simplesmente o valor permanente e que faz feliz.

Afirmações de caráter semelhante encontram-se também nos escritos apocalípticos do judaísmo. Assim já diz syrBar24,1: "Vede, dias virão em que se abrirão os livros [...], onde está anotada a justiça de todos os que, na criação, agiram corretamente". IV Esr 7,77 fala até mesmo de um tesouro celeste: "Junto do Altíssimo está depositado para esses (isto é, os justos) um *tesouro de boas obras*". E em IV Esr 9,7 está escrito: "Todo aquele que se salva e que, *por meio de suas obras ou de sua fé*, a qual ele conserva, escapa, fica fora dos perigos anunciados. Ele contempla *minha salvação em minha terra e território*, que eu *santifiquei* desde a eternidade". De igual forma, a idéia de recompensa é "uma parte integrante, segura da expectativa escatológica",[15] ainda que não em razão de boas obras da Lei isoladas, mas em razão da exigência de os cristãos realizarem a vontade de Deus sobre a terra, o que se revela como o caminho decisivo para o Reino dos Céus e, portanto, o conteúdo da salvação escatológica.

Observando-se mais de perto, surge a pergunta a respeito do *que*, pois, seria tão discutível nos tesouros *terrenos*. Tesouros materiais consistem em coisas valiosas que devem ser preservadas em cofre ou sob a vigilância de museu contra o acesso de outras pessoas. Na maioria das vezes, eles não servem para o aprovisionamento do sustento da vida ou de algo semelhante, mas são simplesmente "estéreis" e têm importância apenas para os donos. Objetos preciosos, por exemplo, são considerados valiosos porque demonstram valor de raridade com respeito ao material, ou por causa da qualidade artística etc. Contudo, no final das contas, eles servem à exaltação do sentimento de autovalorização e de satisfação de seu possuidor em relação aos que não os possuem. Quão pouco valem apenas valores materiais ou financeiros como os únicos valores, demonstram-no tantas "feiras anuais da vaidade" (acadêmicas ou políticas), onde o que importa é a quantidade de resultados ou distinções obtidos que são mutuamente levados em conta. O reflexo negativo de tal auto-exaltação designa-o a cínica definição de *kitsch*: "*Kitsch* é o que o colega faz". Aos tesouros tantas vezes insensatamente cuidados pertence justamente aquele tipo de auto-apresentação que Paulo descreve, em

---

[15] STRECKER, *Bergpredigt*, 136.

sentido cristão primitivo, como *kauchesis*, "gloriar-se" (cf. 1Cor 1,29-31). Que a "luta" por tais "tesouros" terrenos não termina diante dos portões de igrejas, dioceses e conventos é sabido de todos. E que até mesmo "as boas obras" podem estar a serviço de uma auto-exaltação "hipócrita" já o dão a entender claramente as admoestações do "ensinamento sobre a montanha" (Mt 6,2-6.16-18). Sim, até a própria espiritualidade pode degenerar-se em resultado perante Deus e as pessoas, de modo que até mesmo a ambicionada virtude da humildade transmuda-se em "orgulho" de seu "possuidor", em fama que ele não estaria disposto a partilhar com ninguém.

Como mostra o *versículo 20*, o ajuntamento de tesouros não é, porém, fundamentalmente negado. A rejeição se volta apenas contra o acúmulo de tesouros que servem à pessoa do possuidor apenas *sobre a terra*, pois estes, ao final de contas, estão fadados à destruição por meio da traça e do caruncho, ou ao "desaparecimento" em conseqüência de um roubo refinado etc. Se, com efeito, a meta do empreendimento consiste apenas na elevação da própria qualidade de vida aqui e agora, então não é levada em consideração a efemeridade natural *desse tipo* de qualidade de vida, de modo que ela se revela como ilusão da segurança e, afinal, como compensação pelo medo da morte. Essa forma de caça ao tesouro visa, certamente, à vida, mas carrega a assinatura da morte.[16]

Contudo, os tesouros *no céu*, pelos quais vale a pena lutar, têm que ver, como dito, com o Reinado dos Céus, o espaço da presença de Deus, e com a vida bem-aventurada junto a Deus nesse seu espaço vital. Eles são, por isso, indestrutíveis e imperecíveis como o próprio Deus. Eles também não são reclamáveis como uma remuneração contratual por resultados obtidos, algo assim no sentido de: quanto maior o resultado, mais alta a recompensa; quanto mais alta a recompensa, tanto mais elevados a posição social, a reputação e o sentimento de autovalorização diante de Deus! Como se manifesta a política de remuneração de Deus, mostra-o Mateus com a parábola dos trabalhadores da vinha (Mt 20,1-15). Todos recebem a mesma quantia, e a maioria, mais do que merece. Por quê? Porque Deus não é divisível, mas comunicável, pois ele mesmo é simplesmente o tesouro no céu que se oferece à disposição daquele que se deixa atrair por ele. Agora trata-se de

---

[16] Cf. WEDER, *Die "Rede der Reden"*, 198-199.

compreender "que a fé deve descer do céu para a terra e também subir da terra para o céu".[17]

A *fundamentação* (v. 21), que atua como um aforismo, poderia ter sido originalmente transmitida de forma autônoma. Mediante a mudança para a segunda pessoa do singular, o dito se transforma numa sentença totalmente pessoal. O direcionamento pessoal de minha existência é, certamente, determinado pelo que me é realmente "o tesouro", em torno de que giram meus pensamentos, sentimentos e ações, minhas esperanças e anseios. Se exclusivamente os bens terrenos, como profissão, carreira, bens, saúde e bem-estar, pessoas amadas, segurança e reconhecimento etc. significam para mim a essência do bem, então eles determinarão e marcarão também minha existência. Efetivamente, "onde estão os tesouros da terra, ali está também a pessoa cuja vida depende desses tesouros".[18] Contudo, se para mim Deus, seu nome e seu ser, seu Reinado e sua vontade que opera a salvação[19] são aquilo que eu "aprecio" *acima de tudo*, então minha pessoa, com todo o seu coração, será também orientada para Deus. 1Jo 4,16b assim o expressa: "Deus é amor, e quem permanece no amor, permanece em Deus, e Deus permanece nele". Então será para mim um desejo do coração rezar: "Santificado seja o teu nome; venha teu reino, seja feita tua vontade, no céu como também na terra", e será minha alegria compreender e modelar a vida em conformidade com isso. Pois onde está meu tesouro, ali também estará meu coração.

2.2. O dito sobre o ver correto (vv. 22-23)

22a   *A lâmpada do corpo é o olho.*

   b   *Portanto, se teu olho estiver são,*
   c   *todo o teu corpo ficará iluminado (claro).*
23a   *mas se o teu olho estiver doente,*
   b   *todo o teu corpo ficará escuro.*

   c   *Pois se a luz que há em ti são trevas,*
   d   *quão grandes serão (pois) as trevas!*

---

[17] MARSHALL, *Der rote Hut*, 154-155.
[18] WEDER, *Die "Rede der Reden"*, 199-200.
[19] Cf. STRECKER, *Bergpredigt*, 136.

O dito, formulado *positivamente*, consiste nas três pequenas unidades dos versículos 22a, 22b-23b e 23c.d. Elas correspondem quase que literalmente a Lc 11,34-35, sendo que apenas a última meia frase (v. 23d) se diferencia essencialmente da conseqüência tirada em Lc 11,36. Em *Lucas*, a seção de 11,34-36 liga-se à perícope do sinal de Jonas, com suas teses: "Aqui está algo mais do que Salomão" — "aqui está algo mais do que Jonas" (11,31.32f). Mediante isso, Jesus aparece como o "portador de luz" cuja boa-nova não pode ser colocada sob o alqueire. Aceitá-lo e a sua mensagem em atitude de fé proporciona um olhar claro que, como "expressão do íntimo",[20] pode ver corretamente. Contudo, só é capaz disso quem *quiser* reconhecer em Jesus o Cristo que está acima de Jonas e de Salomão! Em Lucas, a partir do contexto, convém ao dito uma função cristológica.

Em Mateus, ao contrário, o dito encontra-se em conexão com a palavra precedente sobre o tesouro no céu, o qual deve ser *visto* como o valor determinante da vida. Contudo, a metáfora é inusual, visto que o corpo parece uma casa cujas fontes de luz ou "janelas" são os olhos. Filósofos gregos desenvolveram duas teorias de percepção ótica. A teoria passiva compreende o ver como o reflexo do mundo exterior no olho; a ativa parte da natureza ígnea do olho, mediante a qual jorra fogo dos olhos, o qual se une à claridade do dia, como ao que se lhe assemelha, e assim surge a força visual.[21] Em todo caso, com isso se quer dizer que o olho que funciona permite ao corpo aparecer luminoso, ao passo que o olho doente transmite apenas uma imagem desfocada ou "sub-iluminada".

O que Mateus quer dizer dá-o a entender somente a parte central do dito *(vv. 22b-23b)*. Com efeito, os dois "exemplos-casos" falam de um olho que ou é "puro" *(haploûs)* ou é "mau" *(ponerós)* e, portanto, torna o corpo luminoso *(foteinón)* ou tenebroso *(skoteinón)*. O adjetivo *"haploûs"* (puro) é empregado no judaísmo helenista freqüentemente no sentido de "íntegro, sem inveja, franco, obediente, perfeito".[22] *Ponerós* significa, pois, ao contrário disso, não o fisicamente mal, mas o olho "mau". Portanto, ambos os adjetivos devem ser compreendidos em sentido *metafórico*. Ademais, visto que a palavra grega *soma* não designa apenas o corpo,

---

[20] GRUNDMANN, *ThHK 3*, 243.
[21] Cf. PLATÃO, *Tim.* 45bc; cf., a propósito, GNILKA, *HThK I/1*, 242 e nota 7; BETZ, *Studien zur Bergpredigt*, 65-74.
[22] LUZ, *EKK I/1*, 361.

mas toda a pessoa humana (cf. 5,29-30) e a forma de existência, o olho é aquele órgão que, através da forma *pela qual* ele olha, torna-se a fonte de luz que revela toda a pessoa em seu modo específico como um ser "luminoso" ou "tenebroso". Tal como alguém vê, ou seja, acolhe em si, conscientemente, o mundo exterior e a ele reage, decide-se *nele* e o deixa repercutir em seu ser. De acordo com a *forma* do ver, o olho traz luz ou trevas para dentro do ser corporal humano, de modo que ele "ilumina" e se torna "luminoso". Resulta um jogo de permuta: conforme se dá a percepção, a pessoa é por ela marcada, e de acordo com essa impressão ela perceberá e avaliará o mundo exterior!

Se perguntarmos *como* um olho puro, límpido vê, então vale como resposta que ele percebe de tal maneira as pessoas e as coisas, isto é, acolhe-as *em si* como *na verdade* o são. Ele não projeta nelas o que não existe ou simplesmente não é verdade. Por outro lado, isso pressupõe que o ser humano que olha e enxerga dessa maneira seja uma boa pessoa, pois "a pessoa boa não possui olho tenebroso" (TestBenj 4,2). Contudo, o próprio Mateus demonstra isso da maneira o mais clara possível no final da parábola dos trabalhadores da vinha, quando ele, no momento do pagamento da diária, faz o proprietário dirigir-se aos que protestavam com as seguintes palavras: "Ou o teu olho é mau porque eu sou bom?" (Mt 20,15).

Mas o evangelista colocou o dito depois da máxima a respeito do verdadeiro tesouro. Se perguntarmos pela relação existente, então só pode tratar-se de que o homem pode ver dessa ou daquela maneira os valores que "se lhe dão na vista". Se eu quiser, ajudado por todas as coisas e pessoas amadas desse mundo, conseguir o bem simplesmente, portanto, o Reino dos Céus, então estou enganado quanto às relações. Se eu absolutizar os valores terrenos que me fascinam como a essência daquilo que é digno de ser vivido e por que vale a pena lutar, então eu me agarro à vida sem perceber-lhe a efemeridade e sem querer "admiti-la"! Procuro refúgio por trás de máscaras de ouro, como os reis de Micenas na escuridão dos túmulos. Somente o olho puro consegue distinguir entre o "tesouro" imperecível e o "vaso de argila" (2Cor 4,7) que o contém. Ele percebe a realidade e a acolhe em si tal qual ela é *na verdade* e, portanto, introduz luz no ser humano. O mal olhado, ao contrário, confunde, consciente ou inconscientemente, o "tesouro" com o "vaso de argila". No sentido de Mateus, isso pode bem significar: aquele que é verdadeiro cristão no mais íntimo do seu ser encontra-se na "luz", ilumina a partir de dentro e está, portanto, perto de Deus.

A partir desse pano de fundo, torna-se compreensível a *advertência* conclusiva *(v. 23c.d)*: "Pois se a luz que há em ti são trevas, quão grandes serão as trevas!". Os *cristãos* enxergaram corretamente quando se tornaram cristãos. Eles já estão estabelecidos nos domínios de Deus e "iluminados", de modo que sabem em que consiste o verdadeiro tesouro. Nesse sentido, diz-se em Ef 1,18-19: *"Que ele ilumine os olhos de vossos²³ corações*, para saberdes qual é a esperança que o seu chamado encerra, qual é a riqueza da glória da sua herança entre os santos e qual é a extraordinária grandeza do seu poder para nós, os que cremos, conforme a ação do seu poder eficaz". Quem possui um coração cheio de fé e uma límpida capacidade visual, permite também que a luz de Deus incessante e renovadamente tome conta de toda a sua pessoa. "Onde, porém, faltam a reta compreensão ou o posicionamento ético correto, ali todo o ser humano está entregue às trevas e abandonado à impiedade".[24] As trevas que sobrepujam e apagam "a luz em ti", *cristão*, não podem ser de forma alguma compreendidas em sua "dimensão", pois "onde existe *muita* luz, existe também *muita* sombra", nesse caso, "sombra da morte". Ela é, na verdade, o fim da "iluminação" e significa o retrocesso à opacidade da vida meramente terrena. Preferiram-se, mais uma vez, os "tesouros" efêmeros ao verdadeiro tesouro. Nesse sentido, o refrão do batismo, tirado de Ef 5,14, é de uma atualidade sempre nova para cada cristão: "Ó tu, que dormes, desperta e levanta-te de entre os mortos, que Cristo te iluminará!".

No final das contas, nesse dito se trata da oferta da salvação e da vontade salvífica de Deus, que deve ser feita tanto no céu como também *na terra*. Isso só pode ser compreendido por um olho "límpido" e por um "coração puro", aos quais é feita a promessa da contemplação de Deus (cf. 5,8). Por conseguinte, o decisivo é conservar o direcionamento, existente e ao mesmo tempo exigido, para Deus, pois "tal como toda a vida do ser humano imerge nas trevas onde o olho é cego, assim também o ser humano que não mais procura olhar para Deus com pureza, mas que se deixa afastar dele mediante seus tesouros terrenos".[25]

---

[23] A tradição textual de "vossos" *(hymôn)* é incerta, visto que está ausente de P⁴⁶ B, mas testemunhada por ℵ A F G etc.

[24] STRECKER, *Bergpredigt*, 137.

[25] SCHWEIZER, *Bergpredigt*, 76. Cf. FRANKEMÖLLE, *Matthäus-Kommentar 1*, 258: "O relacionamento dos cristãos com o dinheiro e com os tesouros terrenos revela seu íntimo, seu coração que, segundo a antropologia

2.3. O dito sobre o servo de dois senhores (v. 24)

24a   Ninguém pode servir a dois senhores.

b   Com efeito, ou odiará um e amará o outro,
c   ou se apegará ao primeiro e desprezará o segundo.

d   Não podeis servir a Deus e a Mamon.

O versículo, literalmente semelhante a Lc 16,13,[26] consiste em tese (v. 24a), fundamentação (v. 24b.c) e aplicação (v. 24d). A tese (v. 24a), tomada em si mesma, não é concludente, uma vez que um escravo, segundo a lei, de fato podia pertencer a dois possuidores (quase como ocupação de meia jornada) e, portanto, podia ter dois senhores. A problemática dessa dupla pertença é evidente, visto que, por meio dela, conflitos são imediatamente previsíveis. A ênfase do dito recai antes sobre a fundamentação da tese (v. 24b.c). Os verbos de ação "odiar/amar" (v. 24b) e "apegar-se (a alguém)/desprezar" (v. 24c) formam um quiasmo entre si. Uma vez que as negativas "odiar" e "desprezar" funcionam como a antítese de "amar", ou seja, "apegar-se a alguém", devem ser também interpretadas nesse sentido: "odiar" significa, portanto, "não amar", e "desprezar" quer dizer "não apegar-se ao Senhor".[27] Que com isso não se faz alusão apenas a sensações emocionais, demonstra-o o *versículo 24c*: trata-se de uma atitude positiva em contraste com a rejeição e o distanciamento; portanto, é questão de decisão por ou contra um dos dois senhores, os quais, respectivamente, reivindicam a dedicação total do escravo.[28]

Mas, em conexão com os ditos precedentes, o verbo "amar" (*agapân*) chama a atenção, pois a identificação de toda a pessoa humana com o ser amado está ligada ao amor. No "ouve, Israel", Iahweh reivindica tal amor para si somente, o único

---

judaica, deve estar completamente direcionado para Deus. Tanto na antropologia quanto na ética, tudo está em jogo".

[26] Em Lc 16,13, acrescenta-se, como sujeito," (nenhum) empregado doméstico" *(oikétes)*. A inserção parece ser obra do evangelista, visto que ele ajunta o dito à parábola do administrador infiel (Lc 16,1-8) como um dos auxílios de interpretação.

[27] *Antéchomai tinós* pode também significar "esforçar-se por alguém". Cf. igualmente, EvTom, dit. 47: "É impossível que um homem cavalgue dois cavalos e retese dois arcos; portanto, é impossível que um empregado sirva a dois senhores. Ele *honrará* a um e *ultrajará* o outro".

[28] Cf., a propósito, SCHWEIZER, *Bergpredigt*, 76; STRECKER, *Bergpredigt*, 139.

Deus (cf. Dt 6,4-5). Ao contrário, o ódio de Israel deve voltar-se para a *idolatria* que se opõe à pretensão de unicidade de Iahweh: "Não te prostrarás diante desses deuses e não os servirás, porque eu, Iahweh teu Deus, sou um Deus ciumento [...]" (Ex 20,5). Precisamente nessa direção aponta a "aplicação" conclusiva que põe o leitor diante da decisão: "Não podeis servir a Deus e a Mamon" (v. 24d). Originariamente, a palavra aramaica *mamôn/mamôná* designa simplesmente os bens ou a fortuna, e só adquire valor negativo mediante acréscimos tais como "dinheiro injusto" ou similares.[29] Contudo, sobre o pano de fundo de Ex 20,5, Mamon aparece como um ídolo que entra em concorrência com a pretensão de unicidade de Deus. A exigência de decisão da parte de Jesus não consiste, portanto, em que seus discípulos, isto é, os cristãos, devessem renunciar a toda posse porque ela, em si, seria algo mau e oposto a Deus; ao contrário, ela diz respeito à relação do ser humano com os bens terrenos: *servir*, assim se diz, só é possível a Deus ou ao ídolo Mamon, não, porém, a Deus e a Mamon ao mesmo tempo, uma vez que ambos exigem o pleno empenho de eros, força e *amor*.

Certamente, seria demasiado simplista se, por Mamon, alguém subentendesse apenas dinheiro e capitalismo. Mamon é "possuir" [orig. alemão *Be-sitz*, do latim *possideo*, de *potis* ou *pote* + *sedeo*]; significa, portanto, o chão sobre o qual alguém "se assenta" ou "de que tomou posse". Esse chão pode ser de natureza econômica ou espiritual, profissional ou pessoal. É sabido que um empreendimento econômico só floresce quando se expande. Isso traz como conseqüência que a vida do empreendedor é determinada pelas leis da economia, quer queira quer não. A eficiência econômica, porém, comanda também o destino das pessoas. Demissão e desemprego são apenas um dos fenômenos dessa legalidade; outro é a investida, geradora de morte, em algumas circunstâncias, contra a natureza, o meio ambiente etc. Surge também, de fato, uma cultura que avalia o ser humano somente segundo o que ele produz, rende e custa. Tem importância somente sua produtividade, exteriormente pesável e mensurável; sua interioridade não interessa. Numa sociedade pautada coerentemente pelos resultados, nem a idade nem a dignidade humana valem algo, mas somente o princípio: *"hic Rhodus, hic salta"* [literalmente, "Rodes é aqui; salta (tu) aqui", no sentido de "mostra aqui do que és capaz"]. Quantas guerras sangrentas não são realizadas exclusivamente por

---

[29] Cf., a respeito, BALZ, *mamonâs*, 941-942. Cf. também BILLERBECK II, 220.

interesses econômicos, utilizando-se o "material humano" existente e aproveitável! Quase sempre se trata da expansão dos próprios confins. Por conseguinte, é questão de arrancar do "lugar" o concorrente, se possível radicalmente, a fim de assentar a si mesmo sobre seu "trono". Daí, considera-se Mamon também "a coisificação de todas as relações da vida",[30] quando o que sempre importa saber é o que elas produzem, rendem ou custam. Quem compreende unicamente a si próprio como a norma dos fatos só pode usar o colega, o amigo ou o parceiro como instrumento de sua auto-realização. O instrumento deve, por fim, ser trocado quando não mais satisfaz as exigências da otimização da vida, e quando se delineia uma alternativa melhor. E até mesmo o culto divino pode tornar-se culto a Mamon, quando se transmuda numa empresa religiosa pública ou privada, quem sabe até mesmo entusiasticamente amada. Então, para ela servirão também as normas de uma empresa, dentre as quais o amor não conta, mas sim a lei do resultado (e da rentabilidade), perante si mesma, perante as pessoas e até mesmo perante Deus! "A sentença radical de Jesus, que contrapõe o culto a Deus e o culto a Mamon, corre (portanto), ela mesma, o perigo de colocar-se a serviço de Mamon, quando não compreendida suficientemente de forma radical e abrangente."[31]

Deus e o ídolo Mamon correspondem, finalmente, aos tesouros que são ajuntados no serviço de um ou de outro. Uma vez que o serviço significa a identificação total com Deus ou com as grandezas terrestres, o "coração" também se encontra lá onde se acha o tesouro, no céu *ou* na terra (v. 21). Contudo, o verdadeiro tesouro só pode ser o próprio Deus, ou então consiste nos ídolos "efêmeros" desse mundo. Está claro que, para os cristãos, a única escolha que pode existir é Deus somente. Mais uma vez, isso só é perceptível para o "sensato", aquele que tem noção do único verdadeiro para a sua vida e, portanto, é "iluminado" em seu íntimo (vv. 22-23). A exigência de ser um servo de Deus visa, por conseguinte, "à realização de uma liberdade que tem sua origem na ligação com Deus e se manifesta no dia-a-dia como culto a Deus, no qual as coisas do mundo são usadas como se não o fossem".[32] Já escrevia Paulo aos Coríntios: "Tudo é vosso, mas vós sois de Cristo, e Cristo é de Deus" (1Cor 3,22-23).

---

[30] WEDER, *Die "Rede der Reden"*, 204.
[31] WEDER, *Die "Rede der Reden"*, 205. Inserção minha.
[32] STRECKER, *Bergpredigt*, 140.

2.4. Resumo

Os três ditos sublinham, mediante metáforas, a importância da dedicação indivisa do ser humano cristão a Deus e ao seu Reinado, sem que o conceito *basileía* apareça *expressis verbis*. As próprias metáforas só deixam pressentir do que se trata a partir da primeira tábua do Pai-nosso, pois no sentido da retórica dramática, somente na última frasezinha é que Deus é posto em jogo (v. 24d).

O que os ditos pretendem chama-se *orientação da vida*. Isso exige uma decisão que determina toda a existência, o querer e o agir, mas acima de tudo o direcionamento da capacidade humana de amar. A oposição entre luz e trevas na segunda sentença (vv. 22-23) enfatiza a criticidade de tal decisão vital, pois a luz indica o âmbito salvífico escatológico, ao passo que as trevas apontam para a falta de perspectiva "no reino da perdição".[33] O que se encontra em jogo é, portanto, a salvação definitiva de todo cristão, "dos quais o deus deste mundo obscureceu a inteligência, a fim de que não vejam brilhar a luz do evangelho da glória de Cristo, que é a imagem de Deus" (2Cor 4,4). A vida em nosso mundo oculta, pois, em si, o perigo de ser absorvido por esse mundo e não mais poder ver de forma alguma o essencial.

Não é possível servir às duas "divindades" ao mesmo tempo. Trata-se de direcionar a vida para aquele Deus que deve ser servido no amor, porque ele é o verdadeiro "tesouro" pelo qual vale a pena arriscar tudo, a fim de conservá-lo como a maior de todas as preciosidades (cf. Mt 13,44)! Ele é o Deus a quem a Oração do Senhor chama de Pai nosso e roga para que sua santidade se manifeste poderosamente na vinda de seu Reinado, a fim de que sua santa vontade seja feita "no céu como também na terra".

3. O evangelho das preocupações (Mt 6,25-34)

25a *Por isso vos digo:*
b *não vos preocupeis com a vossa vida (psyché)*
c *quanto ao que haveis de comer [ou quanto ao que haveis de beber]*

---

[33] GNILKA, *HThK I/1*, 244.

d	nem com o vosso corpo quanto ao que haveis de vestir.
e	Não é a vida (psyché) mais do que o alimento
f	e o corpo mais do que a roupa?
26a	Olhai as aves do céu:
b	não semeiam, nem colhem,
c	nem ajuntam em celeiros.
d	E, no entanto, vosso Pai celeste as alimenta.
e	Ora, não valeis vós mais do que elas?
27a	Quem dentre vós, com as suas preocupações,
b	pode acrescentar um só côvado à duração (de sua vida)?
28a	E com a roupa, por que andais preocupados?
b	Observai os lírios do campo, como crescem,
c	e não trabalham e nem fiam.
29a	E, no entanto, eu vos asseguro
b	que nem Salomão, em toda sua glória,
c	se vestiu como um deles.
30a	Ora, se Deus a erva do campo,
b	que existe hoje e amanhã será lançada ao forno,
c	veste assim —
d	não fará ele muito mais por vós, homens fracos na fé?
31a	Por isso, não andeis preocupados, dizendo:
b	"Que iremos comer?"
	ou: "Que iremos beber?"
	ou: "Que iremos vestir?"
32a	De fato, são os gentios que estão à procura de tudo isso!
b	Vosso Pai celeste sabe
c	que tendes necessidade de todas essas coisas.
33a	Buscai, em primeiro lugar, o Reino de Deus e sua justiça,
b	e todas essas coisas vos serão acrescentadas.
34a	Não vos preocupeis, portanto, com o dia de amanhã;
b	pois o dia de amanhã se preocupará consigo mesmo.
c	A cada dia basta o seu mal.

Na redação atual, os textos desta seção pertencem "ao gênero literário das *exortações sapienciais*", cujas observações em torno da natureza têm em mente a justa "visão do mundo".[34] Como tais, eles poderiam muito bem encontrar-se na literatura sapiencial de Israel. O que é específico do Novo Testamento é a orientação deles para as coordenadas escatológicas do Reinado de Deus (v. 33),[35] mediante o que eles, para além das conseqüências gerais das sentenças sapienciais de não se deixar vencer fundamentalmente pelas preocupações da existência, adquirem um novo sentido. Eles se tornam, por assim dizer, a "parte simbólica", à qual a exortação escatológica, que busca simplesmente o Reinado dos Céus como o principal, corresponde, de certa forma, como "parte real".

Mateus tirou a presente coleção de máximas, em sua maior parte, da Fonte dos Ditos, como o atesta a comparação com Lc 12,22b-31(32). As duas redações apresentam, sem dúvida, diferenças estruturais. A pertinente questão em torno da *história da tradição e da história da redação* levou a diversas tentativas de uma "decomposição" da seção e à postulação de diversos estágios de desenvolvimento do texto.[36] Em princípio, porém, pode-se pressupor que Mateus reelaborou o versículo 27, no confronto com Lc 12,26, e acrescentou o versículo 34 do modelo de Q como material especial. Portanto, a unidade de Mateus em questão, à parte pequenas modificações redacionais, deverá ter sido composta pelos versículos Mt 6,25-26 e 28-33. As intervenções redacionais de pouca monta, da parte do evangelista no próprio texto, são formadas, entre outras, pelas expressões "os pássaros *do céu*" (v. 26a), que correspondem melhor do que os corvos (cf. Lc

---

[34] Cf. ZELLER, *Logienquelle*, 79.

[35] Cf. WIEFEL, *ThHK 1*, 140.

[36] Cf., a propósito, LUZ, *EKK I/1*, 365. As opiniões divergem de modo especial com respeito a uma versão grega do dito 36 do evangelho copta de Tomé no Papiro Oxirinco 655, 1a, linhas 1-17. O texto reconstruído apresenta uma espécie de versão abreviada do "evangelho das preocupações" e tem o teor seguinte: "Diz Jesus: não vos preocupeis, do amanhecer ao entardecer, do anoitecer ao amanhecer, nem com o alimento que deveis tomar, nem com a roupa que deveis vestir. Vós sois melhores do que os lírios, que não abrem (a lã), nem fiam, mas têm uma veste [...]. Quem pode acrescentar (algo) a vossa altura? Esse vos dará vossa roupa". Ultimamente, em enérgica discussão com SCHRÖTER, Vorsynoptische Überlieferung auf P. Oxy 655, ROBINSON; HEIL, The Lilies of the Fields, 1-25, defendem vigorosamente a opinião de que o texto situado *antes de Q* apresenta uma tradução grega de uma coleção aramaica e deixa entrever um estágio de tradição o mais próximo possível dos ditos de Jesus (cf. p. 21). Dali, seu itinerário leva à redação através de Q e, daí, para as respectivas redações dos sinóticos (cf. p. 25).

12,24a) aos "lírios *do campo*" (v. 28b), além de "vosso pai celeste" (v. 32b), bem como a inserção "e sua justiça", no versículo 33a. Portanto, Mateus reelaborou a afirmação da Fonte dos Ditos segundo sua intenção e, de forma talentosa, colocou-a a serviço daquilo que ele queria afirmar. Por conseguinte, sua versão é também objeto da interpretação que se segue.

A perícope é freqüentemente chamada de "evangelho das preocupações", visto que ela é marcada pela palavra "preocupar(-se) *(merimnân)*, que aparece diversas vezes. O imperativo "não vos preocupeis" introduz a perícope (v. 25b) e encontra-se novamente, acompanhada pela conjunção "pois" *(oûn)*, nos versículos 31a e 34a. A palavra aparece ainda no versículo 28a, na pergunta "por que andais preocupados?", e assinala o início de uma nova subseção, isto é, uma mudança de imagem.[37] Essas expressões devem ser entendidas como indícios estruturais. De acordo com elas, resultam as *três unidades:* versículos 25-30, 31-33 e 34. A *primeira* e mais longa seção *(vv. 25-30)* consiste em uma exortação fundamental (v. 25b-f), dois exemplos tirados da natureza (vv. 26ad.28b-29) e as aplicações a eles relacionados sob forma de conclusões *a minori ad maius* ["do menor ao maior"] (vv. 26e-27.30). A *segunda* seção *(vv. 31-33)* é formada pelas mencionadas conseqüências práticas decorrentes da primeira. Ademais, ela se harmoniza ainda, mediante o verbo "esforçar-se", *(epizeteîn)* no versículo 32a, ou seja, "procurar" *(zeteîn)*, no versículo 33a. A *terceira* unidade textual é composta apenas pelo *versículo 24* e tira uma segunda conseqüência da primeira parte.

3.1. A exortação (v. 25)

O evangelho das preocupações obtém sua importância especial mediante a frase temática precedente (v. 24). Trata-se de Deus, a quem se deve servir unicamente, de forma que os bens e a fortuna terrestres aparecem como valores secundários. A esses pensamentos liga-se o *versículo 25a* com a expressão *"Por isso vos digo"*, pois "o culto divino exigido (v. 24) significa não apenas distanciamento

---

[37] A forma participial no versículo 27a "com suas preocupações" *(merimnôn)* [lit. "preocupando-se"], em razão da problemática redacional do versículo, pode ser inicialmente ignorada.

em relação aos bens, mas também abandono das preocupações".[38] Preocupar-se e tomar providências pertencem ao típico modo humano de comportar-se. No helenismo e na literatura sapiencial influenciada pelo helenismo, procura-se analisar o fenômeno da preocupação humana. É tido como sábio somente quem se preocupa com as coisas essenciais, não com as secundárias.[39] Mas o que é essencial?

Uma proibição de preocupar-se com a alma e o corpo mediante o alimento necessário[40] e a roupa soa, em todo caso, irreal *(v. 25b-d)*. Talvez as condições de vida dos discípulos de Jesus ou as dos missionários ambulantes identificáveis por trás da Fonte dos Ditos, bem como as dos destinatários de Mateus, eram tais que eles corriam o sério risco de se deixarem sufocar pela preocupação em torno da mera sobrevivência.[41] Mas, como as concretizações de *psyché* e de *sôma*, no versículo 25e.f dão a entender, os conceitos de alma e corpo não devem ser entendidos em sentido helenístico ou em nossa acepção psicossomática, mas sim como paráfrase semítica do ser humano terreno em sua totalidade. "Pois a *psyché* é a força vital, mantida pela comida e pela bebida, enquanto *sôma* é o corpo, que é uno com essa força."[42] A proibição, porém, não se refere à existência humana, cuja manutenção ou destruição se possa simplesmente deixar ao acaso, mas diz respeito ao alimento e à vestimenta como objeto da preocupação *primária*! Nesse sentido, aponta também o contra-argumento no *versículo 25e.f.* Trata-se do "para que serve a preocupação". A vida mesma não deve ser confundida com a preocupação por coisas valiosas.[43] Naturalmente o ser humano carece de alimento e de roupa, mas a preocupação com o alimento e com a roupa tem a ver com a angústia. Direta ou indiretamente, a angústia gira sempre em torno do eu aparentemente ameaçado, em nosso caso, em torno da possibilidade de poder sobreviver ainda no futuro. Por trás dessa preocupação oculta-se o anseio por segurança, sim, por

---

[38] STRECKER, *Bergpredigt*, 141.
[39] Cf. BETZ, *Studien zur Bergpredigt*, 92.
[40] Na Fonte dos Ditos, fala-se, presumivelmente, apenas do comer, mas não do beber, como Lc 12,22c o deixa pressupor. Provavelmente trata-se de um acréscimo feito por Mateus (B W f^{13} 33 it bo), a fim de que a "retomada" no versículo 31b possa corresponder ao esquema.
[41] Cf. as anotações interpretativas em WEDER, *Die "Rede der Reden"*, 207-210.
[42] GNILKA, *HThK I/1*, 246; cf. DAUTZENBERG, *Sein Leben bewahren*, 92-97.
[43] Cf. ZELLER, *Logienquelle*, 79.

"seguro". A angústia, a veste ardente, é, porém, aquela górgone com serpentes por cabelos, cujo olhar paralisa e entorpece toda vitalidade *no hoje*![44]

Se, para o grego, a partir de Sócrates, a preocupação pela *alma* é uma questão filosófica e religiosa fundamental, a tentativa de ir ao encontro dessa preocupação mediante o comer e o beber revela o ser humano como um tolo. Vitalidade é outra coisa e mais do que aquilo que ele, a partir de fora, toma para si. Semelhantemente a isso, o corpo, isto é, a pessoa concreta *(sôma)*, é mais do que o que veste e, portanto, mais do que se apresenta exteriormente. Para os antigos, a roupa não era apenas proteção contra o calor ou o frio, mas também símbolo de *status* e de ofício, como também hoje togas, uniformes ou vestes litúrgicas o são. Quem, portanto, quiser providenciar a manutenção da vitalidade de sua pessoa mediante ambição angustiada por "roupas", isto é, por cargos e honrarias, segurança financeira, prestígio e propriedades de todo tipo, no final das contas passa ao largo do ser da pessoa. A pessoa viva em si mesma transforma-se num "cabide" que finge personalidade. Como o demonstra a experiência, a inflamada preocupação com prosperidade, bem-estar, dinheiro e poder pode "tostar" a vida mesma até a base. Se o ser humano se empanturra de tudo o que é apenas imaginavelmente "nutritivo", nisso asfixia sua alma, cobre-se com todas as "capas" concebíveis, perdendo assim sua identidade. Por essa razão, no início do evangelho das preocupações encontra-se a advertência do Senhor para não cair na preocupação paralisante em torno do que é secundário na vida, mas manter a vida mesma diante dos olhos.

3.2. *Pessoa e natureza (vv. 26-30)*

O olhar diretamente poético sobre a natureza fundamenta a proibição de preocupar-se com o alimento e com a roupa com as alusões "aos pássaros do céu" (v. 26) e aos "lírios dos campos" (v. 28f), trabalhadas quase paralelamente.[45] Como

---

[44] Cf., a propósito, WEDER, *Die "Rede der Reden"*, 211.
[45] EBENR, *Jesus — ein Weisheitslehrer?*, 267, tenta a reconstrução de um paralelismo mínimo que existia na Fonte dos Ditos e que foi elaborado num estágio anterior:
"Olhai os corvos, que não semeiam nem colhem. E Deus os alimenta.
Não valeis mais do que os pássaros?
Observai os lírios, que não labutam nem fiam. E Deus os veste.
Não valeis mais do que a erva?".

até agora, os leitores de antigamente e os de hoje são interpelados diretamente. Eles não devem soçobrar na preocupação consigo mesmos, incapazes de enxergar para além dos próprios rebordos, mas devem *contemplar* (v. 26) e *aprender* (v. 28b). Não a crispação em si mesmo, mas a abertura para fora é que possibilita o processo de aprendizado, que conduz à vitalidade confiante e à calma interior.[46] O ativismo é uma fraqueza que se contrapõe à calma em si mesmo ou em Deus.

3.2.1. Pássaro e alimento (vv. 26-27)

Lucas não fala dos "pássaros do céu", mas dos corvos (Lc 12,24). De acordo com Lv 11,15 e Dt 14,14 eles são animais "impuros". Eles vivem "inseguramente" daquilo que por acaso encontram. Não obstante sua "impureza", Deus se utiliza deles para alimentar o profeta Elias (1Rs 17,2-6). É perfeitamente concebível que essa provocante alusão ao comportamento dos corvos remonte ao próprio Jesus. *Mateus*, ao contrário, generaliza e fala positivamente, talvez apoiando-se em Gn 1,20, e de acordo com o uso lingüístico veterotestamentário dos "pássaros do céu".[47] Sua forma de vida é contestada pelas atividades tipicamente "masculinas" de uma cultura agrícola: eles não semeiam e não colhem, e não conhecem nenhum tipo de aprovisionamento. Mas o ponto de comparação não pode consistir em que o ativo cuidado com a própria subsistência seria uma atividade humana altamente supérflua e contrária à natureza, e que a demissão definitiva do trabalho ou um estilo de vida alternativo sobre uma ilha solitária seria o mandamento da hora (escatológica).[48] Os "pássaros do céu" testemunham, antes, que a criação está de tal forma disposta que eles são mantidos em vida por Deus, e que o ser humano com demasiada facilidade se esquece de sua inserção na criação de Deus, chegando à convicção de que sua vida depende unicamente de sua força produtiva, posto que ele, no final das contas, apenas receba e trabalhe os dons que a criação lhe põe à disposição. Assim considerados, os pássaros têm igualmente algo a ver com o céu, uma vez que eles ilustram, de forma exemplar, o cuidado do Deus criador. Neles rutila um traço do paraíso perdido.

---

[46] Cf., a esse respeito, WEDER, *Die "Rede der Reden"*, 212.
[47] A expressão "os pássaros do céu" encontra-se 34 vezes na Septuaginta.
[48] Cf. 1Ts 4,11-12.

A pergunta: "não valeis vós mais do que elas?" *(v. 26e)* inicialmente pode ser entendida como repreensão: incapazes de perceber as próprias falhas e fixados na própria grandeza, esquecestes completamente os verdadeiros laços e vossa dependência em relação à criação? Confere-lhe eloqüente expressão a pergunta retórica no final do curso do pensamento *(v. 27)*: "Quem, graças a suas 'preocupices', consegue aumentar sequer um lapso à sua duração (de vida)?". O termo grego *helikía* pode indicar tanto a duração da vida quanto a estatura corporal. Na maioria das vezes, o substantivo é entendido no sentido de uma medida estabelecida por Deus, a qual não permite uma superação. Isso significa, porém, que naquilo que compete a Deus somente o ser humano está de mãos atadas.[49] Por conseguinte, a supervalorização da preocupação em torno de bens materiais para a subsistência aparece automaticamente como algo perverso.

Certamente, como dito sapiencial universalmente compreensível, esta frase não permanece sem questionamento hoje, tanto mais que uma medicina altamente desenvolvida está em condição de alongar uma vida, até mesmo consideravelmente. Mas, como desejo oculto do ser humano — poder levar uma vida *plena* para sempre nesse mundo —, a alusão à medicina revela-se uma utopia pouco refletida, a não ser que se considere a possibilidade existente e medicinalmente exeqüível de *poder* não morrer como essência da felicidade! A meu ver, aqui não é o lugar de discutir as providências medicinais que podem levar a um prolongamento da vida, visto que a presente pergunta religiosa aponta para outra direção. Com efeito, o que se quer dizer é isso: quem se concentra exclusivamente na conseqüente construção de seguranças para a vida passa ao largo da natureza da pessoa humana determinada por Deus e sucumbe, como já observado, à ilusão da segurança.

---

[49] Cf. Ernst, *RNT (3)*, 403. Igualmente Lucas conclui a comparação com os corvos como Mt 6,27, com a indicação de que ninguém pode prolongar sua vida de um lapso sequer (Lc 12,25), mas conclui a partir daí: "Portanto, se até as coisas mínimas ultrapassam o vosso poder, por que preocupar-vos com as outras?" (Lc 12,26). *Mateus* ou deixa de lado essa conclusão ou não a conhece de forma alguma. Por isso, em seu texto, a alusão à duração da vida (Mt 6,27), de certa forma, paira no ar e age como um corpo estranho que é amiúde considerado como um desdobramento secundário da unidade original da perícope. Assim opina, por exemplo, Luz, *EKK I/1*, 365: "O versículo 27 diferencia-se dos demais versículos quanto ao conteúdo e quanto à forma lingüística, e é um comentário secundário, marcado sapiencialmente". Com isso, porém, Mateus consegue estabelecer entre as duas comparações uma conexão mais sólida do que seria possível pela aposição de conclusões semelhantes.

Contudo, para Mateus, a pergunta "não valeis mais do que elas?" tem ainda outro significado, uma vez que lhe precede, no *versículo 26d*, a constatação de um dito tipicamente mateano: "[...] e, no entanto, *vosso* pai celeste as alimenta". O Deus da criação, como Pai de Jesus Cristo, é também o Deus dos discípulos de Jesus, ou seja, de todos os cristãos. Precisamente aí, distinguimo-nos[50] e superamos as testemunhas voadoras do cuidado do Deus criador: somos testemunhas daquele Deus que começou uma nova criação mediante Jesus Cristo, a qual exprime a filiação em unidade com o Filho de Deus. Paulo confessa em Rm 8,32: "Como não nos haverá de agraciar em tudo junto com ele?". Quem está definitivamente envolvido por Deus conhece a própria relatividade, mas também sabe que esse Deus "descarta", enfim, um angustiante desassossego pelo alimento e pela roupa. "Aqui, não se trata, portanto, de atividade ou de inatividade, mas de duas formas diferentes de atividade".[51] E, levando-se em consideração a aplicação no versículo 33, pode-se dizer: "A exortação torna-se fanatismo estranho à vida no momento em que, eliminada da antítese, transforma-se em única preocupação justificada pelo Reino de Deus".[52]

3.2.2. Flores e vestimenta (vv. 28-30)

O segundo exemplo critica a vestimenta como expressão da posição social. O convite a tirar conclusões a partir do modo como os lírios do campo crescem[53] e se desenvolvem pertence ao campo dos exemplos burlescos. Não se trata certamente dos "soberbos" lírios de jardim de nossa região, mas daquelas flores selvagens que crescem no Oriente Próximo, encontradas nos prados incultos durante a primavera. Como o mostra a "descrição de sua atividade", elas não se sujeitam a nenhum dos trabalhos femininos comuns nas culturas orientais como, por exemplo, o tormento dos afazeres domésticos cotidianos, até o fiar da lã de ovelha, a fim

---

[50] De acordo com REHKOPF, *Grieschisch-deutsches Wörterbuch*, *diaphérein* (diferenciar-se) significa também "distinguir-se".

[51] SCHWEIZER, *Bergpredigt*, 77.

[52] ERNST, *RNT (3)*, 403.

[53] Possivelmente, no modelo de Mateus constava não "como crescem" *(auxánousin)*, mas "como não cardam, não afofam a lã" *(ou xainousin)*", ao que outra vez aponta o Papiro Oxirinco 655, 1a, linhas 9-10 *(hátina ou xaínei)*, bem como a leitura do Cód. ℵ*^vid. Cf., a propósito, SKEAT, The Lilies of the Field, 211-214.

de providenciar a roupa para a família (v. 28b.c). O versículo 29 logo sublinha enfaticamente, por meio do "e, no entanto, eu vos asseguro" introdutório, que a púrpura real, simbolizada pelo proverbial esplendor de Salomão,[54] ou seja, pela grandeza e pelo poder do filho de Davi, é suplantada de longe pela beleza natural de um único dentre esses "lírios" selvagens que crescem. Eles não precisavam produzir penosamente e "construir" propositadamente a própria "glória", mas foram criados como seres magníficos! O lírio *possui* sua glória *(dóxa)* porque é produto do poderoso Reinado de Deus. Até mesmo Salomão, o protótipo davídico do Messias, em seu poder e em sua auto-ostentada glória, era simplesmente miserável em comparação com o lírio.

Todavia, a conclusão final da seção *a minori ad maius* ["do menor ao maior"] (v. 30) também patenteia, com maestria, a relatividade dessa estratégia de glória em comparação com os ouvintes do ensinamento de Cristo. Como belezas selvagens que crescem, eles são tidos "apenas" como "erva do campo", que rapidamente volta a murchar e, uma vez lenhoso, hoje ali está, mas amanhã, em um país pobre em lenha, serve como mísero combustível (v. 30b). É difícil estabelecer se o conceito "hoje" e "amanhã" invocam metáforas apocalípticas para "este" e para o "mundo vindouro", mas, levando-se em consideração o versículo 34, é perfeitamente concebível para Mateus. A pujança e o esplendor da criação não são apenas limitados no que diz respeito ao tempo, mas estão até mesmo votados à destruição. Deus envolve sua primeira criação com grandeza e magnificência, mas também com transitoriedade. Quanta prodigalidade e quanta fartura! Deus considera essenciais animais e plantas! Mas o que é o homem para que nele pense? (cf. Sl 8,5).

A frase conclusiva (v. 30d) interpela mais uma vez, de forma direta, os ouvintes, isto é, os leitores e, portanto, também nós, cristãos. Nós, como tais, por meio de nossa pertença a nosso Senhor elevado à glória do Pai, já fazemos parte da "nova criação". Se as flores do campo ilustram o cuidado de Deus em relação à roupa, posição e dignidade de sua criação, não admira então que também a frase conclusiva, a partir do versículo 30c em diante, seja regida pelo verbo "envolver" *(amphiénnai)*. Sobre nós, cristãos, são colocadas "roupas" como símbolo de nossa dignidade, as quais em muito superam a dignidade dos lírios do campo,

---

[54] Cf. 1Rs 10; 2Cr 9,13-28.

a qual já ultrapassa a de Salomão, a saber, as "vestes brancas" do mundo divino escatológico,[55] as quais simbolizam a dignidade daqueles que "se revestiram de Cristo" (Gl 3,27; Rm 13,14) e "do Homem Novo, criado segundo Deus, na justiça e santidade da verdade" (Ef 4,24; cf. Cl 3,10).

"Aqui se fala de tal forma do mundo como se o paraíso não tivesse sido perdido",[56] ou seja, como de um mundo transformado no Reinado de Deus! Uma utopia? Sim e não! Tudo depende apenas de ver o mundo corretamente e, a partir do que se vê, aprender a crer. A designação dos ouvintes como "fracos na fé" refere-se a cada um, pois o Senhor exige "o risco da confiança, o *mesmo assim* da fé que se confia ao poder criador de Deus, que chama à existência as coisas que não existem (Rm 4,17)".[57] Devemos acreditar em Deus, que ele é o "tesouro" escatológico e definitivo pelo qual vale a pena viver. O fraco na fé olha para esse Deus com o coração dividido, possui ainda diversas coisas ao seu lado, pelas quais angustiosamente se preocupa, a fim de, em todo caso, não correr riscos. Por fim, tal divisibilidade de coração inclui, porém — consciente ou inconscientemente —, a dúvida! Contudo, Deus exige um amor que, incondicionalmente, conhece apenas um Único.

3.3. A "parte real" (vv. 31-33)

A nova seção do evangelho das preocupações, comprovada como conseqüência mediante a conjunção "por isso" *(oûn)*, consiste nas duas unidades formadas pelos versículos 31-32 e versículo 33. Em ambas as partes predomina o verbo "buscar, sair em busca (de algo), esforçar-se" *(epizeteîn)*. O primeiro trecho orienta sobre o que *não* deve ser buscado (v. 31f), enquanto o segundo fala *positivamente* do que deve ser buscado, a saber, o reinando de Deus e a correspondente justiça. Aquilo que até agora foi tratado sob a ótica da teologia da criação agora é discutido hermeneuticamente mediante a introdução de uma noção escatológica. Os versículos constituem um resumo claro, patenteado pela intenção daquilo que foi dito até agora.

---

[55] Cf., entre outros, o relato da epifania dos sinóticos, bem como Ap 3,5.18; 4,4; 6,11.
[56] WEDER, *Die "Rede der Reden"*, 213.
[57] STRECKER, *Bergpredigt*, 143.

O versículo 31 estende o arco de volta ao início do "poema didático" (v. 25b. c) e reitera a proibição de preocupar-se, isto é, de "afligir-se",⁵⁸ à medida que o conteúdo da preocupação — comer, beber e vestir-se — é transmitido em discurso direto. Mas, no sentido de uma repetição abreviada, os conceitos "alma" e "corpo", do versículo 25, não mais são incluídos. Estariam aqui citadas diretamente, talvez, as manifestações do indigentes destinatários de Mateus?

A fundamentação da repetida proibição é dupla. A primeira é, no que diz respeito ao conteúdo, até certo ponto negativa, nisso que os pagãos, como em 5,47 e 6,7, constituem o contra-exemplo repugnante *(v. 32a)*. Na condição de pessoas puramente "naturais", sem fé no Deus Pai escatológico dos cristãos, eles dirigem seus esforços para valores biológicos e sociológicos como a valores *definitivos* e correm atrás deles somente *(epizetoûsin)*. Não é preciso enfatizar que isso não é uma constatação histórica apenas da época dos antigos romanos. Em nosso Ocidente "cristão", certamente muitos pagãos foram batizados, mas também diversos cristãos se tornaram "pagãos" batizados que, como agnósticos ou também não, consideram a saúde, o bem-estar, a liberalidade moral e a satisfação social como os valores primários pelos quais vale a pena lutar. Que tal comportamento não se detenha também diante de "cristãos", até prova em contrário, "corretos", é igualmente fato. No entanto, não é preciso mais repetir que o ser humano e cristão que pretenda demasiadamente firmar-se "sobre os dois pés" e tão-somente sobre o chão "deste mundo", não atinge a plenitude de sua vida quando busca prioritariamente satisfazer suas necessidades biológicas. Por outro lado, a menção dos pagãos remete aos "gentios" em 6,7. Ali trata-se daqueles que pronunciam diversas palavras em suas orações, a fim de atingir o nome correto da divindade e, assim, obrigá-la à própria proteção e apoio. Os verdadeiros cristãos, porém, não precisam esforçar-se por "nada disso", afirma a segunda fundamentação do veto à angustiante preocupação *(v. 32b.c)*. Com efeito, os cristãos possuem um Deus que, como Pai de Jesus Cristo, é também pai deles! Eles devem apenas familiarizar-se com o fato de que seu Pai celeste sabe do que eles têm necessidade.⁵⁹

---

[58] Assim Luz, *EKK I/1*, 364; Lc 12,29b ainda acrescenta "e não vos inquieteis" *(mè meteorízesthe)*, com o que se alude ao momento da angústia existencial.
[59] Cf. Giesen, *Christliches Handeln*, 178.

De acordo com o *versículo 33*, o cuidado de Deus não é visto apenas como um dado de fato decorrente da criação, mas como algo que está ligado com a vinda do Reinado de Deus[60] iniciada por Jesus Cristo, Reinado este que é, por certo, uma grandeza escatológica, mas já se sobressai arraigadamente no presente *(v. 33)*. Buscá-lo *(zeteîn)* é possível na confiança no Pai. Essa procura, porém, é uma atividade que brota do relacionamento com Deus, possibilitado por Jesus, e, portanto, está isenta da angústia existencial daqueles "que não têm esperança" (1Ts 4,12; cf. Rm 15,32,b). A alternativa ao "pré-ocupar-se" consiste, portanto, no "buscar". Aquele que está dominado por preocupações ambiciona tanto a própria vida, que já não consegue, absolutamente, sair de si, aliás, nem sequer enxergar para além de si mesmo. Aquele que procura, porém, move-se em direção daquilo que deve estar fora e lhe vem ao encontro gratuitamente. O Reinado de Deus é, portanto, aquele presente que traz felicidade, que pode ser buscado como meta da vida, à medida que é buscado qualitativamente[61] como o Primeiro *(prôton)*. Mas precisamente isso é que se deve "copiar" dos pássaros do céu e aprender dos lírios do campo. Eles são receptores, não auto-abastecedores! Os pássaros não armazenam sob estresse o sustento conseguido à custa de esforço e planejamento, mas buscam o que lhes vêm ao encontro porque já está aí disponível! Por conseguinte, é decisivo buscar o Reinado de Deus, já existente, como o qualitativamente Primeiro e mais importante, uma vez que já está aí disponível!

O problema da frase reside, mais uma vez, na noção de "justiça" *(dikaiosýne)*. A partir do contexto, é certamente natural interpretar a idéia sob a ótica paulina, de modo que se exigiria que os cristãos pedissem "que Deus transmitisse a alguém sua justiça, que este a recebe como dom", isto é, "que a justiça de Deus agisse em alguém".[62] Com efeito, Mateus fala da justiça do Pai celeste.[63] A partir daí, pode-se supor que Deus aqui, como em 5,20.48, é e permanece *a base de*

---

[60] As testemunhas textuais mais importantes atestam apenas "o Reinado" *(tèn basileían)*, sem acréscimo. O suplemento: (o Reinado) "de Deus" *(toû theoû)* nos códices KLWΔΘ min. vg. é, certamente, um polimento secundário de uma construção frasal algo obscura. Portanto, a leitura mais breve deve ser preferida. Visto que Mateus acrescenta a idéia diretriz "e sua justiça", a construção frásica torna-se de novo clara. Por conseguinte, a inversão "a justiça e seu Reinado", no Códex B, dever ser vista, de preferência, como secundária.

[61] Cf. FRANKEMÖLLE, *Matthäus-Kommentar 1*, 260.

[62] FIEDLER, *Der Begriff dikaiosýne im Matthäusevangelium, auf seine Grundlagen untersucht*, 139; cf. id., "Gerechtigkeit" im Matthäusevangelium, 69-70; STUHLMACHER, *Gerechtigkeit Gottes bei Paulus*, 189.

[63] O pronome pessoal "sua" *(autoû)*, na Fonte dos Ditos, refere-se a "vosso Pai" (cf. Lc 12,30b).

possibilidade da realização do excedente em justiça. Quem, portanto, acolhe o mandamento do Pai pode e poderá superar sua fraqueza de fé (v. 30d) mediante a confiança nele (v. 32b.c).[64] Contudo, essa "justiça" não se torna propriedade, mas deve ser buscada sempre de novo. O nexo entre *basileía* e *dikaiosýne* deve ser entendido no sentido de que, de um lado, o Reinado de Deus é sempre a meta que certamente já atua aqui e agora, mas que deve ser buscada sempre de novo. Por outro lado, a missão, com a ajuda da justiça a ser vivida *premeditadamente*, mostra o caminho que conduz ao Reinado de Deus (cf. 5,20). A desmedida "justiça" é, para os cristãos, a "possível correspondência à realidade de Deus em suas vidas e em sua ética".[65] O imperativo presente "buscai" indica justamente uma exigência a ser cumprida imediatamente e, ao mesmo tempo, uma tarefa para toda a vida.

De acordo com Mateus, essa busca ao longo de toda a vida é o "indispensável", o primeiro e o decisivo que tudo determinam. Pois quem busca a Deus já o encontrou. Tudo o que nos for acrescentado *(v. 33b)* é, no sentido do versículo 32b. c, em primeiro lugar tudo o que é necessário para nossa vida terrena. No plano da criação, isso nos será posto à disposição, como também aos pássaros e às flores. Em relação ao Reino de Deus, porém, o "tudo mais" figura em segundo lugar na lista prioritária e é, por assim dizer, o "acréscimo", talvez, porém, também a condição prévia. Por fim, o futuro gramatical pode também indicar que o futuro escatológico, com tudo o que comporta sua plenitude, está assegurado para aqueles que suportam o sofrimento cristão no hoje, na medida em que eles ininterruptamente tentam praticar o excedente em "justiça" conveniente ao Reino de Deus.

3.4. "Carpe diem" (v. 34)

Se este versículo houver constituído a máxima da poesia sapiencial dos versículos 25-30,[66] então ela convida a não se deixar sufocar pelas preocupações

---

[64] Cf. GIESEN, *Christliches Handeln*, 174.
[65] FRANKEMÖLLE, *Matthäus-Kommentar 1*, 260.
[66] Com efeito, o versículo 34 dá a impressão de que poderia ter sido a aplicação sapiencial dos versículos 25-30. Contudo, isso é dificilmente demonstrável, uma vez que o versículo 34, porém, é material especial de Mateus, que se confronta com o *próprio* material especificamente lucano no texto paralelo de Lc 12,32. O encorajamento lucano a não temer, pois o pequeno rebanho herdaria o reino, indica, no contexto, que cristãos "pobres" não precisam inquietar-se por sua vida terrestre, visto que o mais importante lhes pertence (cf. ZELLER, *Logienquelle*, 81). Em contrapartida, Mateus fala da concentração no hoje, mediante o que ele, satisfatoriamente, liga-se à frase precedente (v. 33b).

quanto ao futuro, "pois, na preocupação, eu me ocupo, já hoje, com os aborrecimentos com os quais, *provavelmente*, apenas amanhã eu deveria ocupar-me".[67] Ela não me deixa viver no hoje e arrebata-me o tempo no qual realmente vivo! Nesse sentido, diz também o tratado da Mixná Sanh 100b: "Não te inquietes pelas preocupações de amanhã; pois não sabes o que o dia reserva; talvez já não mais estejas lá; então te terás preocupado com um mundo que já não te pertence". Plutarco cita a sentença de Epicuro: "Quem minimamente anseia pelo dia de amanhã vai-lhe ao encontro alegremente".[68] Portanto: *"Carpe diem"*? ["aproveita o dia (de hoje)"?].

Mateus não é nenhum epicurista! Ele estimula a um comportamento "que está pronto para o serviço (v. 24) e entrega as preocupações com o amanhã àquele que concede tanto o bem quanto o peso do dia, e que levará a cabo seu reino".[69] O labor do dia é provido pelo termo grego *kakía* que, na verdade, indica aquilo que é eticamente mal. O dia, juntamente com todo o mal que impregna nosso mundo e nossa vida, constitui, porém, o "momento" decisivo que deve ser, a cada vez, agarrado e utilizado de forma justa. Por essa razão, também o *Pai-nosso* de Mateus pede o pão que nos é adequado para *hoje* (6,11)! Em primeiro lugar, trata-se do pão necessário a fim de que o ser humano possa manter a vida. Mas é também o "pão" que permite sobreviver como *cristão*, o alimento escatológico, o dom da justiça *(dikaiosýne)* de Deus, a fim de que a possamos pôr em prática, aqui e agora, dia após dia, ao longo do caminho, até a manhã escatológica do Reino de Deus!

Essa prática do excedente cristão em probidade é, ao mesmo tempo, o ato de *confiança* no Pai de Jesus Cristo que é, a um tempo, criador e aperfeiçoador de seus filhos. A legitimidade dessa confiança é fundamentada em 7,11 com as palavras: "Ora, se vós que sois *maus* sabeis dar boas dádivas aos vossos filhos, quanto mais vosso Pai, que está nos céus, dará *coisas boas (agathá)* aos que lhe pedem!". Mas o bem por excelência é a comunhão de vida com Deus, a qual, simultaneamente, já deve ser suplicada como o "pão" mantenedor da vida para cada hoje, ainda entrelaçado com o mal, e nos desafia a, sem preocupação em relação ao *futuro* prometido, passar o dia "com a força desse

---

[67] WEDER, *Die "Rede der Reden"*, 215.
[68] PLUTARCO, *Tranq. anim.* 16.
[69] STRECKER, *Bergpredigt*, 146.

alimento" e atravessar o deserto do mundo até o encontro imediato com Deus sobre sua "montanha" (cf. 1Rs 19,8)! A decisão diária, não obstante e em todo o esforço da vida para buscar o Reino de Deus, inclui em si a promessa da manhã definitiva, promessa que não permite sobrevir nenhuma preocupação com o verdadeiro futuro!

Contudo, diante desse texto, nós, como cristãos, devemos perguntar-nos se ainda nos é própria *a liberdade da fé* que, em toda tentação e opressão da existência, permite ansiar por e viver despreocupadamente a manhã, sim, o "Dia do Senhor". M. Lutero teria rezado: "Vem, amado Dia do Juízo!". O evangelho das preocupações levanta a questão de se ainda estamos conscientes de que a benevolência e a graça de Deus, concedidas por meio de Cristo, revestem com roupas muito mais gloriosas do que o rei Salomão o protótipo do filho messiânico de Davi. Ainda acreditamos em tudo isso no Sermão da Montanha?

3.5. Resumo

Diferentemente de Lucas, Mateus encaixou o evangelho das preocupações no discurso programático de Jesus. Para ele, trata-se de, respaldado pela autoridade do Senhor, anunciar a seus leitores, pressupostamente inseguros, de qual segurança se trata, e aquilo por que os cristãos devem esforçar-se como o primeiro e o mais importante, e aquilo por que não devem afadigar-se. O Pai celeste — conforme a palavra do Senhor — sabe do que deveras precisamos, ou seja, o decisivo e absoluto. Mas ele também sabe que os cristãos, nesse mundo, podem desperdiçar esse absoluto se eles, em razão de justificadas ou injustificadas angústias existenciais, fixam-se e limitam-se ao "provisório". De fato, os valores e desejos intramundanos às vezes pouco têm a ver com a vida propriamente em unidade com Deus. Quem busca apenas aqueles, passa ao largo do essencial da vida. Ele não o encontra, uma vez que não busca de forma alguma, ainda que possa buscar.

O essencial da vida, que tudo faz aparecer sob nova luz, é designado por Jesus como o Reinado de Deus, o qual começa a realizar-se com ele e por meio dele. Mateus aponta a justiça de Deus como o caminho para o Reinado. Este deve determinar profundamente a vida e o comportamento humanos. Essa via conduz ao fundamento da vida dada, mantida, conduzida por Deus e plenificada na comunhão de vida com ele. O evangelho das preocupações exorta, portanto, a "reconhecer a justa hierarquia de valores na economia salvífica de Deus",[70] e assim ordenar corretamente as necessidades humanas. Os cristãos devem, porém, confessar: "Vê, Senhor, estamos jogados entre dois mundos. Tua flecha bem que nos atingiu mortalmente, mas nós jamais nos desvencilhamos desse amor à terra".[71] Por conseguinte, os cristãos são sempre "buscadores", pois "para o discípulo de Jesus do Sermão da Montanha [...] a busca pelo Reinado de Deus e pela justiça de Deus (v. 33) significa libertação em relação ao domínio prático dos problemas do presente".[72]

Se nós, cristãos, pedimos no Pai-nosso o pão necessário para hoje, então pedimos apenas o auxílio para a sobrevivência aqui e agora, mas, ao mesmo tempo, também a ajuda para a sobrevivência que a manhã escatológica já hoje, antecipadamente, garante. O evangelho das preocupações ilustra e explicita o que a *quarta* petição do Pai-nosso significa para nosso modo de vida, freqüentemente tão cheio de problemas.

4. Julgar e admoestar (Mt 7,1-5)

1   Não julgueis para não serdes julgados.
2a   Pois com o julgamento com que julgais,
         sereis julgados,
b   e com a medida com que medis,
         sereis medidos.

3a   Por que reparas no cisco que está no olho do teu irmão,
b   quando não percebes a trave que está no teu?
4a   Ou como poderás dizer ao teu irmão:
b   "Deixa-me tirar o cisco do teu olho",
c   quando tu mesmo tens uma trave no teu?

---

[70] SAND, *Das Evangelium nach Matthäus*, 144.
[71] MUMELTER, *Gib uns ein kühnes Herz...*, 256.
[72] BETZ, *Studien zur Bergpredigt*, 104-105.

5a Hipócrita,
 b *tira primeiro a trave do teu olho,*
 c *e então verás bem*
 d *para tirar o cisco do olho do teu irmão.*

A súbita mudança de tema tem sempre reclamado um esclarecimento, visto que a questão do conflito entre cristãos ajusta-se melhor à quinta e à sexta "antíteses" (5,38-42.43-48) ou ao comentário da quinta petição do Pai-nosso (6,14-15) do que ao evangelho das preocupações. Em todo caso, à primeira vista, a seção parece deslocada. H. Frankemölle opina que Mateus, no esquema do "Sermão da Montanha", segue a seqüência da coleção de textos veterotestamentários: "Ocupa-se com a *Torá* e com suas interpretações atuais em 5,21-47, ocupa-se com os *Nebiim*, os Profetas, em 6,1-8.14-18, ocupa-se com os *Ketubim*, os Escritos, especialmente com a literatura sapiencial, em 6,19–7,11".[73] Em favor disso, fala o fato de que, sob o aspecto da história das formas, toda a unidade textual deve ser atribuída ao gênero sapiencial.[74] Da mesma forma, presume-se que o evangelista trabalhe aqui com o esquema sapiencial "medida por medida",[75] "em primeiro lugar — em seguida",[76] e com o uso de metáforas e hipérboles.[77] Em todo caso, a partir de seu ponto de vista, tem razão G. Bornkamm quando compreende a perícope como um *midrash* ilustrativo para a *quinta petição do Pai-nosso*.[78] Em favor dessa opinião depõe o fato de Lc 6,37-42 usar o paralelo como explicação para o amor ao inimigo (Lc 6,27-35) e para a exigência de ser misericordioso como o Pai (Lc 6,36). Em Lucas, portanto, a temática se conecta ali onde, em Mateus, a sexta antítese termina, mas se conclui com a exigência de perfeição (Mt 5,48). Que Mateus a retome agora, depois da inserção do cap. 6, e, formalmente, mediante um imperativo negativo *(mé)* aproxime-a da tríade de ditos (6,19-21) e do evangelho das preocupações (6,25-34), mostra-o, de qualquer forma, o fato de

---

[73] FRANKEMÖLLE, *Matthäus-Kommentar 1*, 255.

[74] STRECKER, *Bergpredigt*, 149, em contrapartida, compreende o versículo 1 como "alerta profético de Jesus", ao qual se seguem exortações sapienciais.

[75] Cf., entre outros, Pr 11,25; 13,20; 17,13; 21,21; 22,23; Eclo 7,1-2; 28,1; TestZab 8,1; Sota 3,1 etc.

[76] Cf. Pr 24,27; Eclo 11,7; bem como Mt 5,24.

[77] Cf. GNILKA, *HThK I/1*, 254-255.

[78] Cf. BORNKAMM, Aufbau, 427-428; LAMBRECHT, *Ich aber sage euch*, 151-153.

ele pretender, com a perícope, dar continuidade à série de aplicações à moda de *midrash* das petições do Pai-nosso.

Sob o ponto de vista da *história da tradição*, os versículos 1 e 3-5 correspondem de maneira relativamente forte aos textos paralelos de Lc 6,37a e Lc 6,41-42, de forma que se deve pressupor sua origem na Fonte dos Ditos. Causa problema apenas o versículo 2, visto que o *versículo 2a* ("Pois com o julgamento com que julgais, sereis julgados") ou se desenvolveu a partir da frase de Lc 6,37, citada da Fonte dos Ditos: "Não julgueis, para não serdes julgados; não condeneis, para não serdes condenados", ou é uma nova construção de Mateus. O *versículo 2b* ("com a medida com que medis, sereis medidos") certamente corresponde a Lc 6,38e, mas também se encontra em Mc 4,24 em conexão com a interpretação da parábola do semeador e, portanto, num contexto completamente diferente. Presumivelmente, os ditos foram originalmente transmitidos de forma autônoma e reunidos somente na Fonte dos Ditos.[79] Mateus cita aqui, provavelmente, o texto de Marcos, de forma que o versículo 2 devia estar literariamente "fraturado". A origem jesuânica de todo o trecho praticamente não é posta em dúvida. Em prol disso fala a radicalidade da primeira parte, bem como o fato de que a segunda parte, que corresponde ao pensamento judaico, em sua imagística ajusta-se bem à linguagem de Jesus.[80]

Conteudisticamente, a perícope é constituída por duas unidades. *A primeira (vv. 1-2)* contém a proibição radical de julgar (v. 1) e uma dupla fundamentação em forma de um *parallelismus membrorum* (v. 2a.b). *A segunda (vv. 3-5)* trata do problema da correção fraterna sob a imagem do cisco e da trave no olho. Depois de duas perguntas diretas (vv. 3.4), segue-se a conseqüência (v. 5) sob a forma de uma frase imperativa tripartida. A propósito, a seqüência de cisco e trave é invertida, de modo que o repressor torna-se, ele próprio, o repreendido.

---

[79] Cf. GNILKA, op. cit., 255, nota 4; de acordo com STEGEMANN, *Jesus von Nazareth, Hoffnung der Armen*, 148, e THEISSEN, Gewaltverzicht und Feindesliebe, 181-182, *Lucas* mudou e expandiu, no entanto, o texto da Fonte, pois, para ele, trata-se de questões dos leitores a propósito da recompensa por uma forma de vida heróica. O desenvolvimento do texto em Lc 6,37b e 38b-e poderia também provir, em parte (v. 38), de um outro contexto na Fonte dos Ditos (cf. Mt 15,14; 10,24-25). Até que ponto hipóteses desse gênero trazem alguma contribuição, não vem ao caso aqui.

[80] Cf. LUZ, *EKK I/1*, 376.

4.1. Julgar e medir (vv. 1-2)

A palavra grega *krínein* significa, em si, "separar, diferenciar, apreciar", como termo jurídico, também, "julgar, decidir, sentenciar, proferir uma sentença".[81] A proibição é "absoluta, provocativa e exagerada como as precedentes"[82] e como as "anti-teses" em 5,17-47. Os leitores são desafiados e forçados a uma tomada de posição. Mateus fundamenta a exigência radical de renunciar, de modo geral, ao condenar e ao julgar não com a adjunção "e não sereis julgados" (Lc 6,37a), mas com a oração final "*para* não serdes julgados". O passivo é, antes, uma perífrase do comportamento de Deus e aponta para o julgamento divino. A forma do aoristo, usada a propósito, designa uma ação única e definitiva de Deus. Não se trata, portanto, de passado ou de futuro, mas do fato de que o julgamento e a condenação humanos incluem em si o direito divino! O objetivo da proibição é, portanto, não tornar o julgamento de Deus supérfluo.

Esse pensamento torna-se compreensível no âmbito da mensagem-do-reino-de-Deus e da práxis de Jesus. No helenismo, cabe a Zeus, o deus altíssimo, o papel de juiz incorruptível, pois a *Dike* é a filha de Zeus. No AT e no judaísmo a idéia da justiça de Deus é particularmente dominante. Deus é simplesmente o justo juiz, "por ele as ações são pesadas [...]; Iahweh julga os confins da terra" (1Sm 2,3b.10b). Perante a injustiça humana, ele faz o pobre e faz o rico, humilha e exalta, "faz morrer e viver, faz descer ao Xeol e dele subir" (1Sm 2,6). Para Jesus, porém, ao contrário de João Batista, o ser humano "é justificado não mediante o julgamento, mas por meio do amor".[83] Quem, portanto, se engaja com toda a sua existência na boa-nova-do-reino-de-Deus, para este o julgamento de Deus já passou, mas também a legitimação de julgar e de condenar os semelhantes. Com efeito, quem julga o "filho do Pai celeste" julga a si mesmo, pois se exclui do domínio salvífico do Reinado de Deus. Como o dá a entender a segunda parte (vv. 3-5), a situação se aguça ainda mais quando um cristão avalia negativamente seu *irmão* cristão e, portanto, implicitamente o julga. Com a arrogância de poder

---

[81] BAUER, *WB*, 916-918. Lc 6,37b interpreta o conceito com a palavra composta *kata-dikázein*, que significa "condenar". Em conexão com o convite a ser misericordioso como o Pai (Lc 6,36), essa interpretação corresponde ao fio condutor lucano do texto.
[82] FRANKEMÖLLE, *Matthäus-Kommentar 1*, 262.
[83] WEDER, *Die "Rede der Reden"*, 218.

criticá-lo, de fato ele "julga" aquele que, como ele próprio, entrou na esfera do Reinado de Deus. O julgamento do outro é, portanto, a petulância de uma revisão do julgamento escatológico de Deus sobre um co-agraciado, a qual se torna autocondenação.

A isso corresponde também a *fundamentação* do interdito de julgar no *versículo 2a*. Se krîma, de fato, significa a sentença judicial, com isso, sem dúvida, está implícito também o julgar e condenar cotidianos do semelhante e do co-cristão. Se, com efeito, o julgamento escatológico de Deus se consuma na autocondenação daquele que se arvora em poder pronunciar sentença contra o outro, então as duas formas de julgamento se fundem. Nesse sentido, só pode existir "medida por medida", conforme já se disse na quinta petição do Pai-nosso e em seu comentário sob o aspecto do perdão: "Pois, se perdoares aos homens os seus delitos, também vosso Pai celeste vos perdoará; mas se não perdoardes aos homens, o vosso Pai também não perdoará os vossos delitos" (6,14-15). Onde, portanto, suprime-se o julgamento humano, suprime-se também o julgamento de Deus.

Em um mundo da estratificação, da apreciação crítica e da avaliação, a frase antecedente (v. 1), como princípio salvífico escatológico, diz respeito a todo leitor *cristão*. Contudo, o questionamento de opiniões, visões e pessoas é um "dado comum" da sociedade humana. Que grandioso é, porém, poder falar dos outros e criticá-los, sem pensar positivamente a respeito dos interessados, ou sem tomar conhecimento dos pressupostos do agir ou da conduta deles! Essa "critiquice" torna-se perigosa quando não se limita apenas a uma forma de pensar, mas é elevada a um princípio de comportamento. Então se torna uma forma de domínio sobre o outro. Mas pode ser também "a tentativa suicida do sujeito de se colocar no lugar de Deus e, por conseguinte, assentar-se num lugar onde Deus não mais se assenta".[84]

O dito a respeito do atribuir ou medir, no *versículo 2b*, sublinha o que foi dito mediante a mesma estrutura, mas com um vocabulário diferente.[85] A imagem provém da linguagem do comerciante e era disseminada no judaísmo. Em Sota 1,7, encontra-se até mesmo um tipo de paralelo ao versículo 2b: "Com a medida com que

---

[84] WEDER, *Die "Rede der Reden"*, 220.
[85] Cf. ibid., 376, nota 2.

uma pessoa mede, ela é medida (= por Deus)". Schab 127b é anda mais claro: "Os Rabbanan ensinavam: Quem julga favoravelmente seu próximo, é julgado também favoravelmente. E assim como julgaste a meu favor, possa Deus também julgar a teu favor". A idéia judaico-sapiencial de retribuição aí subentendida[86] certamente não era estranha também a Mateus, como já o demonstra igualmente a quinta bem-aventurança: "Felizes os misericordiosos, porque alcançarão misericórdia" (5,7). Para ele, julgamento e avaliação insensíveis não têm apenas uma dimensão social ou fraterna, mas constituem também a medida do juízo de Deus.[87]

O problema a propósito de se, com essa proibição, questiona-se também a *magistratura pública* foi bastante discutido ao longo da história da interpretação e mostra a problemática da aplicação prática dessa exigência radical. De forma realista, não se pode dispensar facilmente a jurisdição por meio do Estado ou de outras instâncias jurídicas, pois isso levaria a insuportáveis conflitos de responsabilidades. É inconcebível não poder processar, julgar e finalmente condenar membros associais e criminosos da sociedade, como assassinos, assaltantes, ladrões etc., visto que estes exporiam os outros à injustiça e ao perigo para o corpo e para a vida. Por outro lado, porém, os juízes não podem simplesmente ater-se à letra da Lei e, no sentido do cumprimento da obrigação judicial, decretar execuções, por exemplo, conforme leis raciais ou semelhantes. Também a eles é dito: naquilo que fazeis, considerai sempre também o juízo de Deus! Para todas as cristãs e cristãos, porém, vale a exigência implícita: estai atentos, pois já estais todos sob o Reinado dos Céus!

4.2. Cisco e trave no olho (vv. 3-5)

A segunda parte investiga a propósito do convívio concreto do indivíduo no interior de uma comunidade cristã. Por três vezes aparece a expressão "teu irmão" (vv. 3a.4a.5d), e a interpelação aos leitores muda para a segunda pessoa do singular. Cada um em particular é interpelado e desafiado. Trata-se da repreensão, isto é, da pretendida correção de co-cristãos avaliados negativamente, o que, porém, conforme dito, equivale a um julgamento implícito. A hipérbole da

---

[86] Cf. Sb 11,16; Pr 24,12; Sl 62,13; bem como Rm 2,6; 2Cor 5,10.
[87] Cf. FRANKEMÖLLE, *Matthäus-Kommentar 1*, 263-264.

trave no olho, utilizada a propósito a partir do *versículo 3*, é, obviamente, absurda. Quem tem um cisco no olho normalmente fica com a visão prejudicada, mas quem tem uma "trave" no olho não pode ver ou enxergar de forma alguma. Ele está como que "encravado" e nem sequer percebe a *própria* cegueira; no entanto, espantosamente, percebe que o "irmão" tem pequenos problemas. A hipérbole pretende, portanto, explicitar a total absurdidade da situação e do comportamento do admoestador. O *versículo 4* aguça ainda mais a absurdez mediante o fato de que aquele que não reconhece absolutamente a enormidade de sua deficiência ainda pede para corrigir o pequeno defeito do outro, a fim de que este consiga ver corretamente e, com isso, chegar à compreensão justa. Isso significa que o incapaz de entendimento pretende fazer o outro entender. No caso — para aternos à imagem — trata-se de um fenômeno observado universalmente, uma vez que pertence à natureza do olho perceber e reconhecer aquilo que se encontra fora, mas não a si mesmo.[88]

São notórios não somente os detetives, espiões ou serviços secretos, mas também diversas pessoas que se ocupam com a descoberta de falhas dos outros, reais ou supostas. Também historiadores e historiadoras da Igreja, às vezes, em nome da objetividade de sua ciência, cedem à pressão de descobrir e discutir amplamente falhas das gerações anteriores. O aplauso dos leitores é-lhes garantido, pois faz parte do aspecto agradável da vida denunciar publicamente a falibilidade alheia e encará-la com "repulsa e horror". Atividades desse jaez certamente aliviam. Como, de outra forma, seriam possíveis campanhas midiáticas, senão mediante a descoberta das falhas estranhas, juntamente com o prejulgamento atinente dos "delinqüentes", direcionadas a criar a chance singular de não reparar na própria culpa e compensá-la, visto que ela se desloca exteriormente e se liga a outras pessoas. O julgamento do outro "engana-me acerca das verdadeiras relações, acerca de meu próprio envolvimento com acontecimentos culposos".[89]

Por outro lado, o reconhecimento da falha alheia exige que se reconheça a própria falha. Quem vive isso experimenta, porém, uma queda que parece conduzir

---

[88] Cf. Schopenhauer, *Aphorismen zur Lebensweisheit*, 207. Em sentido inverso, vem a propósito também o aforismo de Adorno: "O cisco em teu olho é a melhor lupa" (apud Frankemölle, *Matthäus-Kommentar 1*, 263).

[89] Weder, *Die "Rede der Reden"*, 221.

ao vazio. Ele mostra-se, com efeito, como "hipócrita" *(v. 5a)*! Um exemplo modelar para isso oferece a história do profeta Elias (1Rs 19) que, como zeloso fanático pela causa de Iahweh, provoca o julgamento de Deus sobre o Monte Carmelo, a fim de pôr um fim sangrento ao politeísmo praticado por Israel durante gerações. Como essa tentativa leva à sua proscrição da parte da rainha Jezabel e, portanto, fracassa, ele tomba no vazio. Ele adentra-se pelo deserto, deixa-se cair sob a sombra de um junípero a fim de morrer, e diz a Deus: "Não sou melhor do que meus pais" (1Rs 19,4)! A ele, que pensava prestar um serviço a Deus com fogo e espada (cf. 1Rs 19,10.14), caiu-se-lhe a "trave" dos olhos. A verdadeira compreensão só lhe foi concedida depois de uma longa caminhada pelo deserto até a montanha de Deus, quando Deus lhe vem ao encontro não na tempestade, no terremoto ou no fogo, mas numa brisa calma e suave (1Rs 19,12), e o encarrega de deixar a outros a espada, demitir-se e preparar seu seguidor (1Rs 19,15-16).

De modo geral, Mateus designa os escribas teólogos e os fariseus como "hipócritas", isto é, "atores ímpios".[90] Em nosso versículo, "irmãos" cristãos são arrolados entre eles porque pretendem remediar as falhas dos outros sem aperceber-se da própria cegueira. Seu comportamento assemelha-se ao do guia cego que pretende orientar outro cego (cf. Mt 15,14; Rm 2,19). Contudo, no final das contas, tal comportamento baseia-se na convicção da própria integridade que — inconscientemente, na maioria das vezes — despreza os outros (cf. Lc 18,9). Por essa razão, no *versículo 5b* ordena-se a ir primeiro reconhecer o próprio "farisaísmo" e a abandonar a própria falsidade. Mas, conforme dito, isso é um longo e doloroso processo, contra o qual a própria psique humana procura proteger-se. Unicamente quando esse *processo de conversão* é atingido, eu, como cristão, *perceberei e compreenderei (v. 5c)* o que se passa com o ser humano. Somente então possuo um olhar puro e abnegado para ser capaz e ter a permissão de corrigir o semelhante. De fato, quem contemplou os próprios abismos conquista aquela medida de compreensão e de amor misericordioso que pode ajudar o co-cristão a atingir uma visão clara e a felicidade. Pois, assim, a eliminação do corpo estranho do olho de meu "irmão" *(v. 5d)* não tem mais o caráter judicioso-condenatório, mas sim o de humilde benevolência. A ajuda na conquista de um olhar assim, claro e desimpedido, é a realização do Reinado dos Céus, no qual àquele que tem um

---

[90] Cf. *supra*, a propósito de 6,2, p. 161.

coração puro é prometida até mesmo a contemplação de Deus (5,8). Mais uma vez exige-se, portanto, o primado do amor. Amor não significa indiferença e tolerância em relação ao mal. Ao contrário, ele sabe distinguir entre o mal e aquele que o pratica.[91] A pessoa humana pecadora é também, por conseguinte, objeto de um amor que brota da compreensão da própria fragilidade. O amor "não se alegra com a injustiça, mas se regozija com a verdade" (1Cor 13,6).

4.3. Resumo

A seção está ligada, quanto ao conteúdo, à quinta petição do Pai-nosso e ao comentário atinente (6,14-15), não obstante não haver nenhuma correspondência terminológica. O cristão que julga, ou seja, condena seu próximo, é, de fato, em primeiro lugar, aquele que lhe nega o perdão. Todavia, para os cristãos que acolheram em plena fé a oferta do Reinado de Deus, o julgamento escatológico de Deus, em razão da morte de Jesus, tornou-se objetivamente uma sentença misericordiosa. Quando cristãos julgam e criticam seus co-cristãos, então julgam e condenam co-agraciados. Seu "julgamento" tornar-se-á autojulgamento no conspecto de Deus, e o julgamento de Deus sobre eles será idêntico ao próprio. Aquilo que os cristãos atribuírem a seus co-cristãos atribuem a si mesmos em Nome de Deus.

Somos também advertidos por Mateus em relação ao hipócrita no próprio coração, o qual não se deixa reconhecer a si mesmo e se afasta do processo de autoconhecimento, uma vez que isso desmascara dolorosamente seu interior. Paulo leva a exigência ao ponto-chave: "Ou pensas tu, ó homem, que julgas os que tais ações praticam e tu mesmo as praticas, que escaparás ao julgamento de Deus? [...] Ou desconheces que a benignidade de Deus te convida à conversão?" (Rm 2,3.4). Uma correção entre "irmãs e irmãos" cristãos só é possível com base no autoconhecimento e no plano de um amor humilde: "Somente então poderei assemelhar-me a Jesus [...] e tornar-me um mestre (porque irmão ou irmã!) para os demais. Somente como nova criatura é que lhes posso [...] sugerir, mas não prescrever, uma mudança mínima".[92]

---

[91] Cf. WEDER, *Die "Rede der Reden"*, 222.
[92] BOVON, *EKK III/1*, 335.

5. O desperdício do sagrado (Mt 7,6)

6a   *Não deis aos cães o que é sagrado,*
b   *nem atireis as vossas pérolas aos porcos,*
c   *para que não as pisem*
d   *e, voltando-se contra vós, vos estraçalhem.*

O dramático e ao mesmo tempo enigmático dito constitui a conclusão da série de interditos que começou em 6,19. A esse respeito, opina U. Luz: "A sentença é um enigma. Seja a) sua origem, seja b) seu sentido original, seja c) seu significado no contexto mateano devem ser esclarecidos".[93] Por essa razão, só podem ser apresentadas hipóteses e suposições. Em todo caso, é consenso que o dito triplamente negatório constitui a conclusão da sucessão de proibições da terceira parte do Sermão da Montanha. Por conseguinte, no sentido da retórica mateana, ele adquire importância singular.

A *estrutura* do dito é simples. Os dois primeiros membros frasais (v. 6a.b) são constituídos paralelamente e podem ser compreendidos como *parallelismus membrorum*. A oração final (v. 6c.d) exerce ao mesmo tempo a função de justificação das duas frases precedentes, mediante o que a primeira parte (v. 6c) parece referir-se aos porcos (v. 6b), os quais apenas pisoteiam as pérolas que não lhes são comestíveis, ao passo que a segunda parte (v. 6d) refere-se aos cães (v. 6a), que se voltam agressivamente contra aqueles que lhes tiverem atirado "ração" insuportável. Portanto, a articulação interna e a externa do dito se completam quanto ao conteúdo.

No NT, praticamente não há paralelos para o dito, mas há-o no evangelho copta de Tomé: "Jesus disse: não deis nada sagrado aos cães, a fim de que não seja atirado ao monturo. Não jogueis as pérolas aos porcos, a fim de que não as estraguem [...]" (Log 93). O modo mais simples de explicar a origem do dito seria, pois, pressupor uma "tradição especial isolada",[94] ou contar com uma cópia da Fonte dos Ditos que Mateus tinha diante de si.[95] Contudo, provavelmente, o evan-

---

[93] Luz, *EKK I/1*, 381. Também Weder, *Die "Rede der Reden"*, 216, dá-se por vencido.
[94] Strecker, *Bergpredigt*, 151.
[95] Assim, Luz, *EKK I/1*, 382.

gelho de Tomé recorre a uma tradição mais antiga, talvez oral.[96] A. Sand pensa "numa versão abreviada, proveniente da tradição *judaica*, que foi posteriormente expandida redacionalmente".[97] Essa pressuposição não pode ser descartada sem mais, visto que o conceito "o sagrado", na liturgia judaica do Templo, designava a carne sacrifical[98] e, em sentido figurado, era usado também para a Torá. Assim diz bChaq 13a: "Não se transmite a palavra da Torá a um pagão".[99] Sabe-se que as palavras "porcos" e "cães" eram usadas também como designações depreciativas para os pagãos impuros (cf. Mt 15,26 e par.). "Porco" e "cão" eram, portanto, insultos também contra os soldados romanos, os quais, afinal de contas, "dilaceraram e pisotearam" Jerusalém, isto é, Israel, na guerra judaico-romana. Se o dito provier do judaísmo, então é também teoricamente concebível que até mesmo servisse a um rigoroso grupo judeu-*cristão* para polemizar contra a missão entre os pagãos ou contra os membros das Igrejas gentio-cristãs.[100] Essa hipótese não é, certamente, improvável, mas dificilmente é demonstrável.[101]

Como quer que tenha sido a história da tradição do dito, deve-se perguntar o que *Mateus* quer dizer a seus leitores com essa sentença. Fundamentalmente, deseja ele apenas advertir contra a transmissão da boa-nova e da sabedoria de Cristo a obtusos espectadores? A isso corresponderia uma frase do Ginza Direito: "As palavras do sábio a um tolo são como pérolas a uma porca".[102] Se, no judaísmo, isso se refere à Torá e a sua interpretação rabínica, aqui se trata, antes, da palavra do Senhor e de sua interpretação por meio de Mateus. Se o sagrado é equiparado a uma pérola, por cuja aquisição, de acordo com Mt 13,45-46, vale a pena tudo vender, então não se pode confiá-lo a insensatos blasfemadores e àqueles para as quais isso não passa de ideologia refinada, a qual eles desfolham e "pisoteiam" e, por fim, voltam-se contra os transmissores e detentores do sagrado, a fim de "despedaçá-los" e destruí-los. O versículo seria, pois, uma séria advertência

---

[96] Cf. Schrage, Thomasevangelium, *BZNW* 29 (1964), 9; Fieger, *Das Thomasevangelium*, 2.

[97] Sand, *Das Evangelium nach Matthäus*, 146.

[98] Cf. Bekh 15a Bar em relação a Dt 12,15: "Não se deve deixar cair nada sagrado, permitindo que os cães o devorem".

[99] Apud Michel, *kýon, kynárion*, 1101-1102; cf. Bornkamm, Aufbau, 428-429, nota 11.

[100] Cf. Schweizer, *Bergpredigt*, 81; Bornkamm, Aufbau, 428-429.

[101] Assim também Gnilka, *HThK I/1*, 259; cf. Weder, *Die "Rede der Reden"*, 216.

[102] Ginza Direito VII, 218, 30.

contra "um trato leviano com a mensagem do Reino de Deus".[103] Evidentemente, *quem* seriam esses "indignos" não é dito. Seriam simplesmente os pagãos, de modo geral? Ou dever-se-ia reconhecer aqui o princípio de uma disciplina cristã esotérica? Ou, a partir da designação judaica da carne sacrifical como "o sagrado", Mt 7,6 também teria um timbre cultual, de modo que poderia referir-se também "ao culto cristão"?[104] Em todo caso, nesse sentido, Didaqué 9,5 fundamenta a proibição de admitir não-batizados à Ceia do Senhor[105] com uma meia citação da sentença: "Nenhum coma ou beba de vossa Eucaristia senão os que foram batizados em Nome do Senhor; pois, também em relação a isso, disse o Senhor: 'Não deis o sagrado aos cães'." No caso não se deve supor que estariam incluídos entre os "cães" os catecúmenos pagãos.

De quando em vez, porém, o versículo é interpretado em estreita ligação com o contexto precedente, de modo especial com a proibição de julgar.[106] Então ele teria a tarefa de indicar os limites intra-eclesiais da proibição. Estes seriam evidentes quando a verdade da fé está em jogo, "o irmão" não quer ouvir nem mesmo a comunidade e, assim, tornou-se para ela "como o pagão ou o publicano" (18,17). O irmão obstinado e incorrigível aparece, então, como o insensato do qual Pr 26,11 diz: "Como o cão que volta ao seu vômito é o insensato que repete a sua idiotice".[107] Algo semelhante diz também, mais tarde, 2Pd 2,22 a respeito dos falsos doutores da Igreja: "Cumpriu-se neles a verdade do provérbio: 'O cão voltou ao seu próprio vômito', e: 'A porca lavada tornou a revolver-se na lama'". É difícil dizer até que ponto Paulo, em Fl 3,2, já estava também influenciado por tais provérbios originalmente bem judaicos, quando caracteriza como cães seus "colegas" judaístas que pretendiam exigir dos pagãos a circuncisão. Se a resposta for positiva, então "ele usa a arma judaica contra os próprios portadores".[108] Para

---

[103] SAND, *Das Evangelium nach Matthäus*, 147.

[104] Cf. MICHEL, *kýon, kynárion*, 1101-1102.

[105] NIEDERWIMMER, *Die Didache*, 192, pressupõe também "que o didaquista não pensa unicamente na ceia da comunidade, de que se tratava até então, mas que ele inclui a celebração sacramental da Ceia do Senhor e que sua proibição vale de modo especial para a celebração da Ceia do Senhor".

[106] Assim, entre outros, STRECKER, *Bergpredigt*, 148. 152; SCHWEIZER, *Bergpredigt*, 81.

[107] Mas, conforme Mt 18, o irmão insensato não deve ser privado do "sagrado", mas ele é "ligado", a fim de que chegue ao entendimento e possa novamente ser "desligado" (18,18).

[108] MICHEL, *kýon, kynárion*, 1102.

Paulo, não se trata da exclusão deles, mas sim, como posteriormente também 2Pd 2,22, do desprezo que demonstravam pela mensagem salvífica *universal* e da perturbação que causavam na comunidade. Significativo, porém, é que as designações atribuídas aos pagãos tenham sido transmitidas já muito cedo na polêmica intra-eclesial. De qualquer maneira, trata-se do virulento problema, na época neotestamentária e posteriormente, de como tratar os falsos mestres e os falsos profetas (cf. 7,13). Portanto, em Mt 7,6, a partir do contexto precedente, estaria em discussão esse problema sob o aspecto do limite da tolerância e da proibição de "julgar".

Evidentemente deve-se levar em consideração que as proibições existentes desde 6,19 encontram-se antes desligadas, umas ao lado das outras, de forma que é questionável se o versículo 6 deva ser realmente compreendido *somente* a partir do contexto precedente.[109] Por isso, G. Bornkamm relaciona "o sagrado" com a boa-nova do Sermão da Montanha. Os ouvintes cristãos são convocados "a proteger e conservar incólume [...], do contrário, a ruína lhe sobrevirá".[110] Quem, portanto, não importa de que maneira, entrega-se ao desleixo, renega sua missão de ser sal da terra e luz do mundo. Com isso, coloca em jogo sua pertença a Cristo. No sentido da interpretação midráshica das duas últimas petições do Pai-nosso, a tentação e o mal que ameaçam os discípulos consistem, pois, em que eles correm o risco de que a Palavra e o desígnio salvífico de Deus "sejam atirados aos cães",[111] uma vez que eles não levam a sério a mensagem de Jesus e, portanto, "o sagrado". Devemos rogar a nosso Pai celeste que não permita esse primeiro passo rumo à incredulidade ou à falsa fé, mas nos garanta a salvação contra a ruína (cf. 6,13).

Considerando-se ainda a concentricidade do Pai-nosso, mediante a qual as duas primeiras petições de uma só linha correspondem de forma contraposta às duas últimas,[112] então a tentação de desperdiçar o sagrado e a conseqüente queda no mal têm a ver com as duas primeiras petições: "Santificado seja o teu Nome, venha o teu Reino". Se a auto-santificação do Nome de Deus, de acordo

---

[109] Cf. também FRANKEMÖLLE, *Matthäus-Kommentar 1*, 266-267.
[110] BORNKAMM, Aufbau, 429.
[111] Cf. SCHWEIZER, *Bergpredigt*, 82-83.
[112] Cf. *supra*, p. 179.

com Ez 36,21-28, consiste no restabelecimento do povo de Deus com o fito da comunhão ideal de Iahweh com seu povo, que deve viver segundo sua natureza, então a profanação do Nome de Deus se dá mediante um comportamento infrator da aliança no contato com um ambiente incréu! Destarte, a pretensão de unicidade de Deus é exposta à irrisão, ou seja, seu nome é profanado. A entrega do sagrado aos pagãos, ouvintes indignos do anúncio, falsos irmãos ou apóstatas[113] é, portanto, a concretização da *profanação do Nome de Deus*, ou seja, a verificação da *rejeição de seu domínio!*

O desperdício do sagrado com pessoas (que se tornaram) pagãs ou que são simplesmente indignas acontece sempre quando o ser divino de Deus é minimizado no sentido de um espírito do tempo autocrático e egoísta. Então, não tem importância alguma se isso acontece em relação a "pagãos" batizados ou simplesmente no interior da Igreja. Dá-se o caso também quando a Palavra de Deus, documentada na Escritura, é de tal forma interpretada que permita justificar possivelmente todas as insensatezes produzidas pelo espírito do tempo. Mas também acontece ali onde a reivindicação de unicidade de Deus é degradada a fundamento do próprio domínio humano. Isso é precisamente o contrário do que significa o Reinado dos Céus. Quando no Decálogo se diz: "Não te prostrarás diante desses deuses" (Ex 20,5; Dt 5,9), é porque estes são símbolos que dizem muito mais do que salta à vista, uma vez que tornam presentes forças e poderes que nos podem separar do amor de Deus em Cristo Jesus (Rm 8,38-39).

Em todo caso, o duro versículo indica que nós, cristãos, sempre e em toda parte, estamos expostos à tentação de nos subtrairmos à esfera do domínio de nosso Pai celestial, à medida que nós, no sentido do "habitual" e imediatamente "acessível", caímos de joelhos perante os ídolos produzidos pelos homens — e, em última instância, por nós mesmos — e, assim, de mil e uma maneiras imagináveis, profanar o Nome de Deus, isto é, entregar o sagrado à profanação. A última interdição no *corpus* do Sermão da Montanha convida, pois, também ao bom senso! Este se expressa de maneira elementar no voltar-nos para "nosso Pai que está nos céus", de modo especial no pedido de preservação contra a tentação e de salvação da esfera do mal, a fim de que somente seu nome seja santificado,

---

[113] Cf. NIEDERWIMMER, *Die Didache*, 192, nota 79.

à medida que seu desígnio salvífico se cumpra, desimpedido, em nós e na Igreja de Jesus Cristo.

6. O poder da oração (Mt 7,7-11)

7a	*Pedi e vos será dado;*
b	*buscai e achareis;*
c	*batei e vos será aberto;*
8a	*pois todo o que pede recebe;*
b	*o que busca acha*
c	*e ao que bate se lhe abrirá.*
9a	*Ou qual é a pessoa dentre vós*
b	*a quem o filho pede pão*
c	*lhe dá por acaso uma pedra?*
10a	*Ou também pede um peixe*
b	*lhe dá por acaso uma serpente?*
11a	*Ora, se vós, sendo maus,*
b	*sabeis dar boas dádivas aos vossos filhos,*
c	*quanto mais vosso Pai, que está nos céus,*
d	*dará coisas boas aos que lhe pedem.*

Conforme mencionado, a perícope, construída positivamente em forma de uma *recapitulatio*,[114] não se refere a nenhuma petição isolada do Pai-nosso, o que não significa que não possua nenhuma conexão com os textos precedentes. De acordo com G. Bornkamm, o parágrafo pretende ilustrar como a Oração do Senhor, como tal, "deva ser praticada no decorrer de toda a vida".[115] A propósito, note-se que no ápice da seqüência textual aparece o epíteto divino "vosso Pai, que está nos céus" (v. 11c), o que aponta para as admoestações (6,1.14) e para o apelo a Deus no começo do Pai-nosso. Trata-se, portanto, ao menos nos ver-

---

[114] Cf. *supra*, p. 210.
[115] BORNKAMM, *Aufbau*, 430.

sículos 9-11, de ditos que "desenvolvem a interpelação ao Pai em uma questão paradigmática".[116] 6,8 poderia constituir o princípio formal: "Vosso Pai sabe do que tendes necessidade antes de lho pedirdes". Contudo, possivelmente, a seção retoma também 6,32b.c, onde a frase reaparece com teor quase idêntico, mas continuada com o desafio: "*Buscai*, em primeiro lugar, o Reino [de Deus] e sua justiça, e todas essas coisas vos serão acrescentadas" (6,33). De qualquer maneira, Mt 7,7-11 começa com o convite a pedir e conclui-se com a indicação de que o Pai celestial *dará coisas boas* ao que lhe pede, de forma que ele possa levar uma vida cristã no mundo.

A parênese a propósito da oração harmoniza-se em grande parte com Lc 11,9-13 e provém da Fonte dos Ditos.[117] Os *versículos 7-8* são factualmente idênticos a Lc 11,9-10,[118] e o *versículo 10* tem em Lc 11,11 seu correspondente. O *versículo 9*, em si, não tem paralelo, pois Lc 11,12 usa como segundo exemplo o contraste entre ovo e escorpião, que não aparecem em Mateus. Visto que, em Mt 7,9-10, os exemplos do pão e do peixe correspondem aos alimentos galileus básicos, deve-se pressupor que o evangelista cita o texto original de Q. O *versículo 11* corresponde estruturalmente a Lc 11,13, mas se diferencia por variantes conteudísticas: *Mt 7,11a* compreende as pessoas claramente como "*sendo (óntes) más*", em oposição a Deus, ao passo que Lc 11,13a, muito mais como "*existentes, isto é, viventes (hypárchontes) no mal*" em sentido moral. Ademais, *Mt 7,11d* menciona "boas coisas", ao passo que Lc 11,13d (o) "Espírito Santo" como o dom "do Pai do céu", o que corresponde a seu conceito específico de salvação. A designação de Deus como "*vosso Pai*, que está nos céus" em *Mt 7,11c* é, porém, tipicamente mateana. No todo, Mateus redigiu sua versão com bastante cuidado e, como demonstra a comparação com Lucas, interveio apenas onde, no âmbito de sua concepção teológica, era estritamente necessário.

---

[116] ZELLER, *Logienquelle*, 58.

[117] Cf. a propósito, *supra*, p. 33.

[118] Incerta é apenas a forma verbal no versículo 8c // Lc 11,10c. Em Mt 7,8c, o Códex B escreve a forma presente, que apresenta antes uma adaptação ímpar às formas verbais precedentes. Contudo, em Lc 11,10c, p^{75}, ℵ C L R Θ Ψ min pm escrevem a forma do futuro. Uma vez que a forma do futuro constitui a leitura mais difícil, é mais provável que tenha sido tirada da Fonte dos Ditos conforme o original pelos dois evangelistas.

Do ponto de vista da estrutura, delimitam-se três segmentos, a saber: versículos 7-8, 9-1 e 11.

Os *versículos 7-8* contêm uma dupla *exortação* trilinear a um apresentar-se confiante diante de Deus. Os dois versículos trilineares se harmonizam mutuamente na escolha das palavras, mediante o que a primeira (v. 7) contém três imperativos e três promessas, enquanto a segunda (v. 8) fundamenta a confiança exigida com os mesmos conceitos.

Os *versículos 9-10* são formados por duas perguntas retóricas que exigem respostas negativas. Elas lançam mão de situações concretas da vida familiar e ilustram, portanto, os aforismos dos versículos 7-8 precedentes.

O *versículo 11* tira do comportamento humano a conseqüência *(oûn)* para o comportamento do Pai celestial em relação aos leitores cristãos. O dom das boas dádivas no primeiro membro da frase (v. 11a.b) fica evidente a partir dos versículos 9-10. No segundo membro da frase (v. 11c.d), as coisas boas de Deus não são certamente explicitadas e devem ser inferidas a partir dos dois apostos "vós, sendo maus" (v. 11a) e (vosso Pai), que está nos céus" (v. 11c) do versículo 6.

6.1. Os ditos admoestatórios (vv. 7-8)

Os três imperativos: "pedi — buscai — batei" *(v. 7)* incentivam com crescente intensidade à oração de petição. Lido por si só, o texto fala de elementos totalmente "profanos", que pertencem à dinâmica da vida e que dizem respeito a qualquer um. Quem *pede* carece de meios a fim de poder sobreviver ou de organizar sua vida de forma que valha a pena viver. Os meios podem ser de natureza material e podem ser constituídos de alimento, roupa, trabalho, de um empréstimo, de cuidados médicos etc. Mas eles podem também ser de tipo imaterial e conter valores como dedicação, capacidade de ouvir, segurança, reconhecimento, amor etc. Quem *busca* vai talvez ao encalço do extraviado, do obstruído, do perdido, do rejeitado, ou busca o desconhecido, o valioso, que ele suspeita seja importante, quiçá decisivo para sua vida. Quem *bate* tem em vista, afinal de contas, ser admitido, acolhido, assumido. Ele gostaria de ser acolhido a fim de poder participar da companhia do outro etc. O buscar e o bater evocam a imagem de um caminho que conduz a uma casa ou pelo menos a uma porta. A tríade, portanto, tem em vista um esforço que se prolonga até que o suplicante receba, finalmente, a permissão.

Em sentido inverso, isso pressupõe que a pessoa que assim age experimenta-se como necessitado, à procura e até mesmo um sem-teto. Trata-se de um movimento que conduz da auto-suficiência para o "aproximar-se da vida".[119] A primeira e a terceira frases conclusivas (v. 7a.c) são construídas na forma passiva e situam o objeto indireto "vos" enfaticamente no fim. Poder-se-ia traduzir: "e será dado a vós — e será aberto a vós". A ausência de objeto nos verbos passivos, em Mateus, já aponta de preferência para o Deus atuante. Ele se deixará encontrar pelos ouvintes de Jesus e pelos leitores do evangelho, dar-lhes-á e abrir-lhes-á. Na Fonte dos Ditos, com vista à aguardada iminente parusia do Filho do Homem, a forma futura tinha um peso bem especial. A isso corresponde também o buscar e o encontrar, uma vez que expressam a atitude prospectiva dos primeiros cristãos. Como o atesta a exclamação orante cristã primitiva Maranathá,[120] eles rogam pela vinda definitiva do Senhor e, através de suas palavras, procuram encontrar o caminho para a salvação escatológica no dia de Deus. Originalmente, refere-se a eles também a promessa do acolhimento favorável, do achar e da abertura da porta que dá acesso à casa de Deus.

Abstraindo-se dessa compreensão bastante originária, surge, então, a dúvida. Existem tantas pessoas que pedem, que até mendigam, cujos pedidos não são atendidos nem pelos homens nem por Deus. Assim, alguns buscam uma pessoa, um emprego, uma casa, ou buscam o essencial, o objetivo e sentido de sua vida, sem jamais lograrem sucesso. O que eles encontram é, muitas vezes, apenas a decepção, que leva à amargura. E quantas portas — de repartições, de igrejas, de corações —, às quais tantas pessoas batem, não permanecem fechadas!? Em uma civilização na qual o pedir tornou-se indecente e onde conta apenas a reivindicação de direitos, as três exortações, juntamente com suas promessas, agem como um ingênuo adejar nas nuvens. Só podem falar assim idealistas alienados incuráveis. O autêntico cidadão terreno permanece, porém, com os pés bem firmes sobre o chão da realidade!

Em contraposição a isso, Jesus se inclina a um idealismo que põe em questão o pensar, o falar e o agir meramente humanos, ou seja, uma mundividência superficial, racional e, semelhantemente à teoria da relatividade, proclama os

---

[119] WEDER, Die "Rede der Reden", 225.
[120] 1Cor 16,22; Ap 22,20; Didaqué 10,6.

pensamentos e os caminhos de Deus como as constantes de todos os movimentos da vida. A imanência é posta pelo avesso porque somente a transcendência de Deus é que realmente garante a posição justa e o movimento justo. O segundo versículo trilenear *(v. 8)*, por conseguinte, traz à baila o programa de vida que diz respeito a cada um: *todo aquele* que pede, recebe; o que busca, encontra; ao que bate, abrir-se-á! Não se menciona o objeto do pedir-buscar-bater. Não se trata, certamente, dos pequenos e grandes interesses do cotidiano, mas da confiança irrestrita em que o Pai celeste sabe do que precisamos antes mesmo de lho pedirmos (cf. 6,8), e que àquele que busca o Reinado de Deus e sua justiça Deus concederá, a seu modo, tudo o mais (cf. 6,33).

Essa atitude de firme confiança em Deus funda-se nos escritos do Antigo Testamento. Em Is 58,9 se lê: "Então clamarás e Iahweh responderá, clamarás por socorro e ele dirá: eis-me aqui!". Semelhantemente, diz Eclo 35,20-21: "Aquele que serve a Deus de todo o seu coração é acolhido e o seu apelo sobe até as nuvens. A oração do humilde penetra as nuvens e, enquanto não chega lá, ele não se consola". A imagem do buscar e do encontrar é usada também em Pr 2,4-5; 8,17b; Sb 6,12, e já havia sido ligada à oração de petição em Jr 29,12-14: "Vós me invocareis, vireis e rezareis a mim, e eu vos escutarei. Vós me procurareis e me encontrareis, porque me procurareis de todo o coração; eu me deixarei encontrar por vós", As duas tríades, portanto, não vão além do Antigo Testamento.[121] Decisivo, porém, é que a oração dos discípulos de Jesus brota da base do relacionamento confiante de "filhos do Pai celestial" e é movida pela certeza de que Deus realiza o que promete, e aos que a ele se voltam concede, no sentido de seu desígnio salvífico, aquilo que buscam e pedem. Pois quem não gira apenas em torno de si mesmo mas, no sentido do Pai-nosso, roga a *Deus*, busca-*o* e bate à *sua* porta, recebe, encontra, é acolhido e recebe o *bem* simplesmente.[122]

6.2. Dons paternos (vv. 9-10)

Os exemplos seguintes envolvem experiências humanas e, portanto, os ouvintes e os leitores como pais, na medida em que neles se evoca a imagem

---

[121] Cf. Is 30,19b; 65,24; Jr 29,12-14; Os 2,23; Jl 3,5; Eclo 13,9.
[122] Cf. WEDER, *Die "Rede der Reden"*, 226.

ideal de um "pai verdadeiramente cuidadoso". É possível que hoje a imagem do pai esteja desfigurada por experiências da infância e da juventude com pais que, às vezes, não merecem esse nome, mas então freqüentemente surge o anseio pela imagem de um pai em cujo coração esteja a preocupação com a conservação e o desenvolvimento da vida de seus filhos.

O *versículo 9a* fala inicialmente apenas de "alguém dentre vós", que é uma *pessoa humana*, a fim de estabelecer o ponto de partida para a comparação com Deus no versículo 11. Que essa pessoa humana é também pai, ficamos sabendo somente a partir da oração relativa no versículo 9b, a qual introduz seu filho como o sujeito agente. Os dois exemplos seguintes referem-se a uma imagem humana comum de pai, à qual é típico que um filho, em legítima confiança, possa pedir alimento ao seu pai. A ênfase repousa em que precisamente nenhum pai humano normal, ao filho que lhe pede pão e/ou peixe, dar-lhe-ia uma pedra lisa ou uma cobra externamente semelhante a uma enguia. Com efeito, o filho não exige nada de extraordinário, mas tão-somente os gêneros alimentícios típicos da paisagem lacustre galiléia. Uma atitude que, a sério, oferece à criança um sucedâneo visualmente semelhante, mas substancialmente absurdo, ultrajaria, por certo, toda natural relação pai-filho, uma vez que seria expressão de um sadismo que visaria diretamente à morte da criança. Se, de acordo com Mt 4,3, Jesus é tentado a fazer de pedras pão, aqui, de certa forma, um pai perverso transformaria pão em pedra, da qual ninguém pode viver.

Presumivelmente deve-se também levar em consideração que, no Oriente Próximo, a expressão "comer pão" é usada como *pars pro toto* ["a parte pelo todo"] para designar a refeição em sua inteireza,[123] e que o peixe, até o tempo da Igreja primitiva, funciona como símbolo originário da vida. Em princípio, trata-se da vida e da obrigação de cada pai responsabilizar-se pela subsistência de seu filho. Em compensação, os meios alimentícios mencionados são apenas uma espécie de cabide, como também o pedido do pão no Pai-nosso representa tudo aquilo de que o ser humano necessita para subsistir. Em nossa sociedade orientada por resultados, as crianças ou os jovens, por exemplo, muitas vezes anseiam ardentemente por receber de seus pais um pouco de tempo, mas recebem apenas dinheiro e jogos de computador, entre muitas outras coisas, como substituto amiúde inútil

---

[123] Há alguns anos, à hora do almoço, dizia-me um jovem iraquiano em seu inglês de criança: *"Now I go to eat bread"* ["agora vou comer pão"].

da dedicação. Aí também se trata da vida, do desenvolvimento da vida e da conservação da vida num sentido bem essencial.

As duas perguntas retóricas supõem uma imagem de pai intacta e, portanto, esperam dos destinatários a resposta negativa: nenhum pai *verdadeiro* age dessa forma. Desses exemplos, porém, os leitores devem inferir o que significa para eles a paternidade de Deus. Com o auxílio de valores empíricos humanos, constrói-se a compreensão "de que a filiação divina é fundamental para a relação do ser humano com Deus e para sua oração".[124]

6.3. Os dons de Deus (v. 11)

A última seção *(v. 11)*, que funciona como conseqüência *(oûn)*, somente agora põe Deus em jogo e conecta os dois exemplos com o tema da oração de petição. Ela procede do menor para o maior, mas trabalha também com o contraste entre pessoas humanas que são más e o Pai, que está nos céus, que concede boas coisas. A designação dos ouvintes, ou seja, dos leitores como "os que são maus", é ímpar no evangelho de Mateus, pois com freqüência os opositores de Jesus é que são assim nomeados.[125] Certamente não se quer dizer aqui que os ouvintes crentes sejam maus em si. Tal caracterização resulta antes da comparação com Deus,[126] pois até mesmo aquele que foi justificado e chamado à salvação ainda está longe do "estado de perfeição", ainda que tenha sido chamado a um modo de agir perfeito.[127]

Contudo, para o evangelista não é questão de teologia sistemática nem de declaração metafísica a respeito da natureza humana, mas da superação, baseada na experiência, do ser humano por Deus. Tal sobrepujança não é o resultado de uma análise do instinto de conservação da raça inerente à criatura, de uma projeção, portanto, mas fundamenta-se na fé no ser de Iahweh, que mantém a vida, uma fé que o cristão partilha com Jesus. A partir daí, os cristãos podem recorrer ao amor de um pai terrestre como a *uma imagem* para a natureza de Deus, posto que tenham conhecimento da fragilidade do amor de um pai terrestre. Todavia,

---

[124] STRECKER, *Bergpredigt*, 154-155.
[125] Cf. Mt 12,34.39.45; 13,38; 16,4; 18,32; 25,26.
[126] Cf. GNILKA, *HThK I/1*, 263.
[127] Cf. STRECKER, *Bergpredigt*, 155.

precisamente a alusão ao ser mau do ser humano mostra que o amor de Deus não é perfeitamente comparável ao amor humano. Mas ele pode ser pressentido e inferido na fé, a partir da demonstração de amor de pessoas que também são más. De fato, se o amor de um pai humano procura naturalmente conservar e manter a vida de seu filho, quanto mais não deve interessar-se o criador da vida em ajudar no desenvolvimento da vida de seus "filhos". Jesus deseja claramente apresentar-nos Deus como a essência do amor, na medida em que ele aponta para os traços desse amor que devem ser encontrados entre nós nas demonstrações de amor "dos que são maus".[128] A mensagem é esta: assim é Deus, o "Deus-conosco"! Seu amor mantenedor da vida é ainda mais certo do que possa ser o amor humano de um pai.

O Bem, em si, só pode simplesmente *dar coisas boas (v. 11d)*. Nesse contexto, chama a atenção o fato de os versículos 7a.9c-11, também o versículo 6, já estarem marcados pela palavra "dar" *(didónai)*. O *versículo 6* proíbe "dar" o sagrado aos cães e atirar as pérolas aos porcos. No *versículo 9f*, fazem-se as perguntas absurdas a propósito de quem daria a seu filho uma pedra em vez de pão, ou uma serpente em lugar de um peixe. Em todos os casos, trata-se de atitudes absurdas, maldosas, pois o desperdício do "sagrado" e das pérolas, como se fossem ração para cães e porcos, é, em si, tão absurdo quanto o seria "alimentar" os próprios filhos com pedras ou serpentes. O *versículo 11a* conclui essa disparatada forma de agir com a indicação de que justamente uma pessoa normal não se comporta assim: "Vós, sendo maus, sabeis dar boas dádivas aos vossos filhos". Não se deve ignorar que o ser humano e cristão corre sempre o risco de deixar que o sagrado recebido de Deus vá parar diante dos cães e, efetivamente, aja de forma perversa e contrária à vida. Ao mesmo tempo, é dito que Deus, completamente diferente do ser humano, àquele que o procura e lhe pede, dá sempre e somente coisas boas, que estão a serviço da vida. Com isso, porém, chega-se à intenção da perícope: "Os leitores devem também comportar-se como Deus".[129]

Aqui emerge de novo aquele Deus que, segundo Os 11,8-9, protesta: "Meu coração se contorce dentro de mim, minhas entranhas comovem-se. Não executarei o ardor de minha ira, não tornarei a destruir Efraim, porque eu sou Deus e não

---

[128] Cf. WEDER, *Die "Rede der Reden"*, 228-230.
[129] FRANKEMÖLLE, *Matthäus-Kommentar 1*, 267. Para o que precede, cf. ibid., 265.

homem, eu sou santo no meio de ti, não retornarei com furor". Somente esta certeza possibilita realmente o contato implorante do ser humano com o Deus dadivoso. Não é dito em que consistem as coisas boas. Lc 11,13d interpreta-as como o dom do Espírito Santo, no qual o amor divino tornar-se-á atuante. Por conseguinte, Deus pode e permite que os cristãos lhe façam pedidos, não obstante seus malogros; pode manifestar sua natureza, está pronto a doar-se e a oferecer-se. Com efeito, ele próprio é o *sumum bonum* ["sumo bem"], que está disponível para ser rogado.

6.4. Resumo

A seção fala do relacionamento recíproco entre os cristãos e Deus e entre Deus e os cristãos. Ela apresenta o fundamento da relação de confiança dos filhos e filhas para com seu Pai celestial. Aos cristãos é permitido saber do recebimento daquele que pede, do achado daquele que busca e da porta que se abre, pois Deus concede fielmente o que prometeu aos fiéis por meio de Jesus, a saber, a plenitude do bem. No que diz respeito ao bem, pensa-se antes em tudo aquilo que o Pai-nosso ensina a pedir.[130]

Aceitar essa mensagem não é fácil. Ela parece uma forma irrealista de pensar, visto que muitos pedidos não são escutados e que o ser humano e cristão que busca muitas vezes também não encontra resposta para as questões de sua vida. O texto, porém, não nos delineia o mundo tal qual se nos apresenta, mas sim aquela imagem virtual que apresenta Deus conforme Deus, e o ser humano como aquele que de tal forma crê, espera e ama, que a verdadeira realidade tornar-se-á reconhecível nesse quadro aparentemente virtual. Acerca da fé, diz, pois, Jesus: "Tudo quanto suplicardes e pedirdes, crede que já o recebestes, e assim será para vós" (Mc 11,24). Contudo, só pode falar assim quem está ao corrente das conexões do ser e quem conhece a verdade simplesmente, que é o próprio Deus.

7. A regra de ouro (Mt 7,12)

12a   Tudo aquilo, portanto, que quereis
b   que os homens vos façam

---

[130] Cf. Schweizer, *Bergpredigt*, 84.

c   *fazei-o também vós a eles,*
d   *pois esta é a Lei e os Profetas.*

A chamada "Regra de Ouro" forma o epílogo do *corpus* do "ensinamento sobre a montanha". Ela está intimamente ligada à parênese anterior acerca da oração, no sentido de uma conclusão *(oûn)*. A partir daí, conclui-se que ela pretende apontar para a exigência de autenticidade para toda oração a Deus, ou seja, a atitude em relação aos semelhantes",[131] tanto mais que o nexo entre a relação dos cristãos com Deus e o relacionamento deles com seus semelhantes constitui um dado essencial da interpretação da Torá em Mateus como, de resto, demonstra-o a ênfase da quinta petição do Pai-nosso mediante seu comentário (6,14-15) na seqüência da Oração do Senhor. A fundamentação *(v. 12d)* que se segue à Regra de Ouro funciona, porém, como uma síntese conclusiva de *todo* o *corpus* do "discurso", uma vez que ela, por fim, estende o arco até o tema inicial em 5,17-20. Portanto, a frase não constitui apenas a chave hermenêutica para a Regra de Ouro mas, para além disso, pretende, de certa forma, trazer à baila resumidamente as três partes principais do corpo do discurso.[132]

A Regra de Ouro, em si, Mateus a toma da Fonte dos Ditos, como o prova o paralelo com Lc 6,31. Ela se diferencia apenas um pouco da redação textual lucana. As palavras introdutórias "Tudo aquilo, portanto, [...]" denunciam a mão redatora de Mateus, bem como a frase conclusiva por ele reforçada "fazei-o também vós a eles", pois em Lucas se diz apenas "fazei-lhes o mesmo". Em Lc 6, na seção central do "Discurso da Planície", a Regra de Ouro constitui o centro de rotação das perícopes acostadas acerca do perdão e do amor ao inimigo (Lc 6,27-35). Pressupõe-se, amiúde, que a seqüência de Lucas corresponde à da Fonte dos Ditos, visto que Mateus, em todo caso, forjou as duas "antíteses" de Mt 5,38-42 e 43-47 a partir do texto que tinha diante dos olhos.[133] Por conseguinte, a Regra de Ouro funciona como chave de compreensão para a exigência da renúncia à vingança e para o mandamento do amor ao inimigo, já antes, na Fonte dos Ditos. Se Mateus

---

[131] LAMBRECHT, *Ich aber sage euch*, 154.
[132] Cf. também WEDER, *Die "Rede der Reden"*, 130.
[133] Cf., a propósito, *supra*, p. 93; 129.

a cita apenas aqui, é porque ele a considera, certamente, como a máxima moral conclusiva ideal para o *corpus* do "ensinamento sobre a montanha".

A própria Regra de Ouro é formada por um versículo tripartido *(v. 12a-c)*. O centro é composto pela oração final (v. 12b), idêntica a Lc 6,31, na qual "os homens", sujeitos agentes, contrapõem-se aos ouvintes, ou seja, aos leitores ("vós"). O confronto é enfatizado ainda mediante um tipo de quiasmo no versículo 12b e c: no versículo 12b, o sujeito ("os homens") encontra-se no fim, ao passo que no versículo 12c, enfatizado no começo ("vós"). Por fim, na oração objetiva (v. 12a), tingida de condicional *(eán)*, e na oração imperativa conclusiva (v. 12c), os leitores constituem o sujeito. A sóbria frase de fundamentação do *versículo 12d*, com sua significativa afirmação, conclui de forma impressionante o *corpus* do "discurso" do Senhor.

7.1. A regra (v. 12a-c)

A Regra de Ouro não é nenhum achado cristão. A comparação do comportamento, desejável ou indesejável, de outras pessoas com o próprio comportamento em relação aos demais encontra-se em todos os gêneros de literatura da Antigüidade greco-romana. Assim, já se lê em Heródoto: "Não quero fazer aquilo que censuro no próximo".[134] Consoante a temática, a regra encontra-se também em Confúcio,[135] em escritos contemporâneos do judaísmo,[136] bem como na literatura rabínica. Trata-se, portanto, de uma regra de conduta, ou seja, uma norma humana geral bastante difusa,[137] encontrada freqüentemente em formulação negativa ("O que *não* queres que te façam [...]"), mas também em formulação positiva. De acordo com U. Luz, "nem a formulação positiva, nem a negativa são, em si, algo cristão".[138] Essa opinião é favorecida pela história da recepção por parte da Igreja antiga, que cita as duas formulações.

---

[134] HERÓDOTO 3, 142,3.
[135] *Diálogos* V 13.
[136] Cf. Tb 4,15; TestNaf 1,6; Arist 207; sHen 61,1.
[137] Cf. STRECKER, *Bergpredigt*, 156 e notas 60-64; GNILKA, *HThK I/1*, 265.
[138] LUZ, *EKK I/1*, 389.

No entanto, surge a pergunta: por que a Fonte dos Ditos, e com ela Mateus, escolheram a versão positiva atual e não a negativa? Ocasionalmente, a formulação positiva do evangelista foi rivalizada com o dito do rabi Hillel: "Não faças a ninguém aquilo que te é desagradável; isso é toda a Torá, ao passo que o mais é explicação; vai e aprende!".[139] Contra a crítica de que se trataria apenas do guardar-se de prejudicar o outro, certamente pode-se objetar que também a Torá não se constitui apenas de proibições. A formulação do rabi parte, sem dúvida, da questão do que é permitido: "Não é mais permitido tudo o que tampouco te agrada".[140] Ali está o limite! Por certo, a versão positiva de Mateus parte também — quiçá até mesmo no séqüito do rabi Hillel[141] — dos desejos em relação aos outros, mas faz do desejado comportamento do outro a medida para o próprio. Num primeiro momento, isso aparece um pouco como a "moral de um egoísmo ingênuo",[142] mas, *de facto*, o bem que eu desejo para mim, a partir do comportamento do outro, transforma-se em mandamento de fazer o mesmo ao outro e, portanto, num apelo radical de amor ao próximo.[143] Evidentemente, aqui *não há mais* limites, pois o bem que eu espero da parte dos outros é irrestrito e ilimitado porque diz respeito à minha existência. A versão positiva da Regra de Ouro exige de tal forma o bem "que já não me encontro em condições de tomar distância dele".[144]

O elo de união entre a Regra de Ouro e o mandamento do amor ao próximo é constituído pela frase: "*como a ti mesmo*" (Lv 19,18). Mais tarde, isso foi pressentido também pelo Targum Jerushalmi, o qual junta a Regra de Ouro ao mandamento do amor ao próximo. Contudo, o objeto "*tudo* aquilo [...]" (v. 12a), colocado no começo e enfatizado por Mateus, em conexão com o sujeito "os homens" (v. 12b), ultrapassa o amor ao próximo em sentido estrito e sublinha a pretensão *universal* da Regra de Ouro. Conforme mencionado, na Fonte dos Ditos a Regra de Ouro está relacionada à exigência de renúncia à vingança e de amor ao inimigo e, portanto, em conexão com a interpretação mais extremada do amor

---

[139] bSchab 31a; cf. BILLERBECK I, 460.
[140] Apud WEDER, Die "Rede der Reden", 232.
[141] Cf. FRANKEMÖLLE, Matthäus-Kommentar 1, 270.
[142] BULTMANN, Synoptische Tradition, 107.
[143] Cf. SCHWEIZER, Bergpredigt, 85.
[144] WEDER, Die "Rede der Reden", 232.

ao próximo. Com isso, ela caracteriza aquele "mais" qualitativo que os cristãos, no seguimento de Jesus, devem perfazer, tendo em vista que eles "praticam" uma justiça (*dikaiosýne*) que supera, de longe, a dos escribas e fariseus (5,20), mas que também significa algo especial no confronto com o comportamento *dos pagãos* (5,47).[145] Com efeito, no âmbito do "ensinamento sobre a montanha", a Regra de Ouro, tal como o mandamento do amor ao inimigo, estimula todo cristão a não esperar primeiramente amor da parte dos outros, mas ele próprio tomar *a iniciativa do amor*. E precisamente sua formulação positiva situa essa reivindicação acima de toda regulamentação ou restrição legal, pois o amor não é legalmente coercível, pois ele é um processo vital que não brota do comportamento certo mas, como dedicação livre ao semelhante, possibilita o comportamento e o agir justos.[146]

7.2. Cumprimento da Lei e dos Profetas (v. 12d)

Parece digno de nota que já Mc 12,29-31 apresenta o duplo mandamento ligado à pergunta a respeito do maior mandamento como máxima geral do comportamento humano, a qual Mt 22,36-40 assume. Mateus, porém, acrescenta: "Desses *dois* mandamentos dependem toda a Lei e os Profetas" (22,40). Mais tarde, também Didaqué 1,2 liga a Regra de Ouro (formulada negativamente) com os *dois* mandamentos principais: "O caminho para a vida é este: primeiro, deves amar a Deus que te criou; segundo, a teu próximo como a ti mesmo. Tudo aquilo, porém, que desejas não te aconteça, não o faças igualmente a ninguém". Deve-se perguntar por que também Mateus não cita já aqui o *duplo* mandamento. A razão devia ser porque ele interpretou o mandamento do amor ao próximo, na forma extremada do amor ao inimigo, como essência de uma perfeição que imita a atitude de Deus e, portanto, expressão de um amor divino efetivo, já no fim da primeira parte do *corpus* do Sermão da Montanha no sentido do excedente qualitativo de justiça cristã (5,43-48). O radical amor ao próximo, como aplicação e realização do perfeito amor divino, não é concebível sem este último.[147] Por conseguinte, os

---

[145] Cf. STRECKER, *Bergpredigt*, 159; FRANKEMÖLLE, *Matthäus-Kommentar 1*, 270.

[146] Cf. a discussão de WEDER a propósito do "imperativo categórico" de Immanuel Kant em: *Die "Rede der Reden"*, 234.

[147] Cf. FRANKEMÖLLE, *Matthäus-Kommentar 1*, 270: "Desde o início (cf. 5,3-16), o tema do 'Sermão da Montanha' era: Deus é o fundamento que possibilita o agir humano".

dois estão contidos na Regra de Ouro. Na seção precedente a propósito do "pedir e do dar" (7,7-11), transparece uma ilustração da correlação amorosa entre o ser humano e Deus; em contrapartida, a Regra de Ouro aponta para sua *realização* plena sob a forma de um amor humano universal e diligente. "Quem (portanto) submete seu querer à vontade de Deus encontra na fórmula sapiencial uma 'máxima' que permite ao querer humano, regido pela vontade de Deus, tornar-se 'norma' para o comportamento com os semelhantes".[148]

O *versículo 11d* fala de "Lei e Profetas". A expressão remete a 5,17: "Não penseis que vim revogar a Lei ou os Profetas. Não vim revogá-los, mas dar-lhes *pleno cumprimento*". Com essa alusão ao proêmio, Mateus determina a Regra de Ouro e, com ela, o duplo mandamento, como o *princípio de realização* da vontade divina atestada pelas Sagradas Escrituras, o qual *abrange* todas as indicações individuais do "ensinamento sobre a montanha". Ela leva ao ponto central o princípio de ação do excedente cristão em "justiça" (5,20).[149] A referência indica, portanto, "que a exigência de uma justiça excedente [...] permite que uma regra universalmente válida se torne regra fundamental para os cristãos".[150]

7.3. Resumo

Na *recapitulatio*, em 7,7-12, trata-se da correlação dos cristãos com Deus e com os semelhantes. O mandamento do amor ao inimigo menciona como meta: "Desse modo vos tornareis filhos do vosso Pai, que está nos céus" (5,45). Como forma extremada do amor humano, ele é imitação do agir de Deus em relação aos maus e aos bons. Ele brota do amor de Deus, consciente do dom do Reinado dos Céus, do "ser-de-Deus-conosco" e, no agir de longo alcance de um amor criativo, aspira a continuar a intermediá-lo. Ambos são envoltos pela Regra de Ouro. No agir do desígnio salvífico de Deus, que concerne a amigo e a inimigo, realiza-se aquilo que a Palavra de Deus das Sagradas Escrituras perifraseia em diversas palavras humanas.

---

[148] Sand, *Das Evangelium nach Matthäus*, 150 (inserção minha).
[149] Cf., também a propósito, Wiefel, *ThHK 1*, 149.
[150] Sand, *Das Evangelium nach Matthäus*, 150; cf. Rm 13,10.

A *recapitulatio* é notadamente abrangente em suas afirmações. Não se mencionam os objetos do pedir e do buscar; o dom divino prometido consiste simplesmente na plenitude do bem; a Regra de Ouro transfere para a situação e para a fantasia sua prática concreta. No decurso do "ensinamento sobre a montanha", muita coisa foi indicada por meio de exemplos, mas também muito ficou em aberto. Precisamente dessa forma, a Regra de Ouro impede que o ensinamento do Senhor seja compreendido como um pacote de prescrições legais para os cristãos. Ele transfere antes para a criatividade do ser humano "determinar, por si mesma, à luz do amor, o que se quer dizer no Sermão da Montanha".[151] No entanto, como máxima condensadora no fim do *corpus* do "Discurso do Senhor", ela aponta o caminho "de como o esforço por um amor divino e humano, sempre mais profundo e cordial, pode preencher a vida e abrir novas dimensões de vida e de experiência".[152]

8. Síntese

A terceira parte principal do "ensinamento sobre a montanha" pretende transmitir orientações para a vida do dia-a-dia, pois uma vida cristã, "neste mundo", corre continuamente o risco de ser absorvida pelos interesses e problemas da vida cotidiana e de perder de vista as linhas fundamentais que resultam da proximidade do Reinado de Deus proclamado por Jesus. Os cristãos devem permanecer cônscios de que ninguém pode servir sinceramente a Deus e a "Mamon", de que, na confusão das preocupações diárias, apenas o Reinado de Deus merece ser buscado e ambicionado como o verdadeiramente primeiro, e de que, face à própria imperfeição, ninguém deve também arrogar-se o direito de agir como juiz ou corretor dos outros ou também, ao contrário, não deve "permitir que o sagrado seja jogado aos cães". O que importa é o contato confiante com Deus na oração, o grande meio da salvação. Em atenção à universalmente válida "Regra de Ouro", será também concedida ao orante no dia-a-dia uma porção do excedente de "justiça" exigido.

---

[151] Luz, *EKK I/1*, 392.
[152] Hütter, *Predigtforum der Redemptoristen (Internet)*, 30.07.2000, 2.

A hipótese de Günther Bornkamm, segundo a qual Mateus derivou das petições do Pai-nosso o motivo composicional para o material das proibições da terceira parte principal do Sermão da Montanha, e inseriu condensadamente a seção conclusiva positiva (7,7-12) para a tematização da relação cristã com Deus e com as pessoas, tem muito a seu favor, não obstante uma série de incertezas quanto aos pormenores e legítimos pontos de interrogação. Essa diretriz permite reconhecer que *os ditos* acerca do ajuntar tesouros, do olho "iluminante" e do servir a dois senhores *(6,19-24)* têm como conteúdo a orientação do coração para o nome de Deus e para seu desígnio salvífico, e são determinados pela "primeira tábua" do Pai-nosso. Trata-se, pois, de orientar a vida para aquele Deus que representa e proporciona o tesouro imperecível por excelência. Quem "percebe" isso, vê-se a si mesmo numa luz iluminadora e pode tentar colocar-se ao serviço irrestrito de Deus. Ele reza com razão: "Santificado seja o teu nome, venha o teu reino, seja feita a tua vontade, assim na terra como no céu".

No *evangelho das preocupações (6,25-34)*, trata-se da justa hierarquia de valores a partir da perspectiva de Deus. É questão de carregar o fardo do dia sem angustiar-se pelo dia de amanhã. O modo correto de preocupar-se com o dia correspondente consiste, no final das contas, na busca do Reinado de Deus e da justiça de Deus. Se nós, cristãos, no Pai-nosso pedimos a vinda do Reinado do Pai celeste e o pão cotidiano necessário, então rogamos, em duplo sentido, pelo auxílio de sobrevivência no mundo: pedimos o único necessário a fim de sobrevivermos *como cristãos*, mas também tudo aquilo que Deus dispõe para a existência terrena.

A proibição de *julgar* e *condenar (7,1-6)* não tem nenhuma correspondência terminológica com a quinta petição do Pai-nosso. No entanto, ela explicita-lhe a segunda parte e o comentário correspondente em 6,14-15 sob um aspecto especial. Para os cristãos, não pode haver negação do perdão e da indulgência. Com efeito, quem corrige ou deve repreender os outros deve persuadir-se de que só pode acontecer com base no reconhecimento da própria insuficiência e cegueira em relação a si mesmo. Por conseguinte, a correção deve ser sempre um ato de amor realizado na consciência das próprias culpas perante Deus e perante as pessoas.

O mal absoluto, do qual Deus possa preservar e salvar, é, de acordo com 7,7, *o desperdício do sagrado*, ou seja, o ensinamento do Senhor e a boa-nova cristã endereçados a pessoas que não querem absolutamente crer. Quem expõe esse tesouro ao ridículo escarnece do Nome de Deus, em vez de o santificar. Aquilo, porém, que não é santificado é blasfemado! Quem age assim sucumbe à tentação de não mais levar a sério a palavra e a obra salvífica de Cristo e, portanto, de jogar fora a fé. Em conclusão, o Pai-nosso roga também para que sejamos preservados disso e libertados do mal.

A *seção conclusiva (7,7-12)* recapitula o que foi dito no Pai-nosso sob o aspecto de uma orientação irrestrita para Deus e para os semelhantes no sentido de um amor radical e empreendedoramente ativo. Torna-se patente que todos os exemplos das chamadas "antíteses" e das "instruções" que se lhes seguem apontam para o duplo mandamento do amor, e que todas as orientações do Senhor nada mais são do que a interpretação escatologicamente radicalizada da vontade divina tal qual encontrou sua expressão na Torá e nos Profetas.

Na variedade de seus temas, a qual inicialmente provoca alguma perplexidade, a terceira parte principal do *corpus* do "ensinamento sobre a montanha" deixa transparecer uma admirável unidade e uniformidade. Na medida em que Mateus coloca sob as diretrizes da Oração do Senhor os grandes temas cristãos, ele indica também que nessa oração estão concentrados os elementos essenciais da existência cristã. Os cristãos, porém, podem apresentar esse resumo a Deus como o reiterado pedido de que ele se digne manifestar-se em nossa vida atuante como o "Deus-conosco"!

Capítulo 6

O "discurso conclusivo" (Mt 7,13-27)

No quadro da retórica clássica, a conclusão de um discurso, servindo-se de todos os meios à disposição, tem a tarefa de levar os ouvintes a concordar com o que foi exposto e exigido no discurso.[1] Por conseguinte, supõe-se que o tema proposto no proêmio seja retomado mais uma vez em nova roupagem discursiva e que o objeto a que se aspira como o único bom e correto seja recomendado com toda a ênfase. Essa reivindicação deve também ser defendida, mais uma vez, contra opiniões de teor diverso. Por essa razão, também não admira que a parte final do "ensinamento sobre a montanha", como este próprio, trabalhe continuamente com os meios estilísticos da antitética, a fim de mover os ouvintes a uma decisão pelo seu próprio objeto. Da mesma forma, empregam-se meios afetivos de maneira especialmente intensa: o "orador" interpela diretamente os "ouvintes", ressalta seu relacionamento pessoal com eles, bem como sua autoridade, e a estabelece mediante o despertar de sentimentos de esperança ou de medo sob a pressão da decisão.

Ainda que Mateus não obedeça servilmente às regras da retórica do helenismo, na parte conclusiva do Sermão da Montanha encontram-se, porém, os elementos mencionados. A palavra ilustrativa *inaugural* sobre os diversos portões e caminhos *(7,13-14)* incentiva a passar pelo "portão estreito" e palmilhar "o árduo caminho", visto que somente assim a meta da vida pode ser alcançada, pois a entrada pelo "portão largo" e pelo "caminho agradável" é um acesso à perdição. A *parte central (7,15-20.21-23)*, disposta em duas seções, em seu primeiro segmento *(vv. 15-20)*, polemiza contra os falsos profetas que, tais

---

[1] Cf., a propósito, *supra*, p. 29-30.

quais árvores más, produzem frutos maus e, por conseguinte, são reconhecidos por meio destes. Na segunda seção *(vv. 21-23)*, o próprio Senhor, que aparece como juiz escatológico, traz à baila a discrepância entre o confessar e o agir dos destinatários e, com isso, situa os falsos profetas em suas fileiras próprias. À medida que ele lhes infunde temor, deve incentivar a prontidão para a decisão dos destinatários em pôr em prática em suas vidas as instruções de seu Mestre e Senhor. Com a imagem antitética da construção de uma casa sobre a rocha ou na areia, e com as conseqüências inerentes a isso *(vv. 24-27)*, sublinha-se, por fim, mais uma vez, de forma premente, o interesse fundamental da *Peroratio*, isto é, do "ensinamento sobre a montanha" em sua totalidade. Quanto à decisão entre prudência e negligência, não pode existir nenhuma outra escolha senão construir esperançosamente a vida sobre o fundamento da Palavra do Senhor e, portanto, escapar à angústia certa da catástrofe.

1. Portões e caminhos (Mt 7,13-14)

13a   *Entrai pelo portão estreito,*

b   *porque largo (é) o portão*
c   *e espaçoso é o caminho que conduz à perdição.*
d   *E muitos são os que entram por ele.*

14a   *Estreito, porém, (é) o portão,*
b   *e apertado o caminho que conduz à Vida.*
c   *E poucos são os que o encontram.*

Quanto à *estrutura*, o excerto textual consiste no convite *(v. 13a)* e nas duas fundamentações construídas paralelamente *(vv. 13b-d.14a-c)*. Estas são introduzidas respectivamente por "porque" *(hóti)*[2] e abrangem, cada uma, três elementos

---

[2] Em vez de "porque" *(hóti)*, os códices hebraicos $\aleph^c$ e B^2, certamente no rastro de C L W Θ, escrevem "que/como" *(tí)* e, com isso, mudam a frase no sentido de "como é estreita a porta [...]!". Contudo, confrontada com o "porque" bem atestado, tal versão é secundária. Seria também estranho que Mateus disturbasse repentinamente seu rígido paralelismo mediante uma inesperada exclamação. Ademais, a repetição de *"hóti"* constitui a lição mais difícil, que mal se pode traduzir adequadamente.

de afirmações antitéticas:[3] o portão largo, o caminho espaçoso e os muitos que optam por essa possibilidade (v. 13b-d), bem como o portão estreito, o caminho apertado e os poucos que encontram essa passagem para a vida (v. 14). Tais desafios, juntamente com suas fundamentações, pertencem ao estilo sapiencial e, eventualmente, também ao gênero do apelo profético à decisão.[4]

Em contraste com Mateus, o *texto paralelo de Lucas* traz um dito substancialmente mais breve: "Esforçai-vos por entrar pela porta estreita, pois eu vos digo que muitos procurarão entrar e não terão a força *(ischýsousin)*" (Lc 13,24). Em Lucas, o versículo faz parte de um contexto que apresenta uma admoestação escatológica que, a partir da Fonte dos Ditos, ainda se enraíza na expectativa da parusia. Por essa razão, ela está marcada pela urgência e pelo máximo esforço. O que importa é, na fé na palavra de Jesus, entrar ainda *a tempo* na casa do Senhor através da *porta* estreita e estar com os patriarcas e os profetas no Reino de Deus, sem ter que ouvir a palavra: "Não sei de onde sois; afasta-vos de mim, (vós) todos, que cometeis injustiça!" (Lc 13,27c // Mt 7,23). *Mateus* desenvolveu patentemente as *duas* perícopes de 7,13-14 e 7,21-23 a partir desse material, mas mudou também a porta em *dois* portões e ligou-os ao motivo do caminho, que não aparece em Lucas. Ele incluiu também a imagem dos dois caminhos e, por isso, duplicou também os dois portões.[5] Depõe em favor dessa hipótese o fato de "o confronto entre os dois caminhos ser um *tópos* justificável da parênese em diversos textos judaicos",[6] cujas raízes remontam à antitética de bênção e maldição, usada acima de tudo pelo Deuteronômio.[7] Ainda que o motivo se encontre também no helenismo[8] e traga traços arquetípicos, Mateus haure preferentemente da concepção de mundo de seus destinatários,[9] marcada sapiencialmente, e, nesse sentido, expande o dito originalmente breve, em consideração a seus leitores judeu-cristãos versados

---

[3] Paralelos semitizantes antitéticos fazem parte dos meios estilísticos preferidos por Mateus. Cf. GNILKA, *HThK I/1*, 268; LUZ, *EKK I/1*, 396.

[4] Cf. STRECKER, *Bergpredigt*, 162.

[5] Cf. GNILKA, op. cit., 268-269; LAMBRECHT, *Ich aber sage euch*, 184.

[6] LUZ, *EKK I/1*, 396.

[7] Cf. também Jr 21,8; Eclo 2,12; além de SyrBar 85,13; HenEt 91,18-19; 4Esd 7,7-8; Abot 2,9; Berak 28b; Mekh: Ex 14,28 etc.

[8] Cf., entre outros, Héracles na Encruzilhada.

[9] Cf. Eclo 2,12; 15,12-17; 21,10; Pr 28,6.18; Sb 5,6-7.

biblicamente. Pois já Os 14,10 opina a respeito da idolatria combatida por ele em Israel: "Quem é sábio compreenda isto, quem é inteligente reconheça-o! Porque *os caminhos de Iahweh* são retos e os *justos* caminharão neles. Mas os *rebeldes* neles tropeçarão".

A *peroratio* começa com o *apelo fundamental*: "Entrai pelo portão estreito" *(v. 13a)*. O verbo "entrar, penetrar" *(eisérchomai)* liga o evangelista a diversos objetos. Ele conhece um penetrar, ou seja, um entrar no Reino dos Céus,[10] no aposento nupcial (25,10), na alegria do Senhor (25,21.23) e na vida (18,8-9; 19,17). Trata-se sempre de ter acesso ao pleno reino da vida e, portanto, a Deus. O portão e a porta metafóricos equivalem, assim, à entrada no Reino dos Céus (cf. 7,21b), que é preenchido aqui conteudisticamente com a palavra "vida" *(v. 14b)*. Na oração imperativa do versículo 13a, essa meta ainda não é mencionada. Contudo, sobre o pano de fundo do "ensinamento sobre a montanha", já está claro que, no sentido da segunda e da terceira petição do Pai-nosso, só pode ser o desígnio salvífico de Deus, cuja realização, segundo a forma interpretativa de Jesus,[11] conduz ao Reino dos Céus.

A imagem do portão, à diferença daquela da porta (cf. Lc 13,24-25), desperta a idéia de uma portão de cidade[12] ou do portão do Templo, através do qual os justos podem entrar (cf. Sl 24,7-10). A representação de um portão *estreito*, em contrapartida, soa inusitada, mas encontra-se também em 4Esd 7,6-8: "Uma cidade está edificada, situada numa área plana e repleta de tudo o que é bom. Sua entrada, porém, é apertada e conduz a um precipício [...]; e esse caminho é tão estreito que pode suportar apenas a pegada de *uma* pessoa [...]. Assim, os justos podem suportar a estreiteza porque esperam a amplidão; certamente os ímpios também agüentam o aperto, no entanto, jamais verão a imensidade [...], pois Deus explicitou solenemente aos viventes, quando chegaram à vida, o que eles deviam ter praticado a fim de alcançar *a vida*, e o que eles deviam conservar, a fim de escapar ao castigo".

---

[10] Mt 5,20; 18,1; 19,23-24; 23,13.
[11] Cf. GNILKA, *HThK I/1*, 270; FRANKEMÖLLE, *Matthäus-Kommentar 1*, 273.
[12] Cf. os 12 portões da Jerusalém celeste (Ap 21,10-12; Esd 7,6).

Todavia, a conexão entre as metáforas do portão e do caminho *(vv. 13b-14c)* também produz, inicialmente, problemas de representação. Chega-se ao caminho através de um portão, ou se deve pensar num caminho de peregrinos que conduz ao portão da casa de Deus (cf. Sl 118,19-20)? Devem-se ver as imagens como sinônimas ou completamente separadas?[13] Como quer que seja, o importante é o fim de ambos os caminhos. O caminho espaçoso conduz à perdição, ao passo que o caminho árduo, à vida. A qualificação do caminho que conduz à vida como *"tethlimménos" (v. 14b)* é traduzida, na maioria das vezes, por "estreito", o que corresponde à noção de 4Esd 7,6-8. Etimologicamente, porém, a palavra leva a pensar também em *"thlîpsis"*, que significa sofrimento, isto é, o sofrer. A apocalíptica judaica, bem como Mt 24,9.21.29, liga o sofrimento à vinda do "Dia do Senhor". Com efeito, de acordo com a expectativa apocalíptica, o mundo de Deus escatológico só é "gerado" entre dores, as quais o mundo atual provocará mediante sua ativa oposição. Por conseguinte, o caminho para a vida é necessariamente fatigante, marcado por resistência e perseguição (cf. 5,10-12.44) e, por esse motivo, estreito e perigoso. "Vida" e "perdição", no final das contas, são também noções que pertencem ao vocabulário apocalíptico-escatológico.[14] Isso indica que também Mateus compreendeu a vida no sentido escatológico. Contudo, como reiteradamente o mostra o "ensinamento sobre a montanha", o movimento para a entrada no Reino dos Céus já começa agora. O portão que dá acesso à vida pode, portanto, ser pensado ou como o ponto final do penoso caminho no seguimento do sofrimento do Senhor ou como idêntico ao caminho do calvário. Nesse caso, ele conduz à cidade de Deus através de um portão estreito, prolongado e repleto de armadilhas. Para percorrer persistentemente um caminho assim doloroso e cheio de perigos, através do portão escuro e estreito, é preciso coragem e valentia.

A parte introdutória da *peroratio* do Sermão da Montanha admite, portanto, que o caminho indicado por Jesus é difícil, visto que muita coisa o contraria: "A confiança no poder e na força, o ódio ao inimigo, a vingança contra a injustiça sofrida, a delimitação da verdade ao caso-limite do juramento, a justiça em vez da benevolência, o apego à própria concepção e à própria realização, até mesmo

---

[13] Cf. a menção daqueles autores que quebraram a cabeça com isso em Luz, *EKK I/1*, 395, notas 4-6.
[14] Cf. Mt 10,28.39; 18,8; 19,16-17.29; 25,46.

a propensão à justiça perante Deus e perante as pessoas".[15] Ao mesmo tempo, desde o início, a seção acena para esse caminho, visto que ele conduz à vida — aqui e além!

Obviamente, de acordo com o *versículo 14c*, esse portão estreito que conduz à vida e a uma forma de vida comprometida com a vida deve ser primeiramente *encontrado!* Muitos, assim o diz o *versículo 13d*, percorrem o "caminho amplo", que promete realizar todas as necessidades biológicas e todos os desejos, mas que, no final das contas, desemboca onde o ser humano biológico encontra o seu fim. No sentido do "ensinamento sobre a montanha", o portão único — ainda que estreito — que conduz à vida, encontram-no somente aqueles que ouvem e também põem em prática o apelo do Senhor a realizar o excedente qualitativo de "justiça" (5,20). Certamente eles se aviam por um caminho oneroso, mas que vale a pena ser palmilhado.

O encontrar o portão, ou seja, o caminho para a vida, não é, portanto, deixado ao arbítrio do ser humano. Aquilo que é declarado pela mensagem de Cristo é o que deve ser encontrado. Na marcha de uma sempre mais forte tendência à individualização e à autodeterminação, bem como a um pluralismo cultural e religioso, para muitos cristãos de hoje também, a boa-nova de Jesus reduz-se a *uma* possibilidade entre outras mais leves e menos dolorosas. A tentativa de, como cristão, abrir caminhos para a vida de acordo com o próprio gosto no final das contas nasce de uma confiança que não se fundamenta em Deus, mas em si mesmo. No sentido do ensinamento de Cristo, porém, àqueles que buscam seriamente e que batem à porta de Deus, Mt 7,11 já promete que o Pai celestial lhes concederá o bem completo, se eles lho pedirem. Contudo, o bem concedido por Deus é o "portão estreito" mostrado por *Jesus* e o "caminho difícil" para a vida, indicado a seus seguidores! Com efeito, este é o caminho no qual Jesus nos precedeu, o caminho para baixo, mas que, pelo poder salvífico de Deus, conduziu para o alto.[16] Somos desafiados a segui-lo, tanto mais que o Cristo joanino afirma de si mesmo: "Eu sou o caminho, a verdade e a vida; ninguém vai ao Pai senão por mim" (Jo 14,6).

---

[15] WEDER, *Die "Rede der Reden"*, 236.
[16] Cf. Fl 2,6-11; 1Pd 2,21-25.

2. Falsos profetas e comportamento falso (Mt 7,15-23)

O trecho central da *peroratio* abrange as duas seções dos versículos 15-20 e versículos 21-23. Podem-se considerar as duas partes como unidades distintas ou acentuar mais fortemente sua afinidade. Em todo caso, conteudisticamente, elas se correspondem mediante as notas eclesiológicas que lhes são comuns, mas, ao mesmo tempo, constituem perícopes completas em si mesmas, portadoras de acentos completamente diversos. Se se observam mais acuradamente os elementos comuns, então a primeira seção, de certa forma, estabelece a regra segundo a qual falsos profetas podem ser reconhecidos, enquanto a segunda a executa sob a forma de uma cena de juízo escatológico. De qualquer maneira, os dois fragmentos concluem-se com uma condenação definitiva daqueles que até se compreendem como cristãos qualificados, mas que em sua vida e em sua conduta não satisfazem a essa pretensão (vv. 19.23).

2.1. *Árvores e frutos (vv. 15-20)*

15a   *Guardai-vos dos falsos profetas,*
   b   *que vêm a vós disfarçados de ovelhas,*
   c   *mas por dentro são lobos ferozes.*

16a   *Pelos seus frutos os reconhecereis!*

   b   *(Por acaso) colhem-se dos espinheiros uvas ou dos cardos figos?*

17a   *Do mesmo modo, toda árvore boa dá belos/bons frutos,*
   b   *mas a árvore má dá frutos ruins.*

18a   *Uma árvore boa não pode dar frutos ruins,*
   b   *nem uma árvore má dar belos/bons frutos.*

19a   *Toda árvore que não produz bom fruto*
   b   *é cortada e lançada ao fogo.*

20   *Portanto: é pelos frutos que os reconhecereis!*

O excerto é claramente elaborado. A admoestação trimembre *(v. 15)* constitui, ao mesmo tempo, a indicação dos temas que serão ilustrados e esclarecidos mediante palavras imagísticas nos *versículos 16b-18*. Estes são emoldurados por uma sentença de teor idêntico, que define de modo impressionantemente retórico o caráter de identificação dos falsos profetas *(vv. 16a.20)*. Estilisticamente notável e conteudisticamente importante é o fato de cada uma das quatro linhas da metáfora das árvores e dos frutos *(vv. 17.18b)* concluir-se com o verbo "fazer/produzir" *(poieîn)*. A ameaça apocalíptica do *versículo 19* cita uma palavra batismal tirada de Mt 3,10 e constitui, assim, o clímax formal e conteudístico da inclusão dos versículos 16b até 19.

Sob o aspecto da *história da tradição*, o texto é composto de diversos componentes. A *frase temática do versículo 15* não apresenta nenhum paralelo e presumivelmente é criação do evangelista. De acordo com a expectativa apocalíptica, o surgimento dos falsos profetas está entre os sinais precursores do fim dos tempos (cf. Mt 24,24 e par.). Se Mateus enriquece o *tópos* com a imagem dos lobos em pele de cordeiro, tal procedimento está, antes, a serviço da atualização da expectativa de futuro para a situação eclesial do momento, na qual os leitores vivem. Em contrapartida, o *trecho central dos versículos 16-20* corresponde em grande parte a Lc 6,43-45 e remonta à Fonte dos Ditos. Em Lucas, a passagem encontra-se depois da perícope do cisco e da trave no olho (Lc 6,41-42) e situa-se quase imediatamente antes da parábola conclusiva do Sermão da Planície (Lc 6,47-49). Pode-se pressupor que essa seqüência já existia em Q. Confrontado com o texto de Lucas, Mateus muda parcialmente a seqüência interna. Contudo, o decisivo é que ele relaciona os ditos que tem diante de si com o tema dos falsos profetas e, assim, dá-lhes uma nova interpretação. A *ameaça* escatológica do versículo 19, tirada da pregação sentenciosa do Batista (Mt 3,10 // Lc 3,9) é evidentemente tão importante para Mateus que, com ela, ele arrisca um dubleto e, ao mesmo tempo, constrói a *indignatio*[17] retoricamente pontual, que serve tanto de admoestação ameaçadora quanto de apelo à decisão.

---

[17] Cf. LAUSBERG, *Handbuch*, § 438 (p. 239): "A *indignatio* [...] é o estímulo do afeto do público à adesão contra o partido do opositor".

A discussão em torno de verdadeiros e falsos profetas já se encontra nos escritos veterotestamentários.[18] A presença e a ação de profetas *cristãos primitivos* são atestadas pelo *Corpus paulinum*,[19] pelos Atos dos Apóstolos e pelo Apocalipse de João. A tendência, perceptível em 1Cor 14, da comunidade helenisticamente marcada a suplantar a profecia mediante a glossolalia deixa pressupor que se deve buscar a origem da profecia cristã primitiva no ambiente palestino-judeu-cristão.[20] Paulo, porém, defende a seguinte opinião: "Mas aquele que profetiza fala aos homens: edifica, exorta, consola. Aquele que fala em línguas edifica a si mesmo, ao passo que aquele que profetiza edifica a assembléia" (1Cor 14,3-4). Trata-se, portanto, de uma atividade que "leva a considerar o agir de profetas como portadores e personagens da tradição ou como portadores da missão e do testemunho".[21] Sem dúvida, a Igreja primitiva cedo tivera que lutar contra a "ambigüidade da profecia",[22] pois o problema dos pseudoprofetas surge com relativa freqüência nos escritos tardios do Novo Testamento e na Didaqué.[23] Portanto, Mt 7,15-20 traz também à discussão problemas atuais da comunidade.

A pergunta a respeito de *quem* se deve entender pelos falsos profetas introduzidos no *versículo 15* tem levado a múltiplas suposições. Estas vão de influências de correntes judaicas, passando por pregadores judeu-cristãos radicais ambulantes[24] até aglomerações cristãs primitivas, tais como seguidores de Paulo, antinomistas helenísticos,[25] ou simplesmente defensores de outras opiniões.[26] *De facto*, no texto mesmo não existe nenhuma indicação concreta, a menos que se relacionem os falsos profetas com as afirmações dos versículos 21-23. Com efeito, trata-se de cristãos confessos que não *realizam* a vontade de Deus no sentido do Sermão da Montanha e são, portanto, "praticantes da iniqüidade" *(anomía)*. A esse respeito, com razão, U. Luz observa que Mateus não os acusa

---

[18] Cf. Dt 13,2-6; Mq 3,5; Jr 23,9-32.
[19] Cf. 1Ts 5,20; 1Cor 11,2-16; 12–14; Rm 12,6 entre outros mais.
[20] Cf. DAUTZENBERG, Propheten/Prophetie IV, 505.
[21] Ibid.
[22] LUZ, *EKK I/1*, 402.
[23] Cf. Mc 9,38-40; At 20,29-30; Tt 1,10-16; 1Jo 2,18-27; 4,1-6; Ap 2,20; 2Pd 2,1; Didaqué 11,3 (12,5).
[24] Cf. WEDER, *Die "Rede der Reden"*, 237-238.
[25] Assim, BARTH, Gesetzesverstãndnis, 149-151.
[26] Cf. LUZ, *EKK I/1*, 403, notas 14-19.

de "*ensinarem* a anomia".[27] Trata-se, antes, da discrepância entre a atividade profético-missionária (cf. v. 22b-d) e a forma de vida cristã deles.

Tais pseudoprofetas vêm de fora e penetram na(s) comunidade(s) destinatária(s) *(v. 15b)*. De onde quer que venham, eles agem no interior da comunidade como o joio no trigo (13,24-30) e, como tais, são difíceis de serem reconhecidos. A imagem dos lobos entre os cordeiros *(v. 15b.c)* encaixa-se bem nesse contexto. Decerto Mateus empresta-a do AT, onde se encontra em diversas variantes.[28] Ali, o rebanho é também uma metáfora para o povo de Deus.[29] A ovelha mesma simboliza índole pacífica e impossibilidade de defender-se, ao passo que o lobo é "emblema daquilo que destrói".[30] "Lobos em pele de cordeiro" aparecem pacificamente, mas explodem e destroem interiormente a(s) comunidade(s). O que eles operam, em nome de Cristo, é dissensão, polarização e divisão. Eles não trazem "edificação, exortação e consolo" (1Cor 14,3), mas edificam a si mesmos e o próprio *status*. Os pseudoprofetas abusam dos outros, seja materialmente (cf. Didascália 11,6), seja mental e espiritualmente, o que é pior ainda. Tendo na boca as palavras de Jesus, semeia-se a discórdia, e o "trigo" é "misturado" ao joio. Nessa direção, aponta também a caracterização dos falsos profetas em 2Pd 2,3: "Por *avareza*, procurarão, com discursos fingidos, fazer de vós objeto de negócios". Paulo designa os "supermissionários" que o detratavam em Corinto como *falsos apóstolos* e trabalhadores desonestos, mascarados de apóstolos de Cristo. Como servidores de Satanás, eles imitam somente a Satanás, ele próprio disfarçado em anjo de luz (2Cor 11,13-15). Característica, porém, é a frase conclusiva: "Mas o fim destes corresponderá às suas obras" (2Cor 11,15). Portanto, para Mateus, como já para Paulo, as obras são "as expressões experimentais do interior, dos sentimentos e do agir".[31] Quanto ao conteúdo, a isso corresponde também o julgamento de Fl 3,18-19 sobre aqueles que vivem como inimigos da cruz de Cristo: "Seu fim é a destruição, seu deus é o ventre, sua glória está no que é vergonhoso, e seus pensamentos no que está sobre a terra".

---

[27] Cf., ibid., 403.
[28] Cf. Gn 49,27; Is 13,21-22; Ez 22,27; cf. Jo, 10,1-6.
[29] Cf. Ez 34,10-12; Zc 11,17; 13,7; Sl 74,1 entre outros.
[30] WEDER, *Die "Rede der Reden"*, 238.
[31] ZEILINGER, *Krieg und Friede in Korinth II*, 77.

A regra apresentada em *Mt 7,16a* para o "discernimento dos espíritos" soa inicialmente abstrata. A característica de identificação são seus "frutos". A metáfora, usada também amiúde no AT,[32] pode indicar tanto a própria ação como sua conseqüência. Como demonstra o freqüente uso da palavrinha "produzir" na *inclusio* dos *versículos 17-18*, Mateus subentende com isso o comportamento e as ações de tais cristãos. Não é possível conhecer de imediato a natureza de um ser humano; ela se dá a conhecer apenas em suas expressões. "Reconhecer" *(epiginôskein)*, no sentido bíblico, não significa aqui apenas uma compreensão racional, mas aquela apreensão do objeto de conhecimento que leva a perscrutar, a aceitar ou a rejeitar o modo de ser do outro.[33]

A norma de reconhecimento é explicada de forma esclarecedora no *versículo 16b*. De espinheiros e de cardos naturalmente não se podem esperar frutos degustáveis; ao contrário, colhem-se ferimentos. Com essa referência, os falsos profetas não são equiparados, como em Paulo, a ministros de Satanás, mas ao "joio".[34] Em razão desse seu modo de ser, eles não podem realizar nenhuma ação que possa corresponder à exigência do "ensinamento sobre a montanha". No *versículo 17f*, inverte-se a imagem. Agora se fala de árvores boas e de árvores "preguiçosas" ou "podres" *(saprón)*, bem como de frutos bons e (literalmente) "maus" *(poneroús)*. Estes últimos dão a entender que se pensou em obras *eticamente* más, as quais os pseudoprofetas trazem a lume, em razão de sua natureza "deteriorada". Em contrapartida, fala-se da árvore boa e de seus bons frutos. O texto da Fonte dos Ditos expressa-se ainda no singular: "Uma árvore é conhecida por seu próprio fruto" (Lc 6,44a), e "o homem bom, do bom tesouro de seu coração tira o que é bom, mas o mau, de seu mal tira o que é mau" (Lc 6,45). No caso, a ênfase recai mais fortemente no fato de o fruto desenvolver-se a partir do ser humano sem a participação deste. Mateus, pelo contrário, fala dos frutos no plural, se se quiser, de ações particulares que os cristãos realizam. Pode ser que Mateus pense em comportamento consciente. Contudo, atribuir-lhe com isso uma defesa da doutri-

---

[32] Cf. Is 3,10; Jr 17,10; Os 10,13; Pr 1,31 etc.

[33] Se a forma futura "reconhecereis" implica uma alusão ao Juízo Final (assim GNILKA, *HThK I/1*, 275), ou deva ser compreendida como sentenciosa ou até mesmo imperativa é algo em torno de que não há explicação consensual.

[34] A parelha conceptual "espinhos e cardos" encontra-se também em Gn 3,18; Os 10,8 e Hb 6,8 como designação para a erva daninha nos campos.

na da justificação pelas obras[35] passa ao largo do fio condutor da perícope. Com efeito, Mateus deseja sublinhar a identidade absoluta entre ser e agir, pois onde o ser e o parecer se contrapõem ali reina a falsidade de vida. Quem fala de paz e semeia a discórdia, ou "edifica" a si mesmo à custa da comunidade, peca contra a verdade do Evangelho.

Por essa razão, Mateus coloca no final de seu breve ensinamento a respeito do reconhecimento, no *versículo 19*, a imagem do julgamento tirada da pregação do Batista (3,10). Ela provém do ambiente agrícola. Uma árvore estéril é derrubada e serve de lenha. A metáfora do fogo remete a Is 66,24, o ponto de partida para a representação do inferno. O Batista ameaçava aqueles que desprezavam seu apelo à conversão com o iminente Juízo de Deus e a rejeição deles. Mateus, ao assumir essa palavra dura no "ensinamento sobre a montanha", de um lado enfatiza a identidade do anúncio do julgamento de Jesus com o do Batista,[36] mas, do outro lado, sublinha que aqueles que fazem pouco do ensinamento de Jesus, transmitindo esse anúncio sem pô-lo em prática na própria vida, já programam antecipadamente o malogro escatológico de sua vida cristã.[37] Contudo, qualquer um que se coloque, seja de que forma for, a serviço da Palavra, encontra-se sob tal veredicto. Sem dúvida, grande é o perigo de sucumbir à rotina do anúncio. Ao mesmo tempo, todo aquele que proclama a boa-nova de Cristo está sujeito à obrigação de transmitir *toda* a verdade, posto que saiba que ele, por si mesmo, seja incapaz de praticar toda a verdade! Quem se acha chamado ao serviço do anúncio na Igreja deve ponderar ainda mais: o seguimento de Cristo implica converter constantemente a vida, a fim de não reduzir-se ao "bronze que soa ou ao címbalo que tine" (1Cor 13,1).

A repetição do critério de reconhecimento no *versículo 20* é pura conseqüência daquilo que foi dito. Ela também implica, indiretamente, o apelo à vigilância escatológica. Se os cristãos destinatários se compreendem como pessoas que se colocam na linha dos profetas (perseguidos, cf. 5,11-12),[38] então importa "não equiparar-se a falsos profetas, mas corresponder à exigência ética

---

[35] Cf. também a crítica feita por WEDER, *Die "Rede der Reden"*, 239-241.
[36] Cf. GNILKA, *HThK I/1*, 275-276; LUZ, *EKK I/1*, 405.
[37] Cf. também 13,42.50; 18,8-9; 25,40-41.
[38] Cf. FRANKEMÖLLE, *Matthäus-Kommentar 1*, 275.

de Jesus mediante o agir correto".[39] Isso "exige, eventualmente, o preço da fuga ante a voz do estranho (Jo 10,5), a recusa a escutá-lo. Portanto, nesse caso, *nada de diálogo!*".[40] O que se diz contra os falsos profetas vale não somente para os anunciadores oficiais da boa-nova de Jesus, mas para todo cristão, pois a tentação de estabelecer um "cristianismo *light*", de acordo com as expectativas do tempo e das tendências atuais e, portanto, desviado da exigência radical do ensinamento do Senhor, espreita à porta de todo coração cristão. De forma impressionante, Dieter Bonhoeffer expressou essa "tentação tipicamente cristã" com o conceito de "graça barata".[41]

2.2. Quem é deveras cristão? (vv. 21-23)

21a   *Nem todo aquele que me diz "Senhor, Senhor",*
 b   *entrará no Reino dos Céus,*
 c   *mas sim aquele que pratica a vontade de meu Pai que está nos céus.*

22a   *Muitos me dirão naquele dia: "Senhor, Senhor,*
 b   *não foi em teu nome que profetizamos,*
 c   *e em teu nome que expulsamos demônios*
 d   *e em teu nome que fizemos muitos milagres?"*

23a   *Então eu lhes declararei:*
 b   *"Nunca vos conheci.*
 c   *Apartai-vos de mim, vós que praticais a iniqüidade!"*

Literariamente, Mateus agora intensifica a temática mediante a mudança para o "nível dramático". O Senhor Glorioso fala sobre si mesmo a sua Igreja, novamente como na abertura de seu "ensinamento sobre a montanha" (5,17-20), e diz a todos os que falam e falarão profeticamente em seu nome (vv. 22c) como

---

[39] STRECKER, *Bergpredigt*, 170.
[40] SPAEMANN, Die Schrift, 403 (o grifo é nosso).
[41] *Bonhoeffer-Brevier*; cf., a propósito, JEREMIAS, "Wahre" und "falsche" Prophetie im Alten Testament, 349.

ele se haverá com eles na qualidade de Filho do Homem escatológico. O tema do juízo escatológico, que já foi lembrado no versículo 19, torna-se, por assim dizer, realidade. Já a expressão "naquele dia" (v. 22a) aponta para isso. Os discursos diretos antecipam imediatamente o desenrolar do julgamento. O leitor é envolvido completamente no fluxo da narrativa e deve tomar posição. O tema fundamental do "ensinamento sobre a montanha" — o fazer a vontade de Deus (v. 21c), isto é, a prática de uma "justiça" de máximo valor como pré-requisito para a entrada no Reino dos Céus (5,20) está, novamente e pela última vez, em jogo.

Do ponto de vista *estrutural*, cada um dos três versículos contém um discurso direto, introduzido, respectivamente, por uma breve sentença narrativa. Os verbos dos textos narrativos, no sentido da cena, estão no futuro, ao passo que os do discurso direto encontram-se ou no presente ou (retrospectivamente) no aoristo. Nos dois primeiros versículos, citam-se palavras de alguns ou também de muitos dos destinatários ao seu Senhor (vv. 21a.22b-e); no último versículo, o Senhor cita sua próprias palavras futuras a respeito deles (v. 23b.c). Por fim, os versículos 21 e 23 formam uma antítese conteudística: quem pretende entrar no Reino dos Céus sem *fazer* a vontade do Pai de Cristo não será reconhecido pelo Senhor, mas banido e rejeitado como *fautor* da iniquidade. Como o mostra a idéia de "iniquidade" *(a-nomía)*, a vontade do Pai celestial do Senhor é idêntica à "lei" *(nómos)*, ou seja, à Torá autenticamente interpretada por Jesus, a qual ele não veio suprimir mas levar à plenitude (5,17).[42]

Do ponto de vista da *história da tradição*, os versículos apontam para diversos fragmentos da Fonte dos Ditos. O *versículo 21* possui um paralelo aproximado com Lc 6,46: "Por que me chamais 'Senhor, Senhor!', mas não fazeis o que eu digo?". Em *Lucas*, essa frase encontra-se entre a metáfora das árvores e de seus frutos e a parábola conclusiva do Discurso da Planície (Lc 6,47-49 // Mt 7,24-27). Em contraposição a Mateus, o dito citado por Lucas não contém nenhum tom escatológico, senão que pressupõe o relacionamento entre o mestre e os discípulos. A exortação vale para a discrepância entre a invocação submissa[43] dos discípulos e o malogro deles na prática do ensinamento do mestre, razão pela

---

[42] Cf. FRANKEMÖLLE, *Matthäus-Kommentar 1*, 276.
[43] BOWON, *EKK III/1*, 339-310, juntamente com HAHN, *Hoheitstitel*, 97-98, pensa nas fórmulas de oração pós-pascais.

qual o discipulado, em si, é posto em perigo. Se *Mateus* fez dessa sentença a base inicial de uma cena de julgamento escatológico, ele teve de, no mínimo, ampliar e reformular formal e conteudisticamente a frase relativa: "o que eu digo" (Lc 6,46b). Por conseguinte, o versículo 21b.c e as palavras de abertura "Nem todo aquele que" podem ser considerados como criados completamente pelo evangelista. Que Mateus, na construção de sua imagem escatológica do Juízo Final, tenha sido influenciado por paralelos judaicos, não muda em nada o fato de estar ligado ao texto lucano pela idéia de que o verdadeiro discipulado, em contradição com a confissão do Senhor e o não-cumprimento de seu ensinamento, necessariamente fracassará.

Os *versículos 22-23*, ao lado dos versículos 13-14, possuem um paralelo em Lc 13,26-27, de modo que o substrato comum deve ser novamente buscado na Fonte dos Ditos. Em *Lucas*, segue-se o pequeno diálogo, interrompido por um breve texto narrativo (Lc 13,25), pelo dito a respeito da porta estreita (Lc 13,23-24).[44] Toda a unidade textual de Lc 13,23-29 dirige-se, originalmente, contra *judeus* que rejeitam a palavra de Jesus, mas que, no final, deverão saber que *pagãos*, vindos dos quatro cantos do mundo, substituí-los-ão no Reino de Deus. Eles próprios, diante da porta fechada que dá acesso ao festim escatológico, procurarão justificar-se com a alegação: "Nós comíamos e bebíamos em tua presença, e tu ensinaste em *nossas praças*" (v. 26). Certamente deve-se supor que a Fonte dos Ditos deverá ter compreendido tais palavras em sentido pós-pascal.[45] *Mateus* modifica a justificação dos muitos de tal maneira que ela só pode dizer respeito a anunciadores *cristãos*: "Não foi em teu nome que profetizamos e em teu nome que expulsamos demônios e em teu nome que fizemos muitos milagres?" (v. 22c-e). Os três verbos indicam anúncio da palavra na tradição dos profetas (5,12), expulsão do mal por meio da boa-nova de Cristo e prodígios no sentido de possibilidade de conversão e de recomeço (cf. 10,1). Apesar dessa nova interpretação, o vocabulário não é tipicamente mateano. "Atuar como profeta" *(propheteúein)* encontra-se apenas aqui e em Mt 12,13, onde, porém, indica-se a profecia veterotestamentária. A expressão "fazer milagres" *(dynámeis poieîn)* encontra-se, aliás, somente aqui. É

---

[44] Cf. *supra*, pp. 33-35.
[45] Em favor dessa hipótese depõe Lc 13,25: "Uma vez que o dono da casa houver se *levantado (egerthê)* e tiver fechado a porta [...]". *Egerthê*, em sentido figurado, pode significar também "ressuscitar".

difícil dizer se Mateus recorre ainda a outras tradições ou se, de maneira usual, redige soberanamente.[46] Em minha opinião, o próprio Mateus redige sua versão sob a inclusão de expressões correntes (v. 22b-d), tiradas do círculo de seus destinatários e assim, com uma precisão assustadora, põe o dedo na ferida da Igreja de seu tempo e de qualquer tempo.

Conteudisticamente, de certa forma a perícope se abre com a constatação: a confissão de Jesus Cristo não pode substituir o fazer a vontade do divino Pai e, portanto, é insuficiente para a admissão no Reino dos Céus.[47] Com isso, expressa-se mais uma vez claramente que o Reino dos Céus não é algo que o ser humano simplesmente traz em si, mas onde ele deve entrar.[48] Obviamente não existe nenhum agir *cristão* que não esteja ligado, de alguma forma, a uma fé genuinamente cristã. A invocação de Jesus como "Senhor" certamente indica uma pertença a partir da qual cresce o agir, pois "é sempre a árvore que produz os frutos, e não são os frutos que fazem a árvore".[49] A frase temática *(v. 21)*, portanto, não pode simplesmente querer exprimir que a confissão do Senhor nada signifique e que a ação é tudo.[50] O que se exige é a harmonia das duas "línguas", o acontecimento lingüístico confessional e a atitude prática.

O vocativo *"Kyrie, Kyrie"* implica um duplo aspecto. De um lado, com ele evoca-se a lembrança da aclamação *litúrgica*, que remonta à exclamação aramaica *"Maranathá"* (cf. 1Cor 16,22; Did 10,6), de Jesus como Senhor da comunidade (cf. 1Cor 12,3); do outro lado, as parábolas de colorido apocalíptico de Mt 24,45-51 e 25,1-13.14-30 mostram que essa aclamação vale para o Filho do Homem e Juiz vindouro. Entre outras coisas, demonstra-o o apelo à vigilância em Mt 24,42-44: "Vigiai, portanto, porque não sabeis em que dia vem *vosso Senhor* [...]. Por isso, também vós ficai preparados, porque *o Filho do Homem* virá numa hora que não

---

[46] Cf. as posições divergentes de GNILKA, *HThK I/1*, 273 e de STRECKER, *Bergpredigt*, 172, bem como de LUZ, *EKK I/1*, 402.

[47] Cf. BETZ, *Studien zur Bergpredigt*, 112. KÄSEMANN, *Exegetische Versuche und Besinnungen II*, 68-92, conta o dito sobre "a entrada no Reino de Deus" entre as "sentenças de direitos sagrados".

[48] Cf., a propósito, JEREMIAS, *Prophetic*, 349: "Com isso, exprime-se primariamente a transcendência de Deus, a qual corresponde [...] à objetividade de sua Palavra, que rompe a vontade do ser humano".

[49] WEDER, *Die "Rede der Reden"*, 241.

[50] Para STRECKER, *Bergpredigt*, 173, ao contrário, o fator decisivo de uma existência cristã que segue o caminho árduo através da porta estreita (v. 13f) "não é a palavra, mas a ação".

pensais". Da mesma forma, as virgens insensatas chamam o noivo diante da porta fechada da sala nupcial com as palavras: "Senhor, Senhor, abre-nos" (Mt 25,11; Lc 13,25). Nesse contexto, é digno de nota que no *versículo 21c* o "Senhor", no âmbito de seus ensinamentos sobre a montanha, fala pela primeira e única vez de *seu* Pai. Dessa forma, somente à altura do fim de sua instrução ele revela *quem* realmente é. Isso acontece, talvez, "porque Jesus aparece, no versículo seguinte, como juiz, ou seja, como *Delegado* do Pai. Nesse contexto, da maneira mais vigorosa, sobressai-se obviamente também a relação Pai-Filho (cf. Mt 10,32-33; 11,27)".[51] No caso, ao lado da confissão de Jesus como Senhor da Igreja, *não é* exigido de imediato o fazer a vontade do Senhor Jesus, mas a de seu Pai, que o estabeleceu como seu *Enviado*, a fim de que ele semeasse a boa semente da Palavra e, na qualidade de Filho do Homem, realizasse a colheita, separando o joio do trigo (cf. 13,24.30). A vontade do Pai celestial, explicitada de forma contínua e vinculatória no ensinamento sobre a montanha, tornar-se-á, portanto, o critério no julgamento do Filho, a quem seu Pai, conforme Mt 11,27, *tudo* entregou.

A responsabilidade daqueles que estão perante o julgamento do Filho do Homem confirma essa diferenciação. Com efeito, de acordo com o *versículo 22*, eles aludem a suas obras *em nome do Senhor!* Eles profetizaram em seu nome, ou seja, expuseram a seus irmãos cristãos a profundidade de sua boa-nova; eles ensinaram, puseram à prova, levaram à decisão e talvez tenham até escrito manuais de teologia *(v. 22c)*. Em nome do Senhor, eles combateram o mal sob todas as formas, chamaram ao demoníaco pelo nome e o expulsaram, ouviram confissões e usaram corajosamente os meios de comunicação *(v. 22d)*. Realizaram muitos milagres em nome do Senhor *(v. 22e)*, possibilitaram conversões maravilhosas e levaram a cabo obras impressionantes no mundo e na Igreja. Presumivelmente, como os antigos profetas Elias e Eliseu, mostraram-se zelosos pela fé ortodoxa mediante o poder da palavra e da ação, talvez também com o anátema e a "espada". Fizeram, portanto, tudo o que lhes fora ordenado.

Em conexão com essa confissão, o *versículo 23* inicialmente soa incompreensível, visto que o Senhor rejeita a objeção contra sua sentença já implicitamente contida no versículo 21. O verbo *homologeîn*, usado no *versículo 23a*, pode signi-

---

[51] SCHWEIZER, *Bergpredigt*, 91.

ficar confessar, mas em contexto forense indica também a sentença judicial. Esta, em sua primeira parte, no versículo 23, contém a declaração do Juiz de jamais ter conhecido os acusados *(v. 23b)* e, na segunda parte, a sentença de expulsão *(v. 23c)*. De acordo com H.-D. Betz, o dito apóia-se sobre o princípio de que ninguém, perante o tribunal, pode apresentar-se como intercessor, fiador ou testemunha em favor de desconhecidos".[52] Desse modo, aquele que continua a ser invocado como Senhor estaria declarando não ter a competência para representar a atitude deles ou possibilitar-lhes o acesso ao Reino dos Céus, posto que eles o tenham representado ativa e oficialmente. Em minha opinião, essa construção é bastante interessante, mas artificial. A observação atenta do significado bíblico da palavra "conhecer" possibilita um acesso bem mais fácil ao que se pretende dizer. Com efeito, a palavra indica, como já mencionamos, não apenas um conhecer exteriormente, mas um conhecer que significa o *reconhecimento*, um sim à pessoa em questão e à sua natureza.[53] Portanto, o Senhor diz simplesmente: eu jamais vos considerei aptos a entrar no Reino dos Céus, pois ao vosso íntimo, de onde brotaram vossas obras em meu nome, eu jamais disse meu sim e meu amém.

Com isso, porém, coloca-se de maneira ainda mais expressiva a pergunta pelo por quê. A resposta resulta do *versículo 23c*, da última frase da cena. Muitos dos que confessam o Senhor em palavras e ações serão rejeitados porque são "fautores da iniqüidade". A repulsa "apartai-vos de mim" é dura, pois com isso se exclui toda e qualquer comunhão. A frase encontra no Sl 6,9 (LXX) um fundamento quase literal. Ali, o orante oprimido diz aos ímpios: "Afastai-vos de mim malfeitores todos". Se Mateus fala de *a-nomía* precisamente no contexto escatológico, é certamente com a intenção de, com isso, indicar a rejeição absolutamente indesculpável da vontade de Deus que se tornou Palavra na "Torá e nos Profetas", a qual Jesus realizou plenamente em palavras e ações, e interpretou autenticamente. Quem não *faz* a vontade de Deus mostra-se, sem mais, como um "sem-deus".[54]

Como se depreende, Mateus usa a noção de *"a-nomía"* diversas vezes em textos coloridos *apocalipticamente*. No âmbito da interpretação da parábola do

---

[52] BETZ, *Studien zur Bergpredigt*, 115.
[53] Cf. BAUER, *WB*, 323.
[54] Cf. FRANKEMÖLLE, *Matthäus-Kommentar 1*, 276.

joio no meio do trigo se diz: "O Filho do Homem enviará seus anjos e eles apanharão do seu Reino todos os *skándala* e os que praticam a *anomía* (13,41-42)". Trata-se, portanto, daqueles que, em razão de seu comportamento, chocaram os irmãos cristãos, ou até mesmo em determinadas circunstâncias foram ocasião de apostasia (cf. Mt 18,6-7 e par.). Em contrapartida, Mt 24,11-12 fala dos sinais precursores do acontecimento final: "E surgirão falsos profetas em grande número e *enganarão* a muitos. E pelo crescimento da *anomía*, o amor de muitos esfriará". Aqui se trata de uma sedução que provoca o esfriamento do amor. Por fim, na frase não apocalíptica de Mt 23,28, os fariseus e os escribas são acusados de aparecerem exteriormente como justos *(díkaioi)*, quando por dentro estão cheios de *hipocrisia* e de desregramento *(anomía)*. A *anomía* mostra-se, portanto, no desencaminhamento dos co-cristãos, no empurrão para a renegação da fé e na hipocrisia beata. Em conexão com exigência de um excedente de "justiça" (5,20), a realização dessa justiça culmina no amor ao inimigo (5,43-48) mas, de acordo com 6,1-18, também na renúncia a todo tipo de hipocrisia diante de Deus e das pessoas. A idéia de *anomía* indica, portanto, um comportamento e um agir que são marcados pelo desamor e pela falsidade e, portanto, contradizem a vontade do Pai de Jesus. Quem age assim não mais pertence a Jesus, o Delegado escatológico de seu Pai, aquele que possibilita o acesso ao Reino dos Céus, ou também deve proibir. Pois a "justiça" superabundante que é exigida dos cristãos, que se mostra no cumprimento do duplo mandamento do amor, "indica uma atitude daqueles que querem viver no seguimento de Jesus".[55] Por conseguinte, qualquer outro comportamento é *anomía*-desregramento.

Mas, se o fruto do "desregramento" é o esfriamento do amor de muitos, e se a *anomía* é o oposto da "justiça" escatológica, então torna-se igualmente claro do que se trata realmente nessa cena de julgamento: "No fazer a vontade do Pai realiza-se a nova justiça, que está determinada pelo duplo mandamento do amor. Nisso consiste a indispensável condição para a entrada no Reino dos Céus".[56] Por fim, as obras do amor constituem também na grande cena de julgamento em Mt 25,31-46 o critério que determina a decisão do Filho do Homem a propósito da participação no Reino do Pai. No final das contas, portanto, a confissão comum e

---

[55] Cf. LÜHRMANN, *Gerechtigkeit* III, 415.
[56] GIESEN, *Christliches Handeln*, 221.

objetivamente determinante de Jesus como Senhor da Igreja não salva ninguém, caso tal confissão permaneça sem uma relação subjetiva interior. Todavia, também o agir em nome do Senhor não salva ninguém automaticamente, visto que também as obras são ambíguas. Elas podem ser expressão da relação pessoal com Deus e, portanto, nascidas do amor, mas também podem ser expressão de uma doutrina da justificação pelas obras que, sem verdadeiro amor, pratica formal e exatamente aquilo que resulta da confissão ao Senhor comum a todos. Conseqüentemente, as obras fundamentam-se, porém, em uma *anomía* que não salva, mas que conduz à perdição. Eu não sou questionado a respeito das obras como tais, mas sim quanto ao espírito de onde elas brotaram. Obediência sem amor também um soldado presta; amor obediente, porém, é específico do "filho"!

A cena tem seu correspondente na parábola lucana do fariseu e do publicano no Templo (Lc 18,9-14). O fariseu apresenta a Deus o que ele realizou, ao passo que o publicano pede perdão a Deus. Um gira em torno de si mesmo diante de Deus; o outro dirige-se a Deus e implora por sua compaixão. Um ama a si mesmo diante de Deus; o outro expõe-se ao amor de Deus. Um expulsa demônios em palavras e atos, anuncia a primazia de Deus, fala de maneira imponente e magistral, entusiasma, leva a cabo coisas grandiosas para a Igreja e para o mundo; o outro vai ao encontro daquele que precisa de seu amor. Um faz tudo a fim de confirmar a si mesmo e seu valor; o outro faz, talvez, a mesma coisa *porque* ama. O "fariseu" pretende criar para si um Deus gracioso; o "publicano" sabe que tudo é graça. Para este se voltam o sim e o amém do Senhor; o outro volta injustificado[57] para o lugar onde estava antes de encontrar seu Deus.

A roupagem apocalíptica da cena *(vv. 21-23)* é apenas o revestimento daquilo que é. Em face da morte, *é* indiferente que carreira eu possa seguir, quanto eu tenha ganhado, de qual cargo ou dignidade eu possa ter sido investido no mundo ou na Igreja e quantas honrarias são apresentadas ao meu caixão. Eu saberei se fui um hipócrita que enganou a si mesmo, ou alguém que, ao longo de sua vida, esforçou-se para que o amor fosse a força determinante de seu agir. O que importa será todo pequeno amor que eu tiver dado. Com isso, diz-se certamente algo importante também para a compreensão do modo de falar apocalíptico: "Explica-se o alcance do fazer e do falar",[58] a fim de, dessa forma, recordar acima

---

[57] No grego aparece a polissêmica palavra *"dedikaiôménos"*.
[58] WEDER, *Die "Rede der Reden"*, 242.

de tudo o que é exigido *agora* dos ouvintes.⁵⁹ Portanto, eu não sou questionado apenas diante da minha morte, mas já aqui e agora, se sou um falso profeta, um "funcionário da religião", que fez um voto a uma confissão religiosa e, portanto, desempenha por obrigação as funções de seu cargo, ou se eu, no caminho do seguimento de Jesus, seu Filho e meu Senhor, tenho o amor que Deus espera de mim e quer que seja manifesto.

Mas quem *tem* um amor assim, sempre e em toda parte, enquanto tropeça ao longo do caminho estreito como peregrino entre dois mundos? Podemos certamente recorrer a J. W. Goethe: "Quem ousadamente se esforça, a este podemos salvar" (Fausto II); contudo, melhor mesmo é rogar, dia após dia, ao Pai que vê no segredo: "Dá-me de novo o amor!".

2.3. Resumo

A parte central da *peroratio*, servindo-se do problema dos falsos profetas, explicita o que o "ensinamento sobre a montanha" quer positivamente provocar, a saber, a autenticidade da existência cristã. Esta acontece quando a pretensão de validade da confissão de fé geral se harmoniza com a perplexidade pessoal. Na ausência desta, o ser cristão permanece infrutífero e se perde, visto que a fé não se confirmou mediante a ação. De acordo com os versículos 13-14, existem os dois caminhos: "Quem caminha por um, não passa pelo outro [...]. Se alguém conhece a glória de Deus, conhece também a amargura do inimigo. Se alguém conhece o Reino, conhece também o inferno. Quem conhece o amor, sabe também o que é o ódio".⁶⁰ Percorrer os dois caminhos significaria a absurda tentativa de ser cristão e não-cristão ao mesmo tempo.

3. Ouvir e fazer (Mt 7,24-27)

A dúplice parábola conclusiva desenvolve o contraste apenas realçado sob o aspecto de um comportamento prudente ou desleixado. No caso, acentua-se a relação causal entre a decisão fundamental exigida e suas conseqüências

---

⁵⁹ Cf. VOLKMANN, *Rhetorik*, 311.
⁶⁰ De um escrito do abade Isaías († 488), apud *Der Große Wochentagsschott 1*, p. 1204.

futuras. Freqüentemente, as coleções de leis veterotestamentárias estão ligadas a promessas e ameaças.[61]. Conforme Israel cumpre ou não as leis e os estatutos apresentados, escolhe bênção ou maldição. A seção conclusiva do Sermão da Montanha desempenha uma função semelhante.[62] Aqui, a palavra de Jesus substitui a Lei veterotestamentária. O sucesso ou insucesso da vida depende de se o ensinamento do Senhor constitui ou não a *base* do edifício da vida.

24a   *Assim, todo aquele que ouve essas minhas palavras
e as põe em prática*
b   *será comparado ao homem sensato*
c   *que construiu sua casa sobre a rocha.*

25a   *Caiu a chuva, vieram as enxurradas,*
b   *sopraram os ventos e deram contra aquela casa,*
c   *mas ela não caiu,*
d   *porque estava alicerçada na rocha.*

26a   *Por outro lado, todo aquele que ouve essas minhas palavras,
mas não as pratica,*
b   *será comparado ao homem insensato,*
c   *que construiu sua casa sobre a areia.*

27a   *Caiu a chuva, vieram as enxurradas,*
b   *sopraram os ventos e deram contra aquela casa*
c   *e ela desmoronou.*
d   *E foi grande sua ruína!*

A seção conclusiva que funciona como "epílogo"[63] do "ensinamento sobre a montanha" corresponde, quanto ao conteúdo, à conclusão do Sermão da Planície de Lc 6,47-49. A dupla parábola já constitui, portanto, na Fonte dos Ditos, a conclusão do complexo dos discursos. Contudo, não é mais possível reconstruir o

---

[61] Cf. Lv 26; Dt 28; 30,15-20; cf. também TestNaf 8,4.6; AssMo 12,10-11.
[62] Cf. ZELLER, *Logienquelle*, 35-36.
[63] FRANKEMÖLLE, *Matthäus-Kommentar 1*, 278, com boas razões, assim designa o parágrafo.

teor original do escrito fontanal. Demasiado perceptível é a mão redatora de ambos os evangelistas. *Lucas* descreve a *construção do fundamento*, sem caracterizar os construtores de suas casas como sensatos ou insensatos. O construtor de uma boa casa cava, aprofunda e lança o alicerce sobre a rocha (Lc 6,48a-c), ao passo que o outro renuncia à fundamentação e constrói sua casa simplesmente sobre a *terra* (Lc 6,49a-c). Lucas tem claramente diante dos olhos a paisagem de um rio,[64] pois ele não menciona nem aguaceiro nem ventos, mas fala apenas de uma enchente (vv. 48c.49d). Isso leva a pensar, talvez, em uma paisagem da Ásia Menor ou da Grécia. *Mateus*, em contrapartida, alude antes a situações siro-palestinenses, onde uma forte trovoada enche de repente vales secos, e traz consigo pancadas de vento. Ele não fala também do lançar um fundamento, mas que a rocha já o é simplesmente, assim como o construtor imprudente edifica sua casa simplesmente sobre a areia (movediça). Portanto, os dois evangelistas "inseriram" o texto nas condições que lhes eram familiares e aos seus leitores, mediante o que o colorido palestinense em Mateus permite deduzir uma dependência mais forte da Fonte dos Ditos do que seria o caso em Lucas. Por fim, para além de Lucas, Mateus fala de ouvintes e não-ouvintes *"dessas"* palavras, mediante o que se quer indicar claramente o conjunto do "ensinamento sobre a montanha".

Indubitavelmente, a *configuração* formal e estilística da dupla parábola como macroparalelismo antitético é obra do evangelista. As duas partes, versículos 24-25 e versículos 26-27, são consideravelmente semelhantes quanto ao texto e divergem uma da outra apenas onde a oposição se manifesta. A primeira série de frases de cada uma descreve respectivamente a situação inicial, enquanto a segunda retrata a catástrofe natural e seu resultado em função da diferente atitude do construtor. Da mesma forma, a seqüência das linhas de sentido, seus respectivos começos e ordem das palavras são completamente construídos em paralelo. Constitui uma exceção apenas o último hemistíquio *(v. 27d)*, que insere um "e" e não demonstra nenhum paralelo literário com o versículo 25d. Portanto, os membros conclusivos de ambas as unidades textuais é que trazem o acento. Destarte, Mateus aprimorou estilisticamente com cuidado o "epílogo" do "Discurso do Senhor" e, a seu modo, construiu uma pequena obra de arte.

---

[64] Cf. STRECKER, *Bergpredigt*, 176.

Do ponto de vista do *conteúdo*, apelando para uma nova imagem, a perícope coloca o ouvinte e o leitor mais uma vez diante de uma alternativa. O ouvir e pôr em prática o que foi ouvido é um lado; o ouvir e o grave não-pôr-em-prática o que foi ouvido é o outro. A assimilação atenta das palavras de Jesus possibilita sua compreensão. Diariamente somos inundados por uma enxurrada de palavras e de opiniões sem tê-las realmente ouvido e assimilado porque elas não nos importam existencialmente, ou porque não queremos que devam dizer-nos respeito. Assim, aquilo que foi ouvido não penetra na dinâmica vital no sentido de uma autêntica compreensão. Nesse caso, ouvimos apenas aquilo que queremos ouvir. O ouvir atentamente ou o não-prestar atenção é, portanto, um ato que traz em si conseqüências.

No *versículo 24b*, o ambivalente acontecimento do ouvir, refletir e praticar é ilustrado com o quadro de um homem prudente e de outro insensato. Prudência *(phrónesis)* é a inteligência prática. Ela brota da percepção sensorial e de sua reflexão, que está ligada à experiência prática. Em nosso caso, isso significa: o homem *prudente* está consciente da ameaça de toda edificação e construção humanas. Baseado na reflexão do que foi ouvido com diligência e em conexão com sua experiência, ele chega a saber o que fazer em determinada situação. "Seguro morreu de velho", diz o provérbio, pois quem constrói sabe, em nosso caso, que o "edifício da vida" só fica imune às forças destrutivas se estiver alicerçado sobre um fundamento que é e permanece indestrutível. A compreensão do "ensinamento sobre a montanha" leva-o, porém, a reconhecer que *o sermão* é a palavra fundamental do Senhor sobre a qual a vida pode e deve ser construída ou reformada. O homem *insensato* certamente ouve também as palavras desse ensinamento, mas não as relaciona com seu saber experiencial e, portanto, não faz uso delas. Ele não chega a compreender que a vida só pode, pois, ter êxito e permanecer vitoriosa quando tem por fundamento as palavras do Senhor, com base nas quais ela pode sem perigo desenvolver-se. Em sentido análogo, admoesta Tg 1,22-25: "Tornai-vos praticantes da Palavra e não simples ouvintes, enganando-vos a vós mesmos! Com efeito, aquele que ouve a Palavra e não a pratica, assemelha-se ao homem que, observando seu rosto no espelho, se limita a observar-se e vai-se embora, esquecendo-se logo da sua aparência. Mas aquele que considera atentamente a Lei perfeita de liberdade e nela persevera não sendo ouvinte esquecido, antes, praticando o que ela ordena, esse é bem-aventurado no que faz".

A metáfora da construção da casa, ligada à oposição entre prudente e insensato, evoca um *tópos* freqüentemente utilizado na literatura sapiencial. Assim, lê-se, por exemplo, em Pr 14,1: "A Sabedoria edifica sua casa, a Estultícia a derruba com as mãos". Em forma aparentada, diz Pr 24,3: "Com sabedoria se constrói uma casa, e com o entendimento ela se firma".[65] Essa tradição imagética encontra-se também nos escritos rabínicos. De interesse para nosso texto é uma comparação atribuída a certo rabi Eliezer ben Abuja (cerca de 120 d.C.): "Com que se pode comparar uma pessoa que realizou muitas boas obras e aprendeu muito da Torá? A uma pessoa que, na base, constrói com pedras, e depois, com tijolos; mesmo que venham muitas águas e permaneçam ao seu redor, elas não a removem de seu lugar. Mas uma pessoa que não realiza nenhuma boa obra nem aprende a Torá, a que se pode comparar? A uma pessoa que primeiro constrói com tijolos e, em seguida, com pedra. Ainda que venha apenas uma insignificante quantidade de água, imediatamente a põe por terra".[66] Não basta, pois, estudar a Torá, isto é, teologia, e impregnar-se de seus ensinamentos sem, contudo, pôr em prática na vida e no comportamento suas instruções. É claro que não se pode demonstrar que Jesus ou a Fonte dos Ditos tenham recorrido a essa tradição imagética rabínica. Ao contrário, amiúde se pressupõe que uma parábola cristã-jesuânica foi tomada e adaptada por intelectuais judeus.[67]

Em vez da Torá e da "Torá oral" rabínica, Mateus fala do "ensinamento sobre a montanha". Ele atribui, portanto, às palavras de Jesus a mesma autoridade e o mesmo caráter obrigatório. Elas são, de fato, as instruções escatológicas do Filho de Deus e Filho do Homem. À diferença da redação rabínica (e também lucana), para ele não se trata da fundamentação cuidadosa de uma casa por parte das pessoas, mas sim, do fato de que o discípulo de Jesus constrói o edifício de sua vida sobre o fundamento *apresentado* por meio do Sermão da Montanha. Quem, ouvindo, recebe-o como um presente, pode moldar seu espaço vital confiantemente e sem angústia. O fundamento dado garante-lhe a estabilidade. Contudo, quem ouve ou lê e não utiliza aquilo que lhe é presenteado com isso, no final das contas constrói

---

[65] Cf. também Eclo 22,16-18.
[66] Abot, R. Natan 24.
[67] Cf. Jülicher, *Gleichnisreden II*, 260; Gnilka, *HThK I/1*, 282; Flusser, *Die rabbinischen Gleichnisse*, 102; Wiefel, *ThHK 1*, 156.

sua vida sobre areia fugidia e, portanto, sem fundamento. É um sujeito frívolo e estúpido, visto que não calcula as eventualidades perigosas da vida e não planeja com largueza de visão. A água irrompe em ambas as situações e, conseqüentemente, de qualquer modo, invade a casa. Não existe uma vida cristã sem crises e abalos ameaçadores. Isso vale para o indivíduo e para a Igreja como um todo. No primeiro caso, porém, as ondas e a tempestade são impotentes; no segundo caso, arrasam completamente a casa. Ela não possui nenhuma força de resistência em si, uma vez que foi construída culposamente como um castelo no ar.

Contudo, digno de nota, neste contexto, são também os verbos no futuro: "*será* comparado" *(vv. 24b.26b)*. Eles podem certamente ser traduzidos também por: "pode ser comparado".[68] Contudo, notaram-se reiteradamente diversas afirmações apocalipticamente coloridas nas seções precedentes da *peroratio*, as quais, com vistas à mudança de era e ao Juízo Final a ela ligado, procuravam explicitar o alcance das decisões e atitudes atuais, a fim de provocar a decisão por aquilo que é exigido pelo Senhor aqui e agora. Nesse sentido, as formas verbais futuras dizem que o futuro absoluto será confirmado pela verdade da parábola. Ali será definitivamente esclarecido a quem pertence o edifício vital que possuía estabilidade e pode subsistir, e qual o que desmorona, mostrando-se como completa ruína [69] (v. 27d), isto é, uma vida cristã malsucedida.[70] Prudente é, portanto, somente o cristão que, ao planejar sua vida, considera o futuro escatológico e o "assegura" para si, mediante sua decisão por uma vida alicerçada sobre o fundamento da Palavra do Senhor.

Por fim, a rocha, isto é, "a Palavra de Cristo, é que salva o ser humano, não sua prática. Contudo, sua palavra obsequiosa só salva o ser humano quando ele a pratica".[71] O Jesus mateano exige, portanto, obediência a sua palavra, uma obediência que, certamente, não se contenta com uma simples "ética de sentimentos", mas que se decide por uma "obediência" efetiva, que determina toda a

---

[68] Cf. ZERWICK, *Analysis*, p. 17: "comparari potest".

[69] O termo grego *ptôsis* indica o completo aniquilamento, a ruína total. Cf. GNILKA, *HThK I/1*, 282.

[70] De forma análoga, também o comportamento prudente e estúpido na parábola das virgens prudentes e das insensatas (Mt 25,1-13) será definitivamente revelado na hora escatológica. Cf. WIEFEL, *ThHK 1*, 156.

[71] GNILKA, *HThK I/1*, 282; cf. também LUZ, *EKK I/1*, 415.

sua vida.⁷² O ser-cristão significa a práxis dos ensinamentos de Jesus. Nessa práxis existe a experiência da graça e da oração. É isso que anuncia o ensinamento do Senhor, desde as bem-aventuranças até o fim. Dessa práxis depende a comunhão de vida definitiva com Deus no âmbito do Reino dos Céus, ou a ruína de uma vida malograda, porque inautenticamente vivida. No final do "ensinamento sobre a montanha" encontra-se, portanto, "a alternativa entre minha derrocada e minha estabilidade".⁷³ Este ensinamento outra coisa não quer provocar senão a decisão *em prol* de uma vida exitosa, ou seja, bem-sucedida sobre o fundamento da Palavra do Senhor.

4. Síntese

A conclusão do discurso retoma implicitamente o tema fundamental debatido na parte inaugural e daí, sob diversos pontos de vista, trata a prática cristã do excedente de justiça exigido ao longo do caminho para o Reino dos Céus. Pela última vez, os destinatários devem ser motivados a reconhecer as instruções do "ensinamento sobre a montanha" como corretos e vinculantes, cumpri-los em seu modo de vida e rejeitar qualquer outra compreensão do ser-cristão como insuportável e pernicioso. Não por último, o evangelista tira também a legitimação para essa inserção do tema do temor e da esperança do fato de ele, precisamente na *peroratio*, usar e tratar quase completamente de palavras de Jesus tiradas da Fonte dos Ditos.

A *primeira seção (7,13-14)* liga à imagem dos dois portões o *tópos* dos dois caminhos, bem conhecido do leitor judeu-cristão. Como Moisés, Jesus também apresenta no final do discurso, por assim dizer, as duas possibilidades de escolha: "Hoje tomo o céu e a terra como testemunhas contra vós: eu te propus a vida ou a morte, a bênção ou a maldição. Escolhe, pois, a vida, para que vivas tu e a tua descendência, amando a Iahweh teu Deus, obedecendo à sua voz e apegando-te a ele" (Dt 30,19-20). No Deuteronômio, trata-se da vida na terra prometida, assim como, em Mateus, trata-se da vida com Deus no Reino dos Céus. Por certo o caminho estreito e penoso dos cristãos conduz à "cidade celestial" mediante o

---

⁷² Cf. BORNHÄUSER, *Die Bergpredigt*, 192; WINDISCH, *Der Sinn der Bergpredigt*, 50-51.
⁷³ WEDER, *Die "Rede der Reden"*, 246.

"portão estreito". Mas esse caminho fatigante e ameaçado por dentro e por fora é o caminho da justiça traçado pelo "ensinamento sobre a montanha". Ele deve ser necessariamente escolhido, pois ele é simplesmente o caminho da esperança.

A *parte central (vv. 15-23)* fixa concepções de vida cristã contrapostas sob a imagem negativa dos falsos profetas. Como "lobos sob pele de cordeiro" eles podem destroçar interiormente uma comunidade. Na verdade, a Igreja, enquanto caminha através da história, não é simplesmente o Reino de Deus sobre a terra, mas ainda um *mixtum compositum* ["composto misto"] de bem e mal. Como critério distintivo de elementos negativos, mencionam-se suas obras, a partir das quais se pode deduzir a natureza deles. No sentido de uma admoestação conclusiva, Mateus introduz, por fim, uma ameaça apocalíptica tomada da tradição do Batista. Aquele que, mediante sua conduta, relativizar a exigência total do ensinamento do Senhor encontra-se no caminho da perdição, percorrido por muitos, e perde assim a vida no Reinado Celestial de Deus. Por conseguinte, exige-se vigilância, a qual se mostra no discernimento dos espíritos.

O fragmento dos *versículos 21-23*, estreitamente ligado a isso, desenvolve o tema sob o ponto de vista de que uma simples confissão de fé, até mesmo objetivamente visível em alta patente, não é suficiente se ela não se emparelha com uma conduta de vida que é determinada pelo amor radical a Deus e ao próximo. O caráter ameaçador de uma existência dividida é de tal modo excessivamente aguçada que a exortação é revestida de uma cena de juízo apocalíptico. O Senhor escatológico sentenciará ao anátema os cristãos que levaram "uma vida dupla", na qual seu "exterior" e seu "interior" não se harmonizavam. Eles devem estar sempre conscientes de que a observância formalmente exata de normas exteriores não recebe aprovação por parte de seu Senhor, mas somente uma vida de fé dinâmica, fundada na disposição de fazer a vontade do Pai de Jesus Cristo por amor a Deus e aos semelhantes. Com isso, a seção açoita um fenômeno que estava presente desde o começo da Igreja e que foi mantido como uma acusação permanente contra cristãos confessos e anunciadores até hoje (cf. Mt 23,27-28). Na discrepância entre ser e parecer reside o perigo íntimo do cristianismo. Se o Sermão da Montanha traça o cristão ideal, então se trata de, comparando-se a ele, mudar constantemente a própria vida e revisá-la no sentido do quadro ideal.

A *última seção (vv. 24-27)* contém a defesa conclusiva *em prol* do "ensinamento sobre a montanha". Escolhê-lo como base da própria vida é sinal de prudência. Ele é a "rocha" que não pode ser autoconstruída. Ele contém as palavras autorizadas do Senhor, sobre as quais a vida pode significativa e seguramente transcorrer e desenvolver-se. A antítese mostra aquele insensato leviano que transcura o ensinamento do Senhor como fundamento da vida e, conseqüentemente, constrói apenas um "castelo no ar", pois a obsequiosa palavra de Cristo só salva a pessoa que a põe em prática. Se isso não acontece, pode-se contar com a ruína daquilo que o ser humano fez por si e para si: nada subsiste. Visto que se oferece a possibilidade de uma vida bem-sucedida, os cristãos devem livremente decidir-se por ela, senão eles desprezam o próprio Jesus, o "Mestre sobre a montanha", como o "Deus-conosco".

Capítulo 7

Questões e problemas (Mt 7,28-8,1)

1. A reação da multidão (Mt 7,28-8,1)

Quem ouve as palavras do Sermão da Montanha fica inquieto, pois elas desafiam aquele que as quer ouvir. O próprio Mateus certamente sabia disso muito bem, uma vez que ele observa em seguida:

7,28a	*Aconteceu*
b	*que, ao terminar Jesus essas palavras,*
c	*as multidões ficaram extasiadas com o seu ensinamento,*
7,29a	*porque as ensinava com autoridade*
b	*e não como os seus escribas.*
8,1a	*Ao descer da montanha,*
b	*seguiram-no multidões numerosas.*

A fórmula conclusiva "aconteceu que ao terminar Jesus essas palavras" *(v. 28a.b)* remonta a modelos lingüísticos veterotestamentários[1] e se encontra sempre, ligeiramente modificado, no final de todos os discursos de Jesus no evangelho de Mateus. Os versículos *28c-29b* provêm de Mc 1,22: "Estavam espantados com o seu ensinamento, pois ele os ensinava como quem tem autoridade e não como os escribas". Contudo, Mateus acrescenta como sujeito da frase "as multidões"

---

[1] Cf., por exemplo, 1Sm 24,17, em relação a Davi, mas, de modo especial, Dt 31,1.24; 32,44-46. Os códices L Θ e o texto bizantino, imitando claramente Dt 31,1, em vez do simples *etélesen* (terminar), lêem o composto *synetélesen* (completar). Nesse caso, Mateus fala de um discurso completo, isto é, um discurso que fala por si mesmo e que diz *tudo* o que deve ser dito. Cf. WEDER, *Die "Rede der Reden"*, 248 e 250-251.

(óchloi), que ele já introduzira em 4,25, respectivamente em 5,1, como ouvintes do "ensinamento sobre a montanha". As multidões lhe são, assim, tão decisivas porque por meio delas ele quer expressar a reação que ele espera do leitor. Elas é que ficam fora dos trilhos e inquietas *(exeplêssonto)*[2] mediante o *ensinamento* do Senhor, visto que o costumeiro, o aprendido e talvez o que se tornou caro são subitamente postos em questão. Elas ficam tanto mais estupefatas e perplexas porque esse "ensinamento sobre a montanha" atesta um poder,[3] ou seja, uma liberdade[4] que supera as possibilidades de ensinamento dos teólogos judeus *(v. 29b)*, na medida em que ela modifica, chega até mesmo a despedaçar, a corriqueira compreensão de Deus e do mundo. Esse ensinamento traça e proclama uma imagem do mundo e de Deus que parece um fantasma irreal, que não pode tornar-se realidade. No entanto, ele a põe diante dos olhos como a única e verdadeira realidade e exige que o que foi requerido seja efetivamente vivido. Por fim, ele ameaça ainda com a perda da vida aquele que não cumprir suas exigências do mais íntimo do coração. Portanto, Mateus sabe perfeitamente que tal empreendimento tira de sua segurança o leitor acomodado em seu sistema religioso, inquieta-o e perturba-o.

Como o ser humano pode manter-se diante de *Deus* foi o objeto de investigação de escribas e teólogos do rabinismo judaico, mas também dos reformadores protestantes, dos "iluministas" e dos fundamentalistas na Igreja, bem como das seitas cristãs de antigamente e de hoje. Para os escribas de orientação farisaica, interessava principalmente fornecer às pessoas normas de condutas claras e praticáveis no dia-a-dia, a fim de que a vontade do Senhor da aliança, documentada nas palavras da Escritura, pudesse ser "convenientemente" cumprida. Um trabalho por certo teológica e pastoralmente legítimo, que pretende ajudar a pessoa querente a agir e a viver de tal modo que possa subsistir perante Deus. Os escribas tinham, pois, na retaguarda a autoridade da Torá e dos Profetas quando os estendiam a todas

---

[2] *Ek-plésso* significa, de acordo com Zerwick, *Analysis*, ao tempo, "excutio ex tranquillitate mentis", ou seja, "eu tiro o sossego (de alguém)".

[3] A *exousía* de Jesus manifesta-se no EvMt precipuamente nas expulsões de demônios e nos milagres, mas aqui se relaciona imediatamente a seu ensinamento. Cf. Wiefel, *ThHK 1*, 157 e nota 11.

[4] *"Ex-ousía"* indica algo que se sobressai do "ser" (normal) e pode, segundo Bauer, *WB*, 562-564, significar: 1. liberdade, direito (de agir, de determinar, de dispor); 2. capacidade (de agir), faculdade, força, poder; 3. autoridade, onipotência, plenipotência, autorização; 4. potência, atribuição etc.

as situações da vida.⁵ A interpretação *humana*, porém, não pode jamais dispor plenamente da Palavra de Deus; se assim fosse, o intérprete seria igual a Deus. Ela não dispõe, como o Senhor glorioso, do conhecimento a respeito "dos fundamentos da Torá", cuja indagação era considerada um tabu pelos rabinos, visto que a isso estaria ligada a tentação de penetrar o ser de Deus, do qual brota a emanação de sua Palavra. Por conseguinte, a interpretação humana da Escritura não pode ser jamais interpretação autêntica, nem revelação do ser e da vontade de Deus. O exegeta não pode ver a Palavra de Deus através das "lentes" de Deus; em todos os seus esforços, ele a observará apenas por meio de suas próprias lentes e perceberá apenas um mínimo do espectro que é próprio à "Luz da Luz".

Assim, o caminho apontado no "ensinamento sobre a montanha" é "qualitativamente novo". A multidão estupefata acha-se "no meio, entre 'seus' escribas e Jesus",⁶ ou seja, na montanha de Deus, no lugar *entre o céu e a terra*, onde se tocam este e o outro mundo. O perigo que brota em todo o coração do ser humano, precisamente do pavor ante a exigência "dessas palavras" (v. 28b), consistia e consiste no "mudar de lado" para Jesus, o *Senhor* por excelência (cf. 28,18; 7,21-23). Contudo, o Jesus mateano transmite seu soberano poder de liberdade aos discípulos (10,1). Uma vez que esse poder, graças à "liberdade dos filhos de Deus",⁷ a qual está acima da letra da Lei, distingue-se daquele dos discípulos de Moisés, no final do evangelho, em seu encontro com o Senhor glorioso, mais uma vez "sobre a montanha", os discípulos de Jesus são encarregados de *ensinar* seus mandamentos *a todas* as nações, tal como ele lhes ensinou (28,20). Contudo, a exigência, ligada a isso, de anunciar *toda* a verdade com toda a franqueza desafia todo aquele que algum dia se comprometeu com a Palavra do Senhor. A Palavra nascida da soberana liberdade do Filho é, portanto, transmitida a pessoas de todos os séculos, as quais, em sua angústia e sob a pretensão de análise crítica ou de uma "nova hermenêutica" determinada por uma situação concreta ou pelo espírito do tempo, amansam-na e "domesticam esse leão de discurso, transformando-o

---

⁵ Cf. WEDER, *Die "Rede der Reden"*, 249.

⁶ LUZ, *EKK I/1*, 416. É provável que subjaza nesse cenário também uma alusão à situação dos destinatários judeu-cristãos que convivem com judeus não cristãos e experimentam vivamente as discrepâncias teológicas.

⁷ Cf. Rm 8,2.22; 2Cor 3,17.

num inofensivo gatinho doméstico",[8] ou também pretendem radicalizá-la, como também Mateus o fez mediante a antitetização dos ditos do Senhor. Portanto, a Palavra do Senhor expôs-se à indefensibilidade.

2. Problemas exteriores

Os problemas com o Sermão da Montanha brotam de fora, pois o mundo no qual vivemos mudou profundamente nos últimos séculos. Isso vale para o campo da *economia*, pois por meio da globalização e da rede de computadores já não há muita coisa estável. Inovação incessante, renovação completa de equipamentos torna-se obsoleta a cada cinco anos, tendo como conseqüência a reestruturação e racionalização no setor de pessoal. Há vencedores e perdedores, há enormes fusões de empresas e massas de desempregados. A complexidade do mundo em que vivemos desperta também a sensação ou até mesmo a experiência frustrante da impotência que motiva o refugiar-se no próprio pequeno mundo, como outrora no "período anterior a março".*

Na esfera da *sociedade*, mostra-se, por conseguinte, uma crescente e forte *individualização* e dissolução dos laços tradicionais de qualquer tipo. Isso vale para laços nas instituições como partidos, Igrejas, profissões, matrimônio e família, para citar apenas alguns. A causa deve ser buscada numa profunda mudança de valores, a qual, na esteira das crescentes exigências de mobilização e mudança rápida das tendências e dos programas de reforma de todo tipo, é ainda mais incrementada. As inseguranças daí decorrentes levam à suspensão da solidariedade com os demais, a não ser que "se ganhe algo com isso". A liberdade individual é considerada um dos mais altos valores, a qual leva a uma autocompreensão pós-autoritária e pós-solidária. A esta também pertence a reivindicação de direitos individuais. Uma dependência da misericórdia e da graça de outrem tornou-se para muitos um desvalor detestável. A absolutização da liberdade própria, individual e, portanto, da imperturbável pretensão de poder dispor do meu modo de proceder, da minha pessoa, "do meu corpo" e da minha vida traz também consigo uma compreensão da vida que, na esfera de uma "sociedade do prazer", governada comercialmente, não sabe o que fazer com um Deus gracioso, misericordioso e que, em razão de

---

[8] WEDER, *Die "Rede der Reden"*, 249.

* *Vormärz*: período histórico na Alemanha de 1815 à revolução em março de 1848. [N.T.].

sua "graça", é também exigente, pois "graça" *(cháris)*, em suas diversas formas, não conta mais como valor para a vida e para o convívio humano.

A tendência contrária anseia, de forma estranha, por proteção e segurança sociais, mas também se expressa, consciente ou inconscientemente, na pergunta por "Deus, se existe um", como o fator de segurança absoluto e secretamente desejado. Mas, nessa busca por uma razão fundamental, aparece problemática a mensagem cristã de um Salvador crucificado, o qual representa *in persona* a renúncia divina à acusação e a atribuição de culpa, e, como o Senhor glorioso, franqueia gratuitamente o acesso a Deus. À pessoa autônoma pensante, é difícil crer nessa interpretação cristã primitiva da morte e da ressurreição de Jesus, visto que o acesso a Deus não é nenhum direito reivindicável, mas um dom que deve ser aceito por uma pessoa que, em razão de sua autonomia individual, já não consegue aceitar a categoria "culpa". Mas como pode alguém, que já não sabe o que fazer com essa cristologia e soteriologia fundamentais, aceitar e até mesmo praticar o "ensinamento sobre a montanha"?

Acrescente-se a isso o fato de que o *ensinamento sobre a montanha* é composto por textos de coleções mais antigas, de tradições particulares e de elementos oriundos certamente da discussão dos destinatários de Mateus. No âmbito dos escritos neotestamentários, trata-se de um texto relativamente tardio, que não pode ser isolado do contexto geral do evangelho de Mateus. Seu porta-voz é o Jesus tal qual Mateus, em seu tempo, compreendeu, e o Sermão da Montanha abrange precisamente três capítulos de seu evangelho, formulados em seu tempo e para seu tempo. Ele diz respeito, portanto, a cristãos do último quarto do primeiro século d.C., que não encontram larga aceitação em seu mundo circundante mas, ao contrário, por causa de sua fé, são vilipendiados, caluniados e perseguidos (5,10-11), enfim, têm de acertar contas com todo mundo (cf. 10,17-25). Em um ambiente secularizado, o cristianismo vive hoje, como antigamente, num mundo de incompreensão. Falhas e escândalos são exagerados pelos meios de comunicação a fim de poder anunciar triunfalmente que os cristãos não são melhores, que sua religião é muito mais um mero jogo de poder, opressão da liberdade de consciência e farisaísmo.

Ao mesmo tempo, a *Igreja* mesma está sempre correndo o risco de cair na armadilha de falsos profetas em suas próprias fileiras, os quais podem até falar de seu amor pela Igreja mas, na verdade, provocam divisão e fazem com que "o amor de muitos se esfrie" (Mt 24,12), tanto mais que o espírito do tempo anseia por direito e não por generosidade. A inquietação cristã a propósito do "ensinamento sobre a montanha" fundamenta-se, sem dúvida, até hoje, no confronto com a concepção de vida autonomamente anunciada nele, mediante a qual tudo aquilo que corresponde à natureza humana parece perder sua ordem e é visto como uma pretensão. Como pode, pois, um cristão sair vitorioso da batalha pela subsistência, quando por si mesmo busca a reconciliação com aquele que o ofendeu e feriu profundamente? Como se pode exigir que um ser humano e cristão suporte fielmente ao longo de toda uma vida um cônjuge que se tornou insuportável, que diga sempre e a cada vez a verdade, sincera e candidamente, que ofereça a outra face ao que lhe bate, sem o julgar nem condenar? Quem pode exigir que alguém ame seu inimigo que lhe quer roubar tudo o que possui, até mesmo a própria vida, e que ainda vê os buracos das balas na parede de sua casa, diante da qual sua família foi assassinada, como aconteceu efetivamente em Kosovo etc.? Aqui são derrubadas todas as cercas que protegiam nosso distrito! E num mundo em que apenas os acontecimentos negativos constituem a matéria ideal para as boas notícias, devemos pudicamente silenciar nossas ações positivas, nossa beneficência, nossas auto-restrições e piedade, e bani-las para recantos tranqüilos, onde somente o amor de Deus é permitido contemplar? Devemos renunciar ao enriquecimento de nossas vidas somente porque isso não acontece com os pássaros e com os lírios? É deveras pensável amar a Deus *acima* de tudo e de todos, e ao semelhante com uma intensidade que já é consumida no amor a si mesmo? Um "mundo cristão" assim radicalizado deve, porém, necessariamente fracassar na realidade da existência no mundo, a qual consiste evidentemente em que um vive à custa do outro, e está fadado a devorar a natureza a fim de não ser ele mesmo devorado! No confronto com tal ensinamento, quem pode ainda subsistir e resistir? Sob esse pano de fundo, o Sermão da Montanha soa como uma construção superior irreal, que certamente desperta admiração e pode ser apresentada diante dos outros, mas, no final das contas, não possui também nenhuma relevância para a realização da vida de muitos fiéis cristãos. Pois aonde chegaríamos se começássemos a levar a sério, para não dizer literalmente, as palavras de Jesus? O perigo de que tais palavras sejam seguidas não deveria, pois, ser particularmente grande.[9]

3. O problema interior

O olhar de Mateus está voltado para o "Reinado dos Céus". Ele chega até as pessoas somente passando por Jesus que, na qualidade de Senhor elevado por

---

[9] Cf. *Der Große Sonntagsschott*, 1239.

Deus, vive no âmbito desses "Reino dos Céus". Por meio de Jesus, ele "aproximou-se" (cf. Mt 4,17) e diz respeito a todos os que lhe pertencem como fiéis cristãos e o seguem como discípulas e discípulos. Isso exige uma vida e um comportamento ainda sob as condições terrenas, mas ao mesmo tempo já determinada pelos critérios do estar-com-Deus escatológico. Por conseguinte, uma vida cristã significa conservação e *confirmação* fiéis do ser-cristão aqui e agora, no caminho do seguimento para a plenitude. A orientação de uma vida assim, Mateus a resume, em minha opinião, na idéia de "justiça" *(dikaiosýne)*. No caso, ele não faz distinção entre justiça de Deus e justiça do cristão. "Uma vez que o cristão, no seguimento de Jesus, participa da justiça de Deus, ele precisa também praticar essa justiça, levá-la à plenitude, à perfeição".[10] Ela consiste numa atitude que corresponda à radical orientação de Deus para o ser humano, realizada através do mediador Jesus Cristo, por meio da radical (isto é, que chega até as *raízes*) orientação da existência humana para Deus. Ela é, portanto, a justa natureza do ser de Deus, uma natureza que aspira a corresponder a Deus como Deus. No caso, ela tira sua media da "justiça" de Jesus e segue suas instruções.

Contudo, em relação à instrução veterotestamentária de Deus, o *ensinamento sobre a montanha* não significa simplesmente um novo "código de leis" para cristãos. Ao contrário, apelando para a Torá e para os Profetas, ele mostra *como* a vontade de Deus, neles revelada, deve ser cumprida na situação já agora determinada escatologicamente, a partir do *significado e do objetivo* da Torá. Ele quer mostrar o *autêntico* "caminho da justiça" (cf. 21,32) e, assim, abrir perspectivas que devem possibilitar o "tornar-se-perfeito" exigido (5,48), ao mesmo tempo, porém, como "instruções" que despertam a consciência de que essa meta *ainda não* foi alcançada. Naturalmente isso pode despertar a idéia de que o Sermão da Montanha *deve* ser simplesmente irrealizável, uma vez que ninguém é capaz de tornar-se perfeito como o próprio Deus, muito menos sê-lo. Digno de nota, porém, é que pelo menos no próprio Novo Testamento e na literatura da Igreja primitiva, em princípio, em parte alguma se duvidou da possibilidade de execução do Sermão da Montanha, uma vez que os cristãos tinham ainda claramente consciência desse seu novo e *resgatado status* diante de Deus, por meio de Jesus Cristo, ao qual eles queriam corresponder com radicalidade. Eles compreendiam ainda claramente o

---

[10] SAND, *Das Evangelium nach Matthäus*, 169.

Sermão da Montanha de Mateus como uma determinação da posição de seu ser cristão pessoal, de seu pensar, agir e sentir, a qual lhes fora dada no contexto de seu pequeno e grande mundo.[11]

No entanto, logo a Igreja teve problemas com a pretensão das cerradas exigências do Sermão da Montanha, como o demonstra a periódica tentativa de adaptá-lo à realidade da vida numa situação modificada e, com isso, fazer também uma redução. Isso começou, como já mencionamos,[12] no mais tardar ao tempo do imperador Constantino, quando o cristianismo se tornou a Igreja do império e das massas, e a absoluta proibição de juramente (Mt 5,34-36) colidiu com o juramento obrigatório da bandeira por parte dos soldados. O problema das exigências apodíticas do Sermão da Montanha foi tratado também pela teologia medieval através da distinção entre os mandamentos válidos para todos os cristãos e os "conselhos evangélicos", a cuja observância estavam obrigados monges e freiras numa "vida consagrada a Deus". Os outros não, portanto? M. Lutero diferenciava, como se sabe, entre os "dois reinos", o "âmbito" público e o privado. Por mais praticável que tal solução possa parecer, ela não levanta a questão de se existem esferas nas quais os cristãos não podem ser obrigados a seguir o Sermão da Montanha. A enumeração de propostas de solução poderia ainda continuar. Sem dúvida, seria necessário a atualização adequada e uma hermenêutica correspondente ao tempo, pois se o "tempo" não mais se orienta pelo Sermão da Montanha, deve-se perguntar se ele ainda compreende de alguma forma a "linguagem" do "Sermão da Montanha". Naturalmente, pode-se e deve-se criticar também a hermenêutica de Mateus, o qual radicaliza muitas das palavras de Jesus unicamente mediante a quase constante formulação antitética e, por determinadas razões, levou-as decididamente ao extremo. Todavia, como obra literária do evangelista e, ao mesmo tempo, inspirada pelo Espírito do Senhor, o Sermão da Montanha é um texto fundamental que, em razão de uma cristologia altamente desenvolvida, anuncia uma ética orientada para Jesus, e deixa brilhar momentaneamente aquela nova criação pela qual todo ser humano, afinal, anseia.

A questão, porém, é como deve ser feita tal tradução para o mundo de hoje, diante da evidente impossibilidade de corresponder à exigência radical das "Palavras do Senhor" numa vida humano-terrestre, sem que andemos inverossimilmente nas

---

[11] Cf. JESTL, *Predigtforum der Redemptoristen (Internet)*, 11.02.2001, 3.
[12] Cf., *supra*, p. 127.

nuvens ou, em sentido inverso, banalizemos a exigência de Jesus. Em minha opinião, E. M. Hengel apresenta o problema com toda a clareza: "O dilema do conflito atual em torno do Sermão da Montanha reside em que, de um lado, pateticamente se faz referência a esse texto, e se recusa como inapropriada a concessão de que também o cristão falha, sobretudo em relação a esses mandamentos; ao mesmo tempo, porém, acentua-se que eles não podem naturalmente ser tomados de maneira literal. Dessa forma, seu uso prático fica a critério da arbitrariedade".[13] A pretensão individual de poder selecionar para si do "ensinamento sobre a montanha" aquilo que parece válido no sentido de uma consternação individual, relegando o restante a discussões ou a outras interpretações ao bel-prazer, ou simplesmente descartar como um resquício absurdo de uma concepção de mundo superada, tal pretensão, no final das contas, nada tem a ver com aquela tensão que o Sermão da Montanha introduziu "nesse nosso mundo". Ele precisa e deve ser e permanecer claramente o "espinho na carne" da Igreja ao longo de seu caminho através da história, instrução e programa indispensável ao mesmo tempo, que dizem ao cristianismo o que é ele no mais íntimo do seu ser e, por conseguinte, exigem também o impossível a fim de alcançar o possível.

4. A questão do objetivo do "discurso"

Se nos perguntarmos pelas *intenções* do Sermão da Montanha, então não devemos arrancar-lhe nem temas isolados, nem teses; tampouco podemos traduzi-lo *ad litteram* para hoje, pois também para ele vale a palavra de Paulo: "A letra mata, mas o Espírito comunica a vida" (2Cor 3,6). A intenção do "ensinamento sobre a montanha" é, obviamente, de natureza *religiosa*: ele descreve Deus como o "Pai" de Jesus Cristo e nosso "Pai", que conhece nossos desejos antes que os formulemos, que conserva a vida dos bons e dos maus etc. Mas ele descreve também um Jesus que, na liberdade divina, aponta os caminhos correspondentes à vontade salvífica de Deus revelada nas Escrituras veterotestamentárias. Como cristão, portanto, não posso nem devo fundamentar e construir minha vida simplesmente sobre uma auto-realização a partir de minhas próprias forças, ou sobre a ilusão de seguranças construídas por mim mesmo, mas sobre o Deus e Pai de Jesus Cristo, que deseja ser levado a sério como Deus até os últimos recantos do coração. A boa-nova-do-Reino-de-Deus de Jesus deseja deixar claro: Deus está

---

[13] HENGEL, Die Bergpredigt im Widerstreit, 64.

diante de ti e para ti, até as últimas conseqüências e de maneira definitiva, e outra coisa não exige senão um pensar, viver e agir sob essa determinação: deixa Deus vigorar como "Deus-conosco" em atenção a Jesus. Confia-te a ele e alcançarás a perfeição do amor e, por conseguinte, aprenderás a sentir, pensar, falar e agir de maneira excedentemente "justa" diante de Deus e de teus semelhantes. Trata-se da *liberdade* que nasce do amor de Deus e possibilita aquela liberdade no relacionamento com os semelhantes, e que brota da consciência da relatividade de todos os acontecimentos deste mundo — até mesmo do mal que nos atinge — e em vista do caráter absoluto do ilimitado amor divino por *toda* pessoa humana e por *todas* as criaturas. Contudo, como já dissemos anteriormente, "livre é somente aquele que crê, e isso significa: aquele que reconhece a si, sua vida, sua existência fundados em Deus — por meio de Jesus —, aquele que tem em Deus seu apoio seguro e, portanto, não troca esse suporte por nenhum outro, nem por costume, ordem ou regra, nem por uma lei".[14]

O "ensinamento sobre a montanha", portanto, não é nenhum livro de receitas para todas as situações da vida, mas indicações para discípulas e discípulos de Cristo sob a forma de modelos exemplares. Como tal, trata-se de uma instrução que contraria os valores convencionais e determinados pela sociedade, o instituído, o superficial e socialmente normalizado, porque ele não erige como norma da vida o corriqueiro, mas o extraordinário, ou seja, o divino. Aquele, porém, que questionar, mediante sua vida, os automatismos do *animal rationale* e o sistema de valores do *homo sapiens* que se auto-absolutiza, à medida que busca seguir coerentemente a instrução do Senhor, é tido como *tolo*, como Jesus mesmo foi considerado louco por seus próprios parentes (cf. Mc 3,21). De fato, ele sabia que "devia estar lá onde está o seu Pai" (Lc 2,49). Todavia, a visão do "ensinamento sobre a montanha" permanece também como um projeto para uma nova configuração do mundo,[15] pois sua imagem de ser humano esboça aquela do Homem encarnado, tal qual foi pensado e querido no eterno desígnio de Deus.

A partir daí, segue-se que: "O cristão deve ter a coragem para o novo e para o antigo, dizer sim ou não, conforme o caso; precisa ter a coragem de desenvolver, por si mesmo, uma cultura cristã, uma cultura que seja realmente a do tempo atual, mas que é também uma cultura de Deus e, no entanto, uma cultura cristã, desdemonizada

---

[14] MARXSEN, *Predigten, Der Große Wochentags-Schott II*, 987. Cf., *supra*, p 119.
[15] Cf. SCHNACKENBURG, *Alles kann, wer glaubt*, 63.

e exorcizada [...]. Essa cultura, para a qual temos um envio e uma tarefa que devemos realizar cristãmente, que devemos sempre purificar do poder das trevas e do mal, permanece aquela que somente no Reino de Deus será realizada plenamente. Em primeiro lugar podemos, quando muito, com o dedo de Deus realizar aqui e ali, sinais de que o Reino de Deus está vindo em algo claro e santo, sadio e verdadeiro, nesse mundo de trevas. Mais do que isso não podemos fazer. Mas isso já é uma grande tarefa que temos, como pessoas e como cristãos, uma missão contra as trevas, a fim de que se possa crer que o Reino de Deus está a caminho".[16]

A questão diante da qual o Sermão da Montanha no final se encontra é a pergunta pela nossa concepção de Deus. O que Deus realmente significa para mim? Deus é para mim um objeto, entre outros, com o qual também me ocupo, ainda que não veja imediatamente "seu rosto"? Em todo caso, o que eu posso imaginar é um Deus que criou o planeta Terra, que possibilitou a vida em abundância em cerca de um bilhão da Galáxias que estão nascendo e voltando "a morrer". O que posso imaginar é uma imensa energia divina, que existia antes da explosão primordial, que programou o cosmo, conserva-o e "inunda-o" em sua dinâmica. Mas é também aquele Deus do qual o Sl 8,4-5 diz: "Quando vejo o céu, obra dos teus dedos, a lua e as estrelas que fixaste, que é um mortal, para dele te lembrares, e um filho de Adão, para vires visitá-lo?". De forma definitiva, ele nos assumiu em Jesus Cristo e mostrou-se como "Deus-conosco" em figura humana. Não é ele um Deus que, por certo, não se deixa facilmente "possuir", até mesmo "manipular" ou "abusar", mas "um Deus que nos atrai e nos arrasta para lonjuras infinitas, das quais só sabemos através dele, que esse futuro tem um nome que não assusta, que essa 'distância' de Deus também pode chamar-se 'coração' de Deus?"[17] A esse Deus só se pode amar em ação de graças!

Contudo, ao mesmo tempo, isso significa: "Somente *a fé* em que Jesus é deveras o 'Emanuel, o que, traduzindo, significa: Deus-conosco' (1,23), traz como conseqüência a *fé* em que o 'ensinamento sobre a montanha', nos capítulos 5–7 do evangelho de Mateus, contém a originária vontade de Deus".[18] Portanto, o ensinamento do Senhor e nenhum outro mais é a fonte da orientação cristã.[19]

---

[16] RAHNER, *Biblische Predigten*.
[17] EGER, *Gott lässt sich nicht zitieren*, 19.
[18] FRANKEMÖLLE, *Matthäus-Kommentar 1*, 282 (o grifo é nosso).
[19] Cf. DAVIES; ALLISON, *ICC I/3*, 728.

A imagem virtual do cristão, no brilho de sua perfeição, tal qual traçada por Mateus é também, por isso, a realidade que está sempre em Deus e que deve determinar nosso presente ser-cristão.

5. O grande mandamento

Na qualidade de idéia-meta por excelência, bem como a instrução que abrange todo o agir cristão, o duplo mandamento do amor fornece também a chave para a compreensão do "ensinamento sobre a montanha", pois "desses dois mandamentos dependem toda a Lei e os Profetas" (Mt 22,40). Para o ser humano, é impossível seguir essa indicação, sempre e em toda parte, em palavras e atos. Mateus, porém, compreende Jesus como o Senhor que pode levar as pessoas a mudar de tal forma que elas se tornam capazes de realizar, sempre de novo, o extraordinário. Permitir que essa conversão aconteça em si é, de fato, a única exigência do "ensinamento sobre a montanha". A propósito das pessoas que procuram satisfazer essa exigência seguindo o indicado "caminho estreito e fatigante" (7,13-14), já diz o Prólogo que elas são bem-aventuradas, "porque delas é o Reino dos Céus" (5,3-10).

Não obstante as inquietantes exigências do "ensinamento sobre a montanha", Mateus observa em *8,1*: "Ao descer da montanha, *seguiam*-no multidões numerosas". Em todo caso, o efeito amplo e positivo do ensinamento do Senhor já é, para o evangelista, um fato concreto. Ao longo de vinte séculos, ele inquietou e provocou inúmeras pessoas, mas também as levou a buscar o caminho indicado por ele, a fim de, mediante o portão estreito, encontrar a vida plena (7,13-14). Tendo diante dos olhos aquela "nuvem de testemunhas" (Hb 12,1) que procurou percorrer, cada um a seu modo, o caminho do seguimento de Cristo, vale a pena continuar arriscando essa "pro-cura". Que esse caminho seja estafante e árduo, sabe-o também o "ensinamento sobre a montanha". No entanto, é possível percorrê-lo na consciência da presença atuante daquele que nos precedeu no caminho e que, como "Deus-conosco", também nos acompanha em nossa caminhada.

Bibliografia

1. Comentários

Ao Sermão da Montanha e ao evangelho de Mateus

BORNHÄUSER, K. *Die Bergpredigt.* Versuch einer zeitgenössischen Auslegung. 2. ed. Gütersloh, 1927. (BFChTh 2,7).

DAVIES, W. D.; ALLISON, D. C. Jr. *The Gospel according to Saint Matthew.* Edinburgh, 1988. t. 1. (ICC).

EICHHOLZ, G. *Auslegung der Bergpredigt.* Neukircher/Vluyn, 1965. (BSt 46).

FRANKEMÖLLE, H. *Matthäus-Kommentar 1.* 2. ed. Düsseldorf, 1999.

FRANKEMÖLLE, H. *Matthäus-Kommentar 2.* Düsseldorf, 1997.

GNILKA, J. *Das Matthäusevangelium 1.* 3. ed. Freiburg/Basel/Wien, 1993. (HThK I,1).

GRUNDMANN, W. *Das Evangelium nach Matthäus.* 4. ed. Berlin, 1975. (ThHK 1).

LAMBRECHT, J. *Ich aber sage euch.* Die Bergpredigt als programmatische Rede Jesu (Mt 5-7: Lk 6,20-49). Stuttgart, 1984.

LOHMEYER, E. *Das Evangelium nach Matthäus.* 3. ed. Göttingen, 1962. (KEK — edição especial).

LUZ, U. *Das Evangelium nach Matthäus (Mt 1-7).* Zürich/Einsiedeln/Köln/Neukirchen-Vluyn, 1985. (EKK I/1).

SAND, A. *Das Evangelium nach Matthäus.* Regensburg, 1986. (RNT).

SCHNACKENBURG, R. *Matthäusevangelium 1,1-16,20.* Würzburg, 1985. (NEB I,1).

SCWEIZER, E. *Das Evangelium nach Matthäus.* 2. ed. Göttingen, 1976. (NTD 2).

SCWEIZER, E. *Die Bergpredigt.* Göttingen, 1982. (VR 1481).

STÖGER, A.; HAMMERSTIEL, R. *Die Bergpredigt.* Eine Botschaft von Hoffnung und Frieden. Klosterneuburg, 1982.

STRECKER, G. *Die Bergpredigt.* Ein exegetischer Kommentar. Göttingen, 1984.

WEDER, H. *Die "Rede der Reden".* Eine Auslegung der Bergpredigt heute. Zürich, 1985.

WIEFEL, W. *Das Evangelium nach Matthäus.* Leipzig, 1998. (ThHK 1 — nova edição).

Outros comentários

BARTH, K. *Der Römerbrief.* 8. impr. da 9. ed. Zollikon/Zürich, 1947.

BILLERBECK, P.; STRACK, H. L. *Kommentar zum Neuen Testament aus Talmud und Midrasch.* Göttingen, 1922-1961 (reimpressão 1983). volumes I-IV.

BOVON, F. *Das Evangelium nach Lukas (Lk 1,1–9,50).* Zürich/Neukirchen/Vluyn, 1989. (EKK III,1).

ERNST, J. *Das Evangelium nach Lukas.* Regensburg, 1977. (RNT).

ERNST, J. *Das Evangelium nach Markus.* Regensburg, 1981. (RNT).

GRUNDMANN, W. *Das Evangelium nach Lukas.* 7. ed. Berlin, 1974. (ThHK 3).

HOSSFELD, F.-L.; ZENGER, E. *Die Psalmen I.* Psalm 1-50. Würzburg, 1993. (NEB-AT 29).

KREMER, J. *Der 1. Brief an die Korinther.* Regensburg, 1997. (RNT).

NIEDERWIMMER, K. *Die Didache.* Göttingen, 1989. (KAV 1 — Suplemento à KEK 1).

PESCH, R. *Das Markusevangelium.* Freiburg/Basel/Wien, 1976. (HThK II/1).

SCHÜRMANN, H. *Das Lukasevangelium.* 3. ed. Freiburg/Basel/Wien, 1984. (HThK III, 1).

STÖGER, A. *Das Evangelium nach Lukas.* 2. ed. Düsseldorf, 1966. (GSL.NT 3/1.2).

ZELLER, D. *Kommentar zur Logienquelle.* Stuttgart, 1984. (SKK.NT 21).

ZEILINGER, F. *Krieg und Friede in Korinth. Kommentar zum 2. Korintherbrief des Apostels Paulus, Teil 1: Der Kampfbrief — Der Versöhnungsbrief — Der Bettelbrief.* Wien/Köln/Weimar, 1992.

ZEILINGER, F. *Krieg und Friede in Korinth. Kommentar zum 2. Korintherbrief des Apostels Paulus, Teil 2: Die Apologie.* Wien/Köln/Weimar, 1997.

2. Monografias, artigos, instrumentos de trabalho

ANDRESEN, C. *Diognetbrief.* 2. ed. Tübingen, 1986, Sp. 200. (RGG 2 [UTB-Grande Série]).

BALTENSWEILER, H. *Die Ehe im Neuen Testament.* Zürich, 1967.

BALZ, H. μαμωνᾶς — mamonâs. In: *EWNT II.* Stuttgart/Berlin/Köln/Mainz, 1981. 941-942.

BARTH, G. Das Gesetzesverständnis des Evangelisten Matthäus. In: *Überlieferung und Auslegung des Matthäus-Evangeliums.* 1960. 54-154. (WMANT 1).

BARTH, K. *Das christliche Verständnis der Offenbarung.* München, 1948. (TEH-NF 12).

BAUER, J. B. Die matthäische Ehescheidungsklausel (Mt 5,32 und 19,8). In: *Evangelienforschung.* Graz, 1968. 147-158.

BAUER, J. B. Bemerkungen zu den matthäischen Unzuchtsklauseln (Mt 5,32 und 19,9). In: ZMIJEWSKI, J. (ed.). *Begegnung mit dem Wort (Festschrift für H. Zimmermann).* 1980. 23-33. (BBB 53).

BAUER, W. *Griechisch-deutsches Wörterbuch zu den Schriften des Neuen Testaments und der frühchristlichen Literatur.* (editado por K. e B. Aland) 6. ed. Berlin/New York, 1988.

Bibliografia

BECK, I. *Untersuchungen zur Theorie des Genos symbuleitikon (Diss.)*. Hamburg, 1970.

BERGMANN, Th. *Q auf dem Prüfstand. Die Zuordnung des Mt/Lk-Stoffes zu Q am Beispiel der Bergpredigt*. Göttingen, 1993. (FRLANT 158).

BETZ, H. D. *Studien zur Bergpredigt*. Tübingen, 1985.

BIETENHARD, H. Art.: ὄνομα, κτλ *(ónoma, etc.)*. In: *ThWNT* V, 242-283.

BLANK, J. *Der Jesus des Evangeliums. Entwürfe zur biblischen Christologie*. München, 1981.

BÖCHER, O. Wölfe in Schafspelzen. In: *ThZ* 24 (1968) 405-426.

BONHOEFFER, D. *Bonhoeffer-Brevier*. München, 1968.

BONSIRVEN, J. *Le divorce dans le Nouveau Testament*. Paris, 1948.

BORNKAMM, G. Der Aufbau der Bergpredigt. In: *NTS* 24 (1977/1978) 419-432.

BROER, I. *Freiheit vom Gesetz und Radikalisierung des Gesetzes. Ein Beitrag zur Theologie des Evangelisten Matthäus*. Stuttgart, 1980. (SBS 98).

BULTMANN, R. *Die Geschichte der synoptischen Tradition*. 6. ed. Göttingen, 1964. (FRLANT 29).

BULTMANN, R. *Jesus*. Hamburg, 1967.

BURGER, Chr. *Jesus als Davidssohn. Eine traditionsgeschichtliche Untersuchung*. Göttingen, 1970. (FRLANT 98).

BYRSKOG, S. Matthew 5,17-18 in the Argumentation of the Context. *RB* 104 (1997) 557-571.

CADBURY, H. J. Art.: Pella. In: REICKE, B.; ROST, L. (ed.). *BHH III*, 1412.

CREMER, H. *Biblisch-theologisches Wörterbuch der neutestamentlichen Gräzität*. Editado por J. Kögel. 10. ed. Gotha, Pertes, 1915.

DAVIES, W. D. *Die Bergpredigt. Exegetische Untersuchung ihrer jüdischen und frühchristlichen Elemente*. München, 1970.

DAUTZENBERG, G. *Sein Leben bewahren*. München, 1966. 92-97. (StANT 14).

DAUTZENBERG, G. Propheten/Prophetie IV: Neues Testament und Alte Kirche. In: *TRE* 27, 503-511.

DUPONT, J. *Les Béatitudes I*. Bruges/Louvain, 1958 (reimpressão Paris 1969); II, Paris, 1969; III, Paris, 1973.

EBNER, M. *Jesus - ein Weisheitslehrer? Synoptische Weisheitslogien im Traditionsprozess*. Freiburg/Basel/Wien, 1998. (HBS 15).

EGER, J. *Gott lässt sich nicht zitieren*. Essen, 1967.

EGGER, W. Handlungsorientierte Auslegung der Antithesen Mt 5,21-48. In: KERTELGE, K. (ed.). *Ethik im Neuen Testament*. Freiburg, 1984. 119-144.

EVANGELIUM nach Thomas. Koptischer Text herausgegeben und übersetzt von A. Guillaumont, H.-Ch. Puech, G. Quispel, W. Till und Yassah 'Abd al Masih. Leiden, 1959.

FELDMEIER, R. (ed.). *"Salz der Erde"*. Zugänge zur Bergpredigt. Göttingen, 1998. (BTSP 14).

FENEBERG, R. *Der Jude Jesus und die Heiden*. Biographie und Theologie Jesu im Markusevangelium. Freiburg/Basel/Wien, 2000. (HBSt 24).

FIEDLER, M. J. "Gerechtigkeit" im Matthäus-Evangelium. *ThV* 8 (1977) 63-75.

FIEDLER, M. J. *Der Begriff dikaiosýne im Matthäusevangelium, auf seine Grundlagen untersucht (Diss.)*. Halle/Wittenberg, 1957.

FIEGER, M. *Das Thomasevangelium*. Einleitung, Kommentar, Systematik. Münster, 1991. (NTA-NF 22).

FLUSSER, D. *Die rabbinischen Gleichnisse und der Gleichniserzähler Jesus I*. München, 1981.

FRANKEMÖLLE, H. Die Makarismen (Mt 5,1-12; Lk 6,20-23). Motive und Umfang der redaktionellen Komposition. *BZ-NF* 15 (1971) 52-75.

FRANKEMÖLLE, H. *Jahwe-Bund und Kirche Christi*. Studien zur Form- und Traditionsgeschichte des "Evangeliums" nach Matthäus. 2. ed. Münster, 1984. (NTA-NF 10).

FRIDRICHSEN, A. "Excepta fornicationis causa". *SEA* 9 (1994) 54-58.

GIESEN, H. *Christliches Handeln*. Eine redaktionskritische Untersuchung zum δικαιοσύνη-Begriff im Matthäus-Evangelium. Frankfurt a.M./Bern, 1982. (EHS XXIII/181).

GINZEL, G. B. (ed.). *Die Bergpredigt: jüdisches und christliches Glaubensdokument*. Eine Synopse. Heidelberg, 1985. (Lambert Schneider TB, Serie Tachless: Zur Sache 3).

GNILKA, J. *Theologie des Neuen Testaments*. Neuausgabe. Freiburg/Basel/Wien, 1999.

GRÄSSER, E. *Das Problem der Parusieverzögerung in den synoptischen Evangelien und in der Apostelgeschichte*. Berlin, 1975. (BZNW 22).

GUELICH, R. A. *The Sermon on the Mount*. Waco, 1982.

HAACKER, K. Stammt das Vater-Unser also doch von Jesus? — Eine Antwort an Ulrich Mell. *ThBeitr* 28 (1997) 291-295.

HAHN, F. *Christologische Hoheitstitel*. 3. ed. Göttingen, 1966. (FRLANT 83).

HANSSEN, O. Zum Verständnis der Bergpredigt. Eine missionstheologische Studie zu Mt 5,17-18. In: *Gott alles in allem. Exegetische Einblicke in das Neue Testament. Mit einem Geleitwort*. Editado por Chr. Burchard. Göttingen, 1999. 13-29.

HENGEL, M. Die Bergpredigt im Widerstreit. *ThBeitr* 14 (1983) 53-67.

HEUSSI, K. *Kompendium der Kirchengeschichte*. 4. ed. Stuttgart, 1919.

HIEKE, Th. Die Logienquelle. Eine Übersetzung auf der Basis des Internationalem Q-Projekts. *BiKi* 54 (1999), I-XXIV (Beilage).

HOFFMANN, P. Die Anfänge der Theologie in der Logienquelle. In: SCHREINER, J. (ed.). *Gestalt und Anspruch des Neuen Testaments*. Würzburg, 1969. 134-152.

HOFFMANN, P. *Studien zur Theologie der Logienquelle*. Münster, 1972. (NTA-NF 8).

HÖHEN-SEEBER, L. *Glaubhaft ist nur die Liebe*. Jesus von Nazaret. Freiburg, 1993.

HOPPE, R. Vollkommenheit bei Matthäus als theologische Aussage. In: *Salz der Erde — Licht der Welt. Exegetische Studien zum Matthäusevangelium* (Festschrift für A. Vögtle). Editado por L. Oberlinner e P. Fiedler. Stuttgart, 1991. 141-164.

HUBER, K. Die Könige Israels: Saul, David und Salomo. In: ÖHLER, M. (ed.). *Alttestamentliche Gestalten im Neuen Testament.* Beiträge zur Biblischen Theologie. Darmstadt, 1999. 161-183. (WBG).

HÜBNER, H. *Das Gesetz in der synoptischen Tradition.* 2. ed. Göttingen, 1986.

HÜBNER, H. νόμος – *nómos.* In: *EWNT II*, 1158-1172.

HÜTTER, H. *Vielerlei Hunger. Predigtform der Redemptoristen* (Internet, 30.07.2000), 1-3.

ISAKSSON, A. *Marriage and Ministry in the New Testament.* A Study with Special Reference to Mt 19,3-12 and 1.Cor 11,3-16. Lund, 1965. (ASNU 24).

JESTL, A. *Werte und Preisschilder. Predigtform der Redemptoristen* (Internet, 11.02.2201), p. 3.

JEREMIAS, Joachim. *Die Bergpredigt.* Stuttgart, 1959. (Calver Hefte 27). (= *Abba.* Studien zur neutestamentlichen Theologie und Zeitgeschichte. Göttingen, 1966. 171-189).

JEREMIAS, Joachim. Die Lampe unter dem Scheffel. *ZNW* 39 (1940) 237-240 (= *Abba.* Studien zur neutestamentlichen Theologie und Zeitgeschichte. Göttingen, 1966. 99-102).

JEREMIAS, Jörg. "Wahre" und "falsche" Prophetie im Alten Testament. Entwicklungslinien eines Grundsatzkonfliktes. *ThBeitr* 28 (1997) 343-349.

JÜLICHER, A. *Die Gleichnisreden Jesu.* 2. ed. Tübingen, 1910.

KÄSEMANN, E. Sätze heiligen Rechts. In: *Exegetische Versuche und Besinnungen II.* 6. ed. Göttingen, 1970. 69-82.

KARRER, M. *Der Gesalbte.* Die Grundlagen des Christustitels. Göttingen, 1990. (FRLANT 151).

KERTELGE, K. Art.: δικαιοσύνη — *dikaiosýne.* In: *EWNT I*, 784-796.

KIEWELER, H. V. Pella im Licht des frühen Christentums. *BiKi* 54 (1999) 190-193.

KINGSBURY, J. D. *Matthew.* Structure, Christology, Kingdom. Philadelphia, 1975.

KÖSTER, H. *Einführung in das Neue Testament im Rahmen der Religionsgeschichte und Kulturgeschichte der hellenistischen und römischen Zeit.* Berlin/New York, 1980.

KRAFT, H. (ed.). *Eusebius von Cäsarea, Kirchengeschichte.* München/Darmstadt, 1967.

KRAUS, H.-J. *Vatername Gottes, II.* Im AT. 3. ed. Tübingen, 1986. 1223-1234. (RGG 6, [Ungekurzte Studienausgabe]).

LAPIDE, P. *Die Bergpredigt — Utopie oder Programm?* 2. ed. Mainz, 1982.

LAPIDE, P.; WEIZÄCKER, C. F. von. *Die Seligpreisungen.* Ein Glaubensgespräch. Stuttgart, 1980.

LAUSBERG, H. *Handbuch der literarischen Rhetorik.* Eine Grundlegung der Literaturwissenschaft, I und II. München, 1960.

LEVINSON, P. N. *Einführung in die rabbinische Theologie.* Darmstadt, 1982.

LÖVESTAM, E. Die funktionale Bedeutung der synoptischen Jesusworte über Ehescheidung und Wiederheirat. In: *Theologie aus dem Norden*. Linz, 1976. 19-28. (SNTU, A, 2, editado por A. Fuchs).

LOHMEYER, E. *Gottesknecht und Davidssohn*. 2. ed. Göttingen, 1953. (FRLANT NF 43).

LOHSE, E. "Ich aber sage euch". In: *Die Einheit des Neuen Testaments*. Exegetische Studien zur Theologie des Neuen Testaments. Göttingen, 1973. 73-87 (= *Der Ruf Jesu und die Antwort der Gemeinde* [Festschrift für J. Jeremias]. Editado por E. Lohse e outros. 1970. 189-203.

LOHSE, E. "Vollkommen sein". Zur Ethik des Matthäusevangeliums. In: *Salz der Erde — Licht der Welt*. Exegetische Studien zum Matthäusevangelium (Festschrift für A. Vögtle). Editado por L. Oberlinner e P. Fiedler. Stuttgart, 1991. 131-140.

LUCK, U. *Die Vollkommenheitsforderung der Bergpredigt*. München, 1968.

LÜHRMANN, D. Gerechtigkeit III. Neues Testament. In: *TRE* 12, 414-420.

LÜHRMANN, D. *Die Redaktion der Logienquelle*. Neukirchen-Vluyn, 1969. (WMANT 33).

MARROU, H.-I. *A Diognète*. 1951. (SC 33).

MARSHALL, B. *Der rote Hut*. Frankfurt a.M./Hamburg, 1968. (Fischer-Bücherei 870).

MARXSEN, W. *Predigten*. Güttersloh, 1968.

MAYER, R.; RÜHLE, I. Salomo als Prototyp eines Weisen? Die Weisheit Salomos — einmal anders. *BiKi* 52 (1997) 193-199.

MELL, U. Das Vater-Unser als Gebet der Synagoge. — Eine Antwort an Klaus Haacker. *ThBeitr* 28 (1997) 283-290.

MERKLEIN, H. *Die Gottesherrschaft als Handlungsprinzip*. Untersuchungen zur Ethik Jesu. Würzburg, 1978. (FzB 34).

MICHEL, O. Art.: κύων, κυνάριον (kýon, kynárion). In: *ThWNT III*, 1100-1104.

MINEAR, P. S. False Prophecy and Hypokrisy in the Gospel of Matthew. In: *Neues Testament und Kirche* (Festschrift für R. Schnackenburg). Editado por J. Gnilka. Freiburg/Basel/Wien, 1974. 76-93.

Die MISCHNA, Text, Übersetzung und ausführliche Erklärung (editado por G. Beer e O. Holtzmann): IV. Seder: Neziqin, 9. Traktat: 'Abot (Väter). Text. Übersetzung und Erklärung. Com um apêndice crítico-textual de K. Marti e G. Beer. Giesen, 1927.

MÜLLER, K. Gesetz und Gesetzeserfüllung im Frühjudentum. In: KERTELGE, K. (ed.). *Das Gesetz im Neuen Testament*. Freiburg, 1986. 11-27.

MÜLLER, K. Beobachtungen zum Verhältnis von Tora und Halacha in frühjüdischen Quellen. In: BROER, I. (ed.). *Jesus und das jüdische Gesetz*. Stuttgart, 1992. 105-134.

MUMELTER, M. L. Gib uns ein kühnes Herz... In: PEREIRA, A. (ed.). *Jugend vor Gott*. Gedanken und Gebete. Kevelaer, 1961.

MUSSNER, F. Das Vaterunser als Gebet des Juden Jesus: Traktat über die Juden. München, 1979. 198-208.

Das NEUE TESTAMENT. Die neue Übersetzung von Allioli anhand des griechischen Textes. Neu bearbeitet von Eleonore Beck und Gabriele Miller. Kevelaer/Stuttgart/Olten (CH), 1965.

RAHNER, K. *Biblische Predigten*. Freiburg i.B., 1965.

REHKOPF, F. *Griechisch-deutsches Wörterbuch zum Neuen Testament*. Göttingen, 1992.

REUTER, H.-R. Die Bergpredigt als Orientierung unseres Menschseins heute. Ein kritischer Diskurs in ethischer Absicht. *ZEE* 23 (1979) 84-105.

RIESSLER, P. *Altjüdisches Schrifttum außerhalb der Bibel*. 2. ed. Heidelberg, 1966.

ROBINSON, J. M.; HEIL, Ch. The Lilies of the Field: Saying 36 of the Gospel of Thomas and Secondary Accreations in Q 12.22b-31. *NTS* 47 (2001) 1-25.

ROLOFF, J. Das Reich des Menschensohnes. Ein Beitrag zur Eschatologie des Matthäus. *BZNW* 89 (1977) 275-292.

SAND, A. Die Unzuchtsklausel in Mt 5,31.32 und 19,3-9. *MThZ* 20 (1969) 118-129.

SATO, M. *Q und Prophetie*. Studien zur Gattungs- und Traditionsgeschichte der Quelle Q. Tübingen, 1988. (WUNT 29).

SCHALLER, B. Die Sprüche über Ehescheidung und Wiederheirat in der synoptischen Überlieferung. In: *Der Ruf Jesu und die Antwort der Gemeinde (Festschrift für J. Jeremias)*. Editado por E. Lohse e outros. Göttingen, 1970. 226-246.

SCHENK, W. *Synopse zur Redenquelle der Evangelien*. Q-Synopse und Rekonstruktion in deutscher Übersetzung mit kurzen Erläuterungen. Düsseldorf, 1981.

SCHLATTER, A. *Der Evangelist Matthäus*. Seine Sprache, sein Ziel, seine Selbständigkeit. 6. ed. Stuttgart, 1963.

SCHMID, H. H. Frieden, II. Altes Testament. In: *TRE 11*, 605-610.

SCHNACKENBURG, R. *Alles kann, wer glaubt*. Bergpredigt und Vaterunser in der Absicht Jesu. 2. ed. Freiburg/Basel/Wien, 1984.

SCHNELLE, U. *Einleitung in das Neue Testament*. 2. ed. Göttingen/Zürich, 1996. (UTB 1830).

SCHOPENHAUER, A. *Aphorismen zur Lebensweisheit*. Stuttgart, 1974. (KTA 16).

SCHRAGE, W. *Das Verhältnis des Thomasevangeliums zur synoptischen Tradition und zu den koptischen Evangelienübersetzungen*. Zugleich ein Beitrag zur gnostischen Synoptikerdeutung. Berlin, 1964. (BZNW 29).

SCHRÖTER, J. Vorsynoptische Überlieferung auf P. Oxy. 655? Kritische Bemerkungen zu einer erneuerten These. *ZNW* 90 (1999) 265-272.

SCHULZ, S. *Q - Die Spruchquelle der Evangelisten*. Zürich, 1972.

SCHULZ, S. *Griechisch-deutsche Synopse der Q-Überlieferung*. Zürich, 1972.

SCHWEIZER, E. "Der Jude im Verborgenen..., dessen Lob nicht von Menschen, sondern von Gott kommt". Zu Röm 2,28f und Mt 6,1-18. In: *Neues Testament und Kirche* (Festschrift für R. Schnakkenburg). Editado por J. Gnilka, Freiburg/Basel/Wien, 1974. 76-93.

SCHWEIZER, E. *Matthäus und seine Gemeinde*. Stuttgart, 1974. (SBS 71).

SKEAT, T. C. The Lilies of the Field. *ZNW* 37 (1938) 211-214.

SPAEMANN, H. *Die kommende Welt*. Düsseldorf, 1958. 5. Folge.

SPAEMANN, H. Die Schrift. Johannesevangelium 10,3-5,27f. *Christ in der Gegenwart* 51 (1969) 403.

STANTON, G. N. Matthew's Christology and the Parting of the Ways. In: DUNN, J. D. G. (ed.). *Jews and Christians. The Parting of the Ways A.D. 70 to 135*. Tübingen, 1922. 99-161. (WUNT 66).

STECK, O. H. *Israel und das gewaltsame Geschick der Propheten*. Neukirchen/Vluyn, 1967. (WMANT 23).

STEGEMANN, W. *Jesus von Nazareth, Hoffnung der Armen*. Stuttgart, 1978.

STRECKER, G. Die Antithesen der Bergpredigt. *ZNW* 69 (1978) 36-72.

STUHLMACHER, P. *Gerechtigkeit Gottes bei Paulus*. 2. ed. Göttingen, 1966.

STUHL, A. Der Davidssohn im Matthäus-Evangelium. *ZNW* 59 (1968) 57-81.

THEISSEN, G. Gewaltverzicht und Feindesliebe (Mt 5,38-48/Lk 6,27-38) und deren sozialgeschichtlicher Hintergrund. In: *Studien zur Soziologie des Urchristentums*. Tübingen, 1979 (3. ed. 1989). 160-197. (WUNT 19).

THEISSEN, G.; MERZ, A. *Der historische Jesus*. Ein Lehrbuch. Göttingen, 1996.

TRILLING, W. *Christusverkündigung in den synoptischen Evangelien*. Beispiele gattungsgemäßer Auslegung. München, 1969. (BiH IV).

TRILLING, W. *Das wahre Israel*. Studien zur Theologie des Matthäusevangeliums. 3. ed. München, 1964 (StANT 10) / 2. ed. Leipzig, 1975 (EthSt 7).

TRUMMER, P.; PICHLER, J. (ed.). *Heiliges Land - beiderseits des Jordan*. Ein biblischer Reisebegleiter. Innsbruck/Wien, 1998.

TRUNK, D. *Der messianische Heiler*. Eine redaktions- und religionsgeschichtliche Studie zu den Exorzismen im Matthäusevangelium. Freiburg/Basel/Wien, 1994. (HBS 3).

VOLKMANN, R. *Die Rhetorik der Griechen und Römer in systematischer Übersicht*. 2. ed. Leipzig, 1885.

VOUGA, F. *Geschichte des frühen Christentums*. Tübingen/Basel, 1994. (UTB 1733).

WEDER, H. Der historische Ort von Mt 6,1-18. *RB* 105 (1998) 332-358.

WEHNERT, J. Die Auswanderung der Jerusalemer Christen nach Pella — historisches Faktum oder theologische Konstruktion? *ZKG* 102 (1990) 231-255.

WINDISCH, H. *Der Sinn der Bergpredigt*. Ein Beitrag zum geschichtlichen Verständnis der Evangelien und zum Problem der richtigen Exegese. 2. ed. Leipzig, 1937.

WISE, M.; ABEGG, M.; COOK, E. *Die Schriftrollen von Qumran. Übersetzung und Kommentar. Mit bisher unveröffentlichten Texten*. Editado por A. Läpple. Augsburg, 1999.

WREGE, H.-Th. *Die Überlieferungsgeschichte der Bergpredigt*. Tübingen, 1968. (WUNT 9).

ZEILINGER, F. Die Erfüllung der ganzen Gerechtigkeit. Theologische Elemente des Matthäus-Evangeliums. *ThPQ* 129 (1981) 3-15.

ZEILINGER, F. *Der Erstgeborene der Schöpfung*. Untersuchungen zur Formalstruktur und Theologie des Kolosserbriefes. Wien, 1974.

ZEILINGER, F. *Zum Lobpreis seiner Herrlichkeit*. Exegetische Erschließung der Neutestamentlichen Cantica im Stundenbuch. Wien/Freiburg/Basel, 1988.

ZEILINGER, F. Redaktion in Mt 13,24-30. In: KERTELGE, K.; HOLTZ, T.; MÄRZ, C.-P. (ed.). *Christus bezeugen* (Festschrift für W. Trilling). Leipzig, 1989. 102-109.

ZENGER, E. Psalm 37. Lebenslehre eines Weisen für die Armen. In: HOSSFELD, F.-L.; ZENGER, E. *Die Psalmen I.*: Psalm 1-50. Würzburg, 1993. 229-239. (NEB-AT 29).

ZERWICK, M. *Analysis Philologica Novi Testamenti Graeci*. Roma, 1953.

ZÖCKLER, T. *Jesu Lehren im Thomasevangelium*. Leiden/Boston/Köln, 1999. (NHMS 47).

ZUMSTEIN, J. Antioche sur l'Orontes et l'Évangile selon Matthieu. *SNTU* 5 (1980) 122-138.

Índice de citações

At 2,36 203
At 4,19-20 188
At 15,29 116
At 17,28 61
Cl 3,10 231
1Cor 1,25 53, 145
1Cor 1,29-31 213
1Cor 3,22-23 220
1Cor 6,2 125
1Cor 7,1-16 117
1Cor 7,10 114
1Cor 7,10-11 112, 113
1Cor 7,11 117
1Cor 7,15 116
1Cor 12,3 284
1Cor 13,1 280
1Cor 13,4-5 136, 145
1Cor 13,6 245
1Cor 14,3 278
1Cor 14,3-4 277
1Cor 15,28 84, 158
1Cor 15,25-28 183
2Cor 3,6 93, 307
2Cor 3,17 301
2Cor 4,4 221
2Cor 4,7 216
2Cor 4,10-11 190
2Cor 4,15 79
2Cor 5,15 104
2Cor 5,19 100, 194
2Cor 8,9 141, 163

2Cor 11,13-15 278
2Cor 11,15 278
Didaqué 1,2 263
Didaqué 8,1 168
Didaqué 8,2 178
Didaqué 9,5 248
Didaqué 10,2-5 205
Didaqué 10,6 284
Didaqué 11,3 277
Didaqué 11,6 278
Dt 5,7 187
Dt 5,9 187, 250
Dt 5,17 106
Dt 5,18 95
Dt 6,4-5 219
Dt 6,16 169
Dt 13,2-6 277
Dt 13,18 57
Dt 14,14 227
Dt 15,7-9 136
Dt 15,8 136
Dt 17,18-20 96
Dt 18,13 147, 148
Dt 24,1-3 105
Dt 24,1-4 112, 114
Dt 24,4 114
Dt 30,19-20 295
Dt 31,1 299
Dt 31,24 299
Dt 32,44-46 299
Eclo 2,12 271

Eclo 4,10 141
Eclo 12,1-2 135
Eclo 22,16-18 293
Eclo 22,24 97
Eclo 23,4-6 197
Eclo 23,9-11 122
Eclo 23,19 167
Eclo 28,2 195
Eclo 35,20-21 255
Ef 1,18-19 217
Ef 2,2 188
Ef 4,24 231
Ef 5,14 217
Evangelho de Tomé Log 32-33 77
Evangelho de Tomé Log 47 218
Evangelho de Tomé Log 93 246
Ex 4,22-23 181
Ex 12,5 147
Ex 13,21-22 76
Ex 19,3 38
Ex 20,3 187
Ex 20,5 187, 219, 250
Ex 20,7 122
Ex 20,13 106
Ex 20,15 95
Ex 21,12 96
Ex 21,23-25 130
Ex 22,25-26 133
Ex 24,1 38
Ex 24,15 38
Ex 33,20 61
Ez 36,21-28 185, 250
Ez 36,26-28 48, 51
Ez 36,28 51
Fl 1,29 175
Fl 2,6-8 63
Fl 2,6-11 52, 141, 163, 274
Fl 2,9-11 186
Fl 3,2 248

Fl 3,18-19 278
Gl 1,15-16 182
Gl 3,27 231
Gl 4,6 180
Gn 1,20 227
Gn 1,27 109
Gn 2,24 109, 113
Gn 3,4-5 199
Gn 3,5 146
Gn 9,6 96
Hb 12,1 310
Is 9,1-2 77
Is 9,5-6 62
Is 10,6 75
Is 26,20 165
Is 45,22-24 186
Is 49,6 76, 77
Is 50,6 133
Is 54,10 62
Is 58,9 255
Is 60,3 76
Is 61,1-2 47
Is 61,2-3 49
Is 61,4 47
Is 61,8 47, 54
Is 63,16 181
Is 64,7 181
Is 65,24 174
Is 66,1 123
Is 66,24 98, 280
Jo 4,23 166
Jo 8,1-11 111
Jo 8,44 68, 126
Jo 10,5 281
Jo 10,17 13
Jo 14,6 274
Jo 16,2 13
1Jo 2,22 68
1Jo 3,2 61

Índice de citações

1Jo 4,16 89, 214
1Jo 4,21 89
Jó 1,9-12 197
Jr 3,4 181
Jr 3,19 181
Jr 7,31-32 111
Jr 7,33 111
Jr 7,34 111
Jr 19,6 111
Jr 21,8 271
Jr 23,9-32 277
Jr 29,12ss 255
Jr 31,9 181
Jr 31,31 158
Jr 31,31-33 71
Jr 31,31-34 55
Jr 31,33 96, 104, 109
Lc 2,49 308
Lc 3,9 276
Lc 4,1-12 198
Lc 6,20 45
Lc 6,20-23 39, 42
Lc 6,20-49 32, 33
Lc 6,20-8,3 32
Lc 6,21 43, 49, 53
Lc 6,22 44, 65, 67
Lc 6,22-23 42, 44
Lc 6,23 44
Lc 6,24-26 43
Lc 6,27 138, 139
Lc 6,27-28 129, 138, 209
Lc 6,27-35 238, 260
Lc 6,27-36 129
Lc 6,29 130
Lc 6,29-30 129, 130
Lc 6,30 130
Lc 6,31 209, 260, 261
Lc 6,31-35 146
Lc 6,32 138

Lc 6,32-34 129, 143
Lc 6,33 142
Lc 6,34 130, 143
Lc 6,35 129, 136, 142
Lc 6,36 146, 238, 240
Lc 6,37 239, 240
Lc 6,37-42 209, 238
Lc 6,38 239
Lc 6,41-42 239, 276
Lc 6,43 129
Lc 6,43-45 276
Lc 6,45 279
Lc 6,46 282, 283
Lc 6,47 282
Lc 6,47-49 276, 282, 290
Lc 6,48 291
Lc 6,49 291
Lc 7,22 47
Lc 8,16 72
Lc 9,51-18,14 32
Lc 9,62 110
Lc 10,4 144
Lc 10,5 144
Lc 10,22 181
Lc 10,38-42 179
Lc 11,1 180
Lc 11,1-2 179
Lc 11,2 181
Lc 11,2-4 33, 34, 156, 177
Lc 11,4 143, 194
Lc 11,5-8 208
Lc 11,9-10 252
Lc 11,9-13 33, 208, 252
Lc 11,10 252
Lc 11,11 252
Lc 11,12 252
Lc 11,13 252, 259
Lc 11,31 215
Lc 11,32-33 215

Lc 11,33   33, 72, 78
Lc 11,34-35   215
Lc 11,36   215
Lc 11,34-36   33, 215
Lc 11-14   34
Lc 12,7   124
Lc 12,22   225
Lc 12,22-31   33, 223
Lc 12,22-32   209
Lc 12,24   224, 227
Lc 12,25   228
Lc 12,26   223, 228
Lc 12,29   232
Lc 12,32   234
Lc 12,33-34   33, 211
Lc 12,34   211
Lc 12,39-59   101
Lc 12,57-59   33
Lc 12,58-59   95
Lc 13,23-24   33, 283
Lc 13,24   271
Lc 13,24-25   272
Lc 13,25   283, 285
Lc 13,25-27   33
Lc 13,26-27   283
Lc 13,27   271
Lc 13,34-35   69
Lc 14,34-35   33, 72
Lc 16,13   33, 218
Lc 16,17   33, 72
Lc 16,18   33, 106, 112, 114, 115
Lc 16,18-19   106
Lc 18,9   244
Lc 18,9-14   288
Lc 18,22   146
Lc 21,18   124
Lv 2,13   73
Lv 11,15   227
Lv 18,6-8   116

Lv 19,3   148
Lv 19,18   138, 140, 148, 262
Lv 20,10   107
Lv 20,26   148
Lv 21,8   148
Lv 23,42   84
Lv 24,16-22   129
Lv 24,17   96
Mc 1,15   187
Mc 1,16-20   32
Mc 1,21   32
Mc 1,21-34   32
Mc 1,22   32, 299
Mc 2,18-20   168
Mc 2,18-22   49
Mc 2,20   168, 169
Mc 3,21   308
Mc 4,21   72
Mc 4,24   239
Mc 4,26   187
Mc 4,26-29   19
Mc 7,21-22   108
Mc 9,1   187
Mc 9,33-42   110
Mc 9,42-48   106
Mc 9,43   110
Mc 9,43-48   110
Mc 9,46-47   110
Mc 10,2-9   113, 114
Mc 10,8   113
Mc 10,9   106, 113
Mc 10,11   106, 112, 115
Mc 10,11-12   113
Mc 10,12   117
Mc 10,21   146
Mc 11,24   259
Mc 11,25   157
Mc 11,25-26   32, 35
Mc 11,26   32, 201

Mc 13,9   197
Mc 13,13 197
Mc 13,31 72
Mc 14,24 168
Mc 14,36 180, 190
Ml 1,6   181
Mt 1,23   21, 39, 70, 145, 152, 169, 309
Mt 3,10   276
Mt 3,15   14, 16, 54, 57, 69, 81, 86, 151, 189, 198
Mt 4,1-10 198
Mt 4,3   256
Mt 4,10   169
Mt 4,15-16 77
Mt 4,17   32, 305
Mt 4,18-22 18, 32, 38
Mt 4,23   32, 46, 70
Mt 4,23-24 38
Mt 4,23-25 32
Mt 4,24-25 9, 11
Mt 4,25   300
Mt 6,15   201
Mt 9,13   57, 83, 95
Mt 9,14-15 168
Mt 9,15   49, 169
Mt 10,1   38, 283, 301
Mt 10,5-6 13, 14
Mt 10,5-42 17
Mt 10,7   19
Mt 10,7-8 38
Mt 10,17-25 19, 303
Mt 10,21 19
Mt 10,22 71
Mt 10,28 19
Mt 10,30 124
Mt 10,32-33 285
Mt 10,34 83
Mt 10,34-37 19
Mt 10,38 19

Mt 10,41 69
Mt 11,1   17
Mt 11,5   47
Mt 11,13 81
Mt 11,27 98, 150, 182, 285
Mt 11,29 15, 52
Mt 11,29-30 85
Mt 12,7   57, 95
Mt 12,13 283
Mt 13,11 15
Mt 13,17 15, 19
Mt 13,19 126
Mt 13,24 285
Mt 13,24-30 278, 319
Mt 13,30 285
Mt 13,41 83
Mt 13,41-42 83, 287
Mt 13,43 84
Mt 13,44 221
Mt 13,45-46 247
Mt 13,52 19, 31, 92
Mt 13,53 17
Mt 15,14 244
Mt 15,19 108
Mt 15,24 13, 14, 74
Mt 15,26 247
Mt 15,29-31 7
Mt 16,28 83
Mt 17,1-9 7
Mt 17,15 57
Mt 18   9
Mt 18,6-7 287
Mt 18,8-9 106, 272
Mt 18,14 189
Mt 18,15 95
Mt 18,15-17 97
Mt 18,15-18 75
Mt 18,17 125, 248
Mt 18,21 95

Mt 18,23-25 195
Mt 18,23-34 196
Mt 18,23-35 57, 193
Mt 18,33 196
Mt 18,35 102, 201
Mt 19,1 17
Mt 19,3-12 109
Mt 19,8-9 106
Mt 19,9 106, 112, 114, 115
Mt 19,15 53
Mt 19,17 272
Mt 19,21 146
Mt 19,26 163
Mt 19,29 163
Mt 20,1-15 213
Mt 20,1-16 158
Mt 20,15 216
Mt 20,21 83
Mt 21,32 305
Mt 22,36-40 263
Mt 22,37-40 82
Mt 22,40 54, 81, 89, 98, 263, 310
Mt 23-25 17, 20
Mt 23,8 203
Mt 23,16-22 123
Mt 23,18-20 123
Mt 23,22 121
Mt 23,25-26 95
Mt 23,27-28 181, 296
Mt 23,28 287
Mt 23,33 98
Mt 23,37-39 69
Mt 24,4-13 197
Mt 24,6 83
Mt 24,9 197, 273
Mt 24,10-12 197
Mt 24,11-12 287
Mt 24,12 20, 198, 303
Mt 24,21 273

Mt 24,23-24 197
Mt 24,24 276
Mt 24,29 273
Mt 24,34 83
Mt 24,35 83
Mt 24,42-44 284
Mt 24,45-51 284
Mt 25,1-18 284
Mt 25,10 272
Mt 25,11 285
Mt 25,14-30 284
Mt 25,21 272
Mt 25,23 272
Mt 25,31-34 83
Mt 25,31-46 21, 58, 182, 287
Mt 26,1 17
Mt 26,28 15, 168
Mt 26,42 189
Mt 26,59 67
Mt 28,16-20 7, 17
Mt 28,18 183, 301
Mt 28,18-20 83, 203
Mt 28,19 184
Mt 28,19-20 9, 39, 81
Mt 28,20 49, 75, 85, 189, 301
Nm 35,16-18 96
Os 2,1 64
Os 2,21-22 151
Os 6,6 100
Os 10,12 151
Os 11,9 149
Os 11,8-9 59, 258
Os 14,10 272
1Pd 2,21-25 274
1Pd 3,14 65
1Pd 4,8 103
2Pd 2,3 278
2Pd 2,22 248, 249
2Pd 3,9 104

Pr 2,4-5 255
Pr 8,17 255
Pr 10,12 103
Pr 14,1 293
Pr 14,21 57
Pr 17,5 57
Pr 20,22 131
Pr 24,3 293
Pr 26,11 248
Pr 30,8 192
Rm 1,23 188
Rm 2,3 245
Rm 2,5 245
Rm 2,19 244
Rm 2,28-29 159
Rm 4,17 48, 231
Rm 5,8 150
Rm 8,2 301
Rm 8,15 180, 182
Rm 8,15-16 182
Rm 8,17 183
Rm 8,22 301
Rm 8,32 229
Rm 8,38-39 188, 250
Rm 9,18 199
Rm 9,30-10,3 157
Rm 13,10 154, 264
Rm 13,14 231
Rm 15,32 233
Rs 17,2-6 227
Rs 19,4 244
Rs 19,8 236
Rs 19,10 244
Rs 19,12 244
Rs 19,14 244
Rs 19,15-16 244
Sb 2,10-20 66
Sb 2,18-20 65
Sb 3,6 66

Sb 6,12 255
Sb 7,17-21 167
Sb 9,6 148
Sb 9,17-19 167
Sb 17,3 167
Sl 6,9 286
Sl 8,4-5 309
Sl 8,5 230
Sl 11,5 197
Sl 16,15 53, 60
Sl 24,3-6 60
Sl 24,7-10 272
Sl 26,2 197
Sl 27,1 76, 88
Sl 36,11 43, 51
Sl 36,29 54
Sl 47,3 123
Sl 47,9 123
Sl 49,14 122
Sl 51,12 60
Sl 51,13 48
Sl 72,12-13 56
Sl 118,19-20 273
Sl 140,4 197
1Sm 2,3 240
1Sm 2,6 240
1Sm 2,10 240
1Sm 16,7 159
Tb 4,15 261
Tb 12,7-8 155
Tg 1,13 198
Tg 1,22-25 292
Tg 2,13 58
Tg 3,17 63
Tg 5,12 121, 123, 125
1Tm 1,5 60
1Ts 4,11-12 227
1Ts 4,12 233

CADASTRE-SE

www.paulinas.org.br
para receber informações sobre nossas
novidades na sua área de interesse:

• Adolescentes e Jovens • Bíblia
• Biografias • Catequese
• Ciências da religião • Comunicação
• Espiritualidade • Educação • Ética
• Família • História da Igreja e Liturgia
• Mariologia • Mensagens • Psicologia
• Recursos Pedagógicos • Sociologia e Teologia.

Telemarketing 0800 7010081

Impresso na gráfica da
Pia Sociedade Filhas de São Paulo
Via Raposo Tavares, km 19,145
05577-300 - São Paulo, SP - Brasil - 2008